國家古籍整理出版專項經費資助項目

宋朝事實輯校

宋代史料叢編

〔宋〕李攸 著

孔學 輯校

鳳凰出版社

圖書在版編目（CIP）數據

宋朝事實輯校 /（宋）李攸著 ; 孔學輯校. -- 南京 : 鳳凰出版社，2024. 8. --（宋代史料叢編）. -- ISBN 978-7-5506-3660-6

Ⅰ. K244.066

中國國家版本館CIP數據核字第2024ND1022號

書　　名	宋朝事實輯校
著　　者	〔宋〕李　攸 著　孔　學 輯校
責任編輯	汪允普
裝幀設計	姜　嵩
責任監製	程明嬌
出版發行	鳳凰出版社(原江蘇古籍出版社) 發行部電話025-83223462
出版社地址	江蘇省南京市中央路165號,郵編:210009
照　　排	南京凱建文化發展有限公司
印　　刷	徐州緒權印刷有限公司 江蘇省徐州市高新技術產業開發區第三工業園經緯路16號
開　　本	880毫米×1230毫米　1/32
印　　張	19
字　　數	361千字
版　　次	2024年8月第1版
印　　次	2024年8月第1次印刷
標準書號	ISBN 978-7-5506-3660-6
定　　價	180.00圓

(本書凡印裝錯誤可向承印廠調換,電話:0516-83897699)

目録

輯校前言

宋朝事實，宋人李攸撰。原書三十卷（一説三十五卷），但已經散佚。今存本是四庫館臣從永樂大典等書輯佚而來，編爲二十卷，按趙希弁讀書附志所載篇目進行編排，已非原本之舊。書中有紹興、乾道間州縣升降，淳熙、紹熙間館職員額，及光宗、寧宗、理宗、度宗四朝神御殿名，是爲後人所摻入。

全書所載基本上是北宋時期的典章和故事，分門編載，計有祖宗世次、登極赦、紀元、詔書、聖學、御製、郊赦、廟制、道釋、玉牒、公主、官職、勛臣、配享、宰執拜罷、儀注、科目、樂律、曆象、耤田、財用、兵刑、削平僭僞、升降州縣、經略幽燕等二十五門。對此書學界已經作了一些研究[一]，今在此基礎上，作進一步的梳理。

[一] 李南宋朝事實作者、流傳考證，載語文學刊二〇一〇年第七期，考證了李攸生平及宋朝事實流傳情況。羅炳良李攸宋朝事實的編撰及其史料價值，載江西社會科學二〇一一年第十二期；張旭輝宋朝事實研究，二〇一一年上海師範大學碩士學位論文。（轉下頁）

一、作者問題

有關宋朝事實的作者，大致有五種説法：（一）李攸，較早持這種看法的是南宋晁公武，他著録此書説：「本朝事實三十卷，右皇朝李攸編次，雜纂國朝事儀注爲多。」〔二〕宋人曹叔遠的江陽譜及陳振孫在直齋書録解題卷五典故類、元脱脱等宋史卷二〇三藝文志均贊同此説。（二）沈收，南宋鄭樵在通志卷六五藝文略第三云：「宋朝事實三十卷，沈收編（案：中華書局點校本通志二十略作「沈攸」）。」（三）李伋，宋末元初馬端臨在文獻通考卷二〇一經籍考二十八記載：「陳氏曰：右承議郎李伋撰，雜録故事，不成條貫統紀。」（四）不知作者，南宋尤袤在遂初堂書目雖然著録此書，但不署名。此後趙希弁在讀書附志卷上類書類著録：「本朝事實三十五卷，右莫詳編者姓氏。」（五）沈攸，明代焦竑在國史經籍志卷三史類作「沈攸」。雖然鄭樵與李攸爲同時代的人，但他以一人之力完成二百卷

（接上頁）二文對李攸及宋朝事實作了較全面的研究。

〔二〕宋晁公武撰，孫猛校證，郡齋讀書志校證卷八儀注類，上海古籍出版社一九九〇年版，第三三〇頁。

的通史巨著通志，卓識別見迭見書中，然而一人精力畢竟有限，加之考據又非其所長，顧此失彼，瑕疵也時現書中，「沈攸」可能是其筆誤，當然也不排除後人傳抄過程中出現的失誤。至於明代焦竑國史經籍志沈攸説，當是沿襲鄭樵之説，四庫館臣評價其書「顧其書叢鈔舊目，無所考核。不論存亡，率爾濫載。古來目録，惟是書最不足憑」[一]。馬端臨的李伋説是抄襲陳振孫之書，而陳氏原書則爲李攸。四庫館臣認爲：「文獻通考作李伋。按：攸字好德，義從洪範。若作伋字，與好德之意不符。宋史藝文志亦作李攸，通考傳寫誤也。」[二]甚是。尤袤遂初堂書目未記作者，可能是疏漏，而趙希弁讀書附志不記作者，與尤袤情況不同，因爲他所記卷數與他書不同，可能他見到的本子是另外的版本，詳後。因此宋朝事實的作者當是李攸。李攸，宋史無傳。四庫館臣從永樂大典所收江陽譜中輯出了有關李攸的傳記資料，并附於宋朝事實卷末。據江陽譜載：「李攸，字好德。政和初，編輯西山圖經、九域志等書。瀘帥孫羲叟招，原注：下有闕文。書上，轉一官。張公浚入朝，

[一] 清永瑢等撰，四庫全書總目卷八七國史經籍志提要，中華書局一九六五年版，第七四四頁。

[二] 清永瑢等撰，四庫全書總目卷八一宋朝事實提要，中華書局一九六五年版，第六九四頁。

約與俱，以家事辭。手編皇朝事實，起建隆，迄宣和，凡六十卷。其三十卷先聞于時。有旨：制司上。太常少卿何麒言，請命以宫觀，居家終其書。後以餘三十卷上之，緘封副本，并贄啓秦相檜。啓云：『方今雖爲中興，其實創業。作事成于果斷，亦貴聽言。思始議之艱危，尚軫鈞懷之惴慄。已窒申棖之欲，方和傅説之羹。宜俊乂旁招于庶位之中，無顔色拒人于千里之外。更願無忘在莒，居寵思危。』秦怒，寢其書不報。今藏于家。」

考宋代西山屬成都府，瀘州屬潼川路，「則攸當爲蜀人」[一]。文津閣本書前提要所云：「考江陽即瀘州，屬潼川路，攸當爲瀘州人。」有待進一步考證。李攸於徽宗政和初，編輯西山圖經、九域志等書，書上，轉一官。則李攸曾在北宋末入朝爲官。陳振孫載其官階爲「右承議郎」，承議郎，元豐改制後，成爲新的寄禄官階，相當於舊寄禄官左、右正言，太常博士，國子博士，爲從七品，是寄禄官中第二十三階，屬於京官。哲宗元祐時期分左、右，有出身人帶「左」，餘人帶「右」，用以區分流品，并增階數[二]。紹聖二年，朝請大夫至承

[一] 清永瑢等撰，四庫全書總目卷八一宋朝事實提要，中華書局一九六五年版，第六九四頁。
[二] 劉琳等校點，宋會要輯稿職官五六之一九，上海古籍出版社二〇一四年版，第四五三八頁。

務郎十四階不再分左、右，其中包括承議郎〔一〕。南宋高宗紹興元年，復分左、右，其中規定，凡文臣有出身帶「左」字，無出身帶「右」字，贓罪人更不帶「左」或「右」字〔二〕。由此，李攸非進士出身，做過中下級文官。

江陽譜云：「張公浚入朝，約與俱，以家事辭。」四庫館臣認爲：「其曰張浚入朝，蓋紹興四年，浚自川陝宣撫使召還時也。」張浚作爲當時朝廷重臣，地方大員，且爲李攸同鄉，約其入朝，想來對其仕途大有好處，但其「以家事辭」，反映出李攸不是一個攀援附庸，熱衷功名利禄之人。之後，李攸把自己的主要精力放在著述之上，着手編撰皇朝事實，計劃六十卷，斷限是上起建隆，下迄宣和。其中三十卷先流行於世，引起朝廷的關注，有臣僚建議：「請命以宮觀，居家終其書。」不久，後三十卷也告完成，李攸將書進呈朝廷，并給當時的宰相秦檜寫了一封私人信件，在信中勸告秦檜要廣開言路，召用賢能，不忘艱難，居寵思危。這封信觸怒了秦檜，所以「寢其書不報」。皇朝事實并没有得到朝廷的審察，祇

〔一〕劉琳等校點，宋會要輯稿職官五六之二一，上海古籍出版社二〇一四年版，第四五三九頁。
〔二〕宋李𡌴撰，燕永成校正，皇宋十朝綱要校正卷二一，中華書局二〇一三年版，第六二九頁。

能算是個人所修的私史。李攸也祇好將其書的副本藏於家。李攸除著有本書外，另有通今集二十卷，宋史藝文志入故事類，今佚不傳。宋朝事實也就成爲李攸唯一流傳於世的著作。南宋時，四川史學興盛，出現了像李燾的續資治通鑑長編（以下簡稱長編）、李心傳的建炎以來繫年要録這樣的編年史巨著，號稱「二李」。另外，王稱的東都事略、彭百川的太平事迹統類、李𡌴的皇宋十朝綱要也流傳於今。而李攸實有先導之功。

二、書名卷數及成書時間

關於書名見於記載的有以下四種：（一）本朝事實。最先見於晁公武的郡齋讀書志：「本朝事實三十卷，右皇朝李攸編次，雜纂國朝事儀注爲多。」[一]陳振孫直齋書録解題卷五典故類、宋趙希弁讀書附志卷上類書類也作本朝事實。（二）國朝事實。最早見於南宋尤袤遂初堂書目，江少虞在其編撰的宋朝事實類苑中引用本書全稱爲國朝事實[二]，

[一] 宋晁公武撰，孫猛校證，郡齋讀書志校證卷八儀注類，上海古籍出版社一九九〇年版，第三三〇頁。

[二] 宋江少虞撰，宋朝事實類苑卷三，上海古籍出版社一九八一年版，第二五頁。

簡稱爲事實。朱熹五朝名臣言行録卷二、宋佚名錦綉萬花谷卷二三引用此書也用此名。(三)皇朝事實。見於南宋人所編江陽譜。(四)宋朝事實。最早見於南宋鄭樵通志卷六五藝文略第三,其後元脱脱宋史卷二〇三藝文志二、明楊士奇文淵閣書目卷二、明焦竑國史經籍志卷三、清代四庫全書及清人的各種藏書志均稱此名。總之,宋代稱本朝事實的較多,可能就是本書的原名,後代則大多改爲宋朝事實。

關於本書的卷數有三種説法:(一)六十卷,見於江陽譜。(二)三十卷,江陽譜説:「其三十卷先聞于時。」宋鄭樵通志卷六五、晁公武郡齋讀書志卷八、陳振孫直齋書録解題卷五均著録爲三十卷。(三)三十五卷,趙希弁讀書附志卷上、元脱脱宋史卷二〇三藝文志二均著録爲三十五卷。四庫館臣輯佚本則編爲二十卷。

關於本書的編撰,江陽譜説:「手編皇朝事實,起建隆迄宣和,凡六十卷。其三十卷先聞于時。」「後以餘三十卷上之,緘封副本,并贄啓秦相檜。……秦怒,寢其書不報。」從其書僅到宣和而不及欽宗看,李攸編撰此書似乎開始於北宋。江陽譜曾提到:「政和初,編輯西山圖經、九域志等書。」那麼李攸一定可以看到朝廷所藏本朝各類史書,即使他回到瀘州，而該地區，無論是北宋還是南宋，文化都相當的繁榮，這都爲李攸編撰本書提供了有利條件，所以他不久就編成三十卷行於世。江少虞所編宋朝事實類苑中徵引宋朝事實，而該書成書於高宗紹興十五年，因此，我們可以斷定，其中行於世的三十卷書，必然成書於紹興十五年前。而後三十卷的成書，今傳輯佚本卷十四樂律門，曾提到「本紀于辛卯日書『賜新樂，名大晟。置府建官』」，所記爲徽宗朝事迹，則這裏本紀指的是徽宗本紀。四朝國史（包括神、哲、徽、欽）於紹興十五年修成，由秦檜領銜進呈，故後三十卷的成書必定晚於紹興十五年。由於江陽譜談到李攸進書因得罪秦檜而未報，而秦檜病逝於紹興二十五年，則後三十卷當成書於紹興十五年至紹興二十五年之間。四庫館臣輯佚本很多門類記事到孝宗初年。四庫館臣認爲：「今書中有高、孝兩朝登極赦詔，及紹興間南郊赦詔，而紀元亦迄於紹興。殆又有所附益，兼及南宋之初歟。」[二]而書中光宗以後的內容應爲後人刊刻或傳抄時附入。

[一] 清永瑢等撰，四庫全書總目卷八一宋朝事實提要，中華書局一九六五年版，第六九五頁。

三、資料來源

宋朝事實的内容廣泛涉及宋代故事、典章、儀制等，其資料來源也應該是多源的。宋代官修史書是其資料的重要來源，李攸在政和初年曾參與編撰西山圖經、九域志等書，從而得以閲覽皇家所藏的各類圖書，宋代官修史書主要有編年體的實録、紀傳體的國史、典志體的會要，主要供經筵講讀的寶訓、聖政及官修的總志、皇帝的御集等。

實録，李攸在書中明確標明參考了實録，如卷十四樂律門載崇寧四年，崇政殿奏新樂，下詔云云，其後稱：「實録不載。」這裏的實録應該是徽宗實録。當然，書中參考實録的不僅此一處，筆者在校勘過程中發現，本書很多地方與長編所記内容一致，而長編成書於宋朝事實之後，按長編引書慣例，如果引用宋朝事實則在注文中標出，但很多地方并没有標出，這説明兩者有共同史源，而長編主要是依據北宋歷朝實録編撰而成，因此，合理的解釋是，二者一致的内容均來自官修實録。

國史，是在實録的基礎上進一步收集資料編纂而成的紀傳體史書。一般包括本紀、列傳、志、表。有關北宋的國史，據宋史藝文志載：有三朝國史（太祖、太宗、真宗）、兩朝國史（仁宗、英宗）、四朝國史（神宗、哲宗、徽宗、欽宗）。李攸在書中明確標明參考了國史，如卷十四樂律門載崇寧四年，崇政殿奏新樂，下詔云云，其後稱：「本紀于辛卯日書『賜新樂，名大晟。置府建官』。」此處所引爲四朝國史的内容。再如卷十七削平僭僞門，在平定李筠及李重進記載後均有小字注文云：「餘同本傳。」這裏指的是李筠及李重進的傳記，所參考的是三朝國史。實際上宋代官修國史，各類志齊全，李攸勢必參考。這些可以與元修宋史比對，因爲元修宋史主要是以宋代官修國史爲藍本。如卷八玉牒門記載「宗室轉官資級」的内容與元修宋史卷一六九職官志略同。再如卷九官職門，從秘書省至算學，與宋史卷一六四職官志略同。四庫館臣認爲是宋史抄自宋朝事實，不無道理，但也有可能是二者均采自宋代官修國史的職官志。

會要，是分門别類記載典章制度的專史。宋朝事實所記内容及分類與宋代官修會要接近，所以會要也是李攸參考的重要資料。如卷一祖宗世次記載翼祖的注文提到加上四祖陵名，與宋會要輯稿禮三七之一略同；卷六廟制下「太廟戟門」條所載内容與宋會要輯稿禮一五之三同；同上卷廣親宅神御殿與宋會要輯稿禮一三之四同；卷十七削平僭僞所載平定李筠所下親征之詔，與宋會要輯稿兵七之一同。以上所舉，要麽是二者同源，要麽就是宋朝事實直接引用會要。書中類似的例子還有很多。

宋代官修禮書也是宋朝事實重要的參考資料，據宋史禮志載，宋代官修禮書有太祖時修的開寶通禮、仁宗前期修的禮閣新儀及後期修的太常因革禮、徽宗政和年間修的政和五禮新儀。如卷一祖宗世次門下，有真宗大中祥符元年由馮拯撰寫的上太祖皇帝的册文，其内容與太常因革禮卷九〇所載略同，而與宋會要輯稿及宋大詔令集所載差異較大。再如卷十四儀注門所載勘箭之儀，與太常因革禮卷二一所載略同。

寶訓，是宋代官修、專門記載先帝嘉言的著作，一般在經筵上宣讀，以傳揚祖宗家法。北宋各帝均有寶訓，李攸在書中也加以徵引，如卷十六兵刑門，太祖讀尚書，感嘆近代刑網之密，據錦綉萬花谷續集卷二，此乃寶訓的内容。再如卷三聖學門，載真宗與王旦的談話，據曹彦約的經幄管見卷二，此乃三朝寶訓的論文史篇。再如卷十六兵刑門載太宗端拱元年，有關部門針對李瓊以城投敵，準備株連其家屬，太宗表示反對，據曹彦約的經幄管見卷三，此乃三朝寶訓謹刑罰篇的内容。

李攸參與編撰九域志，而書中有兩卷記載州縣升降，與今存元豐九域志相對勘，其中很多地方是一致的，説明宋朝事實一定參考了此書。書中還參考了太宗時期修撰的太平寰宇記及後來歐陽忞的輿地廣記。

宋朝事實大量收録皇帝的詔令，這些詔令有些來自臣僚的文集，但也不排除來自宋代官修的皇帝御集。

除了官方資料外，李攸還參考了大量的私史。李攸明確注明的有楊氏編年，如卷十四樂律門所載「蔡京用魏漢津鑄九鼎，作大晟樂」，注文云：「以上見楊氏編年。」

就筆者翻檢所及，李攸參考的私人著作至少還有以下幾種：

曾鞏隆平集。此書前三卷紀太祖至英宗五朝事實，分目二十有六，體例頗類會要，卷四以下爲列傳，分宰臣、參知政事、樞密、宣徽使、王後、僞國、侍從、儒學行義、武臣、夷狄、妖寇十一類。其中前三卷的分類有很多與宋朝事實類似，因此李攸在書中很多地方參考了此書。

楊億楊文公談苑。如本書卷十六兵刑門所載「真宗即位，首下詔求言」，與今人輯佚之楊文公談苑同。

宋敏求春明退朝録。如本書卷六廟制門所載「列聖神御殿」條，與春明退朝録卷上所載同，再如本書卷七道釋門所載「太平興國中，始置譯經院于太平興國寺」條，與春明退朝録卷上所載同。

司馬光涑水記聞。如本書卷十六兵刑門所載「李繼隆陷害盧之翰」條，與涑水記聞卷二所載同；同卷所載「石熙政知寧州，上言」條，與涑水記聞卷六同；同卷所載「張昷之爲河北都轉運使，保州發生兵變」條，與涑水記聞卷四所載同；同卷所載「平定貝州兵變」條，與涑水記聞卷九所載同。

龐元英文昌雜録。如本書卷十四科目門所載「開寶六年，翰林學士李昉知貢舉」條，與文昌雜録卷四所載同。

孫逢吉職官分紀。如本書卷十二儀注二所載「旬假對後殿」條，與職官分紀卷三所載同。

魏泰東軒筆録。如本書卷九官職門記載五代任官的情况，與東軒筆録卷二所載同。

邵博邵氏聞見後録。如本書卷十四科目門所載「韓忠獻公、宋景文公同召試，中選」條，與邵氏聞見後録卷二一所載同。

拜罷録。神宗命陳繹爲拜罷録（今佚），宋朝事實卷一〇稱宰執拜罷，有很多條文與南宋徐自明宋宰輔編年録同，而徐自明編撰此書時曾參考拜罷録等書。

張君房雲笈七籤。如本書卷七道釋門所載「國初，有神降于盩厔縣民張守真家」條，所載内容與雲笈七籤卷一〇二略同。

宋王朝采取右文政策，加之雕版印刷技術的進步，活字印刷的發明，宋代別集衆多，別集所收的詔令、奏議、臣僚的行狀、傳記、墓誌等，保存了大量宋代歷史文獻。而李攸又以保存文獻爲己任，所以書中很多地方參考了別集，下面就校勘所及列舉李攸參考的主要別集如下：

蔡襄端明集。如本書卷十六兵刑門所載保州兵變後，蔡襄所上的一份奏疏，見端明集卷三一乞戮保州兵士。

韓琦安陽集。如本書卷一祖宗世次門小字注文載韓琦所奏上的仁宗陵墓名字，見安陽集卷三四上永昭陵名狀。

宋祁景文集。如本書卷一祖宗世次門小字注文所載太常禮院的奏議，見景文集卷二六禮院議祖宗配侑。

歐陽修歐陽文忠公集。如本書卷十六兵刑門所載杜杞事迹，與歐陽文忠公集卷三〇兵部員外郎天章閣待制杜公（杜杞）墓誌銘同。

王珪華陽集。如本書卷一祖宗世次門所載議論仁宗謚號的奏疏，見華陽集卷四五仁宗謚號議。

蘇軾東坡全集。如本書卷八玉牒門所載神宗選育宗室英才之事，見東坡全集卷九二趙德麟字説。

蘇轍欒城集。如本書卷十五財用門，載有「元祐會計録序」及「民賦序」，見欒城集後集卷一五。

晁補之鷄肋集。如本書卷九官職門所載神宗置大理寺事，見鷄肋集卷六二資政殿大學士李公（李清臣）行狀。

陳襄古靈先生文集。如本書卷五新輯明堂赦所載神宗熙寧四年明堂大赦詔，見古靈先生文集卷一二熙寧四年九月明堂赦書。

胡宿文恭集。如本書卷八玉牒門所載「胡宿上仁宗論兗國公主議行册禮劄子」，見文恭集卷七。

蘇頌蘇魏公文集。如本書卷五新輯明堂赦所載哲宗元祐四年明堂赦，見蘇魏公文集卷二一明堂赦書。

周麟之海陵集。如本書卷五郊赦二所載紹興二十八年南郊赦文，見海陵集卷一一郊祀赦文。

韋驤錢塘韋先生文集。如本書卷八玉牒門所載「韋驤代陳少卿賀福康公主進封兗國表」，見錢塘韋先生文集卷一〇。

四、價值及不足

李攸開始編撰宋朝事實時，其最初的打算大概是分類記載宋初至宣和年間的典故儀制，便於人們閱讀學習。然而不久，金兵的鐵騎踏破了汴京，并多次南侵，不僅使人們的生命與財産遭受巨大摧殘和損失，而且對文化典籍的破壞也非常嚴重。李攸的家鄉四川幸免於戰火，利用這個有利條件，李攸開始有意識地在其著作中保存文獻，從現今殘存的文字看，本書不厭其煩地收録各類文章，特别是皇帝的詔令。正如四庫館臣所云：「攸熟於掌故，經靖康兵燹之後，圖籍散佚，獨汲汲搜輯舊聞，使一代典章，粲然具備，其用力頗爲勤摯。」四庫館臣總結本書的價值云：「所載歷朝登極、南郊大赦詔令，太宗親製趙普碑銘，西京崇福宫記、景靈西宫記、大晟樂記，往往爲宋文鑑、名臣碑傳琬炎集、播芳大全諸書所闕漏。他如宗室换官之制，不見於宋史職官志。郊祀勘箭之儀，不詳於禮志。太廟、崇寧廟圖，紫宸殿、集英殿上壽，賜宴再坐、立班、起居諸圖，宫架鼓吹十二案圖，尤爲記宋代掌故者所未備。至其事迹之異同，年月之先後，記載之詳略，尤多可與東都事略、續通鑑長編及宋史互相參訂。又如石晉賂契丹十六州，分代北、山前、山後，足訂薛、歐五代史稱山後十六州之誤。周世宗兵下三關，并載淤口關，亦足補薛、歐二史衹載瓦橋、益津二關之闕。當時如江少虞事實類苑、錦綉萬花谷，多引用之。宋史亦多采用其文。」〔二〕從今天的角度來看，宋朝事實的價值包括以下幾個方面：

（一）所載内容爲本書僅見。

卷三詔書門載宰相吕蒙正回答宋真宗的一段話，同上所載宣和二年六月發布的御筆手詔，同上卷御製門所載「西京崇福宫記」；卷四郊赦一所載慶曆四年南郊赦文；卷五郊赦二所載紹興十六年南郊赦文，同上所載紹興十九年南郊赦文，同上所載紹興二十二年南郊赦文，同上所載紹興二十五年南郊赦文；卷六廟制門所載元符三年十一月盛次仲等人的奏疏；卷八玉牒門所載仁宗與宰執韓琦、趙槩談論宗室子弟出任外官問題，同上卷宗室賜名授官；卷九官職門所載義社十兄弟；卷十一儀注一所載真宗封禪泰山時所上

〔二〕清永瑢等撰，四庫全書總目卷八一宋朝事實提要，中華書局一九六五年版，第六九五頁。

太祖、太宗兩篇玉册文；卷十三儀注三葬英宗永厚陵的儀注，同上仁宗皇祐三年殿中侍御史張澤行的上奏；卷十五財用門所載益州使用交子事；卷十六兵刑門所載仁宗皇祐四年狄青發布的討伐儂智高露布；卷十七削平僭僞門所載陶穀等草定的受降之禮（接受孟昶投降），同上所載平定後蜀後得到的具體州府；卷十八升降州縣一小字注文所載知無爲軍吕雲叟的上奏；卷十九升降州縣二小字注文所載轉運使李鉉的奏疏，同上小字注文所載遵義軍的沿革。

這些本書僅有的文獻爲研究宋史提供了寶貴資料。

（二）所載内容他書雖有，但以本書最全。

如卷一祖宗世次門所載太宗太平興國二年二月下的改名詔，雖然宋大詔令集卷二收有此詔，但本書較全；如卷六廟制門所載景靈西宫記，玉海卷二〇〇僅有部分内容，本書則保留其全文；卷十三儀注三所載仁宗景祐二年五月所下禁鏤金詔，雖然宋會要輯稿輿服四之六及宋大詔令集卷一九九都有記載，但本書記載較全；卷十五耤田門所載仁宗明道元年十二月發布的來年耕籍皇太后恭謝太廟御札，宋大詔令集卷一三四雖然收録，但本書記載較全；卷十七削平僭僞門所載孟昶又遣其弟仁贄詣闕上表，其表文雖然宋史卷四七九有記載，但本書記載較全；卷十九升降州縣二小字注文所載知祥符縣郭輔之奏疏，雖然雞肋編有載，但本書記載較全；卷二十經略幽燕門所載太祖開寶七年十一月，契丹涿州刺史耶律琮寫給知雄州孫全興的信件内容，雖然長編卷一五有載，但本書記載較全。書中類似例子還有很多。

研究歷史要求全面掌握資料，忌諱斷章取義，本書的相關内容應該是相關學者徵引資料的首選。

（三）與他書記載互有異同。

如卷十五耤田門所載仁宗明道二年籍田赦天下制，與宋大詔令集卷一三四所載文字差異較大；卷十七削平僭僞門所載孟昶派人送給王全斌的降表，錦里耆舊傳卷四有載，但文字差異大，似乎是兩個版本；同上所載太祖乾德三年六月下發的孟昶除官制，與宋大詔令集卷二二五所載文字差異較大；同上所載建隆元年五月下發的削奪李筠官爵令諸道會兵進討的詔書，與宋大詔令集卷二〇三所載此詔的内容多有不同；同上所載建隆元年九月發布的削奪李重進官制，與宋大詔令集卷二〇三所載内容多有差異。這些不同，有些是所據文本不同，有些則是各自的删削不同，相關學者利用時可以相互參證。

李攸爲瀘州人，書中注重對今四川人物事件的記載，如平定後蜀的經過，王小波、李順民變事件，益州的交子流行，王珪、蘇軾、蘇轍所撰文章的收録等，爲研究宋代四川地方史提供了重要文獻。

宋朝事實先天不足，其書先有三十卷流傳於世，這個本子應該不是定稿，而後來修纂的本子由於秦檜的阻撓而藏於家。陳振孫看到的本子可能就是先流行於世的本子，因此他評價此書説：「雜録故事，不成條貫統紀。」[一]雖然在秦檜死後，其家藏本散出，且後人有所增入，但不成條貫統紀的缺陷仍然存在。如卷二十經略夷狄（四庫館臣改爲經略幽燕），所記僅僅是宋初宋、遼圍繞幽、燕地區的争奪，而對西夏、金國隻字未提，當然這裏

[一] 宋陳振孫撰，徐小鑾、顧美華點校，直齋書録解題卷五典故類，上海古籍出版社一九八七年版，第一六七頁。

有流傳過程中佚失的問題。四庫館臣針對這些不完整的記載，大多加按語認爲是流傳過程中散佚，這些説法不無道理，但也不排除李攸原書有所疏漏。在現存的内容中，有些地方則肯定是李攸本人編纂的問題，如卷十七削平僭僞門所載平定李筠、李重進的叛亂，在各自文後用小字注文云：「餘同本傳。」這樣雖然節省了篇幅，但所記人物事件不完整。

五、本書的流傳及輯佚

宋朝事實不僅先天不足，而且後天失調。據江陽譜，李攸撰寫的宋朝事實三十卷先行於世。從紹興十五年的宋朝事實類苑徵引該書及晁公武、陳振孫均有著録來看，這個本子應該有刊本。後三十卷由於秦檜的阻撓，李攸衹好藏於家。前三十卷與後三十卷有什麼關係，史載不明，後三十卷是前三十卷的續寫，或僅僅是對前三十卷的充實，或二者兼有？後趙希弁讀書附志著録此書有三十五卷，且不知作者。這個本子可能是後人（最大可能是李攸子孫）并前後三十卷而成。所以清人周中孚認爲：「其所謂三十卷先聞於時者，即陳氏所據之本，故直齋云：『雜録故事，不成條貫統紀也。』其後所上之三十卷，或即其增訂之本，廣之爲六十卷，而并之又祇三十五卷耳。」〔二〕

而四庫館臣輯佚本有宣和以後的内容，對此館臣推測：「今書中有高、孝兩朝登極赦詔，及紹興間南郊赦詔，而紀元亦迄於紹興。殆又有所附益，兼及南宋之初歟。」對光宗以後的内容認爲是後人附入。因此今存本中高宗、孝宗的内容，可能是李攸的原作，光宗以後的内容則爲後世刊刻或傳抄過程中增入。

元代馬端臨在文獻通考中著録了本書。元官修宋史藝文志著録此書三十五卷，且宋史應該是參考過本書，如本書卷九官職門，從秘書省至算學，與宋史卷一六四職官志略同。四庫館臣認爲宋史抄自宋朝事實。元張鉉至大金陵新志卷一四引有關伏龜山的考證文字，大致説明宋朝事實在元代流傳的狀況。

明成祖時修永樂大典，分韻收入此書。明英宗正統年間，由楊士奇主編的文淵閣書

〔二〕清周中孚著，黄曙輝、印曉峰標校，鄭堂讀書記卷二九史部十五政事類，上海書店出版社二〇〇九年版，第四六一頁。

目卷五載：「宋朝事實一部五册，闕。」説明文淵閣藏有此書，但已經有殘缺。然此後明代的官私書目未見著録，據此有人認爲此書在明中葉失傳[二]，但筆者認爲此説值得商榷，官私書目的缺載并不代表此書已經失傳，通過爬梳文獻，我們發現：程敏政新安文獻志卷一〇〇上徵引宋朝事實有關丘濬事迹的記載；陳懋學事言要玄人集徵引宋朝事實中有關科舉方面的記載；明末清初顧炎武在日知録卷九徵引宋朝事實有關五代任官的情況云：「至於普設知縣，則起自宋初。本朝事實云：『五代任官，凡曹掾簿尉之齷齪無能，以至昏老不任驅策者，始注縣令。故天下之邑，率皆不治，誅求刻剥，猥迹萬狀，至优諢之言，多以令長爲笑。』」所引内容見今存宋朝事實卷九官職門。另清初周城在所著宋東京考卷一五徵引此書云：「皇朝事實：太祖建隆四年，詔曰：『武成王廟從祀神像，齊相管仲宜塑像，升於堂上。西河守吴起宜畫像，降於廡下。』」這説明宋朝事實在明中葉直到清初仍然存世，但流傳稀少，因諸家書目未見著録，以至於在乾隆時，動用政府的力量在全

[二] 參見李南宋朝事實作者、流傳考證，載語文學刊二〇一〇年第七期；羅炳良李攸宋朝事實的編撰及其史料價值，載江西社會科學二〇一一年第十二期；張旭輝宋朝事實研究，二〇一一年上海師範大學碩士學位論文。

國收羅圖書，仍未收到，此書在此時應該已經失傳。所幸此書被收到永樂大典中，四庫館臣將其輯出，參考宋朝事實類苑、錦綉萬花谷等書補充輯佚，并用文獻通考、宋史及宋代相關筆記及文集進行考證，根據趙希弁讀書附志所載篇目，編爲二十卷，使我們今天得見此書，功莫大焉。四庫輯佚本有武英殿聚珍版本，是最早的印本。從此本又衍生出墨海金壺本、叢書集成初編本、國學基本叢書本。聚珍版篡改少，相應錯誤也較少，這次輯校以此爲底本。

四庫全書修成後，抄藏於南北七處藏書閣，即北京圓明園文源閣、揚州文匯閣、鎮江文宗閣（以上三處已經毀於戰火）、杭州文瀾閣（已殘缺，用他閣補全）、清内廷文淵閣（現藏臺北「故宫博物院」）、清盛京（今遼寧瀋陽）文溯閣（現藏甘肅蘭州九州臺）和熱河（今河北承德）文津閣（現藏中國國家圖書館），其中文淵閣、文津閣四庫全書均已影印出版。這次輯校，以此兩閣四庫輯本宋朝事實作對校。

四庫輯本雖然下了大工夫輯佚考證，但仍存在一些問題，其一是漏輯，詳後。其二是誤輯，如卷十宰執拜罷門在記載葉夢得後，原誤輯：「蔡仲熊，濟陽人。好學博聞，執經議論，往往與時宰不合，亦不改操求同。歷年方至尚書右丞，當時憾其不遇。王璠，以尚書右丞爲京兆尹。自李諒後，政條隳弛，奸豪浸不戢，璠頗修舉政治，有名，進左丞。」案：蔡仲熊爲南朝人，所記内容見南史卷五〇劉瓛傳。王璠是唐朝人，所記事迹見新唐書卷一七九王璠傳。二人均誤輯，應删去。其三是考證間有失誤，詳見本書校勘記。

由於四庫館臣輯佚有缺漏，筆者參考前人研究成果，廣搜各種典籍，又輯出兩萬餘字。輯佚的方法有三種：一是明確標明宋朝事實、本朝事實、皇朝事實、國朝事實（或簡稱事實）者。二是根據宋朝事實的内容及體例輯補，如卷四郊赦一記載歷次南郊大赦赦文，但缺真宗天禧元年、仁宗天聖八年南郊赦文，於是以宋大詔令集卷一二〇所載補之。三是郊赦門，四庫館臣没有輯佚明堂赦的内容，但宋會要輯稿禮之二四却收録有多篇明確標明來自宋朝事實的明堂赦文，且收録有宋朝事實中的皇祐三年有祀明堂御札，按宋代慣例，每次明堂赦前，都要發布這樣的御札，舉行明堂大禮後，發布明堂赦文。據此，筆者專列明堂赦一門，對從皇祐四年開始到南宋紹興三十一年的歷次明堂御札及赦文進行輯佚，這其中有些標明是來自宋朝事實，有些則無。

按趙希弁讀書附志所載篇目，應該有爵邑一門，但四庫館臣未輯，筆者從章如愚群書考索後集卷一八發現有關李攸對封爵的記載，因此特列爵邑門，附於卷九配享門後，并將此段文字輯入。

新輯文字，本應該附於書後，但本書是分門別類之書，這樣做不便讀者閱讀；且今本宋朝事實亦爲輯佚重編，已非原本之貌，所以此番整理，按其内容及時間順序歸入相應門類。爲避免與四庫館臣所輯混淆，對於新輯的每條文字，一律在其首標【新輯】，結尾標明出處，可參考文後附表。

輯佚情况表

書籍來源及卷數	内容	補入卷數及門類
宋朝事實類苑卷二	論君民關係	卷三聖學
宋大詔令集卷一二〇	天禧元年恭謝南郊赦天下制	卷四郊赦一

續表

書籍來源及卷數	內容	補入卷數及門類
宋大詔令集卷一二〇	天聖八年南郊赦天下制	卷四郊赦一
宋會要輯稿禮二四之五八	大觀四年南郊赦	卷五郊赦二
宋會要輯稿禮二四之二	皇祐二年有事明堂御札	卷五明堂赦
宋大詔令集卷一二五	皇祐二年明堂赦天下制	卷五明堂赦
宋會要輯稿禮二四之五〇	嘉祐七年有事明堂御札及赦天下制	卷五明堂赦
宋文鑑卷三三	熙寧四年大饗明堂御札	卷五明堂赦
宋會要輯稿禮二四之四三	熙寧四年明堂赦天下制	卷五明堂赦
宋大詔令集卷一二四	元豐四年有事明堂御札	卷五明堂赦
宋會要輯稿禮二四之四九	元豐四年明堂赦天下制	卷五明堂赦
宋大詔令集卷一二四	元祐元年有事明堂御札	卷五明堂赦
宋會要輯稿禮二四之五二至五三	元祐元年明堂赦天下制	卷五明堂赦
宋大詔令集卷一二四	元祐四年有事明堂御札	卷五明堂赦

續表

書籍來源及卷數	內容	補入卷數及門類
宋會要輯稿禮二四之五三至五四	元祐四年明堂赦天下制	卷五明堂赦
宋大詔令集卷一二四	紹聖二年有事明堂御札	卷五明堂赦
宋會要輯稿禮二四之五六	紹聖二年明堂赦天下制	卷五明堂赦
宋會要輯稿禮二四之五六	大觀元年有事明堂御札	卷五明堂赦
宋會要輯稿禮二四之五七至五八	大觀元年明堂赦天下制	卷五明堂赦
宋大詔令集卷一二四	政和七年季秋宗祀明堂御札	卷五明堂赦
宋會要輯稿禮二四之六七至六八	政和七年宗祀赦天下制	卷五明堂赦
中興禮書卷四四	紹興四年有事明堂詔	卷五明堂赦
中興禮書卷八五	紹興四年明堂赦文	卷五明堂赦
中興禮書卷四四	紹興七年有事明堂詔	卷五明堂赦
中興禮書卷八五	紹興七年明堂赦文	卷五明堂赦
中興禮書卷四四	紹興十年有事明堂御札	卷五明堂赦

續表

書籍來源及卷數	内容	補入卷數及門類
中興禮書卷八五	紹興十年明堂赦文	卷五明堂赦
中興禮書卷四四	紹興三十一年有事明堂御札	卷五明堂赦
中興禮書卷八五	紹興三十一年明堂赦文	卷五明堂赦
皇宋通鑑長編紀事本末卷二〇詔西京建太祖神御殿	奉安太祖繪像	卷六廟制
宋東京考卷一五	武成王廟管仲、吴起升降	卷六廟制
新安文獻志卷一〇〇上	丘濬事迹	卷七道釋
永樂大典卷之八千七百六	國初至天禧僧尼人數	卷七道釋
宋會要輯稿職官七七之三四至三五	孔延魯爲父求章服	卷九官職
群書考索後集卷一八	封爵	卷九爵邑
宋會要輯稿禮四七之二	貶雷德驤官	卷十宰執拜罷
古今源流至論別集卷之二	罷趙普	卷十宰執拜罷
宋宰輔編年録卷一六	汪勃拜罷	卷十宰執拜罷

續表

書籍來源及卷數	内容	補入卷數及門類
宋會要輯稿禮二二之一	太宗因灾罷封禪	卷十一儀注一
宋會要輯稿禮二二之一三	大中祥符元年六月德音	卷十一儀注一
宋會要輯稿禮二二之一三	大中祥符元年九月禁屠	卷十一儀注一
皇宋通鑑長編紀事本末卷二〇崇奉五嶽	册用瑨玉	卷十一儀注一
皇宋通鑑長編紀事本末卷二〇崇奉五嶽	在路一品已下并避路	卷十一儀注一
五朝名臣言行録卷第二	景德中李迪、賈邊舉進士	卷十四科目
潛確居類書卷五〇	吕公著請殿試用策問	卷十四科目
事言要玄人集卷七	殿試放榜	卷十四科目
宋會要輯稿食貨六二之一九至二〇	王琪請立義倉	卷十五財用
古今源流至論續集卷七	趙普獻削藩鎮之策	卷十六兵刑
古今源流至論別集卷二	削藩鎮支郡	卷十六兵刑

續表

書籍來源及卷數	內容	補入卷數及門類
宋朝事實類苑卷一	吳越送趙普瓜子金	卷十七削平僭僞
至大金陵新志卷一四	考證伏龜山	卷十八升降州縣一

輯校凡例

一、本次輯校，以清武英殿聚珍版本爲底本，以文淵閣四庫全書及文津閣四庫全書本對校。

二、本次輯校，以續資治通鑑長編、宋會要輯稿、宋史、建炎以來繫年要録、宋大詔令集、皇朝編年綱目備要、宋史全文、續資治通鑑、皇宋十朝綱要、文獻通考等書參校。

三、本次輯校，衹校文字的脱、訛、衍、乙，對史實有出入者不改原文，必要時附説明於後，供讀者參考。

四、新輯佚文字在每條的開頭標注【新輯】，結尾用小字注明出處，新輯條目置於相應門類及日期之下。

五、對四庫館臣的考證文字，一律照録，對有誤的則加【　】出校説明。

六、避諱字如作缺筆，則回改，若改爲他字則不回改；如影響文意，則出校説明。傳鈔、輯佚中産生的避諱則一律回改。

七、書中李攸注，底本標有「原注」二字，四庫館臣注，標有「案」字，現一仍其舊。

八、段落基本依原書。過長的段落，則酌情予以拆分。

九、爲方便讀者，對一些影響閱讀的地方，以【　】形式加注時間。

提要

臣等謹案：宋朝事實，宋李攸撰。文獻通考作李攸，傳寫誤也。攸字好德。陳振孫書録解題稱其官爲承議郎，而不詳其里貫。惟永樂大典所載江陽譜稱：「攸于政和初，編輯西山圖經、九域志等書，瀘帥孫羲叟招之，書上，轉一官，張浚入朝，約與俱，以家事辭。」考江陽即瀘州，屬潼川路，則攸當爲瀘州人。其曰張浚入朝，蓋紹興四年，浚自川陝宣撫使召還時也。其書據江陽譜，蓋上起建隆，下迄宣和，凡六十卷。前三十卷先聞于時，後以餘三十卷上之，以語觸秦檜，寢其書不報。故晁公武讀書志、陳振孫書録解題但作三十卷，與譜相合。而趙希弁讀書附志、宋史藝文志乃俱作三十五卷。今書中有紹興、乾道間州縣升降，淳熙、紹熙間館職員額，及光、寧、理、度四朝神御殿名，殆爲後人所附益歟。攸熟于掌故，經靖康兵燹之後，圖籍散佚，獨汲汲搜輯舊聞，使一代典章，粲然具備，其用力頗爲勤摯。所載歷朝登極、南郊大赦詔令，太宗親製趙普碑銘、西京崇福宫記、景靈西宫記、太晟樂記，往往爲宋文鑑、名臣碑傳琬琰集、播芳大全、文粹諸書所闕漏。至其事迹之異同，年月之先後，紀載之詳略，尤多可與東都事略、文獻通考、續通鑑長編及宋史互相參訂。又如石晉賂契丹十六州，分代北、山前、山後，足訂薛、歐二家五代史稱山後十六州之誤。周世宗兵下三關，并載淤口關，亦足補薛、歐二史衹載瓦橋、益津二關之闕。當時如江少虞事實類苑、錦綉萬花谷多引之。宋史亦多采用其文。今各書俱存，猶可考見。第原本久佚，惟散見于永樂大典各韻下者，尚存梗概，而割裂煩碎，莫由考見其體例。惟趙希弁讀書附志，具載門目。今以所存者考之，惟爵邑一門，原本全佚，餘皆可以一一分類編次，謹依舊目，釐爲二十卷。雖未能悉復原書，而綱舉目從，咸歸條貫，亦得其十之七八矣。攸別有通今集二十卷，宋史藝文志入故事類，今佚不傳。又嘗上書秦檜，戒以居寵思危，尤爲侃侃不阿。則其人亦足重，不獨以博洽見長矣。乾隆四十一年十一月恭校上。

總纂官侍讀學士臣陸錫熊

侍講學士臣紀昀

纂修官國子監助教銜臣張羲年

卷一

宋 李攸 撰

祖宗世次

僖祖諱朓。原注：土了切。窱、䠷、眺、趒、窕。原注：大中祥符五年七月，真宗謂宰相曰：「僖祖廟諱本是上聲，近見臣僚章疏，多避去聲。更令兩制詳定。」晁迥等謂：「僖祖諱字從月、從兆，按説文曰『晦而月見西方』也，音土了切。又從肉，祭肉也，土了切，一作他凋切。今請止從平聲。又眺，目不正也，他吊切。音義各異，望不迴避。」奉聖旨：依〔一〕。案：四祖廟諱，南宋以祧廟不避，故淳熙重修文書式，不載釋文互注，韻略亦然。攸，南宋人，猶載嫌名，蓋以存故實耳。仕後唐〔二〕，歷永清、文安、幽都三縣令。十二月七日崩，葬欽陵。原注：幽州。建隆元年，追尊文獻皇帝。案：「元年」，原本誤作「二年」。今據李燾長編改正。大中祥符五年，加上文獻睿和皇帝。大觀元年，再加上立道肇基積德起功懿文憲武睿和至孝皇帝。樂舞，大善之舞。冬至祀昊天上帝，夏至祀皇地祇，升侑。后崔氏，建隆元年，追謚文懿。翰林學士、禮部侍郎竇儼議，行見于外曰懿。子順祖。

順祖諱珽。原注：他鼎切。圢〔三〕、脡、侹、頲、町、𦉰、艼、裎、侱、珵、頂、𪣻、𪘮、釘、蜓、葶、閅、濎、竽、鋌、艇。仕歷藩鎮從事，御史中丞。正月二十五日崩，葬康陵。原注：幽州。建隆元年，追尊惠元皇帝。大中祥符五年，加上惠元睿明皇帝。樂舞，大寧之舞。上辛祈穀，孟冬祭神州地祇，升侑。后桑氏，建隆元年，追謚惠明。翰林學士、禮部侍郎竇儼議，容儀恭美曰明。子翼祖。

翼祖諱敬。原注：居慶切。竟、鏡、獍、璥、曔。仕歷營、薊、涿三州刺史。周顯德中，贈左驍衛上將軍。四月十二日崩，葬靖陵。原注：始曰定陵。乾興元年，改卜，更陵名。自國初加上四祖陵名，欽陵、康陵、定陵并幽州，惟安陵舊在京城東南隅。及改卜葬安陵，後三陵尚未修奉。真宗即位，有言順祖、翼祖葬保州者。詔內侍與長吏同共詢訪。又令中書門下定議，遂迎奉至京師，安于佛寺。景德元年，將卜改葬。十月，降手詔曰：「康陵、定陵已經迎奉，將議修崇，國家事祖宗之尊，以園陵爲大，始自開國之際，首行議禮之文，尋建陵名，尚虛神寢。而有司懇拜章表，面述聽聞〔四〕，有此二陵，尚居清苑。朕以事關宗廟，理合審詳，周詢輔弼之臣，旁采中外之議。而宰相上表亦曰：『素所聞知，輿人之談，皆云盡有摭據。』朕以爲更須重慎，宜廣諮詢，至于命中使以經營，委藩侯而訪察。繼睹來奏，執曰無疑〔五〕。復俾大臣，再陳定議，遂有迎奉之請，用慰追遠之情〔六〕。既睹僉同，因從典禮，遷之梵刹，營乃山陵。今則安厝有期，儀制將舉。朕每從餘暇，常閱群書，因覽太祖實録，明載二陵所在，又皆不指保州，疑慮之間，夙夜增念。雖朝廷之議，延訪無嫌，而信史之文，標載有異。况陵寢之事，朝廷之儀，舉而行之，無大于此。宜令中書門下與樞密院同共詳定聞奏。」中書門下、樞密院上言：「伏以尊崇祖禰，務極孝思；營奉陵園，必尊典制。向者始基王業，首舉徽章，欲行四廟之儀，尋建諸陵之號，雖未崇于兆域，已備載于册書。向以職司，連上章表。述其聞見，頗陳懇激之言；詢以宰司，亦有僉同之議。群論既從于采納，宸衷過務于審詳，特選使臣，仍委牧守，式資審慎，密往詢求，尋訪之間，皆有依據，敷陳之際，頗謂周詳。大臣之奏如初，輿人之誦允屬。矧重熙之肇啓，當大孝之丕承。遂伸迎奉之儀，將行安厝之禮。陛下爰因暇日，遍閱群書，睹信史之所標，指塋域之有異。誠如聖慮，更切參詳。事繫宗祧，允宜重慎。臣等共議，其迎到神寢，向期卜葬，即望權停，所有二陵，伏請量加營繕，務從儉約，倍節煩勞。葬以衣冠，設其園寢。用伸朝拜之禮，以慰尊祖之懷。徐俟辨明，别期遷奉。庶不違于古道，且頗協于人情。狂瞽之言，仰期聖擇。」奉詔，康陵、定陵，宜令藍繼宗罷修。其迎到神柩，遂以一品禮葬于河南縣，爲二位。大中祥符四年正月，車駕幸汾陰，次西京，遣知制誥錢惟演詣一品墳，以香幣、酒脯祭告。每朝拜諸陵日，以少牢致祭。建隆元年，追尊簡恭皇帝。大中祥符五年，加上簡恭睿德皇帝。樂舞，大順之舞。案：「大順」，原本誤作「大善」，今據宋史樂志改正。大雩祀，升侑。后劉氏，父正，平州刺史。初追封京兆郡太夫人，建隆元年，追謚簡穆。翰林學士、禮部侍郎竇儼議，布德執義曰穆。子宣祖。

宣祖諱弘殷。原注：上一字胡肱切，下一字於斤切。政和元年九月二十七日，敕：宣祖皇帝廟諱下一字，民姓有犯者，今擬作商字，尚恐士庶難曉，檢准武王克商，封夏后氏之後于杞，封殷之後于宋，合改殷之字爲商。慇、濦、溵、蒑、磤、濦、㥯。案：宣祖廟諱上一字嫌名，永樂大典原本缺。仕周爲龍捷左廂都指揮使、岳州防禦使〔七〕。顯德三年，案：宋史：宣祖於顯德三年督軍平揚州，累官檢校司徒、天水縣男。卒，贈武清軍節度使。原本作「元年」，今改正。贈武清軍節度使。七月二十六日崩，葬安陵。原注：乾德元年，改卜皇堂，深五十七尺，高三十九尺。陵臺三層正方，下層每面長九十尺。南神門至乳臺，乳臺至鵲臺〔八〕，皆九十五步。乳臺高二十五尺，鵲臺增四尺。神墻高九尺五寸，周迴四百六十步，各置神門、角闕。景德初〔九〕，析鞏縣、偃師、緱氏、登封縣地，置縣曰永安，以奉陵寢。四年七月〔一〇〕，詔曰：「列聖在天，因時永感。瞻言陵域，肇建官司。咨爾朝闕之臣，仍兼宰邑之務。式嚴崇奉，用著典彝。宜以殿中丞黃昭益知陵臺令〔一一〕，兼永安縣事。」置令自此始。乾德三年九月，太祖命内人安陵送寒衣，遂爲定式。自是寒食亦往。開寶九年三月，帝親謁安陵，奠獻號慟。崇寧元年六月十四日，敕中書省、尚書省送到兵部二狀，荆湖北路轉運司狀，據鼎州申：契勘本州龍陽有永安驛及永安鋪，各與陵名相犯，永安驛合行改爲龍潭驛，永安鋪改爲龍潭鋪名目，申候指揮。奉聖旨：依。如諸處更有如此者，并仰一面改正。内太常寺供到陵名下項：永安陵、永昌陵、永熙陵以上係永昌院，永定陵係永定院，永昭陵、永厚陵以上係昭孝禪院，永裕陵、永泰陵以上係寧神禪院。

建隆元年，追尊昭武皇帝。大中祥符五年，加上昭武睿聖皇帝。樂舞，大慶之舞。大饗明堂、感生赤帝，升侑。原注：國初有司上言：「國家受周禪，周木德，木生火，皇朝運應火德，色尚赤，臘以戌日〔一二〕，祀赤帝爲感生帝。」景靈宮天元殿奉安御容。后杜氏，父爽，贈中書令。周顯德中，封南陽郡太夫人。建隆元年，有司請上尊號曰皇太后。原注：有司上言：「伏以王者立顯親之殿，所以尊母儀；開長樂之宮，所以伸子道。稽諸歷代，實有彝章。伏惟帝母南陽郡太夫人，象叶陰靈，功深厚載。塗山助夏，道冠于三王；文母興周，名存乎十亂。徽號未正，闕孰甚焉。謹案漢書，帝祖母曰太皇太后，帝母曰皇太后。陛下膺圖資始，孝治攸先，宜彰墜燕之祥，式表躍龍之貴〔一三〕。伏請上尊號曰皇太后。」詔恭依。未行册禮。二年六月二日崩，謚明憲。太常少卿馮吉議，照臨四方曰明，聖善同達曰憲。乾德二年，改謚昭憲。原注：二年，改卜安陵。吏部尚書張昭上言：「伏自漢、魏以來，追尊帝后，多以兩字爲謚，后謚上一字，皆與帝謚上字同。國朝追尊四親廟，自翼祖而上三廟，后謚上一字并與帝謚同。惟明憲皇后不連『昭』字，伏請改上尊謚曰昭憲皇后。」子太祖、太宗。

太祖諱匡胤，原注：上一字去王切，下一字羊晉切。筐、邼、眶、恇、劻、洭、𨱎、𧿳、蛀、茥、軭、頣、眶、框、闓、脏、迋、軖、輎、靷、螾、引、朋、鈏、軸、酌、戭、酳〔一四〕、涓、濥、轔、戭、廴、杓、螾、椼。後唐天成二年丁亥歲二月十六日，生于西京大內甲馬營，以其日爲長春節。仕周爲歸德軍節度使，原注：唐宋州，後唐改爲歸德軍，帝由此受命。景德三年，升應天府。大中祥符七年，升南京。殿前都點檢。顯德七年正月四日，受周禪。乾德元年十一月，上尊號曰應天廣運仁聖文武至德皇帝。開寶元年十一月，加上尊號曰應天廣運聖文神武明道至德仁孝皇帝〔一五〕。開寶九年十月二十日崩，太平興國二年四月二十五日〔一六〕，葬河南府鞏縣永昌陵。原注：宰臣薛居正撰陵名。太祖生于洛陽甲馬營，樂其風土。國初，遺營繕宮室，有遷都之志。開寶九年，西幸，郊祀既至，而宮殿宿衛者多不安處，宮中或見怪異。又霖雨彌月，芻粟不集，遂東歸。嘆曰：「朕生不得居此，死當葬于此。」還謁安陵，哭奠畢，更衣，登闕臺西北向，慷慨涕數行下，發鳴鏑，中其所，曰：「我後當葬此。」大中祥符元年歲次戊申十一月戊午朔、二十七日甲申，孝子嗣皇帝臣某，謹再拜稽首上言：「臣聞『長發其祥』，流芳于商頌；『克昌厥後』，播美于周詩。慶以積善而綿長，祖以有功而不顯。純熙之祉，舄奕無疆。由資始于景靈，爰錫羨于來裔。是以允升岱社，祗薦牲瑄，式昭嚴配之儀，恭率追崇之典。聿隆皇運，仰屬玄猷，伏惟太祖英武聖文神德皇帝，奮武開階，膺圖構象，神機天縱，睿斷飆馳。當建極以居尊，乃卜年而垂裕。靈旗直指，革輅親征，多壘削平，中區大定。烝黎以之富壽，寰海于是混同。禮樂交修，梯航畢至。倒干戈而弗用，肅刑政以惟清。推恩雨施于萬方，發號風行于四表。成功不宰〔一七〕，至德無逾，時格太平，民用丕變。盡垂鴻之經制〔一八〕，資奕世之宏規。遺烈具存，信書攸紀。臣猥以冲眇，逮兹纂承，履大寶之尊，奉神器之重。寤寐思治，旰昃忘勞。動循燕翼之謀，克致治平之化。屬兵鋒載戢，年穀順成，琛賮來庭，邊防罷警。仰昊穹之敷佑，緊宗社之儲休。景貺薦臻，寶符載錫，將伸昭報，祇事禋燔。而民庶相趨，表章狎至，願遵時邁，固請升中。勉徇輿情，用成先志。靈辰協吉，毖祀允修。罄誠明之心，禱蒼黔之福。上封喬嶽，既畢于增高；歸格太宮，敢忘于尊祖？粤若應期之康濟，創業之艱難，底績之基扃，歸厚之風化，垂于不朽，可得而言。欽奉威靈，重揚徽懿。謹遣攝太尉、推忠協謀同德佐理功臣、金紫光禄大夫、工部尚書、同中書門下平章事、集賢殿大學士、監修國史、上柱國、太原郡開國公、食邑三千七百户、食實封一千八百户臣王旦奉寶册，謹加上尊謚太祖啓運立極英武睿文神德聖功至明大孝皇帝〔一九〕。恭惟本仁觀德，宗廟載嚴。致孝因心，簡册增耀。在天降鑒，錫祚有孚。眷祐後昆，永永無極。謹言。」參知政事馮拯撰。樂舞，大定之舞。冬至祀昊天上帝，升侑。原注：景祐二年，太常禮院奏：「准今月三日詔書，敕中書門下：『王者奉宗廟，貴功德，禋天祀地，則有侑神作主之尊；審禘合食，則有百世不遷之重。朕以寡薄，獲承天序，實賴先烈，訖臻治平。懼不能揚祖宗之休，丕顯懿鑠，夙夜惟念，弗遑寧居。恭以太祖皇帝奮淳曜之精，輯樂推之俗，五代屯否，中華剖裂，天威一震，罔不率俾。夷僭黜暴，皇綱再張。革其桀驁，納諸軌度，規模宏遠，詒萬世法。太宗皇帝躬上聖之資，乃膺繼服，來閩、粵，復汾、晉，方夏一統，尉候萬里。興文教，拔群材，思皇政經，憂勞庶務，惠澤漸漬，浹人骨髓。真宗皇帝欽明孝熙，恢績鴻緒，勤儉以率下，哀矜以慎刑。撫和二邊〔二〇〕，兵不復用。民靡知役，物遂其生。因時昭泰，遠考古章〔二一〕，登封巡祭，聲明焯燿。享國多載，仁恩溥博。昔商、周之際，則長發大禘，嚴父配天。逮于漢氏，亦能尊二宗，立廟樂。朕甚慕之。肆我藝祖之受天命，建大業，可謂有功矣！二聖繼統，重熙累洽，可謂有德矣！其令禮官，稽按典籍，辨崇配之序，定二祧之位〔二二〕。中書門下審加詳閱，稱朕意焉。故兹詔示，想宜知悉。』奉詔如前。臣等言：『王者建廟祏之嚴，合昭穆之綴，祖一而已，始受命也；宗無豫數，待有德也。由宗而變，世胄之疏戚，以爲迭毀之制，使後嗣雖有顯揚褒大，猶不得與祖宗并列。所以一統乎尊尊〔二三〕，古之道也。皇帝陛下躬孝治，發德音，永惟三后之盛烈，際天接地，而推奉之，禮有所未稱，明發悼懼，圖惟厥衷，使攸司得稽舊章，開群議，攄懿鑠，闡孫謀，將吻合靈心，垂榮無極，非臣等孤陋所能及也。竊以太祖皇帝誕受寶命，付畀四海，鋪敦燮伐，潛黜不端，夷澤潞之畔，兼淮海之昧，東焚吳輿，右因蜀壘，湘楚閩禺，請吏入朝。當此之時，天下之人去大殘〔二四〕，蒙更生，卜年長世〔二五〕，丕闡洪業。太宗皇帝敦受大業〔二六〕，廣運大武，龔天之討，底定太原。由是審九刑之辟，藝四方之貢。信賞類能，重食勸功。官無煩苛，人無恫怨。又引搢紳諸儒，講道興學，炳然右文，與三代同風。真宗皇帝乾粹日照，執競惟烈，重威撫和，休寧北方。順斗布度〔二七〕，先天作聖。遂考夏諺，稽虞巡，秘牒岱宗，育穀冀壤〔二八〕。翕受瑞福，普浸黎元，肖翹跂行〔二九〕，罔有不寧。百度已備，眷受明辟。洪惟一祖二宗之烈，歷考墳誥〔三〇〕，未有高焉者也。昔成湯爲商之祖，漢孝文、孝武特崇兩廟，皆子孫奉承不輟。我皇伯祖，經綸草昧，遂有天下，功宜爲帝者之祖。皇祖勤勞制作，皇考財成治定，德宜爲帝者之宗。三廟并萬世不遷，宣布天下，以示後世。臣等請如聖詔。至升侑上帝，褒對先烈，本之周道，克厭典禮。昔太宗親郊，奉宣祖、太祖配焉。真宗肇祀〔三一〕，奉太祖、太宗配焉。自爾有司，不敢輕議。今二宗同躋不祧之位，則禮無異等。伏請自今以往，太祖爲定配，二宗爲迭配，稱情適事，理實無嫌。其將來皇帝親祀，伏請以三祖皆侑，上顯對越之盛，次申遹追之感，聖人之能事，群臣之大願。此後迭配，還如前議。昔真宗登介丘，降社首，并以太祖、太宗崇配天地，此三聖皆侑之明準。其歲時常祀，則至日圜丘，仲夏地祇，配以太祖。孟春祈穀、夏雩祀、冬祀神州，配以太宗。孟春感生帝，配以宣祖。季秋大饗，配以真宗。伏請皆如禮便。陛下重宗祧之事，昭鑒前載，抑畏虔恭，讓而不專，故令臣等得申愚管。謹用敷罄，惟聖心裁覽。』」奉敕恭依。景靈宮皇武殿、揚州建隆寺、西京會聖宮、應天院、滁州天慶觀、南京鴻慶宮，奉安御容。

后賀氏，父景思，右千牛衛率府率。晉開運初，來歸。周顯德中，封會稽郡夫人。生燕王德昭、魏國、魯國二大長公主。顯德五年正月三日崩。建隆三年，追册爲皇后。乾德二年，謚孝惠。陪葬安陵，案：宋史：孝惠皇后，神宗時升祔太廟。此失載。祔祭后廟。

王氏，父饒，彰德軍節度使。周顯德五年，來歸。六年，賜冠帔，封琅邪郡夫人。建隆元年八月，册爲皇后。生皇子、皇女二人，皆早世。乾德元年十二月七日〔三二〕，崩。謚孝明。陪葬安陵，祔祭后廟。太平興國二年，升祔太祖室。

宋氏，父偓，左衛上將軍、邢國公。乾德六年，入宮爲皇后。太宗即位，號開寶皇后。太平興國二年，居西宮。雍熙四年，移東宮。至道元年四月二十八日崩。翰林學士宋白議，慈愛忘勞曰孝，温克令儀曰章。升祔太祖廟。案：東都事略：開寶皇后，至神宗時升祔太祖廟。此失載。

太宗諱炅。原注：古迥切。熲、烱、餇、煚、泂、穎、耿、冐、畀、蝙、顈、沓、鎣、扃、憬、皛。舊諱光義、匡義。原注：開寶九年十月，詔：「官階及州縣名，有與朕名下一字同者，宜改，與上一字同者，仍舊。乃以諫議大夫爲正諫大夫，正議大夫爲正奉大夫，通議大夫爲通奉大夫，朝議大夫爲朝奉大夫，朝議郎爲朝奉郎，承議郎爲承直郎，奉議郎爲奉直郎，宣議郎爲宣奉郎。」太平興國二年二月，詔曰：「王者對越上天，祇見九廟，凡遇祭告，必署名稱。稽歷代之舊章，貴難知而易避，爰遵故事，載易嘉名。凡在庶寮，當體兹意。朕今改名炅，自臨御以來，除已改州縣、散官職事官名號及人名外，其舊名二字，今後不須迴避。仍令擇日奏告天地宗廟。」大中祥符二年六月，詔曰：「太宗藩諱，溥率咸知，雖先訓之具存，俾臨文而不避。近睹列奏，或犯二名，聞之矍然，載增永慕。自今中外文字，有與二字相連及音同者，并令迴避。」晉天福四年己亥十月七日，生于開封府浚儀縣崇德坊護聖營之官舍，以其日爲乾明節。淳化元年〔三三〕，改爲壽寧節。建隆元年，爲殿前都虞候、睦州防禦使。八月，領泰寧軍節度使。二年七月〔三四〕，加同中書門下平章事、開封尹。乾德二年六月，加中書令。開寶六年九月，封晉王。九年十月二十一日，遂即尊位。案：太宗以開寶九年十月二十一日即位。原本誤作「二月二十一日」，今據宋史改正。太平興國三年，上尊號曰應運統天聖明文武。六年十一月〔三五〕，群臣上尊號應運統天睿文英武大聖至明廣孝皇帝。端拱二年，詔曰：「朕嘗覽群書，備觀前古。居尊之號，近代方行，固非軒昊之令猷，且異唐虞之舊典。載惟凉德，尤愧前王，浮實之名，非所宜稱。向者群后同詞，封章見請，虔懇斯至，避讓無由，勉從將順之心，遂極尊崇之號。每一念此〔三六〕，深用憮然，豈敢以謙德自私，必將以古道爲法。其自前所加尊號，并宜省去。

今後四方上表，祇稱皇帝，庶叶至公。」翌日，宰相呂蒙正等奏事長春殿，進曰：「陛下神功聖德，輝映古今，在于尊稱，止可增益。忽奉詔旨省去，中外無不驚駭。」帝曰：「至如『皇帝』二字，亦不可兼稱，此起自秦始皇，後代因之不改。朕比欲復止稱王，又以諸子封王，有所妨礙。朕志先定，勿煩確奏。」其後，群臣累上尊號曰法天崇道文武皇帝。詔除「文武」二字外，宜依。至道三年三月二十九日崩，葬河南府永安縣永熙陵。原注：宰相呂端撰陵名。大中祥符元年歲次戊申十一月戊午朔，二十七日甲申，孝子嗣皇帝臣某，謹再拜稽首上言：「臣聞應期受命，聖人所以致太平；卜世其昌，上帝所以祚明德。然則升中昭事，既報本于圜方；順美歸尊，當增華于簡册。伏惟太宗神功聖德文武皇帝，元功不宰，妙用無方。若唐堯之聖神，有周公之材藝。在朱邸也，懸象集連珠之慶；紹寶曆也，長江出瑞石之文。閩越于是來同，并汾以之蕩定。若乃揚庭以選士，闢館以育材，得人而致治也。集河洛之圖書，闡周孔之經籍，用文以立教也。授律以貞師，取威而禁暴，經武以定功也。審官以考績，議獄以緩刑，信賞而慎罰也。既而講三王之禮，備六代之樂，躬肆類以享帝，尊二祖以配天。人神感通，上下交泰。和氣充塞，德澤涵濡。百靈效祥，溢圖牒之所記；九譯來貢，超載籍之所聞。然猶旰食勵精，實行慈儉，除宮室之藻飾，絶弋獵之嬉游。省去名稱，抑罷封禪，積德深厚，垂慶綿長。俾臣薄躬〔三七〕，誕膺丕錫〔三八〕，守位一紀，率土咸懷。疊委禎符，屢惟稔歲。徇黎庶之虔請〔三九〕，循虞、夏之舊章，告成介丘，昭紀大號，奉揚前烈，傳之無窮。而陟配方嚴，鴻名未稱，敢不周爰古道，侔揣大猷，上以協神祇之心，下以伸臣子之志。再章節惠，永播英聲。謹遣攝太尉、推忠協謀同德佐理功臣、金紫光禄大夫、工部尚書、同中書門下平章事、集賢殿大學士、監修國史、上柱國、太原郡開國公、食邑三千七百户、食實封一千八百户臣王旦案：實封一千八百户，原本誤作「二千五百户」，考王旦實封户于大中祥符元年，遺祭太祖文已載明，與長編同。今改正。奉寶册，加上尊謚太宗至仁應道神功聖德文武大明廣孝皇帝。恭惟至神，俯歆令典。延休萬葉，介福兆人。謹言。」樂舞，大盛之舞。案：長編分注云：「太宗廟未見樂舞名，當檢。」此作大盛，與宋史樂志合。祈穀、雩祀、神州地祇，升侑。景靈宮大定殿、西京應天院、崇福宮、會聖宮，奉安御容。

后尹氏，父廷勛，滁州刺史。太平興國元年，追尊爲皇后，謚淑德。案：宋史：淑德皇后，太宗在周時娶焉，早薨。葬孝明陵西北，享于別廟。後升祔太廟，不詳年代。考文昌雜録，元豐癸亥，以詳定禮文所言，七月十二日，升祔淑德皇后於太宗室。此失載。太常少卿馮永錫議，言行不回曰淑，富貴好禮曰德。

符氏，父彦卿，魏王。周顯德中，來歸。國初，封汝南郡夫人，進楚國、越國。開寶八年十二月十九日，薨。太平興國元年，追册爲皇后，謚懿德。太常卿張永錫議，案：追謚后尹氏、符氏，同在太平興國元年。而太常議謚者，一作少卿馮永錫，一作太常卿張永錫，未知孰是。東都事略、李燾長編及宋史俱無可考，姑仍其舊。温柔聖善曰懿，富貴好禮曰德。陪葬安陵，升祔太廟太宗室。

李氏，父處耘，淄州刺史。開寶末，納幣，太平興國二年七月〔四〇〕，入宮，雍熙元年十二月十七日，立爲皇后。至道三年四月八日，尊爲皇太后。景德元年三月十五日崩，謚明德。吏部侍郎郭贄議，無幽不察曰明，中和純備曰德。升祔太宗廟庭。案：宋史：景德三年，明德皇后祔葬永熙陵。此失載。

李氏，父英，乾州防禦使，贈安國軍節度使、常山郡王。開寶初，來歸。封隴西縣君。

太平興國初，封隴西郡夫人。二年三月十二日崩。至道三年，追封賢妃。十二月，追尊爲皇太后。咸平元年，謚元德。都官員外郎、秘閣校理舒雅議，茂德丕績曰元，中和淳淑曰德。大中祥符六年，去「太」字。子真宗。案：宋史：元德皇后，咸平三年，祔葬于永熙陵，主祔别廟。大中祥符六年，升祔太廟。此失載。

【真宗】章獻明肅劉后，益州華陽縣人，父通。后爲蜀人龔美攜入京，爲開封府人。美以鍛銀爲業，真宗尹開封，美因鍛銀得見。真宗語之曰：「蜀婦人多才惠，汝爲我求一蜀姬。」美因納后，年十五，寵幸專房。太宗一日問乳母曰：「太子近來容貌清瘦，左右有何人？」乳母以后對。上命去之，太子不得已，置于殿侍張耆家。未幾，太宗晏駕，太子即位，祥符五年，立爲皇后。案：太宗以下，應載真宗事實，今永樂大典原本闕，惟錦綉萬花谷所引國朝事實有章獻明肅劉后事一條，劉，真宗后也，録附太宗之後。

仁宗諱禎，原注：陟盈切。楨、貞、偵、郥、媜、徵、旍、癥、湞、隕、賔、禎、鄭。大中祥符三年庚戌歲四月十四日，生于開封府。以其日爲乾元節。七年三月，授左衛上將軍，封慶國公。八年十二月，授中正軍節度使、檢校太尉兼侍中，封壽春郡王。天禧元年二月，加兼中書令〔四一〕。二年二月，改建康軍節度使、太保，進封昇王。八月，立爲皇太子。乾興元年二月十九日，遂即尊位。案：宋史：乾興元年二月戊午，真宗崩，仁宗即位。考戊午爲十九日，原本誤作「二十九日」，今改正。天聖二年十一月，上尊號曰聖文睿武仁明孝德皇帝。明道二年二月〔四二〕，加號睿聖文武體天法道仁明孝德皇帝。七月，詔去「睿聖文武」之號。景祐二年十一月〔四三〕，加景祐體天法道欽文聰武聖神孝德皇帝〔四四〕。寶元元年十一月，以「寶元」易「景祐」，冠于舊號。康定元年，詔省去「寶元」二字〔四五〕。在位四十二年，嘉祐八年三月二十九日崩。十月二十九日，葬永昭陵。原注：刑部尚書、平章事韓琦奏：「臣奉敕撰定先帝陵名者，爲兆域之圖，按禮經而伊始；因山川之故，奉先訓以惟嚴〔四六〕。宜立嘉名，上符至德。伏以先皇帝仁無不浹，道極莫稱。開壽域以濟民〔四七〕，咸歸聖治；建善經而長世，坐致時雍。豈徒超軼于百王，固以光輝于萬古。先帝陵，伏請以『永昭』爲名。」翰林學士王珪等議謚曰：「臣聞元精磅礴，濟萬物而不昭其迹者，薦名曰天；至德汪洋，澤萬世而不有其功者，建謚于帝。伏思在昔帝王，生膺大名，終紀大行〔四八〕，使金聲而玉振之，以詔乎無窮之聞者〔四九〕，帝莫盛于堯、舜，王莫隆于禹、湯也。蓋易名之典，下不得誄上，古者將爲至尊之謚，必質于郊，然後定之，兹所以推天下之至美，案：「然後定」下，原本脱「之兹」二字，今據王珪華陽集補。明天下之至公，雖天子不得以自專也。洪惟先皇帝，躬上主之資，承累聖之序，流大漢之豈弟，履放勛之欽明。包富有之業而能守以約，攬泰定之勢而弗恃以安，固嘗邈然究視所未形，俯焉積思所不及，謂天命之匪易，乃嚴恭戒懼，庶以答靈心之顧。謂民懷之靡常，乃涵容煦沫〔五〇〕，庶以陶善類之歸。智括萬慮而不可測，恩滲四垠而不可形。如兩儀之無不幬載，如三辰之無不臨燭。于時修廢官，繼絶世，禮高年，勸力穡，減常賦，抑末游。虚己以遇豪俊之材，降志以從忠直之諫。振立賞罰而權衡之，章昭典禮而黼黻之，宥恕刑獄而蕩滌之，惠哀困窮而衣食之。人情莫不欲逸，愛其力而不勞；人情莫不欲壽，輔其生而不傷；群公庶尹，罔弗夷正，相與立謀王之朝；殊鄰絶區，罔弗億寧，相與慕王之境。父父子子，兄兄弟弟，罔弗順衹，相與立于王之塗。蓋仁政之施，沛然其若是，莫之能禦也。矧夫耕耤于千畝之田，祫祭于先王之廟。報天之誠篤，則八奠于圜丘；嚴父之志盡，則再侑于明堂。宗室既蕃，則廣諸分玉之愛；邦統未昭，則豫有主器之屬。下議樂之詔，以考鍾石之和。置寫書之官，以緝經墳之學。邇英敷席，圖講藝也；凝幾校字，案：「凝幾」，原本誤作「疑機」，今據華陽集改。資味道也；

藻思粹發，窮聖作也；飛毫灑落，肆天縱也。知聲色之靡伐于德義，于是乎屏燕飲之娱；知雉兔之獲，殫于精神，于是乎絶盤游之欲。念組織之勤，則却服御之華；念土木之費，則損宫室之麗。西羌阻命，不欲久戍勞師，而遂納玉關之誓；南蠻肆奸，不欲深入討除〔五一〕，而自致藁街之戮。時則有逾沙絶漠，卓犖之貢委，應圖合牒，汾澮之瑞叢。四十二年于兹，可謂海内大治矣。竊迹羲皇之前，夐乎莫索其詳，自詩、書之載，揆厥所元，終都幽冀，〔五二〕未有如兹之盛者也。方將勒鴻休，受永祐，豈圖神機欻厭，邦釁上延。仙鼎已成，不返荆山之御；玉衣雖在，空陳渭水之游。嘉原既新，同軌畢至，下華蓋于北極，引龍輴之西巡。此萬國所以摧心，三靈爲之變色。有司繇是飭舊典，册丕稱〔五三〕。案：「丕備」，原本誤作「不稱」，今據華陽集改正。皇哉鑠乎，幾有以綏王靈而炳帝烈也！謹按謚法：『治民無爲曰神，經緯天地曰文，通達先知曰聖，保大定功曰武，照臨四方曰明，慈惠愛親曰孝。』若乃群生啿啿，案：「啿啿」，原本作「嘻嘻」，考「群生啿啿」句本漢郊祀歌，今從華陽集改正。鼓之舞之，不知至化之所自然，非至神乎？制作禮樂，際天接地，焕然而大備，非至文乎？永惟宗廟之奉，實發先識，以建大本，非至聖乎？戴白之老，不識兵革之警，非至武乎？遐末荒昧之情，格于聰明而無所遺，非至明乎？惇叙九族，以述夫祖先之志，非至孝乎？粤廟號之建尚矣，維其歷古聖賢之君，莫不極所以尊明令顯之稱，又或至于代相襲之。夫仁者聖人之盛德，豈獨未有以當之耶？抑當時鴻儒鉅學，反略于稽求？抑又天之所啓〔五四〕，期以克配先帝之廟乎？詩云『維天之命，於穆不已』，此之謂歟！惟功以創業爲祖，德以守成爲宗，皆尊尊之大義也。先帝尊謚，宜天錫之曰『神文聖武明孝皇帝』，廟曰『仁宗』。」元豐六年〔五五〕，加謚體天法道極功全德神文聖武睿哲明孝皇帝。樂舞，大仁之舞。祭皇地祇，升侑。原注：殿中侍御史趙鼎奏：「請遞遷真宗配孟夏雩祭，以太宗專配上辛。祈穀、孟冬祀神州地祇，循用有唐故事。」

翰林學士王珪等議以爲：「天地之祭有七，皆用歷代故事，以始封受命創業之君，配神作主。于明堂，用古嚴父之道，配以皇考。故朝廷真宗時，以太宗配，在仁宗時，以真宗配，今則以仁宗配。方仁宗始罷太宗明堂之配，太宗先以配雩、祈穀及神州之祭，本非遞遷。今明堂既用嚴父之道，則真宗配天之祭，于禮當罷，不當復分雩祭之配。」

天章閣待制兼侍讀李受、天章閣侍讀傅卞奏：「以趙鼎之議爲得禮，若以太宗雩祭既久，不欲遷侑，則乞以仁宗與真宗并配明堂，亦爲得禮。」詔從珪等所議。

至治平元年七月辛酉，詔以仁宗享明堂。初，禮院奏：「乞與兩制同議，大行皇帝當配何祭？」翰林學士王珪等奏：「唐代宗即位，用禮儀使杜鴻漸等議，季秋大享明堂，以考肅宗配昊天上帝。德宗即位，亦以考代宗配。王涇郊祀録注云：『即孝經周公嚴父之道。』本朝祀儀，季秋大享明堂，祀昊天上帝，以真宗配，今請以仁宗配〔五六〕，循周公嚴父之道。」知制誥錢公輔議：「謹按三代之法，郊以祀天，而明堂以祭五帝。郊之祭，以始封之祖有聖人之德者配焉。故孝經曰：『昔者周公郊祀后稷以配天，宗祀文王于明堂以配上帝。』又曰：『孝莫大于嚴父，嚴父莫大于配天，則周公其人也。』以周公言之，則嚴父也，以成王言之，則嚴祖也。方是之時，政則周公，祭則成王，亦安在乎嚴其父哉？我將之詩是也。後世失禮，不足考據，請一以周事言之。臣竊謂聖宋崛起，非有始封之祖也，則創業之君，遂爲太祖矣。太祖則周之后稷，配祭于郊者〔五七〕；太宗則周之文王，配祭于明堂者也。此二配者，至大至重，萬世不遷之法也。真宗則周之武王，宗乎廟而不祧者也。雖有配天之功，而無配天之祭，未聞成王以嚴父之故，廢文王配天之祭，而移于武王也。仁宗則周之成王也，雖有配天之業，而亦無配天之祭，亦未聞康王以嚴父之故，廢文王配天之祭，而移于成王也。以孔子之心，推周公之志，則嚴父也。以周公之心，攝成王之祭，則嚴祖也。嚴祖、嚴父，其義一也。下至于兩漢，去聖未甚遠，而明堂配祭，東漢爲得。在西漢時，則孝武始營明堂，而以高帝配之。其後，又以景帝配之。孝武之後，無聞焉。在東漢時，則孝明始建明堂，而以光武配之。其後，孝章、孝安又以光武配之。孝安之後，無聞焉。當始配之代，適符嚴父之説。及時異事遷，而章、安二帝亦弗之改，此最爲近古，而合乎禮者也。有唐始在孝和時〔五八〕，則以高宗配之；在明皇時，則以睿宗配之；在永泰時，則以肅宗配之。禮官杜鴻漸、王涇輩，不能推明經訓，務合古初〔五九〕，反雷同其論，以惑時主，延及于今，牢不可破。當仁宗嗣位之初，倘有建是論者，則配天之祭，常在乎太祖、太宗矣〔六〇〕。當時無一言者，故使宗周之典禮，不明于聖代，而有唐之曲學，流弊乎後人。願陛下深詔有司，博謀群賢，使配天之祭，不膠于嚴父。嚴父之道，不專乎配天。循宗周之典禮，替有唐之曲學。」

于是，又詔臺諫及講讀官與兩制、禮院，再詳定以聞。觀文殿學士兼翰林侍讀學士孫抃等奏：「謹案孝經出于聖述，其談聖治之極，則謂之『行莫大于嚴父而配天』。仲尼美周公以居攝而能行天子之禮，尊隆于父，故曰『周公其人』，不可謂『安在乎必嚴其父』也。又若止于太祖比后稷，太宗比文王，則宣祖、真宗，向者皆不當在配天之序。推而上之，則謂明堂之祭，真宗當以太宗配，先帝不當以真宗配，今日不當以仁宗配，必配以祖也。臣等按易豫之説曰：『先王作樂崇德，殷薦之上帝，以配祖、考。』蓋若祖、考，并可配天者也。茲又符于孝經之説，亦不可謂『安在乎必嚴其父』也。祖、考皆可配帝，郊與明堂不可同位，亦不可謂『安在乎必嚴其父』也。雖周家不聞廢文配而移於武，廢武配而移于成，然而易之配考、經之嚴父，歷代循守，固亦不爲無説。魏明帝宗祀文帝于明堂，以配上帝，史官謂是時二漢郊祀之制具存，魏而損益可知，則亦不可謂『東漢章、安之後，配祭無傳』，遂以爲未嘗嚴父也。自唐至本朝，其間賢哲講求不爲少，所不敢以異者，捨周孔之道，無所本統也。今以爲我將之詩，祀文王于明堂而歌者也，亦安知非仲尼删詩，存周之全盛之頌，被于管弦者獨取之也？仁宗繼體，保成業，置天下于泰安者四十二年，功德于人，可謂極矣。今祔廟之始，遂抑而不得配上帝之享，甚非所以宣章陛下爲後嚴父之大孝。臣等稽參大典，博考公論，敢以前所定論爲便。」

知諫院司馬光、吕誨議：「切以孝子之心，誰不欲尊其父者。聖人制禮以爲之極，不敢逾也。故祖己訓高宗曰：『典祀無豐于昵。』孔子與孟懿子論孝，亦曰：『祭之以禮。』然則親者，不敢數祭爲孝，貴于得禮而已。先儒所謂禘、郊、祖、宗，皆祭祀以配食也。禘謂祭昊天于圜丘也，祭上帝于南郊曰郊，祭五帝、五神于明堂曰祖宗。故詩曰：『思文后稷，克配彼天。』又我將：『祀文王于明堂。』此其證也，下此皆不見于經也。前漢以高祖配天，後漢以光武配明堂，以此觀之，古之帝王，自非建邦啓土，及造有區夏者，皆無配天之文。故雖周之成、康，漢之文景、明章，其德業非不美也，然而子孫不敢配天者，避祖宗也。孝經曰：『嚴父莫大于配天，周公其人也。』孔子以周公有聖人之德，成太平之業，則制禮作樂，而文王適其父也，故引之以證聖人之德，莫大于孝，答曾子之問而已。非謂凡有天下者，皆當以其父配天，然後爲孝也。近世祀明堂者，皆以其父配五帝，此乃誤釋孝經之意，而違先王之禮，不可以爲法也。景祐二年，仁宗詔禮官稽參典籍，辨崇祀之序，定二祧之位，乃以太祖爲帝者之祖，比周之后稷，太宗、真宗爲帝者之宗，比周之文、武。然則祀真宗于明堂，以配五帝，亦未失古禮。今仁宗雖豐功美德，洽于四海，而不在二祧之位，議者乃欲捨真宗，而以仁宗配祀明堂，恐于祭法不合。又以人情言之，是黜祖而進父也。夏父弗忌躋僖公，先兄而後弟，孔子猶以爲逆祀，書于春秋。况黜祖而進父乎？必若此行之，不獨乖違禮典，恐亦非仁宗之意。臣等切謂，宜遵舊禮，以真宗配五帝于明堂爲便。」詔從抃等議。

景靈宫美成殿奉安御容。

后郭氏，故中書令郭崇孫女。天聖二年九月十五日，太后手書，已于此月特展嘉禮，納爲皇后，竢南郊畢，備禮册命。十一月二十一日，降制。太后稱制，恃勢頗驕横。太后崩，美人向氏、楊氏尤得幸。案：「向氏」，東都事略作「尚氏」，尚與向古姓相通，今仍其舊。向氏恩寵傾京師，后妒，屢與忿争。向氏嘗于上前有侵后不遜語，后怒，起批其頰，上自起救之，后誤抓上頸，上大怒。閻文應白上，以抓痕示執政大臣而謀之。上以示吕夷簡，且告之。夷簡曰：「光武，漢之明主，郭后止以怨懟廢，况傷乘輿乎？」上于是有廢后意。右司諫范仲淹諫諍，不納。后乃請入道，賜號金庭教主、冲净元師〔六一〕。居于安和院，改院曰瑶華宫。景祐二年，薨。詔追復皇后。

曹氏，父玘，尚書虞部員外郎，贈太傅兼侍中、東海郡王。祖彬樞密副使、檢校太師兼侍中、贈魯王。案：東都事略彬贈韓王，非魯王；玘贈吴王，非東海郡王。與此所載互異。景祐元年九月，内降制，立爲皇后，所司擇日備禮册命。十一月冬至，行册禮。嘉祐八年三月，尊爲皇太后。四月，權同聽政。治平元年五月，降手詔還政英宗。尊皇太后所居宫曰慈壽。熙寧元年，曾公亮表請名太皇太后宮殿并以慶壽爲名。治平四年正月，尊爲太皇太后〔六二〕。元豐二年十月二十日〔六三〕，崩。謚慈聖光獻。原注：謚議闕。案：東都事略慈聖光獻后葬永昭陵，升祔太廟。此失載。

張氏，父堯封。祖頴，進士及第，終于縣令。堯封，景祐元年釋褐，授石州軍事推官，未赴，卒于京師。堯封母，錢氏女也。后與其姊妹三人，幼無依，由錢氏納于章惠太后宮，時后八歲，浸長得幸。慶曆元年，封清河郡君，歲中爲才人，遷修媛。三年，被疾，願下遷爲美人，上許之。八年十月，進貴妃，十二月三日發册。原注：故事，國朝以來，命妃未嘗行册禮，然故事，須竢旨，方以告敕授之。又凡降制，皆從學士院待詔書告詞，送中書，結三省銜，官告院用印，然後進入宣制。翰林學士宋祁止就院寫告，直取官告院印用之，遽封以進。方妃寵盛，欲行册命之禮，告入進，后怒曰：「故事，妃當得册命，何用告爲？」抵于地。上爲奪祁職，改命觀文殿學士丁度撰文。案：九朝編年云：「國朝命妃，當册拜，宋祁以進誥，落職。祁初亦疑進誥非是，以李淑明于典故而問之，淑心知其誤而俾之進，祁果得罪。」考宋自温成以前，并無命妃册拜者，當以此書爲正。至和元年，薨。册贈爲皇后，謚温成。原注：初謚廣明，又謚元明，竟謚温成。謚議闕。案：東都事略及宋史仁宗本紀、后妃傳但稱謚温成。考九朝編年載，初謚恭德，樞密副使孫沔言：「太宗四后，皆謚曰德，從廟謚也。今恭德之謚，其法何從？」遂改今謚。此載初謚元明、廣明，與各書互異。

子英宗。

英宗，天聖十年，生于宣平坊，赤光滿室，咸見黄龍往來室中，濮王夢兩龍與日并墮，以衣承之，復戲于空中，其一龍視王曰：「吾非王所能有也。」後仁宗立爲皇子。案：是書各類中所載事實，俱至南渡高宗朝止。而世次一類，自仁宗以後，累朝俱闕。惟錦綉萬花谷所引國朝事實有英宗事迹一條，補録于此。

校勘記

〔一〕奉聖旨依　文津閣本「依」下有「議」字。

〔二〕仕後唐　「後唐」，宋會要輯稿帝系一之一及宋史卷一太祖紀一作「唐」。當是。

〔三〕玎　原作「玎」，案「玎」音當經切，音丁，與「珽」音異。據文淵閣本改。

〔四〕面述聽聞　「面」，文淵閣本作「而」。

〔五〕執曰無疑　「執」，宋大詔令集卷一四三詳定康陵定陵詔及宋會要輯稿禮三七之三作「咸」。

〔六〕用慰追遠之情　「情」，宋大詔令集卷一四三詳定康陵定陵詔及宋會要輯稿禮三七之三作「誠」。

〔七〕仕周爲龍捷左厢都指揮使岳州防禦使「周」原作「晉」，據宋會要輯稿帝系一之二、續資治通鑑長編（以下簡稱長編）卷一及宋史卷一太祖本紀一改。

〔八〕乳臺至鵲臺　「乳臺至」原脱，據宋會要輯稿禮三七之一、文獻通考卷一二六王禮考二一及宋史卷一二二禮志二五補。

〔九〕景德初　宋會要輯稿帝系一之二、長編卷六五及輿地廣記卷五均作「景德四年」。

〔一〇〕四年七月　「四年」原作「三年」，據宋會要輯稿禮三七之二九、宋大詔令集卷一六一選官充知陵臺令兼永安縣事詔改。

〔一一〕宜以殿中丞黄昭益知陵臺令　「黄昭益」原作「黄昭度」，據宋會要輯稿禮三七之二九、宋大詔令集卷一六一選官充知陵臺令兼永安縣事詔改。

〔一二〕臘以戌日　「戌」原作「戊」，據長編卷一、東都事略卷二及宋會要輯稿禮二〇之一改。

〔一三〕式表躍龍之貴　「躍」，宋大詔令集卷一三有司請上皇太后尊號奏及宋會要輯稿禮五〇之一作「濯」。

〔一四〕酳　原脱，據文津閣本及慶元條法事類卷三廟諱補。

〔一五〕加上尊號曰應天廣運聖文神武明道至德仁孝皇帝　「聖文」，宋史卷二太祖本紀二作「大聖」。

〔一六〕太平興國二年四月二十五日　「二十五」原作「十五」，據長編卷二五、宋史卷四太宗本紀一及宋會要輯稿帝系一之三改。

〔一七〕成功不宰　「宰」，太常因革禮卷九〇廟議二作「世」。

〔一八〕盡垂鴻之經制　「盡」，太常因革禮卷九〇廟議二作「畫」。

〔一九〕謹加上尊謚太祖啓運立極英武睿文神德聖功至明大孝皇帝　案此謚號，宋史卷三太祖本紀三與此同；「睿文神德聖功」，太常因革禮卷九〇廟議二作「聖文神德玄功」。

〔二〇〕撫和二邊　「二」原作「三」，據太常因革禮卷八總例八、宋大詔令集卷一三八祖宗升配詔一及宋會要輯稿禮二五之七四改。

〔二一〕遠考古章　太常因革禮卷八總例八、宋大詔令集卷一三八祖宗升配詔一及宋會要輯稿禮二五之七四作「憲章考古」。

〔二二〕定二祧之位　「定」原脱，據太常因革禮卷八總例八、宋大詔令集卷一三八祖宗升配詔一及宋會要輯稿禮二五之七四補。

〔二三〕所以一統乎尊尊　「乎尊尊」原脱，據景文集卷二六禮院議祖宗配侑、宋會要輯稿禮二五之八〇及歷代名臣奏議卷一九郊廟補。

〔二四〕天下之人去大殘　「大殘」原作「久潛」，據景文集卷二六禮院議祖宗配侑、宋會要輯稿禮二五之八〇及歷代名臣奏議卷一九郊廟改。

〔二五〕卜年長世　「卜」原作「永」，據景文集卷二六禮院議祖宗配侑、宋會要輯稿禮二五之八〇及歷代名臣奏議卷一九郊廟改。

〔二六〕太宗皇帝敦受大業　「大業」，宋會要輯稿禮二五之八〇作「皇圖」，宋文鑑卷一〇五祖宗配侑議作「其璽」。

〔二七〕順斗布度　「斗布」原作「紀有」，據景文集卷二六禮院議祖宗配侑、宋會要輯稿禮二五之八〇及歷代名臣奏議卷一九郊廟改。

〔二八〕育穀冀壤　「育穀冀」原作「休兵異」，據景文集卷二六禮院議祖宗配侑、宋會要輯稿禮二五之八〇及歷代名臣奏議卷一九郊廟改。

〔二九〕肖翹跂行　「跂行」原作「蠕動」，據景文集卷二六禮院議祖宗配侑、宋會要輯稿禮二五之八〇及歷代名臣奏議卷一九郊廟改。

〔三〇〕歷考墳誥　「考」，景文集卷二六禮院議祖宗配侑、宋會要輯稿禮二五之八〇及歷代名臣奏議卷一九郊廟作「選」。

〔三一〕真宗肇祀　「真」前原衍「逮」，據景文集卷二六禮院議祖宗配侑、宋會要輯稿禮二五之八〇及歷代名臣奏議卷一九郊廟删。

〔三二〕乾德元年十二月七日　「七日」，皇宋十朝綱要卷一與此同，宋史卷一太祖本紀一、長編卷四均繫於「甲申」，案本月己卯朔，甲申爲本月「六日」。

〔三三〕淳化元年　「元年」原作「三年」，據隆平集卷一聖緒、長編卷三一及宋史卷五太宗本紀二改。

〔三四〕二年七月　原作「二月七日」，據皇宋十朝綱要卷二、宋會要輯稿禮四九之五及宋史卷一太祖本紀一改。

〔三五〕太平興國三年　「年」後脱「上尊號曰應運統天聖明文武六年十一月」，據皇宋十朝綱要卷二、宋會要輯稿禮四九之五至七補。

〔三六〕每一念此　「念此」，宋大詔令集卷三省尊號詔、宋會要輯稿禮四九之七作「自念」。

〔三七〕俾臣薄躬　「躬」原作「祜」，據宋大詔令集卷三太宗加號册、太常因革禮卷九〇廟議二及宋會要輯稿禮五八之二七改。

〔三八〕誕膺丕錫　「誕」原作「嗣」，據宋大詔令集卷三太宗加號册、太常因革禮卷九〇廟議二及宋會要輯稿禮五八之二七改。

〔三九〕徇黎庶之虔請　「虔」原作「確」，據宋大詔令集卷三太宗加號册、太常因革禮卷九〇廟議二及宋會要輯稿禮五八之二七改。

〔四〇〕太平興國二年七月　「二年」，皇宋十朝綱要卷二與此同，宋史卷二四二明德李皇后傳作「三年」。

〔四一〕加兼中書令　「兼」原脱，據皇宋十朝綱要卷四、宋會要輯稿禮四九之一二及宋史卷九仁宗本紀一補。

〔四二〕明道二年二月　「明道二年」原作「明年」，據皇宋十朝綱要卷四、宋會要輯稿禮四九之一四改。

〔四三〕景祐二年十一月　「景祐二年」原脱，據皇宋十朝綱要卷四、宋會要輯稿禮四九之一四至一五及宋史卷一〇仁宗本紀二補。

〔四四〕加景祐體天法道欽文聰武聖神孝德皇帝　「聰」原作「英」，據皇宋十朝綱要卷四、宋會要輯稿禮四九之一五及宋史卷一〇仁宗本紀二改。

〔四五〕詔省去寶元二字　「寶元二字」原作「睿聖文武四字」，據皇宋十朝綱要卷四、宋會要輯稿禮四九之一六及宋史卷一〇仁宗本紀二改。

〔四六〕奉先訓以惟嚴　「先」，安陽集卷三四上永昭陵名狀及宋大詔令集卷一四三宰相韓琦奏大行皇帝陵名永昭狀作「大」。

〔四七〕開壽域以濟民　「濟」，安陽集卷三四上永昭陵名狀及宋大詔令集卷一四三宰相韓琦奏大行皇帝陵名永昭狀作「躋」。

〔四八〕終紀大行　「行」原作「德」，據華陽集卷四五仁宗謚號議、宋會要輯稿禮二九之四〇及太常因革禮卷九一仁宗廟謚改。

〔四九〕以詔乎無窮之聞者　「詔」原作「詒」，據宋會要輯稿禮二九之四〇及太常因革禮卷九一仁宗廟謚改。

〔五〇〕涵容煦沫　「煦」原作「呴」，華陽集卷四五仁宗謚號議及太常因革禮卷九一仁宗廟謚同，莊子大宗師作「呴」（煦），乃形近而訛。

〔五一〕不欲深入討除　「討除」，宋會要輯稿禮二九之四〇作「薄伐」，華陽集卷四五仁宗謚號議及太常因革禮卷九一仁宗廟謚作「薄寇」。

〔五二〕揆厥所元終都幽冀　原脱，據華陽集卷四五仁宗謚號議補；「幽冀」，宋會要輯稿禮二九之四一及太常因革禮卷九一仁宗廟謚作「攸卒」。

〔五三〕册丕稱　「丕稱」原作「丕備」，據華陽集卷四五仁宗謚號議、宋會要輯稿禮二九之四一及太常因革禮卷九一仁宗廟謚改。

〔五四〕抑又天之所啓　「抑又」，華陽集卷四五仁宗謚號議、宋會要輯稿禮二九之四一及太常因革禮卷九一仁宗廟謚作「將」。

〔五五〕元豐六年　「六年」原作「八年」，據宋大詔令集卷一四一仁宗加徽號體天法道極功全德浚哲明孝皇帝議、長編卷三三六及宋史卷一六神宗三改。

〔五六〕今請以仁宗配　原脱，據職官分紀卷一八及宋會要輯稿禮二四之三四并參考華陽集卷四五仁宗配享議及長編卷二〇〇補。

〔五七〕配祭于郊者　「配」原脱，據宋會要輯稿禮二四之三四、長編卷二〇〇及太常因革禮卷一〇配帝四補。

〔五八〕有唐始在孝和時　「孝和」，宋會要輯稿禮二四之三五作「神龍」。

〔五九〕務合古初　「務」原脱，據宋會要輯稿禮二四之三五、長編卷二〇〇及太常因革禮卷一〇配帝四補。

〔六〇〕常在乎太祖太宗矣　「太祖」原脱，據長編卷二〇〇補。

〔六一〕冲净元師　「净」，皇宋十朝綱要卷四與此同，長編卷一五〇、東都事略卷一三世家一及宋史卷二四二郭皇后傳均作「静」。

〔六二〕治平四年正月尊爲太皇太后　「治平四年」原作「【熙寧】二年」，據長編卷二〇九及皇宋十朝綱要卷七改，且應移到「熙寧元年」條之前。

〔六三〕元豐二年十月二十日　「二年十月二十日」原作「五年十一月二十一日」，據皇宋十朝綱要卷四、長編卷三〇〇及宋史卷一五神宗二改。

卷二

宋 李攸 撰

登極赦

太祖建隆元年正月初五日，登極赦：案：太祖以周顯德七年正月初四日即位。此書云初五日者，蓋登極肆赦在次日也。「門下：朕以五運推移，上帝于焉眷命；三靈改卜，王者所以膺圖。朕起自側微，備嘗艱險，當周邦草昧，從二帝以徂征；洎虞舜陟方，翊嗣君而纂位。但罄一心而事上，敢期百姓之與能？屬以北虜侵疆〔一〕，邊民罹苦，朕長驅禁旅，往殄胡塵〔二〕。鼓旗纔出于國門，將校共推于天命。迫迴京闕，欣戴眇躬。幼主以歷數有歸，尋行禪讓。兆庶不可以無主，萬幾不可以曠時。勉徇群心，以登大寶。昔湯武革命，發大號以順人；唐漢開基，因始封而建國。宜國號大宋，改周顯德七年爲建隆元年。乘時撫運，既協于歌謠；及物推恩，宜周于華夏。可大赦天下。應正月五日昧爽以前，天下罪人所犯罪，已結正、未結正，已發覺、未發覺，罪無輕重，常赦所不原者，咸赦除之。應貶降、責授及勒停等官，并與恩澤。諸配徒役男子女人等，并放逐便。其内外馬步兵士，各與等第優給。諸軍内有請分料錢者，特與加等第添給。中外見任、前任職官，并與加恩。文武升朝官、内諸司使、副使、禁軍都指揮使以上，及諸道行軍司馬、節度副使、藩方馬步軍都指揮使，應父母妻未有官，及未曾叙封者，并與恩澤；亡父母未曾封贈者，并與封贈。諸處逃亡軍都限赦到百日内，仰于所在陳首，并與放罪，依舊軍分收管；如出百日不來自首者，復罪如初。念彼愚民，或行奸盜，屬兹解網，咸許自新。諸軍有草寇處，仰所在州府及巡檢使臣，曉諭招唤。若願在軍食糧者，并與衣糧；如願歸農者，亦聽取便。於戲！革故鼎新，皇祚初膺于景命；變家爲國，鴻恩宜被于寰區。更賴將相公王，同心協力，共裨寡昧，以致隆平。凡百軍民，深體朕意。」案：永樂大典所載登極赦文，獨佚此詔，今從趙普龍飛記所載補入。原注：翰林學士承旨陶穀行，蓋穀筆也。

昭憲太后常與太祖參決大政，及疾甚，太祖侍藥餌，不離左右。太后曰：「汝自知所以得天下乎？」太祖曰：「此皆祖考與太后之餘慶也。」太后笑曰：「不然，亦由柴氏使幼子主天下耳。」因戒敕太祖曰：「汝萬歲後，當以次傳之弟，則并汝之子亦獲安矣。」太祖頓首泣曰：「敢不如太后教。」其後太祖遂傳位太宗皇帝。

開寶九年十月二十二日〔三〕，登極赦：「門下：王者繼統承祧，所以嗣神器；節哀順變，所以寧萬邦。顧歷代之通規，諒舊章而可法。先皇帝勤勞啓國，宵旰臨朝。萬幾靡倦于躬親，四海方成于開泰。念農民之疾苦，知戰士之辛勤，氛祲盡平〔四〕，生靈永逸。遵理而寒暄遘厲，寢疾彌留。方臻偃革之期，遽起遺弓之嘆。猥以大寶〔五〕，付于冲人。遵理命而莫能固辭，涉大川而罔知攸濟。負荷斯重，攀號莫任。宜覃在宥之恩，俾洽維新之澤，可大赦天下，云云。恭惟先皇帝，推誠損己，焦思勞神。念將士之忠勤，知戰伐之辛苦。衣糧禄賜，無非經手經心；土地官封，不惜酬勛酬效。生靈是念，稼穡爲憂。罷非理之差徭，去無名之侵耗。不貪游宴，盡去奢華。減後宮冗食之人，停諸司不急之務。方嶽止甘鮮之貢，殿庭碎珠玉之珍。獄訟無冤，刑戮不濫。凡關物務，盡立規繩。予小子纘紹丕基，恭稟遺訓，仰承法度，豈敢越違。更賴將相公卿、左右前後，共遵先志，同守成規，庶俾冲人，不墜洪業。布告遐邇，咸使聞知〔六〕。」

真宗至道三年四月一日，登極赦：「門下：創業垂統，于以貽後昆；嗣位承祧，于以紹前烈。爲股肱之元首，俾億兆之宅心。洪惟永圖，屬在明辟。夫何凉德，享是丕休。先皇帝膺籙上玄，受遺太祖，臨御迨逾于二紀，憂勤遂冠于百王，無一日不舉皇綱，無一事不親聖覽，宵衣旰食，焦思勞神。禹迹混同，方致太平之運；堯心未倦，俄興不豫之灾。棄大寶以上仙，付冲人之神器。仰遵顧命，下迫推崇，若涉大川，罔知涯涘。黽勉負荷，兢畏交并。宜覃作解之恩，聊展奉先之意，可大赦天下。云云。恭念先朝庶政，盡有成規，謹守奉行，不敢失墜。所宜開諫諍之路，拔茂異之材。鰥寡無告之民，悉令安泰；動植有生之類，冀獲昭蘇。庶幾延宗社之鴻休，召天地之和氣。更賴中外百執，左右藎臣，各盡乃職〔七〕，輔兹不逮。布告遐邇，咸使聞知。」

仁宗乾興元年二月二十日〔八〕，登極赦：「門下：天生烝民，惟君所以司牧；國有神器，有子所以傳歸。先皇帝紹累聖之丕圖，輯庶邦之大治〔九〕，焦勞虔鞏，二紀于兹，忽興憑几之言，永結遺弓之慕〔一〇〕。循顧眇質〔一一〕，獲嗣慶基，〔一二〕適屬承祧之初，宜覃在宥之澤。可大赦天下。常赦所不原者，咸赦除之。恭念夙侍聖顏，備承寶訓，凡百機務，盡有成規，謹當奉行，不敢失墜。更賴宗工良佐，中外臣僚，咸竭乃誠，以輔不逮。布告遐邇，咸使聞知。」

英宗嘉祐八年四月二日〔一三〕，登極赦：「門下：烝民之生，置君爲之司牧；神器之重，有子所以傳歸。先皇帝天資慈仁，聖德深厚。臨御歲逾于三紀，憂勤日覽于萬幾。常旰昃以忘勞，因晦明而遘厲。浸違冲豫，遂至彌留。遽興憑几之言，念及承祧之寄。猥以大業，屬于冲人。永惟負荷之艱，矧在哀迷之次。罔知攸濟，祇率舊章。宜覃在宥之恩，式表奉先之志。可大赦天下。云云。恭念夙奉聖顔，備聞聖訓，在于庶政，悉有成規，惟謹奉行，罔敢廢失。更賴中外多士，左右忠賢，各盡乃誠，以輔臺德。布告遐邇，咸使聞知。」

神宗治平四年正月九日，登極赦：「門下：夫民之戴君，尊如元首之奉；天之與子，傳有神器之歸。先皇帝紹履至尊，欽篤先烈。圖治百王之上，垂精五載之間。玉几留章，每及夜分之覽；紫闈訪道，多逾日昃之咨。既寤寐之積勤，因寒暄之遘厲。神機未猒，遽至彌留之憂；邦禍何勝，已聞遺訓之托。屬哀荒之靡次，固負荷之惟艱〔一四〕。

煢然自思，浩莫能濟。宜本承祧之始，用覃澤物之私。可大赦天下。云云。於戲！奉先昭孝，實本于天經；肆告推恩，蓋循于國典。更緊文武之助，忠賢之規，各勉交修，永輔不逮。咨爾有衆，體予至懷〔一五〕。」

哲宗元豐八年三月六日，登極赦：「門下：生烝民而立之君，所以出四方之令；有天下而傳于子，所以維萬世之安。先皇帝道極聖神，德兼文武，圖治三王之上，儲精七閏之間。緝熙事功，董正法度。積勤勞于日昃，違冲豫于春元。植璧以歸，方致金縢之禱；綴衣遽設，忍聞玉几之言！眷予冲人，屬以重器，永荷艱難之托，曷勝哀疚之懷。宜謹始于承祧，用渙恩而及物。可大赦天下。云云。恭念先朝之治，必循五聖之謀。思祗率于舊章，用答揚于光訓〔一六〕。尚賴中外列辟，左右忠賢，交修厥官，以輔予治。布告遐邇。咸使聞知。」

徽宗元符三年正月十三日，登極赦：「門下：朕承先帝之末命〔一七〕，嗣累世之丕圖，若履淵冰，未知攸濟。先皇帝睿明聰哲，克勤于邦，遵制揚功〔一八〕，篤紹先烈，十有六載，海内蒙休。憂勞爽和，遂至大漸。乃以神器，屬予冲人。負荷惟艱，怵惕以懼。

用謹承祧之始，肆頒在宥之恩。可大赦天下。云云。恭念元豐詒謀，紹聖遺訓，具在天下，可舉而行。惟既厥心，罔敢廢失。其率循于天下，用奉若于先王。更賴忠良盡規，文武合慮，永弼乃后，共圖康功。咨爾萬邦，體予至懷〔一九〕。」

欽宗宣和七年十二月二十五日，受内禪，登極赦：「門下：我國家創業守成，紹二百年之祚運；宅中圖大，奠三萬里之幅員。施及眇躬〔二〇〕，嗣膺神器。永念纘承之重，懼劇春冰；載惟臨御之難，憂深朽索。矧今邊垂未靖，師旅方興，肆推曠蕩之恩，用慰邇遐之望。可大赦天下。云云。於戲！清蹕而朝萬宇，敢忘丕冒之仁？繼明以照四方，宜布惟新之澤〔二一〕。更賴忠良協贊，文武交修，永孚于休，同底于道〔二二〕。咨爾有衆，體予至懷。」

光堯壽聖太上皇帝建炎元年五月一日，登極赦：「門下：皇天祐宋，卜世過于漢、唐；藝祖承周，受禪同乎舜、禹。列聖嗣無疆之曆，保邦隆不拔之基。屬以朝奸，稔成邊釁。恃中都之安富，忘外敵之憑陵，馴致金人，來犯京邑。初登城而不下，終邀駕以偕行。痛念鑾輿，遠征沙漠，宗族從而盡徙，宮闕爲之一空。仍抑臣僚〔二三〕，俾僭位號。

朕以介弟之親而授指，開元帥之府以總師。方輸敵愾之忠，忽奉講和之詔〔二四〕。豈圖變故〔二五〕，終致阽危。蓋嘗指日以誓諸軍，使前迎而後請；不憚瀝血而檄率土，冀外附而內親。而三事大夫，與萬邦黎獻，共致樂推之懇，靡容牢避之私。謂亹亹萬幾，難以一日而曠位；矧皇皇四海，詎可三月而無君？勉徇群情，嗣登大寶。宵衣旰食，紹祖宗垂創之基；疾首痛心，懷父兄播遷之難。籲號久隔〔二六〕，衆罔繫心，軍旅薦興，農多失業。慰民耳目之注，敷朕心腹之言。爰布湛恩，誕敷區夏，可大赦天下。於戲！聖人何以加孝，朕每懷問寢之思〔二七〕；天子必有所先，朕欲救在原之急。嗟我文武之列，若時忠義之家〔二八〕。不食而哭秦庭，士當勇于報國；左袒而爲劉氏，人咸樂于愛君。其一德而一心，佇立功而立德〔二九〕。同徯兩宮之復〔三〇〕，終圖萬世之安。副我憂動，躋時康乂。」案：周煇清波雜志云：

「高宗即位于南京，肆赦文有兩本，首尾皆同，如『道君發德音而罪己，退辭履位之尊；乾龍以震長而繼天〔三一〕，首正誤國之罪。悉捐金幣，分割膏腴。思愛惜于兩朝，忍輕加于一矢。生靈受賜，夷夏聞風。要質賢王，既驅車而北渡；連結異域，復擁衆以南侵。慨溪壑之無厭，昧蜂蠆之有毒。廷臣乏策，虜使詭和〔三二〕。款貔虎以退師，致金湯之失險。肆令狼子，薦食都畿』等語，與今所傳本異。蓋時有忌器之嫌也，皆太常少卿滕康行。」永樂大典所載，即當時所傳本。而前詔特詳于清波雜志，附識于此。又考宋史，高宗即位大赦，常赦所不原者咸赦除之。惟蔡京、童貫、王黼、朱勔、李彦、孟昌齡、梁師成、譚禎及其子孫見流竄者，更不收叙。并載清波雜志中。是當時亦不盡赦也。

孝宗皇帝紹興三十二年六月十三日〔三三〕，受内禪，登極赦：「門下：春秋法五始之要，聿嚴受命之符；天地之大德曰生，爰下維新之令〔三四〕。太上皇帝慈儉爲寶，通駿有聲。垂精三紀之間，圖治百王之上。神謨獨運，總一日萬幾之繁；聖武旁昭，極四海九州之廣。未嘗暇逸，久積倦勤。黄屋非唐堯之心，居懷重負；泰元增漢武之策，欲介長年。顧睿訓之博臨，懼朕躬之弗稱。凡今者發政施仁之目，皆得之問安侍膳之餘。爰舉舊章，用覃曠澤。可大赦天下〔三五〕。云云。於戲！有天下傳歸于子，敢忘付托之恩〔三六〕？建皇極敷錫厥民，允副邇遐之望。尚賴股肱同德，中外協謀，共底績于中興，以益光于永世。咨爾有衆，宜體朕懷。」

紀元

太祖朝

建隆元年、原注：庚申，周顯德七年正月四日，受禪。五日，改元〔三七〕。建隆二年、原注：辛酉。

建隆三年、原注：壬戌。建隆四年、原注：癸亥。十一月十六日，南郊，改乾德元年。案：建隆四年十一月十六日，改元乾德。東都事略、李燾長編、宋史以是年爲乾德元年，其未改元以前之事，俱係之乾德元年之下，故建隆有三年，無四年。其後凡改元不在正月朔日，即以所改之元紀年，如乾德六年十一月改元開寶，即書開寶元年，惟于九年十月太宗即位，改元太平興國，仍書爲開寶九年，特爲變例。而事實所載，統以所改之元年分注是年之下，至次年，直書爲二年。其體例與各書互異。乾德二年、原注：甲子。乾德三年、原注：乙丑。乾德四年、原注：丙寅。乾德五年、原注：丁卯。乾德六年、原注：戊辰。十一月二十四日，南郊，改開寶元年。案：「十一月」，原本誤作「十二月」，今據宋史改正。開寶二年、原注：己巳。開寶三年、原注：庚午。開寶四年、原注：辛未。開寶五年、原注：壬申。開寶六年、原注：癸酉。開寶七年、原注：甲戌。開寶八年、原注：乙亥。開寶九年。原注：丙子。十二月二十二日，太宗改元爲太平興國元年。案宋史：太宗以開寶九年十月二十一日即位。十二月二十二日改元。原本誤作「十月二十日」，今改正。

建隆四年，始議改元。太祖謂宰相曰：「勿用前代舊號。」于是，改乾德。他日，帝于禁中見內人鏡背有「乾德」之號，以問翰林學士陶穀。穀對曰：「僞蜀時年號也。」宮人果故蜀王時人，帝于是益重儒者，而嘆宰相寡聞也。按僞蜀王衍以正明五年十二月改明年爲乾德，盡六年。

太宗朝

太平興國二年、原注：丁丑。太平興國三年、原注：戊寅。太平興國四年、原注：己卯。太平興國五年、原注：庚辰。太平興國六年、原注：辛巳。太平興國七年、原注：壬午。太平興國八年、原注：癸未。太平興國九年、原注：甲申。十一月二十一日，南郊，改雍熙元年。案：「二十一日」，原本誤作「二十四日」，今據雍熙元年郊社文改正。雍熙二年、原注：乙酉。雍熙三年、原注：丙戌。雍熙四年、原注：丁亥。雍熙五年、原注：戊子。正月十七日，耤田畢，肆赦，改端拱元年。端拱二年、原注：己丑。淳化元年、原注：庚寅。正月一日，改元。淳化二年、原注：辛卯。淳化三年、原注：壬辰。淳化四年、原注：癸巳。淳化五年、原注：甲午。至道元年、原注：乙未。正月一日，改元。至道二年、原注：丙申。至道三年。原注：丁酉。

帝即位，改元太平興國，議者竊謂「太平」字，一人六十也。至道三年，帝升遐，壽五十九歲，亦叶其數。舒州民有獻瑞石「誌公記」，其文曰：「吾觀四五朝後次丙子，趙號太平，二十一帝王，國家啓運，在五代後。」太宗丙子歲即位，四五百年之前，天命在國家久矣。

案：宋史大中祥符五年閏十月丁丑，出舒州所獲瑞石，文曰「誌公記」，而不載其文。此書不載年月日，彼此可以參考。

真宗朝

咸平元年、原注：戊戌，上即位，初改元。咸平二年、原注：己亥。咸平三年、原注：庚子。咸平四年、原注：辛丑。咸平五年、原注：壬寅。咸平六年、原注：癸卯。景德元年、原注：甲辰。正月一日，改元。景德二年、原注：乙巳。景德三年、原注：丙午。景德四年、原注：丁未。大中祥符元年、原注：戊申，正月五日，以天書降，改元。大中祥符二年、原注：己酉。大中祥符三年、原注：庚戌。大中祥符四年、原注：辛亥。大中祥符五年、原注：壬子。大中祥符六年、原注：癸丑。大中祥符七年、原注：甲寅。大中祥符八年、原注：乙卯。大中祥符九年、原注：丙辰。天禧元年、原注：丁巳。正月一日，改元。天禧二年、原注：戊午。天禧三年、原注：己未。天禧四年、原注：庚申。天禧五年、原注：辛酉。乾興元年。原注：壬戌。正月一日，改元。

景德五年正月三日乙丑，天書降。丙寅，上謂宰相王旦等，議降德音，改年號。丁卯，王旦以德音條目上進。上曰：「朕再思之，奉承天意，當大赦天下。」馮拯進曰：「適中書、樞密院共議改元，莫若取神人所告『大中祥符』之言，以爲年號。」上悦曰：「美名也。」先是，景德四年十一月二十七日，夜將半，上方就寢，夢神人星冠絳袍，告上曰：「宜于正殿建黄籙道場一月，結壇齋戒，當降天書大中祥符三篇。」至是，以紀元。大中祥符九年十一月乙卯，詔曰：「朕以獻歲肇春，元辛叶吉。請真君而致潔，奉寶册以陳儀。將伸薦信之辭，式舉建元之典。其改來年爲天禧元年。」乾興元年正月一日，御札：「内外文武臣僚等，朕祇荷慶靈，嗣守洪業。顧涉道之猶淺，念守文之惟難。曷嘗不未明求衣，既昃忘食，兢兢業業，罔敢怠荒。而天地儲休，宗社垂祐，嘉祥屢降。庶政允釐〔三八〕，民俗阜康。邊垂靖謐〔三九〕，臻于至治〔四〇〕，益用愧懷。屬歲律之肇新，慶春祺之紛委，式改紀年之號，并伸及物之恩〔四一〕。宜自正月一日，改天禧六年爲乾興元年。重念類帝薦誠〔四二〕，尚賒于亞歲；先庚施令，俾告于門庭。其今年冬，合行南郊諸般恩澤，并特移就二月一日〔四三〕。庶兹惠渥，亟洽群倫。所有覃慶及賞賚等，一依自來南郊體例施行。至日，朕親御正陽門宣制。仍令有司，草具儀注以聞。布告中外，咸使聞知。」

仁宗朝

天聖元年、原注：癸亥。上即位，初改元。天聖二年、原注：甲子。天聖三年、原注：乙丑。天聖四年、原注：丙寅。天聖五年、原注：丁卯。天聖六年、原注：戊辰。天聖七年、原注：己巳。天聖八年、原注：庚午。天聖九年、原注：辛未。天聖十年、原注：壬申。十一月六日，改明道元年。案：「十一月」，原本誤作「十二月」，今據東都事略改正。明道二年、原注：癸酉。十二月，降詔，改明年爲景祐。景祐元年、原注：甲戌。景祐二年、原注：乙亥。景祐三年、原注：丙子。景祐四年、原注：丁丑。景祐五年、原注：戊寅。十一月十八日，南郊，改寶元元年。寶元二年、原注：己卯。寶元三年、原注：庚辰。二月二十一日，改康定元年。康定二年、原注：辛巳。十一月二十日，南郊，改慶曆元年。慶曆二年、原注：壬午。慶曆三年、原注：癸未。慶曆四年、原注：甲申。慶曆五年、原注：乙酉。慶曆六年、原注：丙戌。慶曆七年、原注：丁亥。慶曆八年、原注：戊子。皇祐元年、原注：己丑。正月一日，改元。皇祐二年、原注：庚寅。皇祐三年、原注：辛卯。皇祐四年、原注：壬辰。皇祐五年、原注：癸巳。皇祐六年、原注：甲午。三月十六日〔四四〕，改至和元年。至和二年、原注：乙未。至和三年、原注：丙申。九月十二日，改嘉祐元年。嘉祐二年、原注：丁酉。嘉祐三年、原注：戊戌。嘉祐四年、原注：己亥。嘉祐五年、原注：庚子。嘉祐六年、原注：辛丑。嘉祐七年、原注：壬寅。嘉祐八年。原注：癸卯。

上即位，改元天聖。時章獻明肅太后臨朝，撰號者取「天」字，于文爲二人，以謂二人聖者，以尊太后也。至十年，改元明道，又以謂于文日月并也，與二人之意同。後以犯契丹主耶律明記諱，遂改曰景祐。是時，連歲大旱，改元詔意，冀以導迎和氣也。案：遼史景宗本紀：諱寧，字賢寧，小字明扆。與此及李燾長編作「明記」者有異。又長編謂改元因歲旱蝗，宜有變改，而以歐陽修歸田録所云犯契丹諱爲誤。此書則犯諱、歲旱兩説并見，正與歸田録原文相符。附注備考。五年，因郊，又改曰寶元。自景祐初，慕明皇以開元加尊號，遂加景祐于尊號之上，至寶元亦然。是歲，趙元昊以河西叛，改姓元氏，朝廷惡之，遽改曰康定，而不復加于尊號。而好事者以謂康定乃謚號也。明年，又改曰慶曆。至九年，大旱，河北尤甚，民死者十八九，于是又改曰皇祐，猶景祐也。六年四月朔，日食，以謂正陽之月，自古所忌，又改曰至和。三年，上不豫，久之康復，又改曰嘉祐。蓋自天聖至此，凡改元者九，皆有謂也。

英宗朝

治平元年、原注：甲辰。治平二年、原注：乙巳。治平三年、原注：丙午。治平四年。原注：丁未。

神宗朝

熙寧元年、原注：戊申。上即位，初改元。熙寧二年、原注：己酉。熙寧三年、原注：庚戌。熙寧四年、原注：辛亥。熙寧五年、原注：壬子。熙寧六年、原注：癸丑。熙寧七年、原注：甲寅。熙寧八年、原注：乙卯。熙寧九年、原注：丙辰。熙寧十年、原注：丁巳。元豐元年、原注：戊午。正月一日，改元。元豐二年、原注：己未。元豐三年、原注：庚申。元豐四年、原注：辛酉。元豐五年、原注：壬戌。元豐六年、原注：癸亥。元豐七年、原注：甲子。元豐八年。原注：乙丑。

哲宗朝

元祐元年、原注：丙寅。上即位，初改元。元祐二年、原注：丁卯。元祐三年、原注：戊辰。元祐四年、原注：己巳。元祐五年、原注：庚午。元祐六年、原注：辛未。元祐七年、原注：壬申。元祐八年、原注：癸酉。元祐九年、原注：甲戌。四月十二日，改紹聖元年。紹聖二年、原注：乙亥。紹聖三年、原注：丙子。紹聖四年、原注：丁丑。紹聖五年、原注：戊寅。六月朔，改元元符元年。案：「元符元年」四字，原本誤作大字，今改正。元符二年、原注：己卯。元符三年。原注：庚辰。

徽宗朝

建中靖國元年、原注：辛巳。上即位，初改元。其年南郊，又改明年元。崇寧元年、原注：壬午。正月一日，改元。崇寧二年、原注：癸未。崇寧三年、原注：甲申。崇寧四年、原注：乙酉。崇寧五年、原注：丙戌。大觀元年、原注：丁亥。正月一日，改元。大觀二年、原注：戊子。大觀三年、原注：己丑。大觀四年、原注：庚寅。政和元年、原注：辛卯。正月一日，改元。政和二年、原注：壬辰。政和三年、原注：癸巳。政和四年、原注：甲午。政和五年、原注：乙未。政和六年、原注：

丙申。政和七年、原注：丁酉。政和八年、原注：戊戌。十一月一日，改重和元年。重和二年、原注：己亥。二月四日〔四五〕，改宣和元年。案：宋史重和二年二月庚辰，改元。考是年正月戊申朔，則庚辰爲二月三日。原本誤作「三月一日」，今改正。宣和二年、原注：庚子。宣和三年、原注：辛丑。宣和四年、原注：壬寅。宣和五年、原注：癸卯。宣和六年、原注：甲辰。宣和七年。原注：乙巳。

欽宗朝

靖康元年。原注：丙午。上即位，初改元。

光堯壽聖太上皇帝朝

建炎元年、原注：丁未。五月朔，即位，改靖康二年爲建炎元年。案：此書紀元，非正月朔日改元者，皆作分注，至次年，直書爲二年。高宗以靖康二年五月一日，即位改元，此特書建炎元年者，蓋以建炎中興，故變例此書。建炎二年、原注：戊申。建炎三年、原注：己酉。建炎四年、原注：庚戌。紹興元年、原注：辛亥。案：宋史紹興元年正月一日，改元。此處原注有闕文。紹興二年、原注：壬子。紹興三年、原注：癸丑。紹興四年、原注：甲寅。紹興五年、原注：乙卯。紹興六年、原注：丙辰。紹興七年、原注：丁巳。紹興八年、原注：戊午。紹興九年、原注：己未。紹興十年、原注：庚申。紹興十一年、原注：辛酉。紹興十二年、原注：壬戌。紹興十三年、原注：癸亥。紹興十四年、原注：甲子。紹興十五年、原注：乙丑。紹興十六年、原注：丙寅。紹興十七年、原注：丁卯。紹興十八年、原注：戊辰。紹興十九年、原注：己巳。紹興二十年、原注：庚午。紹興二十一年、原注：辛未。紹興二十二年、原注：壬申。紹興二十三年、原注：癸酉。紹興二十四年、原注：甲戌。紹興二十五年、原注：乙亥。紹興二十六年、原注：丙子。紹興二十七年、原注：丁丑。紹興二十八年、原注：戊寅。紹興二十九年、原注：己卯。紹興三十年、原注：庚辰。紹興三十一年、原注：辛巳。紹興三十二年、原注：壬午。

靖康二年五月一日，赦：「朕惟火德中微，天命未改。考光武紀元之制，紹建隆開國之基，用赫丕圖，益光前烈。可以靖康二年五月一日，改爲建炎元年。」

校勘記

〔一〕屬以北虜侵疆　「北虜」原作「敵國」，據宋文鑑卷三二建隆登極赦文改。

〔二〕往殄胡塵　「殄胡」原作「靖邊」，據宋文鑑卷三二建隆登極赦文改。

〔三〕開寶九年十月二十二日　「二十二日」原作「二十一日」，據宋大詔令集卷一太宗即位赦天下制及宋史卷四太宗本紀四改。

〔四〕氛祲盡平　「氛祲」，宋大詔令集卷一太宗即位赦天下制作「多壘」。

〔五〕猥以大寶　「大寶」，宋大詔令集卷一太宗即位赦天下制作「神器」。

〔六〕布告遐邇咸使聞知　原脱，據宋大詔令集卷一太宗即位赦天下制補。

〔七〕各盡乃職　宋大詔令集卷一真宗即位赦天下制作「各罄乃誠」。

〔八〕仁宗乾興元年二月二十日　「二十日」原作「十九日」，據宋大詔令集卷一仁宗即位赦天下制及宋史卷九仁宗本紀一改。

〔九〕「天生烝民」至「輯庶邦之大治」　宋大詔令集卷一仁宗即位赦天下制作「惟天輔德，所以司牧黔黎；惟后守邦，所以奉承緒業。稽三代傳歸之典，寔百王善繼之規。洪惟先皇帝紹二聖之丕圖，膺三靈之眷命，仁臨區宇，澤浸昆蟲。誕揚清静之風，聿致和平之治」。

〔一〇〕永結遺弓之慕　「慕」，宋大詔令集卷一仁宗即位赦天下制作「恨」。

〔一一〕循顧眇質　「循顧」，宋大詔令集卷一仁宗即位赦天下制作「肆予」。

〔一二〕獲嗣慶基　案此句下，宋大詔令集卷一仁宗即位赦天下制還有「顧殞越以無容，且哀荒而在疚」。

〔一三〕英宗嘉祐八年四月二日　「二日」原作「一日」，據長編卷一九八、宋大詔令集卷一英宗即位赦文及宋史卷一三英宗本紀改。

〔一四〕固負荷之惟艱　「固」，宋大詔令集卷一神宗即位赦作「顧」。

〔一五〕「奉先昭孝」至「體予至懷」　宋大詔令集卷一神宗即位赦作「恭念先朝之摹，具循四聖之業。雖寡德之末類，敢舊章之或隳。尚覬宗社隤靈，忠賢合慮，以固鴻圖之守，以安寶命之承。咨爾萬方，其體朕意」。

〔一六〕用答揚于光訓　「光」，宋大詔令集卷一哲宗即位赦作「先」。

〔一七〕朕承先帝之末命　「末」，文津閣本作「永」。

〔一八〕遵制揚功　「制」，宋大詔令集卷一徽宗即位赦作「志」。

〔一九〕體予至懷　「懷」，宋大詔令集卷一徽宗即位赦作「意」。

〔二〇〕施及眇躬　「施」，靖康要録卷一與此同，三朝北盟會編卷二六作「肆」。

〔二一〕宜布惟新之澤　「澤」，三朝北盟會編卷二六作「政」。

〔二二〕同底于道　「道」，三朝北盟會編卷二六作「治」。

〔二三〕仍抑臣僚　「抑」原作「仰」，據三朝北盟會編卷一〇一、宋會要輯稿禮五四之一四及中興禮書卷一七八嘉禮改。

〔二四〕忽奉講和之詔　「忽」，宋會要輯稿禮五四之一四作「并」，三朝北盟會編卷一〇一及中興禮書卷一七八嘉禮作「亟」。

〔二五〕豈圖變故　「故」原作「改」，據三朝北盟會編卷一〇一、宋會要輯稿禮五四之一四及中興禮書卷一七八嘉禮改。

〔二六〕籲號久隔　「籲號」，三朝北盟會編卷一〇一、宋會要輯稿禮五四之一四及中興禮書卷一七八嘉禮作「顧號令」。

〔二七〕朕每懷問寢之思　「懷」，三朝北盟會編卷一〇一、宋會要輯稿禮五四之一四及中興禮書卷一七八嘉禮作「惟」。

〔二八〕若時忠義之家　「若」原作「同」，據三朝北盟會編卷一〇一、宋會要輯稿禮五四之一四及中興禮書卷一七八嘉禮改。

〔二九〕佇立功而立德　「德」原作「事」，據三朝北盟會編卷一〇一、宋會要輯稿禮五四之一四及中興禮書卷一七八嘉禮改。

〔三〇〕同徯兩宮之復　「同」，三朝北盟會編卷一〇一、宋會要輯稿禮五四之一四及中興禮書卷一七八嘉禮作「共」。

〔三一〕乾龍以震長而繼天　「乾龍」原作「淵聖」，據清波雜志卷一赦書兩本改。

〔三二〕虜使詭和　「虜」原作「敵」，據清波雜志卷一赦書兩本改。

〔三三〕孝宗皇帝紹興三十二年六月十三日　「六月」原脱，據建炎以來繫年要録（以下簡稱要録）卷二〇〇、中興兩朝編年綱目卷一三及宋史卷三三孝宗本紀一補。

〔三四〕爰下維新之令　「爰」，要録卷二〇〇及中興禮書卷一七八嘉禮作「盍」。

〔三五〕可大赦天下　「天下」原脱，據要録卷二〇〇及中興兩朝編年綱目卷一三補。

〔三六〕敢忘付托之恩　「恩」原作「難」，據要録卷二〇〇及中興兩朝編年綱目卷一三改。

〔三七〕周顯德七年正月四日受禪五日改元　「五日」原脱，據長編卷一、皇朝編年綱目備要卷一及宋史卷一太祖本紀一補。

〔三八〕庶政允釐　「允釐」，宋大詔令集卷二改乾興元年制及宋會要輯稿禮五四之五作「斯和」。

〔三九〕邊垂靖謐　「靖」，宋大詔令集卷二改乾興元年制及宋會要輯稿禮五四之五作「清」。

〔四〇〕臻于至治　宋大詔令集卷二改乾興元年制及宋會要輯稿禮五四之五作「興言致此」。

〔四一〕并伸及物之恩　「并」，宋大詔令集卷二改乾興元年制及宋會要輯稿禮五四之五作「佇」。

〔四二〕重念類帝薦誠　「帝」，宋大詔令集卷二改乾興元年制及宋會要輯稿禮五四之五作「甲」。

〔四三〕并特移就二月一日　「二月」原作「正月」，據宋大詔令集卷二改乾興元年制、長編卷九八及宋史卷八真宗本紀三改。

〔四四〕三月十六日　「十六日」原作「十七日」，據長編卷一七六、皇宋十朝綱要卷六及宋史卷一二仁宗本紀四改。

〔四五〕二月四日　「四日」原作「三日」，據皇宋十朝綱要卷一八及宋史卷二二徽宗本紀四，改元在本年二月庚辰。四庫館臣考證云：「案：宋史重和二年二月庚辰，改元。考是年正月戊申朔，則庚辰爲二月三日。原本誤作『三月一日』，今改正。」然據陳垣二十史朔閏表，此月爲「丁丑朔」，庚辰則爲本月四日，據改。

卷三

宋 李攸 撰

詔書

太宗嘗爲手詔戒陳王元僖等，案：詔稱即位十三年，是爲端拱元年。考元僖以是年三月進封許王，此詔尚稱陳王，則當在是年二月以前也。曰：「朕周顯德中，年十六，時江淮未賓，從昭武皇帝南征戰，軍屯揚、泰等州，數與交戰。朕雖年少，擐甲胄，習弓馬，屢與賊軍交鋒。應弦而踣者甚衆，行伍皆見。太祖駐兵六合，得知其事，拊髀大喜。年十八〔一〕，從周世宗及太祖，下瓦橋關、瀛、莫等州，亦在行陣。洎太祖即位，親討李筠、李重進，朕留守帝京，鎮撫都城，上下如一。其年蒙委兵權，歲餘，授開封尹，歷十六七年，民間稼穡、君子小人真僞，無不更諳。即位以來，十三年矣。朕持儉素，外絶游田之樂，内鄙聲色之娛。真實之言，固無虚飾。汝等生于富貴，長自深宫，民庶艱難，人之善惡，必是未曉〔二〕，略説其本，豈盡予懷？夫帝子親王，先須克己勵精，聽卑納誨〔三〕。每著一衣，則憫蠶婦；每餐一食，則念耕夫。至于聽斷之間，勿先恣其喜怒。朕每親臨庶政，豈敢憚于焦勞？禮接群臣，無非求于啓沃。汝等勿鄙人短，勿恃己長，乃可永守富貴，以保終吉。先賢有言曰：『逆吾者是吾師，順吾者是吾賊。』不可不察也。」

真宗初爲開封尹，既入對，上諭以理民之道，曰：「夫政教之設，在乎得人心而不擾。欲得人心，莫若示之以誠信；欲不擾，莫若鎮之以清浄。先聖有言曰：『撫我則后，虐我則讎。』無越于此。苟撫養得宜，雖虎狼亦當馴擾〔四〕，況于民乎！文王語太子發曰：『吾所以得民心者，蓋童羊不殺，童牛不使。』以是仁愛，四海歸心，祚延八百。」他日，復對宰相語其事。呂蒙正曰：「晉、漢之世，君臣疑間，封疆狹隘，民苦殘暴，史弘肇輩非理殺戮，都市之内，横尸流血。當時議者曰：『如是爲國，其能久乎？』果運祚短促，奸臣窺伺。清浄爲理，誠如聖旨。」

仁宗景祐元年四月〔五〕，案：宋史仁宗本紀作「五月丁卯」。此作「四月」，與史互異。詔曰：「織文之奢，不鬻于國市；纂組之作，實害于女工。朕稽若令猷，務先儉化。深維抑末，緬冀還淳。然猶杼軸之家，相矜于靡麗；衣服之制，弗戒于紛華。浮費居多，逾侈斯甚。宜懲俗尚，用謹邦彝。内自掖庭，外及宗戚，當奉循于明令，無因習于偷風。其錦背、繡背及遍地密花透背、段子，并宜禁斷。西川歲織上供者，亦罷之。」

【景祐三年二月】上嘗謂近臣曰：「聖人治世，有一物不得其所，若己推而置諸死地。羽蟲不傷，則鳳凰來；毛獸不傷，則麒麟出。比聞臣僚士庶人家，多以鹿胎製造冠子，及有命婦，亦戴鹿胎冠子入内者。以致諸處采捕，殺害生牲。宜嚴行禁絶。」乃下詔曰：「冠冕有制，蓋戒于侈心；麛卵無傷，用蕃于庶類。惟兹麀鹿，伏在中林，宜安濯濯之游，勿失呦呦之樂。而習俗所貴，獵捕居多，既澆民風，且暴天物。特申明詔，仍立嚴科，絶其尚異之求，一此好生之德。宜令刑部，遍牒施行。應臣僚士庶之家，不得戴鹿胎冠子。今後諸色人，不得采殺鹿胎，并製鹿胎冠子。如有違犯，許人陳告，犯人嚴行斷遣。告事人如告獲捕鹿胎人，賞錢二十貫。告戴鹿胎冠子并製造人，賞錢五十貫。以犯人家財充。」自是鹿胎無用，而采捕者亦絶。

政和三年七月二十一日，奉御筆：「禮以辨上下、定民志。自秦、漢以來，禮壞不制，富人墻壁被文綉，倡優僭后飾。當時士之賢者，至于太息，時君世主，亦莫能興。卑得以逾尊，賤得以凌貴，欲安上治民，難矣！比裒集三代鼎彝、簠簋、盤匜、爵豆之類，凡五百餘，載之于圖，考其製作，而所尚之象，與今薦天地、饗宗廟之器，無一有合。去古既遠，禮失其傳。夫祭以類而求之，其失若此，則豈能有格乎？已詔有司，悉從改造，若宫室、車服、冠冕之度，昏冠、喪葬之節，多寡之數，等殺之別，雖嘗考定，未能如古。秦、漢之弊未革也。夫道之以德，齊之以禮，有耻且格。今無禮以齊之，而刑施焉，朕甚憫之。可于編類御筆所置禮制局，討論古今沿革，具畫來上。朕將親覽，參酌其宜。蔽自朕志，期在必行。革千古之陋，以成一代之典，庶幾先王垂法後世。」

宣和二年六月十七日，奉御筆手詔：「國家承祖宗積累之休，民物阜安之久，禮樂明備，法具令完。是宜嘉與四海之人，同臻逸樂。而邇歲僥倖、浮僞者衆，爵禄冗濫，政令猥并，竭天下賦入之常，殆不能給。當寧慨念，宵旰不忘，屬考先王立政立事之經，紹元豐詒謀之重。至于逾其名分、冒濫過甚者，稍加裁定。所以抑僥倖，澄浮僞，垂裕無窮，蓋非五季鎸削之計。而懷奸之士，尚敢造言惑衆，唱爲裁損之説，規欲動摇。夫以三省、樞密院之近，綱紀所自出，而額外吏職，逾先帝官制者，幾四百員；冒帶階官，自朝奉大夫至中奉大夫者五十人，保引入省院者，至千有餘員。神霄一司無所責任，而置吏逾四百五十人，國用之匱，顧有自矣。雖欲不汰，可乎？咨爾臣子，其體兹意。自今有敢妄議朝政，鼓惑衆聽，意在朋比爲奸，及奉承詔令，觀望稽滯違戾者，有官職人并以編置，餘杖脊流配。仰御史臺彈奏，開封府察治，仍出榜朝堂。故兹親加詔諭，師聽無渝。」

詔三省依元豐成憲。宣和七年四月二十七日，御筆手詔：「神考若稽古制，正名百官，以貽休于萬世。眷言三省，稽決政事，維持紀綱之地。凡命令之出，所以審議行者，必由此焉。是以有詔曰：『中書揆而議之，門下審而覆之，尚書承而行之，有不當者，自可論奏。』事無巨細，遍經三省，無出一己，使擅其權。屬政和而初建〔六〕，議者遂以尚書令僕之名易之公相，凡三省之務，悉總治之。後復以公相廳爲都廳，而領三省，則初未之革。使神考垂裕不刊之典〔七〕，奪于權臣，自營之私，良用憮然。朕嗣守丕業，率循舊章，夙夜于兹。大懼弗克祗紹，常謂坐而論道于燕閑者，三公之事；作而相與推行者，宰輔丞弼之職。今居三公論道之位，而總理三省衆務，使宰輔丞弼殆成備員，殊失所以紹述憲章之意。可于尚書省復置尚書令，虚而不除。三公止係階官，更不總領三省。若曰佐王論道，經緯國事，則三公其任焉。三省并依元豐成憲，毋復侵紊。敢輒議者，以大不恭論。若昔大猷，是正邦典，朕庶幾無愧于前人。播告中外，咸知朕意。」

聖學

太宗篤好儒學，嘗覽前代修文殿御覽、藝文類聚，門目繁雜，失其倫次。乃詔翰林學士李昉、扈蒙，知制誥李穆，右拾遺宋白等，參詳類次，分定門目，編爲太平總類一千卷。俄改爲太平御覽録。案：宋史及各家書目，皆作太平御覽，此多一「録」字，與各書異。又謂稗官之説，或有可采，令取野史傳記、故事小説，編爲五百卷，賜名太平廣記。

太宗嘗謂侍臣曰：「朕萬幾之暇，不廢觀書。見前代帝王行事多矣，苟自不能有所剸裁，全倚于人，則未知措身之所。」因言宋文帝恭儉，而元凶悖逆，及隋楊素邪佞，唐許敬宗諂諛之事。侍臣聳聽。蘇易簡曰：「披覽舊史，安危治亂，盡在聖懷，社稷無窮之福也。」

上覽兵法陰符經，嘆曰：「此詭詐奇巧，不足以訓，蓋奸雄之志也〔八〕。」至論道德經，則曰：「朕每讀至『兵者，不祥之器，聖人不得已而用之』，未嘗不三復以爲規戒。王者雖以武功克定〔九〕，終須以文德致治。朕每日退朝，不廢觀書，意欲酌先王成敗而行之，以盡損益也。」

上讀老子，語侍臣曰：「伯陽五千言，讀之甚有益，治身治國之道〔一〇〕，并在其內。至云『善者，吾亦善之；不善者，吾亦善之〔一一〕』，此言善惡無不包容，治身治國者，其術如是。若每事不能容納，則何以治天下哉？」

太平興國八年，上顧宋琪、李昉等曰：「朕因思閭里間，每日焚香，祝天子萬歲，次大臣眉壽。朕與卿等，焉得不日思善事，以副億兆人之禱？」宋琪曰：「臣等蒙陛下不次擢用，又承戒諭，豈敢爲不善之事，以負宸恩？惟思公勤，庶補萬一。」咸再拜謝。

【新輯】上嘗語謂宰相曰：「朕於黎民，孜孜訪問，務欲令其得所，感悅人情，亦不難致。且虎狼之性，最是難禦，然而能畜虎者，以時飼之，使知養育之意，伏牙藏爪，而况於人乎？因思君臣之間，要在上下情通，即事無凝滯，若稍間隔，豈能盡致理之道？古人有言：『君視臣如手足，則臣視君如腹心；君視臣如草芥，則臣視君如寇讎。』此言甚有理致。」宋琪曰：「易卦：乾在上，坤在下，謂之否，此天氣不下降，地氣不上騰之謂也。坤在上，乾在下，謂之泰，此天地交泰之象也。則知君臣之道，必在情通，乃能成天下之務。」上悦。事實。〔一二〕

太平興國九年，太宗謂宰相曰：「朕每日所爲，自有常節，晨間視事既罷〔一三〕，便即觀書，深夜就寢，五鼓而起。盛暑晝日〔一四〕，亦未嘗寢。乃至飲食，亦不過度。行之已久，甚覺得力。凡人食飽，無不昏濁，儻四肢無所運用，便就枕，血脉凝滯，諸病自生。欲求清爽，其可得乎？老子曰：『我命在我，不在于天。』全繫人之調適。卿等亦當留意，無自輕于攝養也。」

真宗即位，每旦，御前殿，中書、樞密院、三司、開封府、審刑院及請對官以次奏事。辰後入宮尚食。少時，出坐後殿，閱武事，至日中罷。夜則傳侍讀、侍講學士，詢問政事，或至夜分還宮。其後率以爲常〔一五〕。

龍圖閣直學士陳彭年，因次輪對儒術污隆、君臣難易之要。上曰：「朕每念太祖、太宗丕變衰俗，崇尚斯文，垂世教人，實有深意。朕謹遵聖訓，紹繼前烈，庶警學者。人君之所難，由乎聽受；人臣之所不易，在于忠直。其或君以寬大接下，臣以誠明奉上，君臣之心，皆歸于正，上下之際，靡失厥中。直道而行，至公相遇〔一六〕，此天下之達理。先王之治，猶指諸掌，孰曰難哉！」因作二論示之。

上謂近臣曰：「朕聽政之外，未嘗虛度時日，探測簡編〔一七〕，素所耽玩。古聖賢奥旨，有未曉處，不免廢忘〔一八〕。昨置侍讀、侍講學士，自今令秘閣官，每夕具名聞奏。朕欲召見，得以訪問。」其後每當直，或召對，多至二三鼓方退。

上嘗謂王旦等曰：「經史之文，有國家之龜鑑，保邦治民之要，盡在是矣。然三代之後，典章文物、制度聲名，參古今而適時用，莫若史、漢。學者不可不盡心焉。」旦曰：「孔子于周衰，歷聘諸國。退而删詩書，定禮樂，以五常之道，垂萬世法。後之王者，雖上聖，必師範之。古人云：『生民以來，未有如夫子者。』蓋以此也。如云『志在春秋』者，誠欲以褒貶筆削〔一九〕，爲終古誅賞之法，使亂臣賊子，觀而知懼，兹立教之深旨，爲國家之大要。自司馬遷爲一家之書，蓋知春秋凡例不可繼，故曰紀、曰書、曰世家、曰列傳，懲勸之微旨在焉。班固而下，不出其意〔二〇〕，但增詞采而已〔二一〕。」上曰：「夫子之道，不可斯須而捨，迂儒或言堯舜之時，無夫子亦治，此淺識之甚。殊不知夫子之道，堯舜之道也。故曰：『祖述堯舜，憲章文武。』又曰：『惟天爲大，惟堯則之。』其惟尊堯而宗舜，所謂夫子之道，與堯舜無異也。」

上嘗謂近臣曰：「古人多言禱神可以延福，未必如此。能行好事，神必福之。如禮記世子篇注云：『文王以憂勤損壽，武王以快樂延年。』其聖經之旨，必不如此，蓋注皆不思之甚也。文王焦思勞神，以憂天下，豈得減壽？夏禹焦勞，有錫圭之瑞，而享國永年。大約帝王能憂人之憂，不自暇逸，豈無感應？鄭康成注此，頗不近理，安足爲之鑒戒？朕嘗與邢昺論之，昺不能對〔二二〕。」

右正言、知制誥朱巽專對，言：「朝廷命令，不可屢有更改。自今應陳述利害〔二三〕，改張法制者，望先委有司詳議，其經久可行者行之，不可行者止之。庶幾張綱紀以絶分爭。」上顧宰臣曰：「此甚識體。且事之可否，執政之地〔二四〕，所宜盡言無隱。惟顧君臣道合。若上下同心，何憂不治？今四方無虞，賴卿等慎守經制。若一事遽行，則攀援重臣，詞說競起，處置頗難。是知今所施行〔二五〕，不可不慎。至若言事利病，輕爲釐革，初則皆以爲當，後則翻成有害。及復正其事，乃是朝令夕改。此事允當執守。書云：『慎乃出令，令出惟行。』此之謂也。」上又曰：「莅官之人，不可太寬，致成弛慢。亦不可過求人之罪，務于煩擾。」王旦曰：「古人有言：『法出而弊作，令下而奸生。寬則民慢，陷法者多，亟則民無所措手足。』正謂此焉〔二六〕。」上深然之。

治平元年，祖無擇知制誥，獻皇極箴。詔奬之。

治平三年四月辛丑〔二七〕，命龍圖閣直學士兼侍講司馬光，編集歷代君臣事迹。于是，光奏曰：「臣自少來，略涉群史，竊見紀傳之體，文字煩多，雖以衡門專學之士，往往讀之不能周浹。况于帝王，日有萬幾，必欲遍知前世得失，誠爲未易〔二八〕。竊不自揆，常欲上自戰國，下訖五代，正史之外，旁采他書，凡關國家之興衰，繫生民之休戚，善可爲法，惡可爲戒，帝王者所宜知〔二九〕，略依左氏春秋傳體，爲編年一書，名曰通志。其餘浮冗之文，悉删去不載。庶幾聽覽不勞，而聞見甚博。私家區區，力不能辦，徒有其志，久而無成。曏曾以戰國時八卷上進，幸蒙賜覽。今所奉詔旨，未審令臣續成此書，或别有編集？若續此書，欲乞亦以通志爲名〔三〇〕。其書上下貫穿，千有餘載，固非愚臣所能獨修。伏見韶州翁源縣令劉恕、案：宋史劉恕傳，恕爲鉅鹿主簿、和川令，光薦修通鑑，召爲局僚，不言爲翁源令也。此與宋史互異。將作監主簿趙君錫，案：宋史司馬光、趙君錫傳，均不載薦修通鑑事，本傳亦不載其爲將作監主簿，亦可補宋史之闕。皆有史學，爲衆所推。欲望差此二人，與臣同修，庶早成書。」詔從之。而令接所進書八卷編集，俟書成，取旨賜名。其後君錫父喪，不赴，命太常博士、國子監直講劉攽代之。

元豐七年十二月戊辰，端明殿學士司馬光上資治通鑑五代紀三十卷，自治平三年置局，案：宋史，英宗治平三年置局，在秘閣。每修一代史畢，上之。至是書成，總二百九十四卷，目録、考異各三十卷。上諭輔臣曰：「前代未嘗有此書，過荀悦漢紀遠矣。」輔臣請觀之，遂命付三省，仍令速進入。以光爲資政殿學士，降詔獎諭。

范祖禹曰：「神宗皇帝即位之初，多與講讀之臣論政事于邇英，君臣傾盡，無有所隱。而帝天資好學，自强不息，禁中觀書，或至夜分。其勵精勤政，前世帝王未有也。自熙寧至元豐之末，間日御經筵，風雨不易。蓋一遵祖宗成憲，以爲後世子孫法也。可不念哉！」

御製

太宗皇帝御製太師魏國公尚書令真定王神道碑

案：宋史：趙普薨，贈尚書令，追封真定王。太宗撰神道碑，親御八分書以賜之。蓋即此篇。但僅見録于杜大珪名臣碑傳琬琰集，而殘闕不全，僅存十之三四。此書所載，篇幅既完，且其事迹年月多與東都事略及宋史趙普本傳相異同〔三一〕。

唐堯在位，聖賢謂之叶符；虞舜得人，天地以之開泰。八方理定，千載會昌，必旌柱石之材以觀其壯節，鹽梅之寄以濟其和平。是故應運握圖，明王聖帝，受天寶命，開國承家，無不用忠確間世之臣光輔基業〔三二〕，股肱心膂之士共同甘辛。萬代通規，一時遭遇，保全令德，克荷洪勛者，其故真定王普之謂矣。王姓趙氏，字則平。其先顓頊之裔，佐禹平水土，是謂柏翳，帝堯賜姓曰嬴氏，造父其後也。有功于周穆王，受封于趙。周德下衰，叔帶去周適晉，六卿取晉，遂開國焉。今爲常山人也。案：宋史趙普傳，本幽州薊人，父迴徙常山，又徙河南洛陽。王藴人倫之風概，禀山嶽之儀型，晦而不彰，寬而無撓，竭其誠志，有始有終，無善不藏，非義勿取。頊自我太祖從周世宗南平淮甸，水陸兼行，龍虎震威，號令始發，捷如影響，冥契神人。是時擒其僞將皇甫暉于滁上。王時爲郡之參佐，斷事明敏，獄無冤者。太祖聞名，召見與語，深器之。案：宋史：太祖拔滁州，普爲軍事判官，宣祖卧疾滁州，普朝夕奉藥餌，宣祖待以宗分。太祖與語，奇之。與碑稍異。洎後太祖仗鉞左馮，因辟爲同州節度推官，歷華臺、許田、濉陽三鎮從事〔三三〕。案：宋史：太祖移鎮宋州，表爲掌書記。不載其爲華臺、許田、濉陽三州從事。與碑稍異。其在幕府也，恭敬畏慎，盡竭赤誠，夜思晝行，勿矜勿伐。可謂龍吟虎嘯，雲起風從，如懷萬頃之陂，遭遇承平之會〔三四〕。太祖光宅天下，龍躍商丘，知有佐時之才，早定君臣之契，擢爲諫議大夫、樞密學士〔三五〕，仍頒金紫以榮之。是歲，上黨帥李筠叛，太祖將議親征，委之留守，調發軍實。王以爲聖上躬擐甲胄，臣子宜效驅馳，乃陳懇上言，乞扈從鑾輅。洎中途進策，案：宋史：西京留守向拱來朝，獻策急攻。而不載普中途進策云云。據此，可與宋史互參。曰：「陛下初登寶位，應天順人，將制驍雄，光耀神武。兵機貴速，不尚迂遲，若倍道兼行，掩其倉卒，所謂自天而下，不戰而成擒也〔三六〕。」太祖深納其言，舉兵速進。未詣長平，李筠果擁衆出戰。于時靈旗指寇，勇士齊心，叛帥自焚，餘黨就戮。旋又維揚帥李重進，包藏禍心，阻抗王命。太祖便殿召對，問攻取之策。王籌其繕修孤壘，倚恃長淮，而士卒離心，資糧乏絶，以順討逆，動必成功。太祖深然之，乃親御六師，長驅淮楚，不逾數月，果爾蕩平。駕迴，酬其功賞，階授金紫，加太保，充樞密使，案：宋史：建隆元年，平李重進，建隆三年，普始拜樞密使、檢校太保。據此，則當在元年平李重進之後。與宋史互異，當以碑文爲據。仍賜功臣之號。爰自累代以來，朝廷多故，諸侯專制，兵甲亂常；加以僭僞未平，案：名臣碑傳琬琰集載此碑，自首至「加以僭僞未平」句止，以下皆闕。〔三七〕師旅未備，餘風未殄，思有以革之。王以庶務草創，深惟遠圖，利害靡不言，纖微靡不達，忠盡其力，言無轉規，啓心不疑，振舉風俗。故得遐邇悦服，政令惟新，皆其功也。乾德中，拜門下侍郎、同中書門下平章事，因之大用，出于流品矣。我太祖觀其才智，凡事責成。既升近密之權，可觀立功之效。英聲爲之間出，文物爲之復興。勠力同心，如石投水，固已蕭、張讓德〔三八〕，姚、宋推功，魚水之歡，未足爲比。惟誠惟信，少是少非。敭歷艱難，上副弼諧之任；明哲兼濟，聿臻命世之才。忠順其言，純誠克著。恢張出之于人表，翊戴以助于康平。徇公滅私，不忘片善；用心合道，逆耳求知〔三九〕。開寶六年，太祖以王始佐創業，克志昇平，伐罪吊民，開擴疆土，下西蜀，平南越，擒吴會，來北戎，威德綏懷，無遠不至，雲龍際會，大道合符〔四〇〕，洎十有餘年矣，知無不爲，甚煩神用，務均勞逸，以優藎臣，尋授太傅，佩相印，持節河陽。朕嗣守丕圖，勤修庶政，腹心之寄，中外攸同，特授太嶽宫〔四一〕，使相如故。乃眷并汾，民墜塗炭，戎車一駕，逆壘宵降。既静妖氛，爰覃爵賞，改太子太保，增加井賦，北連朔嶠，東盡海嵎，禹穴唐郊，盡爲王土。朕嘗念往年之舊德，褒賞輔弼之殊勛。帷幄之謀，明于果斷，思置之左右前後，任以耳目股肱。粤自藩垣，入居廊廟，久竭弼諧之道〔四二〕，更資調燮之能，遂徵授守司徒、兼侍中、昭文館大學士。三階已正，百度惟貞，憂國忘家，直亮在意。常誡諸弟諸子，以爲受寵逾分，富貴逼身，一領名藩，再登上相，以身許國，私家之事〔四三〕，吾弗預焉。嘗念頃自宥密，升于宰輔，出入三十餘年，未嘗爲親屬而求恩澤，爾等各宜砥礪，無尚吾過。故自始至末，親黨無居清顯者。昔春秋美晉大夫羊舌肸，謀而鮮過，惠訓不倦，王復有焉。八年，以襄、鄧之俗，獄訟攸煩，惠彼疲民，寄之元老，下車布政，鄉閭阜安。事有未便于民者，削而去之；利于民者，舉而行之。豪猾畏威，鰥寡懷惠。暨改轅襄漢，民之去思，如失父母。時也得病于南陽，經年未差，就移漢水，重鎮便藩。案：宋史，太平興國八年，出爲武勝軍節度。雍熙三年春，大軍出討幽薊，久未班師，普手疏諫，引姚元崇十事。雍熙四年，始移鎮山南東道節度。今據碑文，則移鎮在三年以前，當以碑爲據。常思報主之誠，每懷憂國之忠，乃心王室，時有箴規。上表引唐姚元崇十事，陳古今治亂之由，極人臣獻納之意。興懷慷慨，詞甚激切，揣摩時事，居安慮危，此又其忠藎也。朕以歷代耤田，其禮久廢，勸農務本，其可忽諸？乃命有司，舉行籍典〔四四〕，改元布慶，帝載惟熙，造膝沃心，惠我耆德。而王久違宸扆，思拜闕庭，既累進于直言，宜載踐于寢廟，復授太保兼侍中、昭文館大學士。案：宋史，雍熙四年，下詔親耕耤田。普表求入覲。明年，端拱元年正月，耤田禮畢，拜太保兼侍中。不載其兼昭文館大學士。此可補宋史之闕。居雲霄之上位〔四五〕，擢列辟之崇資。燭幽明而無怠無荒，報恩榮而可大可久。刑政之務，知無不爲。功績播于謀猷，群庶謂之明哲。獻替之職，理事皆通，不憚劬勞，夙夜匪解，可以傳聞清世，書于簡編。而連歲之間，風疾頻發，願避賢者之路，乞歸閑散之官。朕以勛舊之臣，方深倚注，命駕臨問，涕泣興言：齒髮雖衰，疴瘵未退，荷天之寵，力所不任。特授太保兼中書令、洛陽留守。又經歲，疾勢轉深，上表堅乞退避，以禳災眚。勉强誨諭，志不可奪，乃册拜守太師，進封魏國公，就便頤養。太醫、中使不絕于路，顒望有瘳，別加殊渥。豈期美疢，王遽彌留，以淳化三年七月十四日，薨于洛陽之私第，案：普以淳化三年春，致仕。七月，薨。原本誤作「二年」，今據宋史改正。享年七十有一。朕覽表驚嗟，悲慟累日，不待巫祝桃茢，親臨其喪，賻服舉哀〔四六〕，輟視朝五日。遣右諫議大夫范杲持節，策贈尚書令，追封真定王，特賜謚曰忠獻，吊祭賵贈之數，并給加等，以盡君臣之禮焉。四年二月，命有司備鹵簿，葬于洛陽北邙之原，而合祔焉。案：宋史本傳：葬日，有司設鹵簿、鼓吹如式，不詳其年月。此云「二月」，則當在四年，原本誤作「二年」，今改正。嗚呼！梁木斯壞，哲人云萎，若濟巨川，予將安寄！王性本俊邁，幼不好學，及至晚歲，酷愛讀書，經史百家，常存几案，强記默識，經目諳心，碩學老儒，宛有不及。既博達于今古，尤雅善于談諧。馬伏波詞辨分明，杜征南手不釋卷。見事而敏，抱器自然，壯志無窮，日新其德。許國常存于懷抱，令譽以至于名彰。其爲子也，孝養于親，動不違禮，友愛于昆弟，嚴慈于子孫。其仕于公也，奢儉酌中，貞忠許國〔四七〕，名器能守，謙卑益光。茂德崇勛，輝映朝列，寵遇之盛，古今罕聞。自再入廟堂，時陳規諫。負荷重寄，常懷啓沃之心；竭輸忠忱〔四八〕，以待公家之事。有萬石君之周慎，孔光之謹密〔四九〕，管、葛之智略，房、杜之經綸，舉而兼之，斯謂全德。朕于早歲，嘗與周旋，而節操有恒，始終無玷。荷台鉉之任，處輔弼之司，既集大勛，薦膺典册，紀其功烈，宜作旗常。昔唐虞之得皋夔，夏商之任虺益，有周以閎散佐佑，炎漢以蕭曹弼諧，用能寅亮帝謨，緝熙庶績。儔庸比德，今其勝哉！天不慭遺，予何自律？乃迹其景行，勒之鼎彝，昭臣範于將來，庶令名之不朽。銘曰：

應運開國，股肱任賢。委以心腹，操執彌堅。實猶令德，王猷周旋〔五〇〕。裨贊明聖，厥位名傳。信任得人，方言柱礎。魚水同心，君臣盛美。夜寐夙興，有終有始。進思盡忠，見義從矣。退思補過，器識安閑。攀龍附鳳，備歷艱難。縱横志大，接對温顔。官崇薦陟，善惡之間。近密公朝，與奪非類。禀性懷柔，區别利害。踐揚貴職，綽有奇才。經綸宏異，學識通該。赫赫皇猷，恭恭近侍。任以機權，寵彰名器。啓沃王命，業茂勛崇。南征北伐，平蕩奸雄。日侍冕旒，情僞明察。假仗天威〔五一〕，好生惡殺。若聞喧駭，事不忸怩。堪爲國重，制斷臨時。性直如繩，酌中如砥。孝悌于家，簡編信史。惟公之德，間代英靈。非義不理，庶務乃馨。積善夤緣，敦厚必顯。文教潛敷，聲聞自遠。殊勛表信，追思念功。素推臣節，澤被無窮。奇士挺生，民安俗阜。允洽克從，禮讓規矩。悲風颯颯，夜杳冥冥。咨嗟永隔，精魄長扃。喪此貞純，曷終暮景。魂影已沈，去路斯永。廟堂師傅，丘壠幽泉。勒銘翠琰，不勝潸然。

西京崇福宫記 原注：真宗、章獻、神宗、欽慈神御。

嵩高之奠洛邑，望之巍然，峻極于天，號稱中嶽。夏之興也，祝融降焉。自三代以來，罔不祀事。深林鉅谷，陽舒陰慘，有木有草，食者不昧，變化不測。厥惟福壤，昔我章聖，齊明寅畏，格于上下，文思武定，以厎丕平。大中祥符間，天下無事，祠祀天地山川，舉典則以治神人。顧山川之神，足以紀綱天下者，非致隆備物，以昭崇極，則不足以稱。由是册尊嵩岳，曰中天崇聖帝。嵩旁觀曰太一，唐高宗所立，自唐迄今，歷歲數百。天禧中，章獻明肅皇后斥奩具，葺而治之，更宫名曰崇福，且置殿曰會元，以嚴后土元天大聖后之象。仁祖天聖、景祐之際，永懷章聖皇帝，建寶祥之殿，以奉睟容，而塑章獻明肅皇后于殿之西閣。于是山川之嘉氣，爰聚爰宅，而王畿之西，琳宫真館，神聖所依，崇福爲之冠。元豐改元，歲在戊午，欽慈皇后被遇神考，深惟繼承之重，天下之大本，夙聞嵩嶽多神異之紀，而嵩旁之宫，得太室瀍澗之勝，有靈明肸蠁之實，獨崇福爲第一。乃因阿保傅氏，俾族子永和，齎持香幣，有禱于會元之神。神享其請，賜以吉卜，再卜襲吉。越四年壬戌冬十月，是生朕躬。明年三月，又遣永和自京師，命羽流盛芳薦以伸昭報。又十有七年，當元符之庚辰，朕入繼大統，獲承至尊。詢謀往昔，留戀秘宇，而增隆之典，廢缺弗講，圖像之威，黯昧就滅，榱桷之制，腐剥撓折，殆非所以振顯神之大庇，而仰當我烈考、欽慈在天之靈。爰敕有司，于始生之辰，增度道侶，而本始之元，四序之首，候届炎律，歲遘履端，衍寶籙之徽言，啓僊科之静供者，閲月而後止。黄金之飾，瓌麗之器，皆尚方所作，百具用修。蓋元符庚辰之五月，崇寧癸未之九月也。案：崇寧二年爲癸未，原本誤作「癸巳」，今改正。大觀元年丁亥，復詔洛帥侈宫楹而大之，革故取新，華潔完固。萬役不出于民，一費不取于官，庀工予財，悉自内府。三年三月，工告訖。百辟卿士，咸曰休哉，必有金石刻，以紀本末，而垂無窮。朕恭念欽慈皇后爲天下之母，育天下之君，而不得致天下之養，兹用夙夜震悼于心。若乃儀式刑神考之訓，繼其志，述其事，以紹先烈，庶幾乎得四海之歡，以事宗廟，于以顯親，于以揚名，孝之本也。眷求慶源，想像嗣服，昭答靈貺，肇新寶構，以示無忘，朕亦安敢忽諸？初新兹宫，靈芝拱穀，産于萬歲峰下，實會元殿之背，薦生嘉卉，貫芝同秀，世莫識其名者，凡三本。河南守上其事，宰臣率百官賀于閤門外，天下悉以爲瑞應。賴天溥臨，於昭孝思，鋪張聲詩，傳之百世，非朕孰宜？爲辭曰：

覆載定位，融結以類。維山巖巖，惟嵩中峙。爰有琳宮，在嵩之旁。案：「在嵩」，原本作「在宮」，據此記，前有「嵩旁觀曰太一」之文，則「宮」字當係「嵩」字之訛，今改正。佳氣萃止，福源穰穰。在昔章聖，衣冠出游。惟時仁宗，世德作求。睟儀穆穆，寶構奕奕。以安以寧，百神受職。於皇神考，克肖天德。既受帝祉，子孫千億。欽慈方幼，長發其祥。神斯顧享，錫羡用光。念茲皇祖，厥猷翼翼。以保以承，是荷是式。緬懷欽慈，永言孝思。凡我有今，欽慈之爲。作茲新宇，以報以祈。孝奉神明，天且弗違。靈芝拱縠，異名同秀。於昭瑞應，自天之祐。追惟罔極，敢怠永久？刻文茲石，以昭厥後。

校勘記

〔一〕年十八　「年」原脱，據長編卷二九及古文淵鑑卷四二戒許王元偓等詔補。

〔二〕必是未曉　「是」，長編卷二九及古文淵鑑卷四二戒許王元偓等詔作「恐」。

〔三〕聽卑納誨　「誨」，長編卷二九及古文淵鑑卷四二戒許王元僖等詔作「諫」。

〔四〕雖虎狼亦當馴擾　「狼」，長編卷三六及宋史全文卷四及皇朝編年綱目備要卷五作「兕」。

〔五〕景祐元年四月　「四月」，長編卷一一四、宋大詔令集卷一九九禁錦背繡背遍地透背等詔及宋史卷一〇仁宗本紀二均繫於「五月」。當是。

〔六〕屬政和而初建　「初」原脱，據宋會要輯稿職官一之四二補。

〔七〕使神考垂裕不刊之典　「裕」，宋會要輯稿職官一之四二作「祐」。

〔八〕蓋奸雄之志也　「蓋」原作「善」，據山堂考索後集卷四七兵門及宋朝事實類苑卷二改。

〔九〕王者雖以武功克定　「定」原作「敵」，據長編卷二三、皇朝編年綱目備要卷三及宋朝事實類苑卷二改。

〔一〇〕治身治國之道　「之道」原脱，據宋朝事實類苑卷二補。

〔一一〕吾亦善之　「亦」原作「則不」，據老子下篇四十九章及宋朝事實類苑卷二删。

〔一二〕輯自宋朝事實類苑卷二。

〔一三〕晨間視事既罷　「晨」，宋朝事實類苑卷二、長編卷二五及皇朝編年綱目備要卷三作「辰巳」。

〔一四〕盛暑盡日　「盡日」，宋朝事實類苑卷二作「晝日」，長編卷二五及皇朝編年綱目備要卷三作「永晝」。

〔一五〕其後率以爲常　「率」原脱，據宋朝事實類苑卷三及涑水記聞卷六補。

〔一六〕至公相遇　「相」原作「而」，據長編卷七九、宋朝事實類苑卷三及宋史卷二八七陳彭年傳改。

〔一七〕探測簡編　「測」，宋朝事實類苑卷三與此同，經幄管見卷一作「賾」。

〔一八〕不免廢忘　「免」原作「克」，據宋朝事實類苑卷三及經幄管見卷一改。

〔一九〕誠欲以褒貶筆削　「筆削」，宋朝事實類苑卷三及經幄管見卷二作「極筆」。

〔二〇〕不出其意　「出」原作「得」，據宋朝事實類苑卷三及經幄管見卷二改。

〔二一〕但增詞采而已　「增」原脱，據宋朝事實類苑卷三及經幄管見卷二補。

〔二二〕昺不能對　「不能」原作「無以」，據文津閣本、宋朝事實類苑卷三及經幄管見卷二改。

〔二三〕自今應陳述利害　「今」原脱，據宋朝事實類苑卷三補。

〔二四〕執政之地　「執」原作「報」，據宋朝事實類苑卷三改。

〔二五〕是知今所施行　「今所施行」，宋朝事實類苑卷三作「令命所施」。

〔二六〕正謂此焉　「謂」原作「爲」，據宋朝事實類苑卷三改。

〔二七〕治平三年四月辛丑　「四月」原作「二月」，據長編卷二〇八、帝學卷七及宋史全文卷一〇改。

〔二八〕誠爲未易　「誠」原脱，據長編卷二〇八及帝學卷七補。

〔二九〕帝王者所宜知　「帝」原脱，據長編卷二〇八及宋史全文卷一〇補。

〔三〇〕欲乞亦以通志爲名　「亦」原作「一」，據長編卷二〇八及帝學卷七改。

〔三一〕案：四庫館臣考證，杜大珪名臣碑傳琬琰集載此碑，「殘闕不全，僅存十之三四」，實誤，今中國國家圖書館藏宋刻元修本名臣碑傳琬琰之集，不闕，衹是個别文字與宋朝事實所載有異。

〔三二〕無不用忠確間世之臣光輔基業　「光」，名臣碑傳琬琰集卷一趙中令公普神道碑作「先」。

〔三三〕歷華臺許田濰陽三鎮從事　「濰」，名臣碑傳琬琰集卷一趙中令公普神道碑作「睢」。

〔三四〕遭遇承平之會　「會」，名臣碑傳琬琰集卷一趙中令公普神道碑作「運」。

〔三五〕擢爲諫議大夫樞密學士　「諫議大夫樞密學士」，宋史卷二五六趙普傳作「右諫議大夫、樞密直學士」。

〔三六〕不戰而成擒也　「不戰」，名臣碑傳琬琰集卷一趙中令公普神道碑作「可一戰」。當是。

〔三七〕案：今存宋刻元修本不闕。

〔三八〕固已蕭張讓德　「德」原作「行」，據名臣碑傳琬琰集卷一趙中令公普神道碑改。

〔三九〕逆耳求知　「耳」原作「邪」，據名臣碑傳琬琰集卷一趙中令公普神道碑改。

〔四〇〕大道合符　「道」原作「通」，據名臣碑傳琬琰集卷一趙中令公普神道碑改。

〔四一〕特授太嶽宫　「太嶽宫」，名臣碑傳琬琰集卷一趙中令公普神道碑作「太尉」。

〔四二〕久竭弼諧之道　「竭」，名臣碑傳琬琰集卷一趙中令公普神道碑作「渴」。

〔四三〕私家之事　「事」原作「後」，據名臣碑傳琬琰集卷一趙中令公普神道碑改。

〔四四〕舉行籍典　「籍」原作「舊」，據名臣碑傳琬琰集卷一趙中令公普神道碑改。

〔四五〕居雲霄之上位　「居」，名臣碑傳琬琰集卷一趙中令公普神道碑作「登」。

〔四六〕賻服舉哀　「賻」，名臣碑傳琬琰集卷一趙中令公普神道碑作「縗」。
〔四七〕貞忠許國　「忠」，名臣碑傳琬琰集卷一趙中令公普神道碑作「純」。
〔四八〕竭輸忠忱　名臣碑傳琬琰集卷一趙中令公普神道碑作「竭力輸忠」。
〔四九〕孔光之謹密　「密」原作「命」，據名臣碑傳琬琰集卷一趙中令公普神道碑改。
〔五〇〕王猷周旋　「猷」，名臣碑傳琬琰集卷一趙中令公普神道碑作「佐」。
〔五一〕假仗天威　「天」，名臣碑傳琬琰集卷一趙中令公普神道碑作「元」。

卷四

宋 李攸 撰

郊赦一

太祖乾德元年，案：東都事略，十一月甲子，合祭天地于圜丘，改元乾德。從張昭議，以宣祖配。考宋史十一月甲子，十六日也。此書失載月日。南郊禮成，車駕將還宮，有司請乘金輅。上顧侍臣曰：「朕欲乘輦，可乎？」對曰：「無爽典禮。」乃改乘輦還。帝御明德門，肆赦。前一日，有司設文武百官、皇親及蕃國、諸州朝貢使、僧道、耆老位于明德門外。太常設宮縣，置鉦鼓。其日，刑部録御史臺、開封府、京城繫囚以俟。及車駕還至明德門内，就幄次改御常服。群臣就位，皇帝登樓，即御坐。樞密使副、宣徽使分侍立，仗衛如儀。通事舍人引群官横行再拜訖，復位。侍臣宣曰：「承旨、通事舍人詣樓前。」侍臣宣敕：「樹金鷄。」通事舍人退，詣班宣付所司，訖，太常擊鼓集囚，少府監樹鷄竿于樓東南隅，竿木伎人四面緣繩争上，取鷄口所銜絳幡，獲者呼萬歲。樓上以朱繩貫木鶴，仙人乘之，捧制書，循繩而下，至地，以畫臺承鶴。有司取制書，置案上，閤門使承旨引制案，宣付中書門下，轉授通事舍人，北面宣云：「有制。」群官再拜，宣赦訖，還授中書門下，轉付刑部侍郎〔一〕，承制釋囚，群官稱賀。閤門使進詣樓前，承旨宣達，訖，百官又再拜，蹈舞而退。赦文：「門下：朕以三靈睠命，五讓興邦。躬親罔憚于萬幾，德教將加于四海。屬歲時屢稔，華夏大同，干戈漸偃于靈臺，文軌皆通于象闕。俗阜而南薰風競，刑清而貫索星沈〔二〕。仰觀則日月麗天，俯視而龜龍在沼。加以物無疵癘，民樂雍熙。蓋玄穹垂祐于皇家，非凉德自臻于昌運〔三〕。由是考百王之舊制，緝千古之憲章〔四〕，墜典必修，無文咸秩。潔犧尊而謁清廟，被大裘以郊上玄。萬乘雲屯而在途，千官星拱而就列。公侯助祭，共江漢以朝宗；鐘鼓在懸，與風雷而相薄。百靈受職，群后受釐。明德惟馨，神心有荅。非烟塞望以呈瑞，嘉氣浮空而襲人。民具爾瞻，禮無違者。乃回金輅，乃御應門。律且協于黄鐘，日正臨于甲子。順三元之更始，慶萬彙之咸亨。而又藩嶽勛臣，宰衡庶尹，外達蠻貊，内暨緇黄，謂予曆數在躬，以『應天廣運』順其美。謂予温恭允塞，以『仁聖文武』成其功。兼『至德』之隆名，盡哲王之能事。物議斯允，予衷莫違〔五〕，宜覃曠蕩之恩，用慰黎元之望。可大赦天下。云云。於戲！崇德報功，取天地無私之象；眚灾肆赦，推雷雨作解之恩。更賴中外大臣，佐佑厥辟，必使萬邦黎獻，盡躋仁壽之鄉。百姓平章〔六〕，用致勛華之上。布告億兆，咸使聞知。」其後郊祀，遵用此制。改是年爲乾德元年。宣制畢，御崇元殿，百寮奉玉册〔七〕，上尊號曰應天廣運仁聖文武至德皇帝。壬申，大宴于廣德殿。上壽，號曰飲福宴。

乾德六年，改開寶元年。十一月二十四日，南郊赦文：「門下：我國家受天景福，奄有土咸賓。聲明洞照于萬方，德教咸加于四海。風雨順而歲年豐稔，干戈戢而刑政澄清。域中共慶于小康，海外咸欣于至化〔八〕。朕顧惟寡昧，祇奉玄穹，荷上帝之垂休，致中原之大定。遂發誠意，再舉舊章。恭陳告謝之儀，仰答自天之祐。羽衛森羅而在野，王公肆覲而在庭。六樂無不調，五禮無不備。躬奠玉爵，陟配紫壇，具物薦誠，神心昭格。非烟塞望以呈瑞，嘉氣浮空而降祥。宜與寰區，同兹胥悦。象闕既還于彩仗，鷄竿大舉于鴻恩。同玉曆之惟新，與蒼生而共慶。盡日月照臨之内，罔間幽遐；極車書混同之邦，咸均雨露。庶成端拱，永洽可封〔九〕。可大赦天下。案：宋史：開寶元年南郊大赦：十惡殺人、官吏受贓者不赦。後凡郊赦，俱大略倣此。改乾德六年爲開寶元年。自今年十一月二十四日昧爽以前。云云。於戲！皇王報本之義，乾坤助順之祥，既舉彝章，諒無闕政。更賴中外宣力，將相同心，保黎庶之乂安，致邊陲之寧靜。扶持景運，翊亮皇猷。長懷魚水之歡，共樂太平之化。布告億兆，咸使聞知。」案：宋史：是年，南郊禮成，上尊號曰應天廣運大聖神武明道至德仁孝皇帝。前乾德元年赦文，載尊號，此後多失載。

赦文：「門下：我國家膺上天之景命，洽四海之歡心。車書大同，聲教遐被。爰自塵清五嶺，浪靜南溟。開萬里之封疆，致兆民之蘇息。山川克復，日月光華；風雨順時，歲年大稔。朕君臨天下，道莅人寰，致率土之同清〔一〇〕，自玄穹之垂貺。于是恭循典禮，親執豆籩，當愛日之迎長〔一一〕，罄虔誠而告謝。群后執圭而肆覲，神郊備物以陳儀。柴燎既升，乾光下燭，瑞氣浮空而不散，生民鼓舞以同懽。宜覃作解之恩，用洽自天之慶。可大赦天下，自開寶四年十一月二十七日昧爽以前。云云。於戲！天地垂休，所以祚開泰；皇王報本，所以告成功。盛禮行而人神協和，慶澤流而寰海胥悦。文武列位，將相具寮，

同心同德以逢時，盡節盡忠而宣力。宜勤翊亮，共致太平。」〔一二〕

九年，案：宋史：開寶九年四月庚子，祀圜丘。此書失載年號并月日。太祖將幸西京，正月十三日，詔曰：「定鼎洛邑，我之西都。燔柴泰壇，國之大事。今江表底定，方內大同。祇遹景靈，用伸報謝。乃眷西顧，郊兆在焉。將飭駕以時巡，躬展誠于陽位。朕今幸西京，以四月有事于南郊。」案：東都事略：「正月庚辰，詔後月幸西京，有事于南郊。」幸西京當在二月，而此書載正月十三日詔云：「今幸西京，以四月有事南郊。」考宋史禮志：「正月，詔以四月幸西京。」而太祖本紀復作「三月丙子，幸西京」。與此互異。及赴齋宮，先時霖雨彌旬，是日雲物晴霽，觀者如堵。垂白之民咸相謂曰：「我輩少屬亂離，不圖今日復睹太平天子儀衛。」皆相對感泣。赦文：「門下：我國家受命開基，化民育物，荷乾坤之垂佑，致文軌之大同。內則朝政雍熙，外則武功振耀，洎兩川克復，五嶺蕩平。被聲教于寰瀛，納生靈于富壽。惟有江表，未息祆塵〔一三〕，頃勞動于六師〔一四〕，尋廓清于一境，數千里氛妖既殄〔一五〕，百餘年生聚知歸〔一六〕。蘇其久困之民，布以惟新之化。非冲人之克乂，皆上帝之儲休。今者卜首夏之良辰，就西都之正位，備其燔燎，靖乃豆籩〔一七〕，躬伸告謝之誠，用達恭虔之志。奠玉之盛儀既舉〔一八〕，普天之慶澤方行。宜覃曠蕩之恩，用表混同之化。可大赦天下。云云。於戲！牲牢報本，所以答天地之休；雷雨行恩，所以洽華夏之慶〔一九〕。御鳳樓而風雲助順，案：宋史：開寶九年四月庚子，祀圜丘，迴御五鳳樓，大赦。揭鷄竿而士庶同歡。眷惟文武之具寮，并效忠勤之亮節。佐我隆平之運，實多翊亮之勞〔二〇〕，方切注懷，更宜宣力。」

太宗太平興國三年十一月，南郊赦文：「門下：王者負扆居尊，繼天垂統，順三靈之眷命，契萬國之懽心。宵衣旰食以忘疲，恤物愛民而爲念。自臨宸極，再易炎涼，朝政允釐，嘉穀屢稔，四海盡同于文軌，九州重正于封疆。顧菲薄以何功，賴穹旻之降祐。爰循舊典，親祀上玄，獻琛而率土皆來，執玉而諸侯畢會。風雲助順，羽衛增華。慶皇祚之昌隆，見禮容之繁盛。而又王公庶尹〔二一〕，中外具寮，同傾愛戴之心，奉我龐鴻之號。億兆之願，豈獨在予？宜覃大賚之恩，用洽可封之化。可大赦天下，自太平興國三年十一月十五日昧爽以前。云云。於戲！郊天祀地，牲牢已薦于至誠；布惠行恩，雨露均霑于萬彙。灑渥澤而瑕疵盡滌，出縲囚而囹圄皆空。凡諸有位之臣，體我無私之意，更資忠力，共贊皇圖。寰宇克定于丕平，竹帛永光于千古。」案：宋史：是年，南郊禮成，上尊號曰應運統天聖明文武皇帝。此失載。

太平興國六年十一月十七日，南郊赦文：「門下：王者繼統居尊，握圖臨極，法二儀而行化，親萬務以忘勞。兢兢如涉于大川，蕩蕩期臻于至化。日慎一日，于兹六年。八紘之文軌大同，四序之陰陽不忒。兵鋒偃戢，年穀順成。蘇杭千里之土疆，盡歸臨照；汾晉一方之生聚，頓愈瘡痍。邊陲載息于烟塵，宇宙俱凝于和氣。顧惟凉德，享是豐功，蓋穹昊之降靈，兼祖宗之垂祐。爰伸大報〔一二二〕，特備嚴禋，被衮冕以陟圜壇，薦牲牢而饗上帝。而又中外列辟，文武庶寮，復以徽名，加于眇質。尊崇之號，念何德以克堪；億兆之心，顧抑情而從徇〔一二三〕。祇膺典禮，良用兢慚。宜覃作解之恩，用洽普天之慶。可大赦天下。云云。於戲！玉帛薦誠，已陳于盛禮；雲雷覃慶，咸被于殊休。效忠良者悉與旌酬，負瑕釁者皆從滌蕩。百神受職，萬國來同〔一二四〕。當景運之昌隆，嘉禮容之繁盛。風雲薦瑞，士庶同歡。更資有位之臣，共贊無私之化〔一二五〕。各宣忠力，永輔皇家。布告寰區，咸令悉知。」案：宋史：是年，南郊禮成，上尊號曰應運統天睿文英武大聖至明廣孝皇帝。此失載。

赦文：「門下：惟皇撫運，樹鴻業于中區；惟辟奉天，表至誠于大報。既謹就陽之禮，宜覃及物之恩。用慶昌期，式符前典。朕自虔膺寶運，嗣守瑤圖，九載于玆，一心無怠。雖寰區既乂，敢忘于旰食宵衣；而風雨弗迷，屢睹于年豐俗阜。加以非烟甘露，雰霏繼灑于人寰；瑞獸珍禽，馴擾咸歸于御苑。四塞之干戈自息，八方之文軌大同。集是丕休，匪由涼德，斯蓋玄穹之所降鑒，清廟之所儲祥。朕所以躬事禋燔，告謝天地。千官景從，陪玉輅以拱宸〔二六〕；諸侯駿奔，仰玄壇而助祭。矧乃文物大備，聲名孔修。當六變以升聞，荷百神之昭格。純嘏之錫，豈獨在予？思與萬邦，同茲大慶。仍改紀元之號，遐均作解之恩。可大赦天下，改太平興國九年爲雍熙元年。自雍熙元年十一月二十一日昧爽以前。云云。於戲！景運方隆，荷乾坤之眷祐；彝倫式叙，在刑政以交修。更賴文武藎臣，方嶽庶尹，各伸乃力，共泰吾民。庶令擊壤之謠，不獨唐堯之代；可封之俗，復追虞舜之朝。凡爾含靈，知予至意。」

【淳化】四年正月二日，案：宋史禮志：「淳化三年，將以冬至郊，前十日，皇子許王薨。宋琪請以來年正月上辛合祭。從之。」即此正月二日辛卯也。南郊赦文：「門下：我國家創業垂統，逾三十年。禮讓興行，車書混一。外則五侯九伯，立屏翰之奇功；內則三事庶僚，罄股肱之亮節。共贊無私之化，成茲不拔之基。加以紫壇屢饗于天宗，青輅早修于農事，既禮交而樂舉，致遠肅而邇安。內顧眇躬，享茲介福，是用就上辛之良日，薦大報之至誠。乾坤既錫于鴻休，祖宗是崇于嚴配。案：東都事略：淳化四年，南郊。以宣祖、太祖并配。八鑾景附，咸伸助祭之儀；百辟靈從，盡展陪鑾之禮。睹士民之繁盛，望羽衛之駢羅。思與普天，同茲大慶。宜布惟新之澤，爰覃作解之恩。可大赦天下〔二七〕，自淳化四年正月二日昧爽以前，云云。於戲！郊天地以致誠明，咸尊典故；法陽春而施德澤，盡滌瑕疵。華夷遠播于懽聲〔二八〕，宇宙遍凝于和氣。更資有位，益勵乃誠，展安民濟物之謀，助旰食宵衣之化。庶俾照臨之內，俱躋富壽之期。咨爾萬方，咸知朕意。」南郊畢，御乾元門，下制曰：「泰壇燔柴，國之大典。上辛祈穀，禮有舊章。祗見上帝，祈福天宗。」案：此句下疑有脫文，無別本可校，姑仍其舊。癸巳，上賦南郊宿齋五、七言詩六首，賜近臣。乙未，雨雪。作立春日瑞雪詩三首。秘書監李至言：「自廟徂郊，纖飆不搖。羽衛如植，升壇而星象炳煥，訖事而雲氣鬱興。應門肆赦，非烟可挹。」案：此句下疑亦有脫文。

赦文：案：宋史：至道二年正月辛亥，南郊。此書失載年月日。考下原注：宋白爲禮儀使及問呂端云云。按是年，宋白爲禮部侍郎，進翰林承旨。呂端同中書門下平章事。宋制：禮儀使專命翰林學士爲之。白以翰林承旨爲禮儀使，故知此赦當在是年也。「門下：我國家千齡啓運，百世其昌。惟列聖之在天，介鴻休于下土。朕自祇膺眷命，嗣守皇圖，垂二十餘年，居億兆之上。域中四大，常師古聖之言；天下一家，幸接隆平之運。遠肅而蠻夷率服，時和而風雨弗迷。盡禹別之九州，來修厥貢；懋堯咨之四嶽，咸建庶官。刑政于是相宣，聲明以之大備。夫何凉德，集是丕休，皆由九廟之儲靈，實荷二儀之降鑒。得不討論方策，博采乎禮經。祗奉郊丘，興崇于祀事。達孝思于清廟，祈景福于上玄。用薦精誠，斯爲大報。百神效祉，諸侯駿奔。羅羽衛于康莊，烟霞動色；設宫縣于兩觀，金石成文。千官扈蹕以雲從，百姓歡呼而雷動。禮終嚴祀，喜成昭事之心〔二九〕；候屬載陽，廣布惟新之慶。宜覃恩宥，溥洽寰區，可大赦天下。云云。於戲！時當獻歲，禮畢嚴禋。祖宗之純嘏無疆，天地之祥符有耀。仰資玄貺，敷佑蒼生。更賴三事大臣，六師上將，炳人文而宣教化，揚我武以定疆場〔三〇〕。逮夫庶邦冢君，凡百執事，咸有一德，永孚于休。俾我邦家，紹統前代，盡善盡美，不其偉歟！告示萬方，明知朕意。」原注：先是，禮儀使宋白奏曰：「伏詳儀注，朝饗太廟，皇帝先詣罍洗，後奠瓚；其祀天地，望先詣罍洗，後奠玉幣。」上以問呂端。言得禮之中。遂從白議。

二年十一月丙戌，合祭天地于圜丘。案：宋史：真宗咸平二年十一月丙戌，南郊。此書失載咸平年號，今據詔中嗣業三年等語，考之宋史，知在是年也。以太祖、太宗配。還御乾元門，下制曰：

「門下〔三一〕：天祚明德，民懷有仁。惟景運之泰階〔三二〕，實昊穹之眷命。太祖皇帝以武功定亂，驅除八方，四登泰壇，親行大禮。太宗皇帝以文德柔服，混成一統，五奠玉爵，合祭二儀。粤以冲人，仰嗣丕業〔三三〕。三年無改，恭依典禮之文；百穀用成，亟獲豐年之瑞。退朝之暇，内省于懷，未熟化源，既成治定〔三四〕。夫何凉德，集是鴻休？上由天地之元符，人神協贊；復荷祖宗之餘慶，輔弼宣功。履春冰而常積戰兢，涉大川而詎知涯涘。非惕厲不能繼先業，非精虔何以答上蒼！必在乎假清廟而擁神休，舉皇儀而陳備物。于以示昭報，于以伸孝思。爰當亞歲之辰，躬展事天之禮。玉帛在笥，金石在縣。一陽生而寰海會同，九奏成而神祇下降。禮無違者，天必從之。宜覃作解之恩，共洽無疆之祐。可大赦天下。」云云。於戲！國容全盛，天仗旋班。非烟散朱雀之街，旭日麗蒼龍之闕。歡聲雷動，喜氣雲從。肆士庶之榮觀，賴皇家之大慶。更賴文武多士，將相藎臣，各竭忠規，順成元化，同心同德。咸罄于嘉猷，無怠無荒，不忘乎明戒。同底于道，不其偉歟！布告萬民〔三五〕，咸知朕意。」

咸平五年十一月十一日，南郊赦文：「門下：禮莫大于事天，孝莫重于嚴父。因心崇陟配之義，垂訓懋翼子之規。自伯考建萬世之基，聖父纘重熙之業，莫不三年而郊上帝，九廟以饗神宗，用薦精誠，以伸昭報。顧予寡薄，獲荷慶靈，奉以周旋，焉敢廢墜？矧乃寰區底定，黎庶幾于小康；農畝豐登，稼穡呈于上瑞。皆玄穹之所降祐，繄列聖之所垂休。得不飭備物以告虔，升禋燎而報本？蠲吉之祀，廣至福于兆民；曠蕩之恩，宜大賚于四海。可大赦天下。云云。於戲！天下之至大，萬物之至繁，雖勵力以自彊，願恭己而自治。更賴藩嶽列辟，股肱元臣，暨禦侮之群才，迨盈廷之多士，咸盡忠而奉上〔三六〕，各無隱于厥誠。俾予垂拱而仰成，致俗一變而至道。共臻多福，永孚于休。」

景德二年十一月十三日，南郊，赦文：「門下：朕自猥紹慶基，君臨寓縣，奉若天道，馴致時雍。常念守位維艱，纂圖斯重，納隍軫慮，旰食視朝，于今九年，罔敢逸豫。幸玄穹之降鑒，荷宗廟以垂休，農祥薦臻，邊候不警。屬天正上元之日，陳吉土享帝之儀。因得躬執豆籩，祇見祖考，牲牢備物，珪幣薦誠。四海九州，皆來助祭；六變三獻，斯用降神。仰景貺之自天，慶蒼生之蒙福。報本既行于盛禮，迴鑾乃御于應門。萬國來庭，集梯航而入貢；九賓就列，睹書軌之混同。宜大賚于中區，洽鴻恩于庶品。永言純嘏，豈獨在予？爰稽肆眚之文，式布維新之澤。可大赦天下。云云。於戲！順天行慶，俾涣汗以維均；與物爲春，浹幽遐而廣被。偃革已臻于開泰，垂衣方示于穆清。更賴文武具僚，中外列辟，體君臣之同德，罄金石之純誠。躋政教于和平〔三七〕，納生民于福壽。共扶昌運，永享于休。」案：景德二年郊赦以後，大中祥符七年二月壬申，以謁聖祖于鴻慶宮，恭謝，南郊大赦。又天禧元年正月辛亥，以上聖祖尊號于景靈宮。南郊大赦。今此書二次赦詔俱缺，無別本可考，姑仍其舊。

【新輯】天禧元年，恭謝南郊，赦天下。制：正月辛亥。「門下：國家皇基博厚，實緒綿長，緊三聖之永圖，啓千年之興運。武功既集，悉恢復於封陲；文教誕敷，乃混同於書軌。内顧涼德，夙稟詒謀，爰暨纂承，惟懷惕厲。靈臺偃節，豈欲乎佳兵；壁沼崇儒，但期乎化俗。率由先訓，馴致大和，諸侯述職以貢輸，九域務農而滋殖，庶事清簡，烝民阜安。應上帝之降祥，愧一人之有慶。自元符之紹至，獲盛則以交修，繼封祀以告成功，勤撫巡而慰群望，并稽古道，獲擁神休。而復丹府感通，景輿來格，示本源之深遠，明世祚之蕃昌。肅奉睟容，欽聞諄誨。玉虚真聖，誕示於顧懷；金闕仙宗，茂彰於孚佑。荷殊尤之丕貺，竭崇報之至誠，逮於太室之靈，咸上徽名之册。事天盡禮，所以歸眷命之仁；尊祖致恭，所以廣人倫之孝。仍率嚴禋之令典，聿伸昭謝之虔誠，百職具揚，鴻儀云展。克成祇薦，諒符億兆之歡心；仰導純禧，宜布雲雷之殊澤。可大赦天下。云云。於戲！展嚴恭之禮，必罄於精衷，推浹洽之恩，庶資於繁祉。更賴忠良之佐，同傾爰戴之心，協贊昌辰，式延丕祐。咨爾中外，體朕意焉。〔三八〕」

天禧三年十一月十九日，南郊赦文：「門下：朕以仰欽皇緒，夙奉慶基。自列聖之詒謀，逮眇躬之繼統。兵戈銷偃，海域混同。何嘗不日慎居懷，時乘在御。絶畋游而育物，戒服玩以敦風。納民歸仁壽之區，涉道究希夷之際。撫安四極，賓延萬靈，表下武以丁辰〔三九〕，致彌文而熙載。講求典禮，肅恭神人，燕處穆清，聿懷冲粹。荷太清之孚佑，示秘籙以降祥。靈運嘉亨，景輿臨暨，載聆諄誨，逖悟仙源。勵翼彌堅，欽修備至。考古先之盛則，畢封禪之洪徽，崇尚真宗，登隆妙號。庇群生而是務，達精意以忘勞，乃至利建儲闈，奉承天緒。〔四〇〕言念元良之嗣，生知至德之方，善訪名山，特開珍館〔四一〕。祝壽昌之介祉〔四二〕，見忠孝之存誠。疊委寶文，愈昭殊應。是用答顧懷于穹厚，成禋享于壇壝〔四三〕。天祺總薦玉幣以精虔〔四四〕，陳豆籩而蠲潔。金匏協奏，文物駢羅，九賓相儀，百神受職。天祺總集〔四五〕，既彰祚國之休；王澤涵濡，宜洽均禧之慶。可大赦天下。云云。於戲！展嚴恭之禮，獲擁神休；覃滂霈之恩，式符衆望。諒周隆于慶賜，增激勵于神明〔四六〕。更賴中外信臣，文武列辟，竭以忠勤之節，傾其愛戴之心，協贊重熙，永膺多福。」

天聖二年十一月十三日，南郊，赦文：「門下：三載一郊，國朝茂典。蓋所以報貺天地，致虔祖宗，盡欽翼之心，膺錫禆之福。昊穹眷命，三聖重光，化無遠而不懷〔四七〕，惠無幽而不浹。肆予寡昧，纂是隆平。端扆永思，臨淵匪懼〔四八〕。幸賴母儀申誨，先烈在民。三事群卿，禆我以公道〔四九〕；百工庶尹，贊我以遠圖。政常敦本閑邪，刑必蠲苛從善。邊陲撤候，方聘修歡〔五〇〕。東南之畝屢登，陰陽之沴不作。是用采甘泉之曩制，方委粟之前經，度土就陽，占辰亞歲。豫祠真館，虔饗太宮，乃陟嘉壇，肅陳量幣。群司戒潔，工器協恭〔五一〕。瞻來格于窈冥，納降衷于高厚。天清日潤，禮備樂崇。克伸孚侑之文〔五二〕，實荷龐鴻之賜。宜均涣號，溥及含生。可大赦天下。云云〔五三〕。於戲！積累之業存乎時，涵濡之澤加乎遠。邦家所著，憲度甚明，予惟遵行，罔敢失墜。班朝文武，有位忠賢，庶益藎規，以弼凉德。勿休屢省，稱朕意焉。」禮成，輔臣皆進官。宰相王欽若等固辭。上謂曰：「郊祀慶成，朕爲卿等進官，懇辭何也？」欽若等對曰：「臣等待罪近司，獲陪盛禮，幸甚。復遷官秩，益爲忝冒。」上懇諭久之。欽若等再拜，稱謝而退。案：宋史：是年，南郊禮成，上尊號曰聖文睿武仁明孝德皇帝。此失載。

是月甲辰，案：宋史：仁宗天聖五年十一月癸丑，南郊。此書失載年月，今以宋史及所載事迹考之，當在是年也。百官集尚書省，受薦饗景靈宫誓。乙巳，受朝饗太廟誓。丙午，受合祭天地誓。丁未，上謂輔臣曰：「此三日，百官受誓，禮當然耶？」王曾等對曰：「宗廟告饗，皆沿郊祀之事，止當一日受誓。今蓋循先朝舊制，請俟他日釐正之。」庚戌，宿齋于天安殿，百官宿齋于朝堂。辛亥，薦饗于景靈宫，宿齋于太廟。大禮使王曾言：案：宋史禮志：是年郊後，擇日恭謝，大禮使王曾請節廟樂云云。今據此，則在郊前二日，宿齋太廟時也。與宋史先後互異。「皇帝執圭被衮，酌獻七室。而每室奏樂章，恐陟降爲勞。請節宫架之奏。」上曰：「三年一饗，朕不敢憚勞也。卿勿復言。」原注：其後每親祀，至版位，必遣内侍密諭樂卿，令備其音節。又以戒樂工云。壬子，朝饗七室，宿齋于南郊。癸丑，冬至，合祭天地于圜丘。三獻終，增禮生七人，各引本室太祝，升殿，徹豆畢。赦文：「門下：朕以紹膺端命，祗服睿圖，六載于兹，萬幾在念。守大中之彝訓，遵聖善之懿猷，被四表以宅心，浹群倫而從乂。有祈必應，惟動斯和，歲事省成，河流順復。案：宋史：是年七月，塞滑州決河。故曰河流順復。此皆鴻靈敷佑，列聖顧懷。乃底輯寧，愈增惕勵。奉先之道，固竭于精衷；報本之儀，聿循于舊典。既卜郊而叶吉，粤定位之載嚴。沿襲有初，講求惟允。格太宮而祼獻，率迪肅雍；類上帝以燎熏，并昭妥侑。罄齋莊而備至，荷肸蠁以居歆。矧乃真系垂謨，夙展欽崇之禮；玉虛攸館，將申哀對之文。回寶眷以博臨，介純禧而舉集。顯無疆之大慶，豈獨在予；霈作解之洪恩，式均有衆。可大赦天下。云云〔五四〕。於戲！天人交感，緊默定之有孚；中外胥歡，諒寵綏而宣洽。尚賴既睦之宗戚，同體之忠良，暨諸邇臣，逮夫庶士，協一德以修輔，廣四聰而必聞。慎固基扃，振明紀律，無隱厥志，用恢永圖。主者施行。」宣制畢，百官稱賀。上恭謝太后于會慶殿。案：宋史禮志：是年，郊後三日，齋長春殿，謝玉清昭應宮，禮畢，恭謝皇太后。與此郊後即日恭謝皇太后，後三日齋長春殿，又一日，謝玉清昭應宫，先後互異，當以此書爲據。内常侍贊引皇帝，皇帝自殿後幄詣皇太后前，再拜，跪奏曰：「臣禎虔遵舊典，郊祀禮成。中外協心，以歡以抃。」皇太后宣答曰：案：宋史禮志：是年，皇太后宣答曰：「皇帝德備孝恭，禮成嚴配，萬國稱頌，懽豫增深。云云。」與此互異。「郊祀之祉，與皇帝同之。」皇帝還内，百官賀。皇太后垂簾，賜酒三行。丙辰，宿齋于長春殿，百官宿齋于朝堂。丁巳，恭謝于玉清昭應宫。案：宋史：天聖五年，郊赦以後，天聖八年十一月戊辰，合祀天地于圜丘，大赦。此書失載。此次赦詔無别本可考，姑仍其舊。

【新輯】天聖八年南郊，赦天下，制：十一月。「門下：朕以寅畏大寶，在宥多方，紹列聖之宏基，荷上穹之凝命，何嘗不勤求治古，馴致洪寧！逖惟祖始之遐源，肅奉母儀之弼教，允資日慎，丕顯時雍。遠人無察匿之辭，辛旅積規承之賦。浮琛没羽，并占侯以來朝；共穗并柯，盡紛綸而紀瑞。頌揚聲而載路，糧棲畝以如坻。肆朕眇躬，茂膺馨烈，此乃高厚之所均化，幽明以之獻期。是以祝告于靈區，祼將乎世室。爰因景至，祗薦陽郊。精意爲禋，升烟而昭達；群望咸秩，受職以攸宜。縟禮聿修，鴻儀具舉。回旅輅於嶢闕，藻羽衛於端闈。答天地之垂休，法雨雷之作解。所以恩霑動植，澤洎幽遐。集中夏之至歡，既偕乃衆；念萬邦之有罪，敢忘在予？思與寰瀛，同兹榮賚。可大赦天下。云云。於戲！聖有謨訓，固定保之弗違；天惟顯思，繄聽鑒而斯久。顧守文之不易，懷降福之無疆。尚賴臺輔協恭，藩戚敦德，祗服王室之政，永底烝民之生，益竭藎忱，以康泰宇。〔五五〕」

是月壬辰，案：宋史：仁宗景祐二年十一月乙未，冬至，南郊，大赦。此書失載年月。今以乙未冬至及三宗并配，考之宋史，知在是年也。上宿齋于大慶殿，百官宿齋于朝堂。癸巳，薦享景靈宮，宿齋于太廟。甲午，饗七室，又饗奉慈廟。宿齋于南郊。乙未，冬至，合祭天地于圜丘。以太祖、太宗、真宗并配。案：東都事略：景祐二年，詔以太祖爲定配，二宗爲迭配，皇帝親祀，請以三聖并侑。赦文：「門下：朕膺天地之丕貺，紹祖宗之慶基，政典咸融〔五六〕，兆民祗若。休祥狎應，大田屢兆于豐年〔五七〕；髦俊并生，多士協寧于景運。熙平在旦〔五八〕，燕翼有光。諸侯盡賓〔五九〕，納黎元于富庶；三公論道，升遺逸于簪紳。豈惟冲人，克致茂實。必修報本之義，以答上靈之心。盛服展儀，至日惟吉，欽從謨訓，率致精明。清廟肅雍，既備陳于圭瓚；閟宮静恤，復親薦于豆籩。被衮就陽，燔柴定位。嚴配并饗，昭格于至誠；陟降交歡，誕膺于純嘏。念紹庭之垂裕，顧受福之永昌。思與萬邦，同兹大澤。禮交樂舉，既明嚴上之規；雷動風行，宜覃涣汗之號。可大赦天下。云云〔六〇〕。於戲！大事在祀，聿從哀對之文；與物爲春，用穆好生之化。更賴股肱良弼〔六一〕，賢戚維藩，文武藎臣，中外庶尹，體恭肅以修輔〔六二〕，本中和而在寬。俾敦孝友之倫，咸躋仁壽之域。翼宣王度，永底時雍〔六三〕。主者施行。」太常禮院言：「南郊第一龕饗五方帝、大明、夜明、神州、地祇、北極、天皇大帝。比歲，止差司天監保章正攝事〔六四〕，且五帝尊神，而獻官秩卑，饗接非稱。今詣第一龕，以少卿監或正郎爲獻官，第二、第三龕，以員外郎，壝下及内壝之外，以京官或保章正分獻。」從之。案：宋史禮志：景祐二年，詔神州皇地祇舊常參官攝事，非所以尊神。自今命兩省歲九大祀宰臣攝事者，參知政事、尚書丞郎、學士奉祠。與此稍異。大禮使言：「宗室詣中書受誓戒，不至者六十餘員。」詔停郊廟幄位。太常禮院言：「皇帝行郊廟之禮，故事，止設更衣幄殿，而未有小次。是以薦獻之際，皇帝立版位，以至于禮成。未有所以裕主尊，究恭肅也。謹按周官：『朝日、祀五帝，則張大次、小次〔六五〕。』朝覲會同亦如之。鄭康成謂：『大次，所往所止居也；小次，既按祭，退俟之處也。引祭義：周人祭日，以朝及闇，雖有彊力，孰能支之？是以退俟，與諸臣代有事焉。』故説者以爲祀昊天上帝，亦張大次、小次。古者大次在壇壝之外，猶今更衣幄殿也。小次在壇之側，今所未行。按魏武帝祠廟令：『降神禮訖，下階，就蕞而立，須奏樂畢，似若不愆列祖，遲祭不速訖也。故吾坐俟樂闋，送神乃起爾。』然則武帝坐俟，容須別設近次〔六六〕，與周官義符。今參驗前代，謂宜設小次于皇帝版位少東。每獻畢，降壇若殿，就小次。俟終獻徹豆，則復就版位，至禮畢。如此，則奉神之意，在久益虔；執禮之容，有恭無闕。」從之。禮畢，群臣上尊號曰景祐體天法道欽文聰武聖神孝德皇帝。三年七月己卯，孫奭子瑜上崇祀録二十卷。詔送史館。原注：奭領太常，倣唐王涇郊祀録，紀國朝典禮，未奏而卒。

赦文：案：宋史：仁宗寶元元年十一月庚辰〔六七〕，南郊大赦。此書失載年月日，今考之宋史，知在是年也。「門下：升禋陟配，誠孝所以兼申；擁休肆眚，人靈于是交豫〔六八〕。朕奉承丕曆，欽率先謨。永惟置器之重，浩若涉川之廣，托在尊極，弗敢遑寧。幸席成規，侵尋至治。而疆陲賓款，歲物順繁〔六九〕，民罔時恫，政克用乂。斯皆昊穹開佑之貺，宗祏燕詒之謀。幽贊于茲，朕將何力？內循涼寡，期保顧存。是用圖講舊章，毖修大報。祓飾壇兆〔七〇〕，豐潔粢盛。虔會迎長之辰，躬陳合祭之典。至于前獻道祖，歷祼廟昭〔七一〕，案：自真宗以後，凡南郊前必先饗景靈宮及太廟、奉慈廟。寶元元年十一月戊申，享景靈宮。己酉，享太廟及奉慈廟。故曰前獻道祖，歷祼廟昭。蓋經禮必先之文，庶哲王能饗之義。措事之日，備物有嚴。百執駿奔，三聖參侑〔七二〕。獲率强力，以底盛容。居歆在上，降鑒如答。迪拜胙之吉，敢曰余勤；沛崇朝之澤，方思衆共。再念嚮徇群議，許加徽稱。深揆浮實之華，如乖克己之訓，宜因冠號，俾易建元。顧無專享之福，更示惟新之命。可大赦天下。於戲！逮下之慶〔七三〕，方與物而皆昌；屢省之思〔七四〕，冀後天而攸奉。尚賴三事庶尹，列辟衆司，交輸乃誠，躋格鴻化，茂對乾施，永孚于休。」禮畢，宰臣張士遜等五人上表，加上尊號寶元體天法道欽文烈武聖神英睿孝德皇帝〔七五〕。案：宋史：是年，南郊禮成，上尊號曰寶元體天法道欽文聰武聖神孝德皇帝。不載去「英睿」二字。此書「聰武」作「烈武」，當以此爲正。可證宋史之闕訛。上屢却之。謂士遜曰：「唐穆宗云『强我懿號，不若使我爲有道之君。加我虛尊，不若居我于無過之地』。朕常愛斯言，卿等亦宜體此意。」士遜等懇請不回，上不得已，至二十九日，下詔，惟不稱「英睿」二字，餘允其請。右司諫韓琦，以京城内逼郊祀數月，盗賊公行輦轂之下，宜有禁暴之法。請：「南郊前一月，降敕開封府，約束强盗，罪至徒并折傷人以上，如犯在赦後，毋得以赦原。其竊盗贓重者，奏聽裁。」從之。

康定二年，有獻議者，以西事未寧，欲權罷郊天。上以爲不可。至十一月二十日，南郊畢，肆赦：「門下：朕誕膺寶命，嗣守鴻基，荷上靈降監之祥，奉列聖紹庭之憲，撫寧興運，司牧黎元。慎保盈成之難，思隆久大之業，祗勤抑畏，垂二十年。何嘗不中昃勵精，幽微博聽。慮一夫之不獲，期百志之惟熙，務湯盤之日新〔七六〕，致禹疇之時若。至于秉慈儉之訓，絶游畋之娱，器物屏雕文之功，刑政革煩苛之弊，雖未臻于淳古，庶無怠于始初。幸以諸夏謐清，百嘉彙茂，民涵豐楙之樂，物違疵癘之傷，玉燭四時，蕭勺群祀〔七七〕。斯皆三神之所孚佑，九廟之所撫綏，豈繄眇眇之躬，克召穰穰之福。是用順考聲名之典，浸尋禋燎之儀。祓飾壇壝，祗薦瑄幣。揆天元景至之序，定國陽郊見之儀。皇穹后祇，動降瞻饗之原〔七八〕；藝祖文考，毖陳升侑之嚴。本陶秸以致其誠，合羶薌以達其氣。望秩群祀，懷柔百神。冀精意之獲伸，奚備物之能稱。若乃首趨真館，前謁太宮，肅修裸獻之常，罄兹僾愾之慕，所以因昭事之大，述追孝之恭。交集盛容，克成美報，禮由衆舉，慶靡專承。當天地并貺之仁，聿均大嘏；法雷雨作解之施，用霈醲恩。仍建號以紀元，美受釐而布度。可大赦天下。宜改康定二年爲慶曆元年。於戲！謹漢畤之親祠，兹爲大事；體虞書之肆眚，所重好生。許清多辟之流，咸沐維新之澤。尚賴臣鄰同德，官尹修方，協進忠規，允釐庶績，丕格至平之治，共酬純錫之私。」初設有小次壇下，又設褥爲黄道，屬之神位。至是，上不御小次，徹黄道，改拜褥用緋，以盡恭肅之志。

慶曆四年，南郊，御札，敕内外文武百僚等：「朕荷祖宗之謀，托黎元之上，日慎夕惕，罔敢怠遑。故嘗六款圜丘，祇見上帝。今賴天之福，浹宇以和，雖右鄙留屯〔七九〕，南方薄稔，已加撫綏〔八〇〕，期底靖安。匪云交修，思有昭報。聖則能饗，誠慚于寡德；祭不欲數，既及于三年。通奉先規〔八一〕，講求多物。愾聞列聖之祫，裒對明靈之臻。况祈祉下民，弗爲專美，在國大事，其敢憚行？朕以今年十一月二十五日，有事于南郊。咨爾攸司，各揚乃職，凡于供億，毋俾煩勞。應諸道州府，不得以進奉爲名，別行科率。比者多緣嚴配，加上徽名，止循率籲之常，徒爲薦誠之累。且應神以實，何用虚文，與禮之奢，不如寧儉。其文武百官、僧道、父老等，不得因郊祀上表請加尊號。永言有衆，宜喻先庚，共獎至虔，以副朕意。故茲札示，想宜知悉。」郊祀赦文：「門下：朕聞爲國莫重于祭，報本莫尊于天。禮不欲至于煩，類當三歲；物無以稱其德，是竭至誠。比者原田有秋，辰緯澄晷，地數見寶，蝗弗爲灾。關輔簡餉與之調，羌夏露懷徠之請。間遣近輔，分慰三垂，案：東都事略：慶曆四年夏，元昊稱臣，命范仲淹宣撫陝西、河東；富弼宣撫河北。就恤邊吏之勤，無重編氓之困。亦克用乂，方致小康。朕用欽荷顧存，謹修禋類，抑止貢奉之費，裁節供帳之勞。前敕攸司，毋加徽稱。雖微有善之讓，姑厎事神之恭。且復稽參典文，改告茲謚。案：東都事略：是年十一月，改謚真宗五后尊謚。從真聖之尊統，貫乾德之舊章。既款殊庭，遂見清廟。叶長日之嘉會，祇靈壇而順享。皇穹后地之合，藝祖神宗之配，六變而樂備，三獻而禮成。煬蒿烟于太霄，達爟火于群祀。兩儀洪洞，萬瑞紛綸。斯固足以表上帝之眷懷，罄冲人之明察。又念乃文乃武，有壬有林，或奉引掃除，或侍祠顯祖。八屯擁衛之格，九州獻力之常，共贊眇躬，克成毖祀。美不專饗，命則惟新，用推多福之祥，肆爲兆民之慶。可大赦天下。於戲！明德惟馨，已回蓋高之鑒；與衆更始，誠慕列辟之良。矧曰如臺，敢云自暇！益當居降祥之地，而懼其咎；席已安之勢，而念其危。弗徇非彝，弗爲無益。建中道以臨總，涣大號而胥歡。嘉與群元，共臻斯路。」

慶曆七年十一月二十八日，南郊，赦文：「門下：朕嘗博覽載籍〔八二〕，詳觀古今，每資取于典彝，用昭施于政教〔八三〕。且夫大事在祀，所期奉而益恭；讓德于天，必欲善不自處。斯皆垂芳簡策，作範邦家，歷世相因，百王不易。在沿革而雖異，諒稽參而靡渝。故假廟致虔，掃地尚質。實奉先而嚴配，取報本以貴誠。粤自纘承，逾兹二紀，遵述詒謀之訓，企及欽明之風。慎持守于盈成，念懷柔于遠邇。萬幾之務，罔怠于旰宵；含生之倫，冀登于富壽。尚兢虞于譴戒，彌鑒省于昏荒。以期治格隆平〔八四〕，物無疵癘。制作禮樂，敢謂其時，協和人神，當成厥事〔八五〕。是用虔修毖祀，參講縟儀。抑非德之徽稱，增先皇之顯謚。案：東都事略：是年加上真宗尊謚。祇見觀德之室，嚴禋定位之方。圜壇載升，長日協吉，順考舊典，傾竭精衷。九州獻力以惟寅，百神受職而咸秩。紛綸之貺，仰降于高穹；曠蕩之恩，宜覃于率土。可大赦天下。云云。於戲！惟聖饗帝，益罄于齋莊；惟德動天，敢忘于惕勵？尚冀祖宗垂祐，輔弼協謀，緊維城親懿之賢，暨衛社忠勞之士。百工庶尹，咸一乃心，共贊昌期，永臻皇極。」

十一月四日，南郊，赦文：案：宋史：仁宗皇祐五年十一月，南郊大赦。此書失載年號，今以下太常禮院議三聖并侑，考之宋史，知其是年也。「門下：燔柴報本，崇經禮之親郊；涣號宣恩，廣春秋之大眚〔八六〕。朕肅膺統業，寅奉政機，未昭厥塗，猶涉淵水。荷乾祇之敷佑，賴宗社之擁全〔八七〕。治克用平，思無不服，茂息生齒〔八八〕，屢登康年。蓋先烈之累仁，省眇躬之何德。比舉秩于元祀，用答揚于靈休。三紀于兹，涓衷敢怠。自合宫之訖饗，即陽位以薦誠。申命攸司〔八九〕，詳稽舊典，卜日南之長晷，祠地上之圜丘。前詔諸儒，考正雅樂。蓋以遵達孝之述事，昭盛德之流光。遹觀厥成，升奏群祀〔九〇〕。庶德音之致〔九一〕，相接于天人；沿豫象之辭，登配于祖考。率前期而戒誓，復先甲以潔齊。欽翼徂宫，款見于道祖；肅儼在廟〔九二〕，永懷于前人。懼饗弗能，臨祼惟惕。紫營未旦〔九三〕，赤霄在望，執事有恪，備物無違。蒙上帝以居歆，奉列聖之參侑。蒼璧既奠，朱燎以升，惠我無疆，肅然有感。欽惟天表之應，誕錫壽康，嘉與宇內之人，均承貺施。可大赦天下。云云〔九四〕。於戲！合祫大祀，固靡神之不宗；在宥群方，思與物而更始。尚賴左右承弼，中外臣工，秉德輔予，竭忠圖治。惟休惟恤，永底康哉。」太常禮院言：「奉詔再詳定三聖并侑事。伏以配侑之法，前代不同，古則一主〔九五〕，而後或兼配，皆是變禮彌文，廣申誠愛也。國朝景祐二年，曾下詔書，今次郊禋〔九六〕，三聖并侑。其後以太祖定配，二宗迭配。明堂大禮，亦三后并侑。今陛下浚發德音，欽明大孝。況是本朝舊制，已再躬行，于義無爽。」故下詔曰：「王者因郊反始，無大于躬親；本孝奉先，莫尊于主侑。且明堂之配，已著于定儀；而景祐之文，蓋存于甲令。雖協事親之愛，猶慎緣情之舉。再諏群議，述考舊典，皆以謂祖宗功德，宜對越于上靈，文昭武烈〔九七〕，亦并嚴于祀位〔九八〕。息民昭德〔九九〕，定保永圖。自今南郊，三聖并侑，布告内外，宜體至懷。」

三年，罷南郊。九月十二日，恭謝。案：宋史：仁宗至和三年，改元嘉祐。九月辛卯，恭謝天地于大慶殿。此書失載年號，以宋史考之，知在是年也。敕内外文武臣僚〔一〇〇〕：「執珪璧以事神，嚴祖宗而配帝。雖有國之常典，亦因時而制宜。朕承三聖之丕基，撫萬邦之有衆。儉于己，思天下之民豐；勞于心，致天下之民佚。罔敢怠忽，庶幾治平。而首春以來，偶爽調適，賴三靈敷祐，百福來臻，順以節宣，獲兹康裕。加以邊隅不聳，風雨以時。雖庶物之咸和，顧眇躬而增惕。是用稽先朝之成憲，詢故實于有司，即廣殿之翼嚴，擇靈辰之良吉，式申昭謝，以格純休。宜用先期，俾茲誕告。朕取今年九月内，于大慶殿行恭謝之禮，其今年冬至親祀南郊，即宜權罷。所有合行諸般恩賞，并特就恭謝禮畢，一依南郊例施行。至日，朕親御宣德門宣制，仍令所司詳定儀注以聞。務遵典禮，勿俾煩勞。咨爾多方，咸體予意。故茲札示，想宜知悉。」至九月十二日，恭謝畢，降赦：「門下：朕纘承基緒〔一〇一〕，統御幅員，周視萬幾，僅成三紀。思守文之尤重，念居上之至難。或未明而衣，或既旰乃食。惟正人是訪〔一〇二〕，惟公論是稽。恬然過勤，舉不知困。比春云始，平履成虧。荷高明之博臨，膺厚順之丕擁。宗社降福，士民輸忠。眇眇之躬，遄臻于綏乂；便便之政，率遂于講修。雖屬水潦遘灾，河流移道。案：宋史：是年四月，大水，河決商胡。眷言方國，咸克妥安。邦經所繫，朕力何有？亹茲循省，彌用戰兢。秋稟戒期，農收畢務。誕詢故事，參繹前文。約郊壝之儀，嚴路廷之制。工師虔鞏，物品晏清，祇罄誠忱，潔清款見。上以答乾元之開佑，下以蕲生聚之樂康。浸通明靈，大示肸蠁，宜與兆庶，共均休嘉。式覃涣汗之恩，仍易紀年之號。以孚神貺，以順物宜。可大赦天下。云云〔一〇三〕。」初，仁宗得疾，議者以太宗至道年升遐，乃深惡其年號，趣詔中書改之。是歲，以郊爲恭謝天地，改元曰嘉祐。四年十月，詔罷冬至祀南郊，十三日，祫享。

校勘記

〔一〕轉付刑部侍郎　「侍郎」，玉海卷六七與此同，太常因革禮卷一六總例一六作「郎中」。

〔二〕刑清而貫索星沈　「沈」，宋大詔令集卷一一九建隆四年南郊改乾德元年赦天下制作「稀」。

〔三〕非涼德自臻于昌運　「臻」，宋大詔令集卷一一九建隆四年南郊改乾德元年赦天下制及宋會要輯稿禮五四之一作「隆」。

〔四〕緝千古之憲章　「緝」，宋大詔令集卷一一九建隆四年南郊改乾德元年赦天下制及宋會要輯稿禮五四之一作「遵」。

〔五〕予衷莫違　「違」原作「違」，據宋大詔令集卷一一九建隆四年南郊改乾德元年赦天下制改。

〔六〕百姓平章　「平章」，宋大詔令集卷一一九建隆四年南郊改乾德元年赦天下制作「昭明」。

〔七〕百寮奉玉册　「玉」原作「王」，據文淵閣本、文津閣本及宋史卷一太祖本紀一改。

〔八〕海外咸欣于至化　「欣」，宋大詔令集卷一一九乾道六年南郊改開寶元年赦天下制作「欽」。

〔九〕永洽可封　「可」，宋會要輯稿禮五四之一與此同，宋大詔令集卷一一九及乾道六年南郊改開寶元年赦天下制作「提」。

〔一〇〕致率土之同清　「清」原作「情」，據宋大詔令集卷一一九開寶四年南郊赦天下制改。

〔一一〕當愛日之迎長　「迎」原作「選」，據文淵閣本及宋大詔令集卷一一九開寶四年南郊赦天下制改。

〔一二〕案：此赦文的時間，據赦文本文、長編卷一二及宋大詔令集卷一一九開寶四年南郊赦天下制爲開寶四年十一月二十七日己未。

〔一三〕未息祅塵　「祅」，宋大詔令集卷一一九開寶九年西京南郊赦天下制作「埃」。

〔一四〕頃勞動于六師　「頃」，宋大詔令集卷一一九開寶九年西京南郊赦天下制作「暫」。

〔一五〕數千里氛妖既殄　「氛妖」，宋大詔令集卷一一九開寶九年西京南郊赦天下制作「風霾」。

〔一六〕百餘年生聚知歸　「百餘年」，宋大詔令集卷一一九開寶九年西京南郊赦天下制作「百萬家」。

〔一七〕靖乃豆籩　「靖乃」，宋大詔令集卷一一九開寶九年西京南郊赦天下制作「潔以」。

〔一八〕奠玉之盛儀既舉　「舉」，宋大詔令集卷一一九開寶九年西京南郊赦天下制作「畢」。

〔一九〕所以洽華夏之慶　「華夏之慶」，宋大詔令集卷一一九開寶九年西京南郊赦天下制作「華夷之大慶」。

〔二〇〕實多翊亮之勞　「亮」，宋大詔令集卷一一九開寶九年西京南郊赦天下制作「戴」。

〔二一〕而又王公庶尹　「王公」，宋大詔令集卷一一九太平興國三年南郊赦天下制作「三公」。

〔二二〕爰伸大報　「爰」，宋大詔令集卷一一九太平興國六年南郊赦天下制作「虔」。

〔二三〕顧抑情而從徇　「顧」，宋大詔令集卷一一九太平興國六年南郊赦天下制作「須」。

〔二四〕萬國來同　「同」，宋大詔令集卷一一九太平興國六年南郊赦天下制作「庭」。

〔二五〕共贊無私之化　「贊」原作「質」，據文津閣本及宋大詔令集卷一一九太平興國六年南郊赦天下制改。

〔二六〕陪玉輅以拱宸　「拱」原作「供」，據宋大詔令集卷一一九太平興國九年南郊改雍熙元年赦天下制改。

〔二七〕宜布惟新之澤爰覃作解之恩可大赦天下　案：以上文字原脱，據宋大詔令集卷一二〇淳化四年南郊赦天下制補。

〔二八〕華夷遠播于懽聲　「遠」，宋大詔令集卷一二〇淳化四年南郊赦天下制作「共」。

〔二九〕喜成昭事之心　「喜」，宋大詔令集卷一二〇至道二年南郊赦天下制作「嘉」。

〔三〇〕揚我武以定疆場　「疆場」疑爲「疆埸」之誤。

〔三一〕門下　原脱，宋大詔令集卷一二〇咸平二年南郊赦天下制補。

〔三二〕惟景運之泰階　「泰」，宋大詔令集卷一二〇咸平二年南郊赦天下制作「開」。

〔三三〕仰嗣丕業　「業」，宋大詔令集卷一二〇咸平二年南郊赦天下制作「構」。

〔三四〕既成治定　「既」原作「未」，據宋大詔令集卷一二〇咸平二年南郊赦天下制改。

〔三五〕布告萬民　「民」，宋大詔令集卷一二〇咸平二年南郊赦天下制作「方」。

〔三六〕咸盡忠而奉上　「上」原作「化」，據宋大詔令集卷一二〇咸平五年南郊赦天下制改。
〔三七〕躋政教于和平　「躋」原作「資」，據宋大詔令集卷一二〇景德二年南郊赦天下制改。
〔三八〕輯自宋大詔令集卷一二〇典禮五。
〔三九〕表下武以丁辰　「武」原作「風」，據宋大詔令集卷一二〇天禧三年南郊赦天下制改。
〔四〇〕「庇群生而是務」至「奉承天緒」　原脱，據宋大詔令集卷一二〇天禧三年南郊赦天下制補。
〔四一〕特開珍館　「珍」，宋大詔令集卷一二〇天禧三年南郊赦天下制作「真」。
〔四二〕祝壽昌之介祉　「祝」，宋大詔令集卷一二〇天禧三年南郊赦天下制作「膺」。
〔四三〕成禋享于壇壝　「成」，宋大詔令集卷一二〇天禧三年南郊赦天下制作「展」。
〔四四〕薦玉幣以精虔　「精」原作「告」，據宋大詔令集卷一二〇天禧三年南郊赦天下制改。
〔四五〕天祺總集　「祺」原作「旗」，據宋大詔令集卷一二〇天禧三年南郊赦天下制改。
〔四六〕增激勵于神明　「神」，宋大詔令集卷一二〇天禧三年南郊赦天下制作「誠」。
〔四七〕化無遠而不懷　「不」，宋大詔令集卷一二〇天聖二年南郊赦天下制作「胥」。
〔四八〕臨淵匪懼　「匪」，宋大詔令集卷一二〇天聖二年南郊赦天下制作「積」。
〔四九〕裨我以公道　「公」，宋大詔令集卷一二〇天聖二年南郊赦天下制作「中」。
〔五〇〕方聘修歡　「聘」，宋大詔令集卷一二〇天聖二年南郊赦天下制作「夏」。

〔五一〕工器協恭　「工器」，宋大詔令集卷一二〇天聖二年南郊赦天下制作「千品」。
〔五二〕克伸孚侑之文　「侑」，宋大詔令集卷一二〇天聖二年南郊赦天下制作「佑」。
〔五三〕云云　原脱，據宋大詔令集卷一二〇天聖二年南郊赦天下制補。
〔五四〕云云　原脱，據宋大詔令集卷一二〇天聖五年南郊赦天下制補。
〔五五〕輯自宋大詔令集卷一二〇典禮五。
〔五六〕政典咸融　「政」，宋大詔令集卷一二〇景祐二年南郊赦天下制作「五」。
〔五七〕大田屢兆于豐年　「兆」，宋大詔令集卷一二〇景祐二年南郊赦天下制作「錫」。
〔五八〕熙平在旦　「旦」，宋大詔令集卷一二〇景祐二年南郊赦天下制作「御」。
〔五九〕諸侯盡賓　「盡賓」，宋大詔令集卷一二〇景祐二年南郊赦天下制作「靖共」。
〔六〇〕云云　原脱，據宋大詔令集卷一二〇景祐二年南郊赦天下制補。
〔六一〕更賴股肱良弼　「股肱」原脱，據宋大詔令集卷一二〇景祐二年南郊赦天下制補。
〔六二〕體恭肅以修輔　「修」，據宋大詔令集卷一二〇景祐二年南郊赦天下制作「濟」。
〔六三〕永底時雍　「底」原作「播」，據宋大詔令集卷一二〇景祐二年南郊赦天下制改。
〔六四〕止差司天監保章正攝事　「止」原作「上」，據長編卷一一七改。
〔六五〕則張大次小次　「小次」原脱，據太常因革禮卷三一吉禮三及宋會要輯稿禮一四之二八補。

〔六六〕容須别設近次　「别」原作「引」，據太常因革禮卷三一吉禮三及宋會要輯稿禮一四之二八改。

〔六七〕仁宗寶元元年十一月庚辰　「仁宗」原作「神宗」，據下文改。

〔六八〕人靈于是交豫　「人」原作「神」，據宋會要輯稿禮五四之七及宋大詔令集卷一二〇景祐五年南郊改寶元元年赦天下制改。

〔六九〕歲物順繁　「順」，宋大詔令集卷一二〇景祐五年南郊改寶元元年赦天下制作「頗」。

〔七〇〕祓飾壇兆　「祓」，宋會要輯稿禮五四之七及宋大詔令集卷一二〇景祐五年南郊改寶元元年赦天下制作「嚴」。

〔七一〕歷祼廟昭　「廟昭」，宋大詔令集卷一二〇景祐五年南郊改寶元元年赦天下制作「昭廟」。

〔七二〕三聖參侑　「三」原作「二」，據宋會要輯稿禮五四之七及宋大詔令集卷一二〇景祐五年南郊改寶元元年赦天下制改。

〔七三〕逮下之慶　「慶」，宋大詔令集卷一二〇景祐五年南郊改寶元元年赦天下制作「愛」。

〔七四〕屢省之思　「思」，宋大詔令集卷一二〇景祐五年南郊改寶元元年赦天下制作「勤」。

〔七五〕加上尊號寶元體天法道欽文烈武聖神英睿孝德皇帝　「烈武」，宋史卷一〇仁宗二及長編卷一二二作「聰武」。

〔七六〕務湯盤之日新　「盤」，宋大詔令集卷一二一康定二年南郊改慶曆元年赦天下制及宋會要輯稿禮五四之八作「銘」。

〔七七〕蕭勺群祀　「祀」，宋大詔令集卷一二一康定二年南郊改慶曆元年赦天下制及宋會要輯稿禮五四之八作「慝」。

〔七八〕動降瞻饗之原　「原」，宋大詔令集卷一二一康定二年南郊改慶曆元年赦天下制及宋會要輯稿禮五四之八作「厚」。

〔七九〕雖右鄙留屯　「鄙」，宋大詔令集卷一一八慶曆四年有事南郊御札作「輔」。

〔八〇〕已加撫綏　「綏」，宋大詔令集卷一一八慶曆四年有事南郊御札作「輯」。

〔八一〕通奉先規　「通」，宋大詔令集卷一一八慶曆四年有事南郊御札作「適」。

〔八二〕朕嘗博覽載籍　「嘗」，宋大詔令集卷一二一慶曆七年南郊赦天下制作「常」。

〔八三〕用昭施于政教　「施」，宋大詔令集卷一二一慶曆七年南郊赦天下制作「晰」。

〔八四〕以期治格隆平　「以期」原脱，據宋大詔令集卷一二一慶曆七年南郊赦天下制補。

〔八五〕當成厥事　「成」，宋大詔令集卷一二一慶曆七年南郊赦天下制作「蕆」。

〔八六〕廣春秋之大眚　「春秋」，宋大詔令集卷一二一皇祐五年南郊赦天下制作「陽春」。

〔八七〕賴宗社之擁全　「社」，宋大詔令集卷一二一皇祐五年南郊赦天下制作「祐」。

〔八八〕茂息生齒　「息」，宋大詔令集卷一二一皇祐五年南郊赦天下制作「錫」。

〔八九〕申命攸司　「攸」原作「道」，據宋大詔令集卷一二一皇祐五年南郊赦天下制改。

〔九〇〕升奏群祀　「奏群」，宋大詔令集卷一二一皇祐五年南郊赦天下制作「於泰」。

〔九一〕庶德音之致　「致」，宋大詔令集卷一二一皇祐五年南郊赦天下制作「政」。

〔九二〕肅僾在廟　「僾」，宋大詔令集卷一二一皇祐五年南郊赦天下制作「虔」。

〔九三〕紫營未旦　「旦」，宋大詔令集卷一二一皇祐五年南郊赦天下制作「除」。

〔九四〕云云　原脱，據宋大詔令集卷一二一皇祐五年南郊赦天下制補。

〔九五〕古則一主　「主」原作「王」，據宋會要輯稿禮二五之七五及太常因革禮卷九總例九改。

〔九六〕今次郊禋　「今」原作「令」，據宋會要輯稿禮二五之七五及太常因革禮卷九總例九改。

〔九七〕文昭武烈　「烈」，宋會要輯稿禮二五之七五作「穆」。

〔九八〕亦并嚴于祀位　「并」原作「五」，據宋會要輯稿禮二五之七五改。

〔九九〕息民昭德　「德」，宋會要輯稿禮二五之七五作「禮」。

〔一〇〇〕敕内外文武臣僚　案此御札，據宋會要輯稿禮二五之五三及宋大詔令集卷一二三大慶殿行恭謝之禮御札繫於「嘉祐元年五月甲申」。

〔一〇一〕朕纘承基緒　「承」原作「繩」，據宋會要輯稿禮五四之九及宋大詔令集卷一二三恭謝天地于大慶殿大赦改嘉祐元年制改。

〔一〇二〕惟正人是訪　「訪」，宋會要輯稿禮五四之九及宋大詔令集卷一二三恭謝天地于大慶殿大赦改嘉祐元年制作「用」。

〔一〇三〕可大赦天下云云　案「云云」後，宋大詔令集卷一二三恭謝天地于大慶殿大赦改嘉祐元年制還有「於戲！崇配侑之經，所以迪宣純孝；布寬仁之法，所以昭格大和。先朝茂規，有國常典，更賴明廷百辟，皆謹乃官，率土群黎，各安其業。康助盈成之化，永躋仁壽之風」。

卷五

宋 李攸 撰

郊赦二

英宗治平二年，南郊，御札內外文武臣僚等：「天地者生之本，先祖者類之始。故禮有報本反始，而祀天地、尊先祖，于是乎致虔恭焉。國朝之制：郊以三歲，而自皇祐癸巳，一紀于今。鑾輿之行，不踵乎經涂；皇邸之設，不嚴乎大次。交神之道，豈不缺然也哉？朕以沖眇之資，荷顧托之重，巍乎王公士民之上，凛乎宗廟社稷之寄。日慎一日，惟恐弗任，而三靈眷懷，億姓禔福。天清日潤，雷動風行，嘉生汔臻，氛祲蕩定。固可以薦四時之和氣，總萬國之歡心，以報本乎天地，而反始乎先祖也。朕以今年十一月十六日，有事于南郊。咨爾攸司，務勤厥職。諸道州府，不得以進奉爲名，輒行科率，必循其故，毋或煩民。故兹札示，想宜知悉。」赦文：「門下：朕承祖宗之休，托王公之上，纘嗣丕業〔一〕，誕隆慶基。我仁考體道誠明〔二〕，率仁高厚，躬履純儉，天俾壽臧。熙然億兆之懷，隆于父母之愛。禮樂明備，制作成于百年；書軌大同，歡心達于四表。憲度著明而可則，軌迹夷易而可遵。肆朕冲人，適當大寶，祇荷先訓，仰繄母慈。永念繼體之艱，居有涉冰之懼。日慎一日，三歲于兹。曷嘗不究皇極之建中，順乾剛之正命〔三〕。登籲賢俊，監循典刑。未明以求衣，中昃不暇食。宫室苑囿之好，或弛以便民〔四〕；鐘鼓管弦之音，固不以足欲。前日文武多士，中外群臣，連上封章，求薦稱號。朕以繼志述事，未有以揚緝熙；持盈守成，未有以彰休烈，下之方以厎百室之福〔五〕，上之方以接神人之歡，義所未安，抑而不受。豈自以得勤民之意，蓋將以洪修己之誠。深惟就國陽郊，肇禋吉土，振古盛節，本朝上儀。儲精迓釐，欲止不敢。惟孝能饗，庶幾與焉。是以因黄宫之氣升，迨南極之景至，躬執圭幣，潔修粢盛。祼薦清廟之廷，燔燎泰壇之奠。侑以烈祖，對越上穹。于時祥景晏温，大圓精粹，和氣充塞，積噎肅清。兹皆諸神受福于懷柔，有昊眷顧而饗答。發祥降祉，豈獨朕躬之敢專？洗心自新，嘉與海内之均慶。可大赦天下。云云。於戲！崇大報之禮，有以達于誠心；覃涣汗之恩，是用孚于至信。期爾阜安之俗，既臻恥格之風。尚賴忠藎揚庭，明謨在服，共勵敕天之志，永底無疆之休。主者施行。」是年，當郊，上意未欲躬行，謂韓琦曰：「初服滿，恐未當出。」琦曰：「大禮不可曠，兼陛下即位，未嘗郊見天地。」力請行之。故事，郊廟讀祝册官，至御名，必起。上至郊宮，更衣，詣壇下。百官皆回班迎向，英宗皇帝初告廟，詔讀册官毋起。及詣壇下，又詔百官勿回班迎向，以見事郊廟之精意也。

四年，英宗手詔，放治平二年南郊赦前編管人。罷陝西衙前配買修河木植，而罷江淮近歲衙前復乞置村鄉酒場，强率人沽酒者。時上不豫，猶敕輔臣，即時施行之。英宗郊祀習儀，尚書省賜百官酒食，郎官王易知醉飽嘔吐，御史前劾失儀。已肆赦，韓琦以聞。帝曰：「已放罪。」琦奏：「故事，失儀不以赦原。」帝曰：「失儀薄罰也，然使士大夫以酒食得過，難施面目矣。」卒赦之。帝愛惜臣子，欲曲全其名節，類如此。案：東都事略及宋史俱不載是詔，此可以補其闕。

赦文：案：此爲神宗熙寧元年十一月丁亥，南郊大赦詔也。此書失載年月日，永樂大典舊與上英宗事連寫，誤合爲一。今以宋史考之，英宗治平四年正月，崩。神宗即位，逾年改元熙寧。詔中有「述遵無改，再期于此」等語，故知當在是年也。門下：「王者祗遹聖緒，所以永無疆之休；對越顥穹，所以凝溥將之命。朕惟列聖垂統，盛德在天，積累熙洽，付畀冲眇。夫以制作大定之丕矩，在宥耻格之休風，夷易所存，燕翼維允。肆朕述遵而無改，恭默以仰成，再期于兹，百度咸若。是以群生蒙福，方内大寧，穡人有秋而屢豐，遠夷稽服而慕義，兵革靡試，疵癘莫興。蓋昭天之功，自上仁而己厚；故佑天之澤，迨下武而方深〔六〕。乃眷太和，實荷隆慶。内惟寡德，懼不克任。粤稽拜貺之文，兹有就陽之祀。報本反始，事孰重焉！夫恭之所隆，不可以恩揜；禮之所闕，尚貴乎義起。矧乃真聖舊章。著爲成訓，搢紳頤論，折衷前經。斷自朕心，博觀輿議，是用因一陽長極之叙，舉三歲親見之儀。朝薦殊庭，賓祼清廟，而後升禋燎于泰畤，合祛祀于柔祇〔七〕。昭假上靈，配侑列祖，六樂備儛，萬玉旅庭，侯衛駿奔，蠻夷聳觀。至誠胥感，方交神而塞明；祥祉來臻，且日升而川至。顧予菲質，敢以專享，思與黎庶，同底日新。可大赦天下。云云。於戲！接三神之歡，惟禮可以致孝饗；均兆民之慶，惟刑可以示哀矜。兹朕一心，期底于道。尚賴股肱碩輔，陪側藎臣，共勵協恭之誠，以格可封之俗。」

十一月二十五日，南郊赦文：案：東都事略：熙寧七年冬十月己未，合祭天地于圜丘，大赦。宋史作「十一月己未」，考是年十月無己未，此作「十一月二十五日」，與宋史合，可證東都事略之誤。「門下：王者欽崇聖天，嚴奉宗祏。就郊以享，所以詔天下之恭；假廟而烝，所以教天下之孝。洪惟五聖之烈，案：此書不載熙寧七年，但詔中有「洪惟五聖之烈」一語，其爲神宗無疑。神宗凡四郊，其前後赦文，俱可考見，故知此爲熙寧七年詔也。誕輯百王之文。肆予冲人，昭事上帝。載念物無以稱，維一誠可以展大報之儀；祭不欲煩，維三歲可以述躬行之典。協會康年之順，道迎至日之長。是用朝薦殊庭，祼將太室。乃進登于陽畤，以衷對于皇穹。合祛柔祇，陟配文祖，祝燧告潔，䝺犧尚純。六樂變音〔八〕，舞奏而諸物至；二精揚燎，烟升而萬靈交。方丕事之獲成，敢蕃禧之專享。宜敷大號，以賚多邦，可大赦天下。云云。於戲！意盡精禋，既秩宗祈之舉；政施惠術〔九〕，亶昭慶宥之行。維時黎元，綏我德澤。尚賴謨明四近，忠藎群材，儀圖新美之功，勵相隆平之運。同厎于治，永孚厥休。」

熙寧十年十一月二十七日，南郊赦文：「門下：國莫重于祭，所以作民恭之先；禮無大于郊，所以報物生之始。朕懋建丕命，寵綏庶方。夙寤晨興，任大守重。惟文武之謨烈，心罔敢弗承〔一〇〕；惟上下之神祇，志罔敢弗肅。聿修三歲之祀，稽用一陽之正。嚴大路以備儀，款殊庭而先享。於穆清廟，怵惕以見祖宗；爰熙紫壇，明察而事天地。推本陟配，升烟合禋，裒萬靈而誠交，變六樂而物至。顧迄成于鉅典，敢專享于蕃釐。涣揚予恩，敷錫爾衆。可大赦天下。云云。於戲！答三才之奧，無以稱德産之微；均萬國之歡，有以知惠澤之至。尚賴左右勵翼，内外交修，永孚厥休。同底于道。」

元豐六年十一月五日，南郊赦文：「門下：天者物生之始，非肇禋無以極其誠；親者民恭之先，非假廟無以致其孝。永惟五聖之烈，必躬三歲之祀。顧惟冲人〔一一〕，嗣膺歷服，敢不祗率，以時欽修〔一二〕。然而禮意寢而不明，樂文雜而未正，故刺「六經」之説，考諸儒之言，緝熙曠儀，是正鉅典。奉罍以款真宇〔一三〕，祼鬯以享宗祊。齋戒乎端誠之宫，清肅乎禮神之囿。陟配烈祖，對越穹昊。于時維太常之旂，備金玉之駕。乃搢大圭，以爲國之綴；乃服大裘，以放古之文。欽柴之燎四施，燭煬泰一；圜鐘之樂六變，皦繹崇丘。孝奏而日月光，靈游而風馬下。顧獲成于熙事，敢專享于蕃禧。宜大澤之肆均，與群生而共慶。可大赦天下。云云〔一四〕。於戲！答三靈之介祉，既秩于宗祈；格四海之歡心，在敷于惠術。尚賴秉文之輔，經武之臣，相協厥恭，同厎于治。布告遠邇，使咸聞知。」其年遂罷合祭天地。案：元豐四年四月，詔自今親祀北郊，并依南郊之儀。六年，太常禮院上親祀儀，并如南郊。十一月甲辰，冬至，祀昊天上帝，以太祖配。遂罷合祭。其北郊當時未行也。

十一月十四日，南郊，原注：蘇轍郊祀慶成詩注云：「有司欲羔裘，度用百羔，上以其害物，以黑繒代之。」案：哲宗元祐七年十一月南郊大赦，此書失載年號，以詔中復舉熙寧故實，核之宋史，知在是年也。赦文：「門下：朕承六聖鴻烈之休，御千載丕平之運，逖觀歷代之治，無右本朝之隆。充塞乎協氣之流，洋溢乎頌聲之作。然而重熙累洽，所以應之者惟艱；持盈守成，所以保之者靡易。顧兹冲眇〔一五〕，紹乃基圖，永惟幾深，罔敢逸豫。仰賴文母，維持我家，保佑八年之間，申錫九疇之叙。賓禮故老，子惠困窮。上順帝心，下從人欲。廣祖宗之遺澤，蒙天地之降康。欽言肇郊，躬行大禮。念嘗再饗乎穹昊，未始祗事乎皇祇。是用推本建隆之舊章，復舉熙寧之故實。案：自元豐六年，罷合祭天地，雖定親祀北郊之儀，未之舉行。至是，呂大防、蘇轍等謂：「合祭天地爲是，宜依熙寧十年故事，設皇地祇位。」遂復合祭。執鬯以祼八室，奠玉以合兩儀。嚴烈祖以配天，洽百神而承宇。于時禮行而誠意格，樂變而祥光浮。誕受三神之釐，敢專四海之福。宜均博施〔一六〕，溥宥群倫。可大赦天下。云云〔一七〕。於戲！乾坤之元始生，仰俯之觀象法。以爲群臣之道，以成覆載之功。咨爾内外之庶工，咸罄文武之致用。惟新厥德，永孚于休。」原注：蘇轍詩注又云：「上至太廟門，降輅郊壇，止百官回班，去黄道褥，皆祖宗故事。去繖，特出上意。」

十一月二十日，南郊赦文：案：東都事略：哲宗元符元年十一月甲子，祀昊天上帝于圜丘，大赦。此書失載年號。以分祀南郊月日及赦文考之，當在是年也。「門下：朕保極以宅尊〔一八〕，奉先而繼統〔一九〕。駿惠先烈，憒懷永圖，躬攬萬幾，于兹五載。顧德不敏，賴天博臨，四夷咸賓，萬邦作乂。師于獻捷，案：東都事略：是年五月，破夏人于大沙堆。農扈告豐。錫之珍符，案：東都事略：是年三月，咸陽民段義獻玉璽。授以神策。嘉瑞紹至，祲氛亟消。豈眇末之克堪，實穹旻之眷祐。興言大報，莫重禋郊。是用遵昭考之詒謀，舉隆周之墜典。稽協彝制，發揮祲容。未奉皇祇之祀，先嚴蒼昊之饗。案：哲宗紹聖元年，以張商英言合祭非古，三年詔罷合祭，議分祀南北郊。至元符元年十一月甲子，祀圜丘，遂罷合祭。然北郊親祀，終帝之世，未克舉云。乘一陽之復，習三歲之祥〔二〇〕。即路寢以齋居，至殊庭而朝獻。廣牡肆祀，初假廟以詔虔；欽柴宗祈，遂升壇而謁款。配侑烈祖，對越明神。樂成繹純，禮敬敉備。于時乾端澄霽，冬序晏温。靈心嘉虞〔二一〕，精意昭格。師象山則，孝奏天儀。申命之休，既昭受于上帝；斂時之福，其敷錫厥庶民〔二二〕。揚于端闈，孚我大號。可大赦天下。云云〔二三〕。於戲！告成大事〔二四〕，敢專享于蕃釐；申宥眚灾，宜溥覃于曠澤。尚賴輔弼寅亮，官師協恭。共維太平之基，永底無疆之祚。」

建中靖國元年十一月二十三日，南郊，赦文：「門下：朕紹膺寶命，祇遹洪圖。躬勤儉以御邦，本寬仁而敷政。維先訓是式，維師虞是從。永言繼序之艱，克謹持盈之戒。荷皇天之降佑，蒙列聖之詒謀。方夏乂寧，蠻夷賓服，三時不害，六府孔修。建皇極而王道明，即康功而民志愜。以迪純熙之運，以刑平富之風〔二五〕。豈朕德之能勝，緊帝臨之下屬。肇稱禋祀，祇答閎休。是用參酌上儀，鋪昭曠典。奉神考恭行之志，繹紹聖申講之文。將蕆事于皇祇，先致饗乎穹昊。乃候景涓日，飭躬詔虔。祼清廟以肅將，款圓壇而拜享。侑我烈祖，秩于百神。禮嚴欽翼之容，樂備雝和之奏。蒼璧既奠，紫烟其升〔二六〕。于時乾象粹清〔二七〕，靈心嘉饗，和氣洋溢，景光陸離。瑞慶大來，俾緝熙于純嘏；膏潤并下〔二八〕，用敷錫厥庶民。豫建新元，誕揚涣號。可大赦天下。云云〔二九〕。於戲！潔誠拜貺，永祈申命之休；肆宥均釐，時乃配天而澤。尚賴成德之彦，正事之臣，率黎獻以協衷，欽庶明而懋績。贊我溥將之緒，迄兹泮奂之猷〔三〇〕。」以明年正月一日，改元爲崇寧元年。

十一月二十六日，南郊赦文：案：東都事略：徽宗崇寧三年十一月丙申，祀昊天上帝于圜丘。此書失載年號，以月日及赦文考之，知當在是年也。「門下：祼獻清廟，所以承祖宗之靈；禋祀紫壇，所以答乾坤之貺。朕駿膺寶命，重受厖禧〔三一〕，丕宣文武之光，盡緝熙豐之典。取士于學，稽古建官。亮采百工，庶幾三代。凡厥盛王之式〔三二〕，率由昭考之行。而九廟垂休，案：東都事略：是年八月，建九廟，詔已祧翼祖、宣祖廟并復。兩儀協佑，生民底乂，年穀屢豐。修德錫符，上燦璣衡之政；鑄金象物，下隆鼎鼐之基。案：東都事略：是年六月，籍元祐黨人司馬光等，刻石于文德殿之東。疵癘聿消，雨暘咸若。兹豈眇躬之能假，時惟上帝之弗違。是用奠玉陽丘，莅牲泰畤。嚴配烈祖，對越皇天。于時圭景晏温，璇穹澄鑑。二端立而禮無不洽，六樂變而物罔不興。靈心載嘉，精意咸享。受兹介福，豈予一人之敢私？錫厥庶民，思與萬邦而共慶〔三三〕。我有涣號，揚于端闈。可大赦天下。云云〔三四〕。於戲！作善降之百祥，既茂膺于純嘏；惟天佑于一德，可共翼于丕平。尚賴三事股肱，百辟文武，咸勵同寅之業，永底無疆之休。」案：東都事略：徽宗大觀四年十一月丁卯，祀昊天上帝于圜丘，大赦天下。此下當別有赦文，今無從考補。

【新輯】宋朝事實：大觀四年十一月初三日，冬祀禮畢，詔：「門下：朕紹膺駿命，祇奉燕謀，永惟置器之艱〔三五〕，常軫臨淵之慮。躬攬萬務，茲越十年，荷上帝之降康，底群生之咸遂。禮制樂作，仁洽道豐。撫五緯以宣精，翕九河而順軌〔三六〕。干戈弗試，囹圄屢空。同雲應尺澤之祈，甘露協中臺之瑞。三登既格，六府允修。昭受閎休，敢忘大報？是用率循彝典，稱秩上儀，乘景至之熙辰，備星陳之法駕。祼獻清廟，初蠲饎以揭虔；竭款疑紫壇，遂欽柴而展采。推本烈祖，對越昊穹，表潔純犧，薦誠蒼玉。于時協氣充塞，高靈宴娭，肅然精意之通，紛若美祥之下。惇崇元祀，屬熙事之涓成；申宥眚災，宜湛恩之誕布。可大赦天下。云云。〔三七〕於戲！一人有慶，既敷錫於蕃釐；庶政惟和，其永綏於極治。尚賴輔弼勵相，官師交修，增隆不拔之基，益固無疆之祚。」〔三八〕

政和三年十一月六日，南郊赦文：「門下：朕承列聖之丕基，奉至尊之休德。繼志述事，持盈守成，躬攬萬幾，兹逾一紀。荷皇天之垂祐，浹函夏以底寧。年穀屢豐，雨暘式叙，羌夷請吏〔三九〕。川岳效珍。禹功無濫溢之灾，堯瑞告平成之治。永惟多祐，誕集冲人。屬三歲之親祠，刺六經而定制。率時昭考，欽修時祀之專〔四〇〕；若昔大猷，盡正相沿之陋。乃齋居于路寢，乃朝獻于殊庭。得四表之歡心，嚴假于廟，乘一陽之至景，大報于郊。對越昊穹，佑我烈祖。陶匏象性，犧牷貴誠。奠蒼璧以禮神，秉玄圭而拜貺。器協商周之制，樂兼韶濩之純。案：宋史：是年十月，閱新樂器于崇德殿，出古器以示百官。紫烟燎而爟火升，靈光屬而風馬下。禮儀既備，知帝顧之不違；福禄來崇，豈朕躬之專享？宜孚涣號〔四一〕，溥洽群倫。可大赦天下。云云〔四二〕。於戲！申命用休，俾緝熙于純嘏；配天其澤，用敷錫厥庶民。尚賴同德藎臣，秉文多士，克咸勵翼，永保隆平。」壬午，上神宗、哲宗謚號。是年十月三日，御筆手詔：「朕若古之訓，惟天爲大，觀天下物〔四三〕，無以稱之。故先王以類而求，祀于圜丘象其形，奠以蒼璧象其色。冬至之日取其時。大裘而冕法其幽，而未有以體其道。夫天玄而地黄，玄，天道也。上天顧諟，錫以玄圭，内赤外黑，尺有二寸，旁列十有二山，蓋周之鎮圭，有法乎是，祇天之休，于以昭事上帝，而體其道，過周遠矣。將來冬祀，可搢大圭，執玄圭，庶格上帝之心，以敷祐于下民〔四四〕，永爲定制。」案：宋史：是年以十一月癸未，祀昊天上帝于圜丘。先一日壬午，饗太廟。因上神宗、哲宗謚號。

十一月十日，南郊赦文：案：宋史：徽宗政和六年十一月己亥，祀昊天上帝于圜丘，大赦。此書失載年號，以赦文考之，知當在是年也。「門下：朕紹膺景命，嗣守丕基。尊臨九有之師，親攬萬幾之務。翼翼敢忘於寅畏〔四五〕，兢兢常謹于繼承。躬宵旰之勤，以圖天下之乂；軫淵冰之慮，以保天下之安。屬者百穀順成，五緯來敘，干戈載戢，囹圄屢空。元命之辰，九天占南極之瑞〔四六〕；誕彌之旦，三山紀黄流之清。案：是年，冀州三山黄河清。宋史不紀其月日，考徽宗以十月生，此云誕彌之旦，則當在此十月，可補宋史之闕。樂作而羽鵠翔，鼎定而慶雲集。名山顯位，蘄封禪者數萬人；絶域殊方，徠臣妾者十一國。有邦之應，于朕豈功？物生本乎天，唯聖人爲能饗；人道先乎祖，雖天子必有尊。迪惟古訓之循，實重國陽之報。固嘗辨先王之吉禮〔四七〕，庶乎革合祭之非；奉上帝之徽稱，蓋以正異名之失。兹協豐年之屢，載迎至日之長。于時歌昊天成命之詩，奏圜鐘六變之樂。奠璧以致蠲潔，升烟以適高明。克禋克祀而精意昭，來假來饗而珍符下。肆緝熙于純嘏，以敷錫于庶民。其播大猷，周推曠澤。可大赦天下。云云〔四八〕。於戲！報本反始，得萬國之歡心；蕩垢滌瑕，對三靈之蕃祉。尚賴股肱良弼，屏翰舊臣〔四九〕，益殫忠蓋之圖，光輔隆平之運，同底于道，永孚厥休。」

十一月十三日，南郊赦文：案：宋史：徽宗宣和元年十一月乙卯，祀昊天上帝于圜丘，大赦。此條失載年號，以赦文考之，當在是年。「門下：觀會通以行其典禮，允符昌運之隆；美盛德而告于神明，兹迪精禋之饗。朕肇膺駿命，嗣守鴻業，撫九有之嘉師，開萬邦之壽域。兢業克艱于底乂，寅威罔怠于求端。聿承燕翼之謀，裒對博臨之貺。屬者道源闡教，帝祉凝釐。農扈載謠，黍稷報千倉之慶；明堂御曆，璣衡觀七政之齊。氐羌款塞以咸賓，案：宋史：是年六月，夏人納款，詔六路罷兵。狴犴空囹而不式。滎河順紀，喬嶽錫符。丹闕瓊臺，屢下叢霄之蹕；彤烏秀草，共昭炎德之祥。永惟奕世之休，罔匪自天之祐。爰申毖祀，比答真祺。是用測嶰籥以迎長，備鑾輿而展采。羽林綺列，闢五門象魏之嚴；法駕星陳，正六引旗章之度。夙祗清廟，恭祓崇壇。耨王藉以奉粢盛，載謹豐年之報〔五〇〕；潔宮蠶而修幣，用端永命之祈〔五一〕。案：東都事略：是年二月，詔行耤田。三月，皇后親蠶。景鐘道和樂之音，嘉秠薦大尊之齊。純精昭格，肸蠁潛通。月璧星珠，紛燎烟而上徹；雲車風馬，欻飆馭以來臨。肆均拜胙之禧，式霈滌瑕之宥。誕揚涣號，敷告多方。可大赦天下。云云〔五二〕。於戲！佑烈祖以格皇天，予惟克邁乃訓；綏多福而熙純嘏，邦其永孚于休。尚賴輔弼同寅，官師勵翼。共浹無爲之化，茂隆累洽之圖。」

四年十一月十五日，南郊赦文：案：宋史：徽宗宣和四年十一月庚午，祀昊天上帝于圜丘，大赦。此書失載年號，以赦文考之，知當在是年也。「門下：事上帝而懷多福，非禋祀不足以昭報本之誠；紹大業以綏四方，非升侑不足以極奉先之孝。朕荷三靈之儲祉，奉列聖之詒謀。制治保邦，克懋持盈之訓；立政造事，敢忘繼緒之思。彌文監虞夏之隆，成憲復熙豐之舊。百度惟正，庶績其凝，士迪典常，盡革淫朋之習；民興淳樸，式符道紀之昌。人徯志以丕欽，天監誠而孚佑。清臺觀象，瑞占七政之齊；陽館頒常，運協四時之叙。雨澤應期而播潤，河宗聽命以回流。農扈奏功，黍稷嗣豐年之慶；燕民效順，封疆歸輿地之圖。案：九朝編年：是年八月，遼郭藥師、高鳳以涿、易二州來降。刑清而囹圄屢空，物遂而動植咸若。驗諸福之畢至，豈成功之敢居？恭念祭不欲數者禮之經〔五三〕，物無以稱者天之德。肇卜迎長之旦，聿修肆類之儀。簠簋豆籩，秩九州之嘉薦；旗常罕畢〔五四〕，儼八衛之祲容。庶邦虔貢以駿奔〔五五〕，多士秉文而顯相。稽魯人先事之義，以前饗于太宮；歌周王成命之詩，肆靈承于有昊。衎我烈祖，遍于群神。禮三獻而精意昭，樂六奏而靈祇下〔五六〕。祥光旁燭，景貺備臻。修德錫符，已應克誠之享；行慶施惠，用均拜胙之禧。嘉與萬方，共膺純嘏。可大赦天下。云云〔五七〕。於戲！百神受職，知帝命之不違；五福錫民，浹海隅而丕冒。尚賴忠良修輔，文武協恭，益堅勵翼之心〔五八〕，永底輯寧之治。爰咨爾衆，咸體朕懷。」

十一月十九日，南郊赦文：案：宋史：宣和七年十一月丙戌，祀昊天上帝于圜丘，大赦。此書失載年號，以日月及赦文考之，知當在是年也。「門下：皇武肇禋，是創萬年之業；大明制禮〔五九〕，爰釐二至之祠。朕恭承休光，永念丕緒。衎我烈祖，實賴賢能之衆多；格于皇天，當由閭里之安樂。整飭百度，撫綏兆民。神明享持守之誠，華夏樂憂勤之政。屬者多稼徹燕雲之野，齊氓安海岱之區。遠人慕義而玉帛來，川后畏威而波濤弭。荷天休之震動，莫不率從；奉王業之艱難，庶無罪悔。是用誕舉豐年之報，肅迎景至之期。吉事有祥，先致殊庭之薦；大禮必簡，并嚴清廟之承。焜煌千乘萬騎之容，終始七戒三齋之德。乃潔誠于陽館，遂祇事于泰壇。風馬雲車，仰百靈之眷顧；星珠月璧，知四海之清明。其錫蕃禧〔六〇〕，用宏大賚。可大赦天下。云云〔六一〕。於戲！薦馨香之治，益承九廟垂裕之休；施曠蕩之恩，更應一陽發生之候。尚賴官師協德，黎獻願忠，共扶不拔之基，永篤無疆之慶。」

十一月二十二日，南郊赦文：案：宋史禮志：高宗建炎二年，駕至揚州，築壇于江都縣之東南。是年十一月壬寅，祀昊天上帝于圜丘，大赦。以太祖配。此書失載年號，以赦文考之，知當在是年也。「門下：觀會通以行典禮，莫嚴定位以交神；遠罪疾而弭兵灾〔六二〕，亦或因時而致禱。朕承大統，誕受多方。屬外患之相仍，爰省方而臨幸。念父母兄弟尚屈于敵疆，惟甲胄干戈再淹于歲序。問寢闕温清之奉，在原深急難之情。信使屢馳，久猶未報；全師再遣，坐待厎寧。復盜竊之無良，乘邊陲之多事。馮陵州縣，震擾民氓。衣冠傾仆于道塗，耒耜荒殘于本業。行者未知所適，居者莫獲其安。傷閭里之疾苦，則撫循之政尚愆；閔行陣之勤勞，則休息之期猶遠〔六三〕。每撫心而及此，累當食以興嗟。險阻艱難，固備嘗矣；勞來還定，孰安集之？豈菲德之敢圖，惟上穹之悔禍。永懷眷祐，恭俟監臨。雖丁多壘之辰〔六四〕，適在當郊之歲。惟祭之或祈或報，必大時物之宜〔六五〕；而禮之有儉有豐，特視情文之稱。是用講有虞東巡之制，循建武二成之規。新黻冕以嚴恭〔六六〕，逮胥徒而齊沐。蓋高在上，聰明皆自于我民；與善惟人，治亂尤艱于天位。既殫誠悃，彌極戰兢。仰覆冒之何心，詎存時怨？況顛危之已甚，寧忍我遺。疾呼反本而必聞，精意默通而可動，庶幾來假，式燕多難。新命舊邦，協幽明而并貺；此疆爾界，一內外以均安。其敷曠蕩之恩，以廣厖鴻之施。可大赦天下。於戲！爲斯民而請命，敢忘庶戮之無辜；置大器于復安，實冀昊天之所予〔六七〕。尚賴六服群辟、三事大夫，共宏恢復之功，亟底隆平之業。」案：宋史：紹興十二年，臣僚言：「南巡來三歲祀明堂，而郊天大祀未舉。來歲乞行之。」十三年三月，築圜丘于臨安府行宮東城之外，自是高宗凡六郊。是年十一月庚申，冬至，合祀天地于圜丘。以太祖、太宗并配，大赦。此下當別有赦文，今無從考補。

十一月十日，南郊赦文：案：宋史：紹興十六年十一月丙子，合祀天地于圜丘，大赦。此書失載年號，以赦文考之，知當在是年也。「門下：朕以菲躬，獲承大寶。賴三靈之純佑，宏濟艱難；遵列聖之詒謀，紹隆基緒。干戈載戢，囹圄屢空。田疇胥慶于豐穰，華夏迄臻于綏靖。繄神所眷，豈朕克堪？念物皆本乎天，宜謹精禋之報；而德無加于孝，聿修并侑之儀。豫飭司存，肇新器用。迎土圭之至景，即皇邸之齋居。祗祓崇壇，具嚴吉禮。設陶匏而尚質，肅藺栗以貢誠。籩豆靜嘉，璧琮華潤。粢盛蠲潔，出于耕耤之藏；筍虡周環，冠以景鐘之奏。案：紹興十六年正月，親饗先農于東郊，行耤田禮。五月，作景鐘。十月，帝觀新作禮器于射殿，撞景鐘，奏新樂。佩玉鏘鳴而群心肅，燎烟升舉而協氣充。惟鉅典之備成，敢蕃釐之專享。旋輿端闕，霈澤寰區。可大赦天下。於戲！降祉發祥，既荷博臨之貺；赦過宥罪，誕昭敷錫之恩。更賴文武同寅，股肱修輔，益思懋勉，永底丕平。」

十一月十四日，南郊赦文：案：宋史紹興十九年十一月壬辰，合祀天地于圜丘，大赦。此書失載年號，以赦文考之，知當在是年也。「門下：父天母地，報莫重于精禋；尊祖欽宗，孝莫嚴于陟配。朕祇承駿命，纂紹丕圖。每念王業之難，所其無逸；矧兹神器之重，必置諸安。方撥亂而興衰，惟履信而思順。上穹孚佑，列聖垂休。甘露降而風雨時，五穀熟而民人育。案：宋史：是年四月，湖、廣、江西路、建康府并降甘露。七月，頒農書于郡邑。邊鄙不聳，囹圄屢空。顧以眇躬，膺斯景貺。是用迎一陽之長至，舉合祭之上儀。先清廟以告虔，衍我烈祖；升圜壇而肆類，遍于群神。禮三獻而肸蠁通，樂六變而風馬降。祥光旁燭，協氣横流。載惟熙事之成，實得歡心之助。上焉承祐，豈予一人之敢專；下以錫民，惟爾萬方之并受。於戲！易薦上帝，德崇而刑罰清；詩美太平，神寧而福禄下。更賴忠良協贊，内外交修。共隆不拔之基，永底無爲之治。」

十八日，南郊赦文：案：宋史：紹興二十二年十一月戊申，合祀天地于圜丘，大赦。此書但稱十八日，失載年月。以十一月戊申推之，爲十八日，知當在是年也。「門下：肅若古先，鋪聞典制。蓋物本乎天而人本乎祖，肇郊廟之明禋；唯聖能饗帝，而孝能饗親，展皇王之高致。重循菲德，獲履丕圖。體昊穹率育之仁，每計安于黎庶；嗣列聖好生之訓，不輕用于干戈。陟降既孚，邇遐咸乂。九穀秀康年之畝，五辰澄宣夜之躔。犴圄簡清，疆陲整服。祇荷博臨之眷，敢忘昭事之誠？爰修三歲之彌文，式蔵一純之大報。款真庭而朝獻，假太室以祼將。遂造雲陽之宮，以迎日至之景。合祛天地，升侑祖宗。踐豆薦芳，見會通之行禮；鳴鐘應律，寫和樂以成音。佳氣焜于樵蒸，美光充于陔陛。高靈并貺，熙事備成。濟濟駿奔，有同寅之多士；穰穰山委，可專饗于蕃釐。發肆恩言，普施惠術。可大赦天下。於戲！惇將禮以秩祀，儀模日月之昭；受厚福以漸民，號法風雷之布。更賴經邦公輔，服采臣工，永肩勵翼之衷，共托隆平之業。」

赦文：案：宋史：紹興二十五年十一月癸亥，合祀天地于圜丘，大赦。此書失載年月日，以赦文考之，知當在是年也。「門下：朕膺申命之休，履中興之運。惟發祥流慶之既遠，敢昧靈承；念創業守文之爲難，每勤紹復。儲精神而聽斷，寶慈儉以化民。荷穹昊之降康，賴列聖之孚佑。五兵不試，寰宇阜安；百穀用成，刑罰清省。靈芝連葉于廟柱，案：宋史：是年五月，太廟仁宗室柱生芝九莖。昭朝饗之孝祥；嘉禾合穎于甸郊，備粢盛之潔薦。諸福畢至，豈朕敢當？是用敦報本反始之誠，備飭躬施教之義。維天神地祇之貴，祭莫重于合祛；維祖功宗德之隆，孝尤先于升侑。乃備乘輿之駕，乃率侍祠之臣。謁款殊庭，祼將太室。候黃鐘之初氣，奉紫畤之明禋。禮三獻而有儀，樂六變而告備。神光并見，協氣横流。賚我思成，既秩精能之祀；配天其澤，爰施汪濊之恩。肆舉邦彝，誕敷渙號。可大赦天下。於戲！事上帝而懷多福，益堅不已之純；惠中國以綏四方，宜有大賚之慶。更賴爽邦哲輔，服采群工，共循宏遠之模，永保安强之治。」

赦文：案：宋史：紹興二十八年十一月己卯，合祀天地于圜丘，大赦。此書失載年月日，以赦文考之，知當在是年也。「門下：朕欽紹慶基，肅遵昭式。謂因天事天而因地事地。有丘澤之合祠；惟以聖繼聖而以明繼明，宜祖宗之并侑。每躬三歲之祀，茂輯百神之釐。既益厲精，更思圖乂。體覆載無私之德，廓爾大公；奉燕詒有永之謀，丕釐庶政。中外闓懌，顯幽統和。靈臺申偃伯之占，砥路息鳴桴之警。象載昭察，甫田登成。既膺孚佑之休，當極濟明之報。是用躬飭鑾路，涓熙紫壇。斂帝籍以共粢盛，裁天歌以序金石。案：宋史：是年七月，帝親製郊廟樂章。祇見恭館，裸將太宮。遂迎景至之長，載蕆郊禋之吉。大宗祈而宴饗，嚴陟配以宣延釐〔六八〕。實俎焚膏〔六九〕，旅令芳之嘉薦；展詩應律，鏘噭繹之和聲。精意洞乎九閡〔七〇〕，祥光襲乎五瑞。清明鬯矣，事既底于備成；福履綏之，美敢矜于專享。誕受函蒙之祉，普施曠蕩之恩。於戲！馨香感于神明，裒對一純之祐；膏澤洽乎黎庶，并臻四極之熙〔七一〕。尚賴輔弼同寅，官師率職，協亮有邦之采，永恢長世之圖。」

【新輯】明堂赦〔七二〕

【新輯】皇祐二年有事明堂御札〔七三〕。三月戊子。「事天事地，治國之善經；饗帝饗親，聖王之盛節。所以懋昭孝本，惇訓民先，致理之原，率繇兹舉。朕欽膺瑞命〔七四〕，撫有中區，紹億載之基圖，席三后之謨烈，兢兢業業，罔或怠遑。賴高厚顧臨〔七五〕，神祇協贊，方隅底屬，歲物順蕃。躋此汔康〔七六〕，莫匪靈貺。緬稽先憲，祗見昊穹，而祈穀於春，祭雩以夏。迨升禋於景至，嘗親展於國容。惟明堂布政之方，尊嚴父配天之禮，雖崇精饗，未即躬行。言念及兹，心焉載惕。今將涓季秋之令旦，舉宗祀之上儀，恭接神明，奉將牲幣。庶成繼孝，豈敢憚勤？宜示先期，式伸誕告。朕取今年九月内擇日有事於明堂，其今年冬至親祠南郊，即宜輟罷。合行恩賞，并特就祀明堂禮畢，一依南郊例施行。至日，朕親御宣德門宣制。仍令所司詳定儀注以聞，務遵典禮，勿俾煩勞。〔七七〕」

【新輯】皇祐二年明堂赦天下制。九月辛亥。「門下：朕恭紹淳烈，顯綏庶邦。懋維禮樂之原，緬遵聖孝之節。洪惟事天四祭，而上辛雩禘，間或躬行；奉郊三年，而大神祖宗，頃崇并侑。憲矩若稽於盛古，革因昭迪於本朝。惟時總章，未展嚴報。矧文考之肇志，顧沖德之燕承，當講闊儀，遹圖熙事。屬方隅泰定，斂穡阜成，祥應屢臻，和氣周洽，荷幽明之叶佑，答高厚之錫康。是用沿酌舊章，參求博議，式涓路寢，以奠合宫，裒對二靈，陟配三后，賓以太微之坐，陪以赤縣之祇。幣玉普登，精純咸薦，四海來職，六樂具修。越前款於琳宫，後祇祼於清廟。逮兹宗祀，率慶休成，被神貺以無垠，掞國容而有體。既膺丕嘏，乃御端闈，嘉與萬方，同均介祉。寓縣之懽交感，雷雨之施流行。可大赦天下。云云。於戲！并饗帝親，既盡誠於大祭；均敷慶惠，宜涣號於溥天。尚賴三事宗工，百執列位，罄乃衆志，弼予一人，永孚於休，同底於治。輯自宋佚名宋大詔令集卷一二五。

【新輯】宋朝事實：【嘉祐七年】先是，七月戊申〔七八〕，内降御札曰：「朕蒙上神之休，膺列聖之緒，兢兢業業，罔敢怠荒。惟皇祐之再秋，薦五神于重屋，明有以教萬民之孝，幽有以通群靈之歡。歷年于兹，久曠弗舉。今四時和裕，群物茂豐，奉牲告成，曷勤之憚！况夫容臺獻議，去并侑之煩；樂府考音，推至和之本。宜恢盛則，用戒先期。朕以今年季秋擇日有事于明堂，其恩賞并如南郊故事。諸道州府不得以進奉爲名，輒行科率，致有煩勞。」禮畢肆赦：門下：「朕承三聖之基，履四海之貴，深惟持國之日久〔七九〕，益念爲君之道難。有臨聽之塵，庶以圖天下之佚；無奉養之靡，庶以資天下之豐。兢兢萬務之維微，勉勉前事之所戒。倚以左右輔弼之所正，予敢有弗欽？事于上下神祇之是明，予敢有弗肅？屬九穀登富，三辰昭華，象來桂海之祥，塵絶玉關之警。有邦之應，於朕豈功！恭念爲天之子者，必修報本之禋；爲人之子者，必懷追養之慕。重懷菲德，屢緝曠文。頃按明堂之圖，古如路寢之制。載經斯席，載度斯筵。直大火之騂芒，乘季秋之肅氣。物無上帝之稱，非躬祠不足詔乎虔；聖維文考之尊，非嚴配不足盡乎孝。於時備法物之駕，服大冕之章〔八〇〕，格靈娭於真庭〔八一〕，款清德於太宇。還祇宗祀之舉，共飭純誠之將。乃神光陸離，燭于薦鬯之夕；嘉氣休宴，被于燎柴之時〔八二〕。亶丕事之繼成，敢蕃祉之專饗。宜乎廷煥，以契天心。可大赦天下。於戲！承神之胙，既均煇耀之微〔八三〕；蕩俗之瑕，復若風霆之布。蓋禮具則澤之博，孝至則勸以遐。尚賴秉文之英，經武之傑，厲同寅於王室，恢大治于邦圖，共荷無疆之休，亦膺無窮之聞〔八四〕。」〔八五〕

【新輯】熙寧四年大饗明堂御札。「敕内外文武臣寮等：朕荷二儀之休，履四海之富，經庶政之至治，秩將禮之彌文。欽惟五聖之謨，常躬三載之祀。自纘隆於大業，已肆類於圜丘，興言總章，未詔嘉饗〔八六〕。維仁祖之武，宜謹於遵修；維文考之尊，宜嚴於陟配。況萬寶時懋，三光仰澄，官師協恭，方夏底定。是用稽仍路寢之制，涓選肅霜之辰。上以哀對天明，展昭事之重；下以敕厲民志，示追養之勤。特戒先期，以孚大號。朕取今年季秋，擇日有事於明堂，其今年冬至，更不行南郊之禮。所有合行諸般恩賞，并特就祀明堂禮畢，一依南郊例施行。至日，朕親御宣德門宣制。咨爾攸司，各揚厥職。諸道州府，不得以進奉爲名，輒行科率。務循典故，無致煩勞。〔八七〕」

【新輯】宋朝事實：【熙寧四年】九月十日，大饗明堂畢，詔：「門下：王者尊親之禮，莫隆於昭配之嚴；聖人享帝之誠，莫善於靈承之實。朕惟席五聖之丕緒，荷二儀之眷休，永念守成之艱，敢志小毖之義？曷嘗不體一元而端本，飭五事而承天？內屏游田之娱，外親保惠之政。選任賢哲，付以輔相之宜；登顓俊良，責以事功之效。既黜陟以三考，又平成其九功。五年于兹，百度咸若。尚且慮一夫之弗獲，虞庶事之未康，每形引咎之言，深軫遇灾之懼。天監明德，民懷至仁，陰陽和平，夷夏清晏。底此休功之盛，率予昭考之行。

興言考思〔八八〕，未舉宗祀，爰擇季秋之吉，以代至日之禋。敕四海之職，以相其儀；致九州之味，以備其薦。遠述周公之志，近循仁祖之規，按合宫之古圖，仍路寢之時制。亥對上帝，將以示民之有尊；賓延五精，不忘報祖之由出。况乃謁款清廟，奉祠紫宫，咸稱秩於無文，率先期而致告。禮樂明備，上有以懷柔百神；天人叶和，下得以緝熙純嘏。非予一人之能饗，惟爾萬方之綏成。宜均福釐，廣逮臣庶。可大赦天下。云云。於戲！親嚴之享，申憯怛於朕心；在宥之恩，推愛慈於天下。庸示更新之令，期臻耻格之風。尚賴左右宗工，中外多士，同濟泰寧之治，永享無疆之休。」〔八九〕

【新輯】有事明堂御札。元豐三年四月丙辰。「朕躬履儉勤，纂承歷服。荷二儀之眷佑，致萬國之和平。見帝郊丘，寧神廟祏，彌文屢請，精義已通。維典章之上儀，實陟配之鴻禮。雖嘗宗祀，未稱孝思。矧四時順成，百物豐美，臣工協濟，華夏交懽。宜卜肅霜之辰，載考合宫之典。具嚴昭事，用伸報本之誠；明示有尊，兼廣教民之道。其敷大號，以戒先期。朕取今年季秋擇日有事于明堂。咨爾攸司，各揚厥職。〔九〇〕」

【新輯】宋朝事實：元豐三年九月二十二日〔九一〕，明堂禮畢，詔：「門下：朕承五聖積累之基，接千載神靈之統。順迪古訓，惠綏黎元。玩心於幾微，儲思乎昭曠。夙興夜寐，永惟二帝之盛時；日就月將〔九二〕，思繼三王之絶業。然而禮殘於商、周之後〔九三〕，樂失於韶、濩之餘，究觀本原，浸紊彝制。祀事習行而恬於舛誤，祠官妄舉而闊不講修。乃者刺六經之文，采諸儒之議，祓飾漏典，發揮褑容，祗奉乎天地神祇之尊，答揚乎祖宗功德之懿。于時五韙來叙，三農屢豐，星氛彌消，民氣休静。乃涓路寢之室，乃度崇堂之筵。諏季秋之靈辰，備庶物之美報。念神莫帝之大，肇新專饗之儀；念人莫親之隆，載陳嚴配之禮。於是駕齋輅之潔，建鸞旗之華，被衮冕以款琳宫，執罍圭以祼清廟。還登陽館之陛，大奏我將之詩。文物燦庭而輝煌，璧玉爛席而華絢。昭事上帝，克禋克祀而精意通〔九四〕；燕及皇天，如幾如式而美祥下。凄然凉露之感，肅然榮光之臨。豈朕眇冲，敢私貺施！垂恩隤祉，既膺有昊之降康；蕩垢滌瑕，嘉與含生之均慶。可大赦天下。云云〔九五〕。於戲！德隆報薄，無馨氣以動於神明；享厚施豐，有膏澤以洽于黎庶。保艾中外，輯寧邦家。尚賴三事協恭，群公輸力，如股肱之衛予體，如符契之合予心。豈獨一時，天人助信順之至；又將百世，君臣同福禄之多。」〔九六〕

【新輯】元祐元年有事明堂御札。六月癸酉。「祭莫重於承天，故昭事以極其報；禮莫先於嚴父，故陟配以達其誠。於皇辟王，永世克孝。蓋未嘗不修大饗之禮，稽六經之文。顧惟沖人，獲紹正統，煢然銜恤，亦既逾年。興言總章之堂，未躬上帝之祀，卜用秋杪，㫖對天明，以儀式刑文考之謨，以清緝熙烈祖之典。覬迎介祉，燕及群生。宜戒先期，特孚大號。朕取今年季秋擇日有事于明堂，禮成宣制恩賞，并依南郊例施行。咨爾攸司，各揚厥職。〔九七〕」

【新輯】宋朝事實：哲宗元祐元年九月六日，明堂禮畢，詔：「門下：聖人之德，無以加孝；帝王之典，莫大承天。朕以眇眇之身，煢煢在疚，永惟置器之重，惕若臨淵之深。承明繼成，思有以迪先王之烈；紹志述事，未足以慰天下之心。仰緊母慈，總攬政體，緝熙百度，和樂四方。賴帝況臨，浹寓寧乂〔九八〕，三垂之兵靡警，萬邦之年屢豐。庶幾大同，光嗣成美。深惟六聖之制，必躬三歲之祠。惟兹肇禋，屬予訪落，喪有以權而從變，祭無以卑而廢尊。欽言總章，古重宗祀，以教諸侯之孝，以得萬國之心。我饗維天，下武式文王之典，大孝嚴父，孔子謂周公其人。追惟先猷，嘗講兹禮，包舉儒術，諮諏搢紳，刺六經放逸之文，斥衆言殽亂之蔽，嘉與四海，靈承一天。革顯慶之兼尊，隆永徽之專配，成于獨斷，畀予沖人。尊遺教於前，著成法于後。涓選吉日，裒輯上儀，奉罍琳宮，奠玉路寢。神之吊矣，燕及皇天；誰其配之，既右烈考。於時夙齋輅之駕，被衮冕之章，備庶物之微，追三牲之養。靈旗而風馬下，孝奏而日月光。惕然履霜，詎勝凄愴之意；僾然出户，如聞嘆息之音。秩祐賚我思成，侍臣助予惻楚。既迄成于熙事，敢專饗於閟休！宜布洪恩，以暨諸夏。可大赦天下。云云。於戲！漢庭祀帝，著於即祚之逾年；唐室施仁，固以御門之吉日。蓋禮盛者文縟，澤大者流長。尚賴文武之英，屏翰之隽，叶恭政治，以輔邦圖。」〔九九〕

【新輯】元祐四年有事明堂御札。三月戊寅。「朕蒙天地降康，纘宗廟休緒。内師文母之聖，以砥綏四方；外率昭考之行，以統正萬事。而百度允若，五年于茲。民物和而風雨惟時，四裔服而兵革不作。顧以不敏，其何能臻？永惟繼序之囏，益思嚴父之報。矧聖德無以加於孝，唯宗祀莫大於配天。俾由舊章，爰秩新禮。乃卜季秋之饗，以侑上帝之尊。申戒前期，誕告有衆。朕取今年季秋擇日有事于明堂，禮成宣制恩賞，并依南郊例施行。咨爾攸司，各揚厥職。〔一〇〇〕」

【新輯】宋朝事實：元祐四年九月十四日，明堂禮畢，詔：「門下：治人莫急于重祭，嚴父孰大于配天。昔者周公，宗祀明堂而致孝；鴻惟仁祖，規橅路寢以尊親。參合古今之宜，茲謂情文之盡。肆我昭考，稱秩彝祠，周爰群策之長，專崇一帝之配。聖作明述，事并功偕。稽呂令之文，則享以秋季；案魯經之載，則日用吉辛〔一〇一〕。允協靈心，奉爲常憲。朕纂圖宸極，承訓慈闈，事舉于中，禮循其舊。嚮講親祠之制，一遵先聖之謨。對越上神，翕受純嘏，五韙來備，三稔于茲。屬方隅之砥寧，嘉河流之順復，物無疵癘〔一〇二〕，民用平康。荷穹昊之降休，致涵生之蒙祉。復會一郊之歲，前詢七數之謀。而乾象垂文，晨覿房、心之次〔一〇三〕，朝儀取法，是爲政教之宫。適及其時，茲用展采。陳于乘萬騎之儀衛，極四海九州之貢羞，皆欲有以致其嚴，猶懼無以稱其德。前期戒衆，各揚職以盡恭；先甲端誠，中集虚而思道。始欽柴於真館，旋備物於大庭〔一〇四〕。作主侑神，帝與親而并饗；奠匏及瓚，薦暨祼以交行。一純罄而高明歆，四氣和而諸福應。有司已事，祝嘏既告以孝慈；與物惟新，風霆爰布於號令。式均惠澤，溥被敷天。可大赦天下。云云〔一〇五〕。

於戲！合内朝之神事，既因錫羡以推仁；得萬國之歡心，又將使民而知孝〔一〇六〕。蓋布德行惠者，非賢罔乂；任大守重者，惟后克艱。尚賴文武蓋臣，股肱碩輔，共厎緝熙之治，庶成忠厚之風。咨爾群倫〔一〇七〕，其體朕意。」〔一〇八〕

【新輯】紹聖二年有事明堂御札。四月壬午。「朕丕承基緒，惟典神天，上賴明靈之歆，用綏華夏之福。而三辰軌道，九扈奏功，邇遐允懷，動植咸若。有秩斯祜，實自前人之光；無疆惟休，敢忘昭考之烈？惟饗親之爲孝，惟配帝之爲嚴。當致靈承之心，以明昭報之義。稱秩新禮，率由舊章。申戒前期，誕告有衆。朕取今年季秋擇日有事于明堂，禮成宣制恩賞，并依南郊例施行。咨爾攸司，各揚乃職。〔一〇九〕」

【新輯】宋朝事實：紹聖二年九月十二日〔一一〇〕，明堂禮畢，詔：「門下：順考禮經，莫先於祭典；遹遵成業，益重於孝思〔一一一〕。朕以眇躬，獲承休德。訪予落止，奉長信於簾帷；始初清明，紹先朝之矩矱。不懈于事，惟既乃心。延登雋良，修飭治具〔一一二〕，每懷兢慎，懼忲盈成。方海宇之宴寧，亦雨暘之順序。心存偃伯，誠在卲農，十有一年，允釐庶務。豈朕寡德，致此休嘉，洪惟禰宫，垂慈佑助。益勵從先之志，適丁親祀之期。配帝饗親，用周公之故事；明堂路寢，協神祖之宏規〔一一三〕。月用季秋〔一一四〕，日維辛吉〔一一五〕，備千乘萬騎之儀衛〔一一六〕，先有事于琳宫；極四海九州之貢羞，用親祼於太室。駿奔揚職，肸蠁薦誠，一純罄而高明歆，四氣和而福禧應。有司已事，慶熙洽之告成；與物惟新，布惠和而肆眚。式揚大號，爰及敷天。可大赦天下。云云〔一一七〕。於戲！毖祀總章，所以教諸侯之孝；推恩綿宇，所以致天下之和。更賴三事協恭，百官修職，共伸勵翼，永底丕平。」〔一一八〕

【新輯】大觀元年三月二十三日，御札：取今年季秋擇日宗祀于明堂。〔一一九〕

【新輯】宋朝事實：大觀元年九月二十八日，明堂禮畢，詔：「門下：帝爲大神，非精禋無以獲其格；親則皇考，非專饗無以極其嚴。鴻惟本朝，上稽周室，宗祀明堂而致孝，規圖廣殿以陳儀。涓選杪秋之良，卜用維辛之吉。協靈心而昭事，崇侑食以來寧。肆予菲躬〔一二〇〕，紹乃大統，發揮古訓，率循舊章。禮緝熙、豐之討論，樂用崇、觀之制作。雖度筵猶因乎路寢，而均律已得乎中聲。矧政事之維醇，抑嘉祥之滋至。鉅河澄澈，咸若豐登〔一二一〕，王德洽而猰犴清〔一二二〕，壬人退而蠻夷服。顧惟寡昧，砥兹乂安，實賴謨烈之燕詒，與夫昊穹之眷佑。念無待而施報，在薦誠而必躬。是用朝獻殊庭，祼將太室，登還陽館之陛，大奏合宫之歌。駿奔之多士秉文，顯相之群公咸一。故得明靈昭格，况施衍蕃〔一二三〕。祝嘏并告乎孝慈，風馬胥來而肸蠁。既多受祉，誕膺帝命之休；用錫庶民，欽敷時斂之福。揚于端闕，賚爾多方。可大赦天下。云云。〔一二四〕於戲！信順之助，丕應乎天人；祭祀之澤，均覃於海宇。茂爾臣民之賚慶，篤予邦國之榮懷。尚賴德惠流行，垢瑕掩滌，小大盡輸於忠義，邇遐咸奮於事功。永底丕隆，并綏茀禄。」〔一二五〕

【新輯】政和七年季秋宗祀明堂御札。五月十八日。「敕内外文武臣僚等：「燕及皇天，禮寔嚴於大饗；率時昭考，孝莫重於宗祈。比稽治古之隆，肆考合宫之壯。相方視址，于國之陽；面勢飭材，循周之舊。裒對四時之序，甄陶二氣之和。達鄉重簷，吻合六經之墜緒；方輿圓蓋，是興萬世之闕摹。永觀厥成，不愆于素。顧豈人謀之可致，兹惟帝命之不違。爰念紫壇，暨于泰圻。婁格燎禋之毖，既修瘞祀之專。永維繼志述事之圖，敢忘嚴父配天之禮〔一二六〕！况明靈之妥佑，方符瑞之旁臻。其圖太室之儀，用卜杪秋之吉。侑登禰廟，對越上穹。賓延五府之神，祇薦九州之味。具申報本，斯昭萬寶之成；誕示寧親，以教諸侯之孝。亶孚有衆，式告前期〔一二七〕。朕以今年季秋宗祀于明堂。咨爾攸司，

各揚乃職，相予肆祀，無或不恭。故茲札示，想宜知悉。」〔一二八〕

【新輯】宋朝事實：【政和七年宗祀赦天下制九月六日】享明堂畢，詔：「門下：祗承于帝，膺駿命者必昭大報之誠；對越在天，竭孝思者必謹肇禋之舉。乃眷度筵之制，久隳考室之文。若昔大猷〔一二九〕，稱秩元祀。規天矩地，適追三代之隆；負陰抱陽，裒對一堂之上。八牖以達八方之氣，四阿以施四序之和。丕應旁臻，珍祺紹至。靈臺砥曆，星占出柳之符；農扈儲祥，邕協維秠之薦〔一三〇〕。帝省山則隆棟來于靈壑，嶽修貢則文石擬乎黿書。方程屬植之功，已考司空之辟。是翳神策，匪直人謀。爰熙大室之崇，大饗肅霜之吉。右尊禰廟，嚴配昊穹。四海會同，用繼皇祐肇基之志；五位時序，益增元豐垂裕之光。工祝告親製之辭，備樂奏躬修之律。駿奔在庭者皆知秉德，祗栗于位者無有違心。苾苾芬芬，齊誠允格；洞洞屬屬，神保是臨。方鉅典之涓成〔一三一〕，既繁禧之顯被，其敷惠術，誕霈恩綸。内均四守之微，外浹萬邦之衆。可大赦天下。云云。〔一三二〕於戲！上天孚佑，獲承帝親并享之休；下國駿厖，敢後福禄攸同之錫！疇諮遐邇，共對榮懷。」〔一三三〕

【新輯】今年九月有事明堂詔。紹興四年四月二十日。「敕内外文武臣僚等：朕享帝以誠，爲民徼福。顧時難備物，訂郊報之未遑；然禮有從宜，用宗祈之繼舉。將合祛於天地，仍并侑於祖宗。即三歲之當祠，裒百神而咸對。頗益會稽之近制，率循皇祐之前規。庶格精禋，克臻嘉貺。朕以今年九月有事於明堂。咨爾列位，庀厥攸司，相予祀事之恭，毋怠官常之責。故茲札示，想宜知悉。〔一三四〕。

【新輯】明堂赦文。紹興四年九月十五日。「門下：朕紹膺丕緒，寅畏多難，顧寡昧之弗堪，悼方隅之未靖。親乘戎輅，越在海邦。浸更八載之勤勞，祇荷三靈之保佑。營屯錯處，罔聞癘疫之虞；調度繁興，屢格豐登之候。斂時嘉況，惕若欽成。載考彝章，當嚴大報。然而兩宫狩于絶域，靡有回鑾之定期；九廟隔于故都，邈無薦祼之常所。敵疆猶擾，邊遽或驚。沃野殘于盗區，齊民脅于逋藪。雖厄運之抵此，諒菲躬之使然。夜攬衣而屢興，晝當食而永嘆。惟皇天后土，集成命于我家；惟藝祖、太宗，垂大統于來裔。是用爲民而請禱，庶幾與國以迎休。爰卜杪秋，肆開世室。遵皇祐之遺則，舉合祠并配之儀；續會稽之缺文，處四望六宗之位。草創庶品，綿蕝一時。物從儉而貴誠，事權宜而尚質。清明罄矣，默存精祲之交；景象屑然，恭俟神靈之下。既竭祈哀之悃，必開悔禍之圖。將使函生，并濟寧宇。兹誕敷于渥澤，以均錫于純釐。云云〔一三五〕。於戲！涓選休成，以飭威容之軼；眚灾肆赦，以肹慶賜之常。尚賴文武協心，忠義畢力，共謀戡定，迄致昇平。〔一三六〕」

【新輯】今年九月有事明堂詔。紹興七年四月八日。「敕内外文武臣僚等：朕荷三靈之祐，思報本以薦誠；蒙列聖之休，當奉先而追孝。乃虔修於大享，將卜用於杪秋。雖亮陰不言，適在親祠之歲；而越紼行事，宜遵制禮之權。祈爲黎元，輯兹祉福。惟漢世明堂之建，受記嘗格於諸神；而周家宗祀之修，秉德實資於多士。爰敷大號，式戒先期。朕以今年九月有事於明堂。咨爾攸司，各揚厥職，相予肆祀，罔或不恭。故兹札示，想宜知悉。〔一三七〕」

【新輯】明堂赦文。紹興七年九月二十二日。「門下：朕祗膺寶曆，嗣守丕基。以承上下神祇，將一周于歲紀；獲執犧牲圭幣，實四展于親祠。冀格皇天，以寧區夏。雖喪無二事，屬在亮陰之年；而祭不廢尊，敢墜明禋之典。顧禮文之弗備，尚精意以交孚。爰念多壘在郊，舊都陷賊。未雪邦家之憤，當勤宵旰之圖。振旅撫師，將士有戰征之苦；飛芻輓粟，民人疲轉餉之煩。朕深懷惻怛之心，屢下寬大之詔。方連兵而不解，欲省賦以未能。所期禍亂之削平，永與黎元而休息。惟是三靈垂佑，集大命于眇冲；列聖儲休，浹深仁于普率。尊君親上者既久無斁，去順效逆者雖衆必離。將興運之有開，庶哀祈之能格。是用前卜杪秋之吉，載蠲路寢之嚴。追孝奉先，既歌德于清廟；絜誠報本，遂合祭于大神。乃祠官之祝釐，爲庶民而斂福。宜敷渥澤，用洽多方。云云。於戲！戒精專，既荷上靈之嘉饗；嚴黍寅畏〔一三八〕，敢忘昭事之小心。尚賴文武盡忠，内外協力，共勘大難，永底丕平。〔一三九〕」

【新輯】有事明堂御札。紹興十年四月十五日。「敕内外文武臣僚等：朕圖濟艱難，賴眷佑於天地；欽承繼序，荷詒燕於祖宗。必修報本之義，以盡其誠；必極奉先之禮，以致其孝。爰因□歲之彝制，申講九筵之上儀。祗飭精衷，冀格于上下；□祈蕃祉，以燕及於邇遐。蕆事有賴於庶工，助祭實來於四海。宜頒涣號，用戒前期。朕以今年九月有事于明堂。咨爾攸司，各揚厥職，相予肆祀，罔或不恭。故兹札示，想宜知悉。〔一四〇〕」

【新輯】明堂赦文。紹興十年九月十日。「門下：朕嗣承大統，躬履多虞。屬炎正之中微，致綿區之俶擾。惟二帝出狩，不敢忘者親愛之恩；而一紀弩兵，尤可痛者生靈之命。邦之不靖，罪實在予。每念累朝之至仁，兼愛兩國之赤子，冀休兵革，各保封疆。徒以安天下爲心，豈在修匹夫之怨！至於遣使致幣，屈己講和。然朕誠不足以孚彊敵而俾革心，德不足以保遺民而俾安宅。靡成言之固守，復始亂以侵陵。是使南北之民，永無休息之日。咎繇菲薄，疢切蠹傷。幸賴帝鑑孔昭，大畀豐穰之歲；人心共憤，咸懷敵愾之忠。兵民足食以無虞，將士叶謀而有濟。載念九筵之盛典，盍循三歲之彝章。合天地以奉圭幣之恭，侑聖明而登牢醴之薦。式崇大報，肅致精禋〔一四一〕。惟上下神祇臨我而格思，惟祖宗功德在人而未艾。兩儀助順，儻開偃革之期；九廟垂休〔一四二〕，益壯肯堂之業。是用誕敷霈澤，溥及多方。示乎惠於函生，庶導迎於和氣。云云〔一四三〕。於戲！精意以享，熙事既成。斂福錫民，忍向隅之獨泣；同仁一視，期率土之舉安。尚賴文武一心，忠賢同德，共戡多難，永底丕平。〔一四四〕」

【新輯】有事明堂御札。紹興三十一年四月三日。「敕内外文武臣僚等：「朕荷三靈之右序，蒙列聖之燕貽。夙展郊禋，屢輯合祛之典；間修宗祀，以崇陟配之文。乃卜秒秋，恭行大享。念孝莫大於嚴父，唯上帝之居歆；而禮尤在於成民，豈眇躬之徼福？庶獲天人之助，永儲宗社之休。兹戒先期，宜敷大號。朕以今年九月有事于明堂。咨爾攸司，各揚其職，相予祀事〔一四五〕，罔或不恭。故兹札示，想宜知悉。」〔一四六〕

【新輯】明堂赦文。紹興三十一年九月二日。「門下：朕嗣膺寶曆，寅奉丕圖，宵旰靡皇，于今三紀。念兢兢而行道，動有履冰之危；顧翼翼以秉心，居懷執玉之懼。蓋恭儉由乎克己，而欽謹所以保邦。維祖宗積累之基，在繼志而述事；維天地神明之鑒，本惡盈而好謙。端一意以仰承，庶三靈之垂佑。時乃五辰協序，六氣導和。百穀用成，屢獲豐年之應；五兵不試，均陶化日之舒。長用阜康，物無疵癘，有邦之慶，於朕匪功。爰躬三歲之祠，虔奉一純之報。念圜丘肆類，備輯生民之章；而路寢宗祈，未詔我將之饗。是用按求古誼，推本先猷。涓選肅霜之辰，稽仍大火之次。維仁祖之武，敢怠于遵承；維文考之嚴，敢忘于陟配！屬在諒陰之制，肆緣越紼之文。義難卑而廢尊，禮要大而必簡。于時六樂備而不作，百神儼其若存。籩豆薦芳，肅然肸蠁之答〔一四七〕；堂筵拜況，燦若陸離之光。亶熙事之備成，沛廳恩而周洽。云云。於戲！宗祀而配上帝，孝莫大於尊親；皇極之錫

庶民，福豈祈于專饗。更賴二三同德，凡百有司，文極腹心之謀，武致爪牙之用。懋乃攸績，厎于丕平。〔一四八〕

校勘記

〔一〕纘嗣丕業　「業」，宋大詔令集卷一二一治平二年南郊赦天下制作「構」。

〔二〕我仁考體道誠明　「我仁考」，宋大詔令集卷一二一治平二年南郊赦天下制作「夫王者」。

〔三〕順乾剛之正命　「順」，宋大詔令集卷一二一治平二年南郊赦天下制作「賾」。

〔四〕或弛以便民　「或」，宋大詔令集卷一二一治平二年南郊赦天下制作「咸」。

〔五〕下之方以厎百室之福　「福」原作「富」，據宋大詔令集卷一二一治平二年南郊赦天下制改。

〔六〕迨下武而方深　「方」，宋大詔令集卷一二一熙寧元年南郊赦天下制作「益」。

〔七〕合祛祀于柔祇　「祛」原作「陰」，據宋大詔令集卷一二一熙寧元年南郊赦天下制改。

〔八〕六樂變音　「六」原作「大」，據宋大詔令集卷一二一熙寧七年南郊赦天下制及宋文鑑卷三二熙寧七年南郊大赦改。

〔九〕政施惠術　「術」原作「衔」，據宋大詔令集卷一二一熙寧七年南郊赦天下制及宋文鑑卷三二熙寧七年南郊大赦改。

〔一〇〕心罔敢弗承　「乘」，宋大詔令集卷一二一熙寧十年南郊赦天下制作「丞」。

〔一一〕顧惟冲人　「惟」原作「循」，據宋大詔令集卷一二一元豐六年南郊赦天下制改。

〔一二〕以時欽修　「欽」原作「飭」，據宋大詔令集卷一二一元豐六年南郊赦天下制改。

〔一三〕奉罍以款真宇　「宇」原作「字」，據宋大詔令集卷一二一元豐六年南郊赦天下制改。

〔一四〕云云　原脱，據宋大詔令集卷一二一元豐六年南郊赦天下制補。

〔一五〕顧兹冲眇　「眇」原作「昧」，據宋大詔令集卷一二一元祐七年南郊赦天下制改。

〔一六〕宜均博施　宋大詔令集卷一二一元祐七年南郊赦天下制作「宜思均施」。

〔一七〕云云　原脱，據宋大詔令集卷一二一元祐七年南郊赦天下制補。

〔一八〕朕保極以宅尊　「尊」原作「師」，據宋大詔令集卷一二一元符元年南郊赦天下制改。

〔一九〕奉先而繼統　「先」，宋大詔令集卷一二一元符元年南郊赦天下制作「元」。

〔二〇〕習三歲之祥　「祥」，宋大詔令集卷一二一元符元年南郊赦天下制作「常」。

〔二一〕靈心嘉虞　「虞」原作「虔」，據宋大詔令集卷一二一元符元年南郊赦天下制改。

〔二二〕其敷錫厥庶民　「厥」，宋大詔令集卷一二一元符元年南郊赦天下制作「於」。

〔二三〕云云　原脱，據宋大詔令集卷一二一元符元年南郊赦天下制補。

〔二四〕告成大事　宋大詔令集卷一二一元符元年南郊赦天下制作「告事大成」。

〔二五〕以刑平富之風　「刑」原作「彰」，據宋大詔令集卷一二二建中靖國元年南郊改來年崇寧元年赦天下制及宋會要輯稿禮五四之一二改。

〔二六〕紫烟其升　「其」原作「具」，據宋大詔令集卷一二二建中靖國元年南郊改來年崇寧元年赦天下制及宋會要輯稿禮五四之一二改。

〔二七〕于時乾象粹清　「粹」原作「潔」，據宋大詔令集卷一二二建中靖國元年南郊改來年崇寧元年赦天下制及宋會要輯稿禮五四之一二改。

〔二八〕膏潤并下　「下」原作「受」，據宋大詔令集卷一二二建中靖國元年南郊改來年崇寧元年赦天下制及宋會要輯稿禮五四之一二改。

〔二九〕云云　原脱，據宋大詔令集卷一二二建中靖國元年南郊改來年崇寧元年赦天下制補。

〔三〇〕迄茲泮奐之猷　「泮奐之猷」原作「伴奐之游」，據宋大詔令集卷一二二建中靖國元年南郊改來年崇寧元年赦天下制改。

〔三一〕重受厖禧　原作「龍受寵禧」，據宋大詔令集卷一二三崇寧三年南郊赦天下制改。

〔三二〕凡厥盛王之式　「盛」原作「成」，宋大詔令集卷一二三崇寧三年南郊赦天下制改。

〔三三〕思與萬邦而共慶　「與」原作「汝」，宋大詔令集卷一二三崇寧三年南郊赦天下制改。

〔三四〕可大赦天下云云　原脱，據宋大詔令集卷一二二崇寧三年南郊赦天下制補。

〔三五〕永惟置器之艱　「艱」，宋大詔令集卷一二二大觀四年南郊改來年政和元年赦天下制作「安」。

〔三六〕翕九河而順軌　「軌」原作「紀」，據宋大詔令集卷一二二大觀四年南郊改來年政和元年赦天下制改。

〔三七〕云云　原脱，據宋大詔令集卷一二二大觀四年南郊改來年政和元年赦天下制補。案此下宋大詔令集還有「朕恭承聖緒，遹追先猷，荷穹昊之休，蒙宗廟之佑。昭事有翼，夙夜惟寅。中外靖綏，年穀登稔，禮樂明備，百志用成。嘉與多方，布新顯號。可以來年正月一日改元政和」。

〔三八〕輯自清徐松輯宋會要輯稿禮二四之五八（點校本一一七二頁）。

〔三九〕羌夷請吏　宋大詔令集卷一二二政和三年南郊赦天下制作「遐邇請命」。

〔四〇〕欽修時祀之尃　「尃」，宋大詔令集卷一二二政和三年南郊赦天下制作「尊」。

〔四一〕宜孚涣號　「孚」，宋大詔令集卷一二二政和三年南郊赦天下制作「敷」。

〔四二〕云云　原脱，據宋大詔令集卷一二二政和三年南郊赦天下制補。

〔四三〕覩天下物　「覩」，宋大詔令集卷一二二冬祀執玄圭御筆手詔作「舉」。

〔四四〕以敷祐于下民　「敷」原作「孚」，據宋會要輯稿禮之一四之六六及宋大詔令集卷一二二冬祀執玄圭御筆手詔改。

〔四五〕翼翼敢忘於寅畏　「於」原作「夫」，據宋大詔令集卷一二二政和六年冬祀赦天下制改。

〔四六〕九天占南極之瑞　「天」原作「支」，據宋大詔令集卷一二二政和六年冬祀赦天下制改。
〔四七〕固嘗辨先王之吉禮　「先王」，宋大詔令集卷一二二政和六年冬祀赦天下制作「二至」。
〔四八〕云云　原脱，據宋大詔令集卷一二二政和六年冬祀赦天下制補。
〔四九〕屏翰舊臣　「舊」，宋大詔令集卷一二二政和六年冬祀赦天下制作「雋」。
〔五〇〕載謹豐年之報　「謹」原作「誕」，據宋大詔令集卷一二二宣和元年冬祀赦天下制改。
〔五一〕用端永命之祈　「端永」，宋大詔令集卷一二二宣和元年冬祀赦天下制作「永端」。
〔五二〕云云　原脱，據宋大詔令集卷一二二宣和元年冬祀赦天下制補。
〔五三〕恭念祭不欲數者禮之經　「數」原作「疏」，據宋大詔令集卷一二二宣和四年冬祀赦天下制改。
〔五四〕旗常罦畢　「罦」，宋大詔令集卷一二二宣和四年冬祀赦天下制作「警」。
〔五五〕庶邦虔貢以駿奔　「虔」原作「底」，據宋大詔令集卷一二二宣和四年冬祀赦天下制改。
〔五六〕樂六奏而靈祇下　「祇」，宋大詔令集卷一二二宣和四年冬祀赦天下制作「斿」。
〔五七〕云云　原脱，據宋大詔令集卷一二二宣和四年冬祀赦天下制補。
〔五八〕益堅勵翼之心　「心」，宋大詔令集卷一二二宣和四年冬祀赦天下制作「忠」。
〔五九〕大明制禮　「大」，宋大詔令集卷一二二宣和七年南郊赦天下制作「文」。
〔六〇〕其錫蕃禧　「其」原作「兵」，宋大詔令集卷一二二宣和七年南郊赦天下制改。

〔六一〕云云　原脱，據宋大詔令集卷一二二宣和七年南郊赦天下制補。

〔六二〕遠罪疾而弭兵灾　「兵灾」互倒，據三朝北盟會編卷一一九乙正。

〔六三〕則休息之期猶遠　「猶」，三朝北盟會編卷一一九作「尤」。

〔六四〕雖丁多壘之辰　「丁」，三朝北盟會編卷一一九作「兹」。

〔六五〕必大時物之宜　「宜」，三朝北盟會編卷一一九作「儀」。

〔六六〕新黻冕以嚴恭　「黻」原作「卷」，據三朝北盟會編卷一一九改。

〔六七〕實冀昊天之所予　「予」原作「子」，據三朝北盟會編卷一一九改。

〔六八〕嚴陟配以宣延釐　「釐」原脱，據海陵集卷一一郊祀赦文補。

〔六九〕實俎焚膏　「焚」，海陵集卷一一郊祀赦文作「膳」。

〔七〇〕精意洞乎九閡　「閡」，海陵集卷一一郊祀赦文作「垓」。

〔七一〕并臻四極之熙　「并」，海陵集卷一一郊祀赦文作「丕」。

〔七二〕【新輯】明堂赦　案：此門四庫館臣未輯佚，宋會要輯稿禮保存了此門的一些内容，故特列此門輯佚。

〔七三〕皇祐二年有事明堂御札　案：宋會要輯稿禮二四之五〇録有標目是宋朝事實的熙寧七年的明堂赦文，其前面載有神宗皇帝的有事明堂御札，據此推測原書其他明堂赦前也應載有相應御札，因此進行輯佚。下同。

〔七四〕朕欽膺瑞命　「瑞」原作「端」，據宋大詔令集卷一二四皇祐二年有事明堂御札改。

〔七五〕賴高厚顧臨　「顧」原作「况」，據宋大詔令集卷一二四皇祐二年有事明堂御札改。

〔七六〕躋此汔康　「汔康」，宋大詔令集卷一二四皇祐二年有事明堂御札作「丕平」。

〔七七〕輯自宋會要輯稿禮二四之二（標點本一一三九頁）。

〔七八〕七月戊申　「戊申」，長編卷一九七及宋史卷一二仁宗本紀四作「壬子」，宋大詔令集卷一二四作「戊午」，玉海卷九六作「丙午朔」。

〔七九〕深惟持國之日久　「惟」原作「爲」，據華陽集卷九及宋文鑑卷三二改。

〔八〇〕服大冕之章　「大」原作「六」，據華陽集卷九及宋文鑑卷三二改。

〔八一〕格靈娱於真庭　「娱」，華陽集卷九及宋文鑑卷三二作「貺」，宋大詔令集卷一二四作「娭」。

〔八二〕被于燎柴之時　「燎」原作「欽」，據華陽集卷九及宋文鑑卷三二改。

〔八三〕既均輝耀之微　「耀」原作「翟」，據華陽集卷九及宋文鑑卷三二改。

〔八四〕亦膺無窮之聞　「聞」原作「問」，據華陽集卷九及宋文鑑卷三二改。

〔八五〕輯自宋會要輯稿禮二四之五〇（點校本一一六六至一一六七頁）。

〔八六〕未詔嘉饗　「詔」，宋會要輯稿禮二四之四二作「諧」，宋大詔令集卷一二四作「紹」。

〔八七〕輯自呂祖謙宋文鑑卷三三。

〔八八〕興言考思　「考」原作「孝」，據古靈先生文集卷一二熙寧四年九月明堂赦書及宋大詔令集卷一二五改。

〔八九〕輯自宋會要輯稿禮二四之四三（點校本一一六二頁）。

〔九〇〕輯自宋大詔令集卷一二四。

〔九一〕元豐三年九月二十二日　「二十二日」原作「二十日」，據長編卷三〇八、宋大詔令集卷一二五及宋史卷一六神宗本紀三改。

〔九二〕日就月將　「將」原脱，據宋大詔令集卷一二五補。

〔九三〕然而禮殘於商周之後　「殘」原作「殊」，據宋大詔令集卷一二五改。

〔九四〕克禋克祀而精意通　「克禋」原作「堯禋」，據宋大詔令集卷一二五改。

〔九五〕云云　原脱，據宋大詔令集卷一二五補。

〔九六〕輯自宋會要輯稿禮二四之四九（點校本一一六六頁）。

〔九七〕輯自宋大詔令集卷一二四。

〔九八〕浹寓寧乂　「寓」，宋大詔令集卷一二五作「富」。

〔九九〕輯自宋會要輯稿禮二四之五二至五三（點校本一一六八頁）。

〔一〇〇〕輯自宋大詔令集卷一二四。

〔一〇一〕則日用吉辛　「辛」原作「新」，據蘇魏公文集卷二一明堂赦書及宋大詔令集卷一二五改。

〔一〇二〕物無疵癘　「疵」原作「庇」，據蘇魏公文集卷二一明堂赦書及宋大詔令集卷一二五改。

〔一〇三〕晨覿房心之次　「覿」，宋大詔令集卷一二五作「集」。

〔一〇四〕旋備物於大庭　「旋」原作「旅」，據蘇魏公文集卷二一明堂赦書及宋大詔令集卷一二五改。

〔一〇五〕云云　原脱，據宋大詔令集卷一二五補。案下面蘇魏公文集卷二一明堂赦書及宋大詔令集卷一二五還有「延州要藩，上郡舊境。皇朝建彰武之節，以開帥庭；先帝寵王爵之封，以賜朕履。惟山川之嚴峻，本土族之敦龐。宜加府號之稱，用旌受命之地，延州升爲延安府」。

〔一〇六〕又將使民而知孝　「知」原作「致」，據蘇魏公文集卷二一明堂赦書及宋大詔令集卷一二五改。

〔一〇七〕庶成忠厚之風咨爾群倫　「咨」原作「兹」，據蘇魏公文集卷二一明堂赦書及宋大詔令集卷一二五改。

〔一〇八〕輯自宋會要輯稿禮二四之五三至五四（點校本一一六九頁）。

〔一〇九〕輯自宋大詔令集卷一二四。

〔一一〇〕紹聖二年九月十二日　「十二日」原作「十九日」，據宋史卷一八哲宗本紀二及宋大詔令集卷一二五改。

〔一一一〕益重於孝思　「益」，宋大詔令集卷一二五作「蓋」。

〔一一二〕修飭治具　「飭」原作「飾」，據宋大詔令集卷一二五改。

〔一一三〕協神祖之宏規　「神」，宋大詔令集卷一二五作「仁」。

〔一一四〕月用季秋　「月」原作「日」，據宋大詔令集卷一二五改。

〔一一五〕日維辛吉　「辛」原作「新」，據宋大詔令集卷一二五改。

〔一一六〕備千乘萬騎之儀衛　「千」原脱，宋大詔令集卷一二五補。

〔一一七〕云云　原脱，宋大詔令集卷一二五補。

〔一一八〕輯自宋會要輯稿禮二四之五五（點校本一一七〇頁）。

〔一一九〕輯自宋會要輯稿禮二四之五六（點校本一一七一頁）。

〔一二〇〕肆予菲躬　「肆」原作「曰」，據宋大詔令集卷一二五改。

〔一二一〕咸若豐登　「若」，宋大詔令集卷一二五作「壤」。

〔一二二〕王德洽而狴犴清　「王」原作「生」，據宋大詔令集卷一二五改。

〔一二三〕況施衍蕃　「況」，宋大詔令集卷一二五作「貺」。

〔一二四〕可大赦天下云云　原脱，宋大詔令集卷一二五補。

〔一二五〕輯自宋會要輯稿禮二四之五七至五八（標點本一一七一至一一七二頁）。

〔一二六〕敢忘嚴父配天之禮　「忘嚴父配天之禮」，宋會要輯稿禮二四之六四作「後嚴父配天之舉」。

〔一二七〕式告前期　「式」，宋會要輯稿禮二四之六四作「咸」。

〔一二八〕輯自宋大詔令集卷一二四。

〔一二九〕若昔大猷　「昔」，宋大詔令集卷一二五作「有」。

〔一三〇〕鬯協維秠之薦　「薦」，宋大詔令集卷一二五作「瑞」。

〔一三一〕方鉅典之涓成　「鉅」原作「祲」，據宋大詔令集卷一二五改。

〔一三二〕云云　原脱，宋大詔令集卷一二五補。

〔一三三〕輯自宋會要輯稿禮二四之六七至六八（點校本一一七七至一一七八頁），參考宋大詔令集卷一二四。

〔一三四〕輯自宋禮部太常寺纂修、清徐松輯中興禮書卷四四（一九七頁）。參考咸淳臨安志卷三。

〔一三五〕云云　案：「云云」前當脱「可大赦天下」。下文同。

〔一三六〕輯自中興禮書卷八五（三五二頁）。

〔一三七〕輯自中興禮書卷四四（一九七至一九八頁）。

〔一三八〕嚴黍寅畏　「黍」當作「恭」。

〔一三九〕輯自中興禮書卷八五（三五二至三五三頁）。

〔一四〇〕輯自中興禮書卷四四（一九八頁）。

〔一四一〕庸致精禋　「庸」原作「痛」，據中興禮書卷八五改。

〔一四二〕九廟垂休　「垂」原作「重」，據中興禮書卷八五改。

〔一四三〕云云　原脱，據中興禮書卷八五補。

〔一四四〕明程敏政新安文獻志卷二（點校本九三頁），又見中興禮書卷八五（三五三頁）。

〔一四五〕相予祀事　「祀事」當作「肆祀」。

〔一四六〕輯自中興禮書卷四四（一九八頁）。

〔一四七〕肅然肸蠁之答　「蠁」原作「嚮」，據文意改。

〔一四八〕輯自中興禮書卷八五（三五三至三五四頁）。

卷六

宋 李攸 撰

廟制

元符三年，詔曰：「藝祖順天應人，肇造區夏；太宗受命繼代，厎定寰宇；真宗以聖繼聖，撫盈成之運〔一〕，奉太平之業，登岱告成，文物典章，于斯大備。昔在仁祖〔二〕，并尊千百世不祧之廟。恭惟仁宗皇帝躬天地之度，以仁治天下，在位四十二年，利澤之施，丕冒山海。早定大策，授英宗以神器之重，措宗廟于泰山之安，功隆德厚，孰可擬議！英宗皇帝享國日淺，未究施設，奄棄萬國。神宗皇帝以聖神不世出之資〔三〕，慨然大有爲于天下。興學校，隆經術，勸農桑，寬傜役，禁暴以武，理財以義。凡政令法度，有未當于理、不便于時者，莫不革而新之。功業盛大，何可勝紀！群臣引舊典，數上徽號，然自謙挹，終抑而不居。規模宏遠，凛凛乎三代之風矣！而廟祏之制，殊未議所以尊崇之典，闕孰甚焉！朕夙興夜寢，所不敢忘也。宜令禮官，稽參商、周、兩漢故事，考定仁祖、神宗廟制，詳議以聞。」

十一月，權太常寺奏少卿盛次仲等言：「恭惟仁宗皇帝，承文明武定章聖之後，民庶物阜，咸底安樂。于是純以仁德，在宥天下，明慎庶獄，哀矜無辜。側席盡芻蕘之言，臨軒空巖穴之士。約侈玩之好，絶盤游之娛。恭儉之意，無非爲民。夏羌猖狂，款塞則聽之；儂賊背誕，越疆則捨之。舞干兩階，卒自請吏。百越之長，南夷之蠻，聞至仁而來歸者，梯航相屬。日月所照，霜露所墜，凡在覆幬，無不丕冒。草木之微，昆蟲之細，凡在生育，無不咸若。肆享國四十二年，至今田童野叟，有聞遺老之言、述當時之事者，猶春風時雨，沐浴膏澤，咸有生意，而遺澤猶在也。至于蚤定大策，授英廟以神器之重，子孫相承，克享天心，此又爲宗社計，立萬世之基也。天祚有德，是生神考。以卓然天縱之德，輔以緝熙光明之學，慨然遠覽三墳、五典之所載，其詳既不可復見，然猶得于伏羲、神農、黄帝、堯、舜之心者乎！『窮則變，變則通，通則久。』故變而通之以盡利，鼓之舞之以盡神。尊經造士，而舉世知道德之意；弛力便民，而終歲無煩擾之勞。理財以義，水旱有時，而糴不加貴。禁暴以武，兵革以時，而民不加賦。循名責實，而政事舉。信賞必罰，而勸沮行。下至百工技巧，咸有品式，本末具舉，小大畢張。勵精垂御，十有九年，典章文物，炳然與三代同風。規模宏遠，迄今四方向風。蠻夷率服，法令具而民不犯，器械精而兵不試。惟見農安于野，男耕而女桑；商賈于塗，貫朽而粟腐。内外晏如，萬世永賴，斯詒燕之效也。譬如日月往來，四時迭運，人見其歲功自成，物物咸遂，不知帝王造化之所在。故曰『惟天爲大』『民無能名焉』。惟我神考，實體之矣。謹按：禮記王制、尚書咸有一德、春秋穀梁傳、荀卿之書，皆言天子七廟。則有天下事七世，親盡則毁，古今之通制也。至于有功德者，宗無常數。故商有三宗，周有二祧，其來尚矣。漢群臣雜議論者不一，惟大儒劉歆，學術該洽，謂宗無常數，所以勸帝者之功德，議者善之。于是，以高祖爲太祖，孝文爲文太宗，孝武爲武世宗。司徒掾班彪，世推儒宗，亦以歆之議爲得。及光武立廟雎陽，奉祀不改，與天無極〔四〕。」案：此下似有闕文。于是，三省表請付外施行。有詔恭依。

治平、熙寧僖祖、順祖祧遷議

治平四年十月二十四日，太常禮院奏：「僖祖文獻睿和皇帝、文懿皇后神主，祧藏于西夾室。今具合行典禮如左〔五〕：臣等謹按：禮記檀弓曰：『捨故而諱新。』注謂：『高祖之父，當遷者也。』唐會要：永徽二年，左僕射于志寧言：『依禮捨故而諱新，故謂親盡之祖。今弘農府君神主當遷〔六〕，請依禮不諱。』從之。又元和十五年，太常禮院言：『睿宗神主祧遷，其忌日准禮合廢。』從之。今僖祖皇帝神主祧遷，伏請准禮不諱，其忌日，亦請依禮不諱。」詔恭依。

熙寧五年，進呈兩制議僖祖廟事，惟韓維異議。神宗曰：「昨日韓維上來説廟事，引『文武之功，起于后稷』，以謂因其起于后稷，故推以配天。」王安石曰：「經稱文武之功，非稱后稷之功；稱尊祖，非稱尊有功。言后稷非文武之功不能有天下。不能有天下，則不得行祭天之禮。文武非后稷焉出？故行祭天之禮，則以后稷配天，乃所謂尊祖也。」上曰：「韓維又引王不待大，以爲亦待小國。」而王安石曰：「孟子自論湯、文王不待大國，然後有天下。何關尊祖事？且夏禹郊鯀，禹非因鯀受封，然後有天下。前代固有不待有國而王天下者，禹是也。故揚雄以爲禹以舜作土〔七〕。」上曰：「鯀治水，或有封國？亦不可知。」安石曰：「若據書傳所載，封于有夏，氏曰有姒者，禹也。無預鯀事。」上曰：「尊祖不計有功，此理無疑。」安石曰：「韓維言夾室在右，自爲尊位。此尤無理。今若子孫據正堂，使祖父在偏房，乃以偏房爲尊位，豈爲不悖？」又言：「遇禘祫，即令僖祖東嚮，如此，即是以遷祖東嚮，古無此理。」上問：「配天如何？」安石曰：「以禹郊鯀言之，即是當郊僖祖。推太祖孝心，豈以郊僖祖爲憾。」上令禮院集議。馮京進呈議僖祖事。安石曰：「此事欲決自聖裁。如韓維議西夾室在堂之右，似亦無嫌。譬之人家，若兒婦在正堂，祖父居兩偏房，乃謂兩偏房爲尊。計韓維家必不如此安排，如何令宗廟乃如此？」韓維又言：『遇禘祫，即僖祖東嚮。』既合東嚮，如何卻毀其廟，遷其主？所議止此兩事，分明不可行。」上曰：「韓維已屈服，只是疑郊配合如何。」安石曰：「前代郊配亦不一，如商則祖契而宗湯〔八〕，周則祖文王而宗武王〔九〕。然以理言之，若尊僖祖爲始祖，即推以配天，于禮爲允。先王之制禮，事亡如事存，事死如事生，故推僖祖以配天，必當祖宗神靈之意。」上曰：「宗祀明堂如何？」安石曰：「以古禮言之，太祖當宗祀。今太祖與太宗共一世，若迭配，亦于明堂事體爲允。」上曰：「今明堂配先帝。」安石曰：「此乃是誤引『嚴父』之說，故以考配天〔一〇〕。孝經所謂『嚴父』者，以文王爲周公之父，周公能述父事，成父業，得四海歡心，各以職來助明堂宗祀，得嚴父之道故也。若言宗祀，則自前代已有此禮。」上曰：「周公宗祀，乃在成王之世，成王以文王爲祖，即明非以考配明堂也。」安石曰：「韓維本欲御史、諫官、禮官集議，朝廷既不從，乃獨議如此。初欲别爲僖祖立廟，兩制笑其議。改爲今議。」上曰：「韓維是要求衆人爲助，然且令禮官議，無妨，看他别有何説。」後數日，進呈孫固等議僖祖事。上疑配天事。安石曰：「萬物本乎天，人本乎祖，故王者配天以祖，以祖非以功，若以有功，即鯀以無功殛死，豈得謂之有功？然夏后郊鯀，即非有功可知也。」上疑禹因鯀之功。安石曰：「鯀逆洪水，禹順而道之，是革也，非因也。」上又疑僖祖非始祖。安石曰：「僖祖非始祖，誠是也。僖祖與稷、契事，即不盡同，即郊與不郊，裁之聖心，無所不可。緣無害逆順之理故也。若藏其主于夾室，下附子孫，即逆尊卑之序，不可不改也。」上以爲然。乃下固議，令太常禮官并郊配議奏。上因言姜嫄廟，欲爲僖祖立别廟。安石曰：「爲祖立别廟，自古無此理。韓維初議如此，爲人所笑，故改議。姜嫄所以有别廟者，嫄，禖人也。以先妣，故盛其禮，歌舞皆序于先祖之上。不然，即周不爲譽廟而爲嫄廟，無説也。」進呈僖祖奏議。上曰：「但議宗廟事，即士大夫紛紛。蓋士大夫以禮文爲己任故也。」馮京曰：「士大夫皆以太祖不得東嚮爲恨。」安石曰：「野人曰父母何擇焉。都邑之士，則知尊祖矣。陛下奉宗廟，當擇學士大夫之髦俊，與之供祭祀。蓋詩人稱文王『奉璋峨峨，髦士攸宜』，爲此故也。然則議宗廟事，要合于士大夫髦俊之心，豈可以合野人爲當？」上又曰：「本不合議配天，議者何以及此？」安石曰：「亦須議了。然本朝配天之禮，亦皆不合于禮經。但此事未害逆順大倫，有所未暇釐正。」上曰：「今如何議？」安石曰：「宣祖見配感生帝，欲改以僖祖配。」上曰：「好。」安石曰：「此事須中書門下議定，乃降敕施行。」馮京又言：「禮官以祧爲疑。」安石曰：「此但改正僖祖，順祖合祧，于禮亦無可嫌。」上曰：「莫是爲忌諱無妨。」是年十月，太常禮院言：「奉聖旨詳定僖祖神主祧遷者，竊以聖王用禮，固有因循，逆順之大倫，非敢違天而變古，請奉僖祖爲太廟始祖，遷順祖神主，藏之夾室，依禮不諱。孟夏祀感生帝，以僖祖配。」詔恭依。先是，中書言：「萬物本乎天，人本乎祖〔一一〕，故先王廟祀之制，有疏而無絶，有遠而無遺。商、周之王，斷自稷、契以下者，非絶嚳以上遺之，以其自有本統承之故也。若無尊卑之位、先後之序，則子孫雖齊聖有功，不得以加其祖考，天下萬世之通道也。本朝自僖祖以上，世次不可得而知，則僖祖有廟，與稷、契宜無以異。今毀其廟，而藏其主于夾室，替祖宗之尊，而下附于子孫，殆非所以順祖宗孝心、事亡如事存之義。求之前載，雖或有之，考合于經，乃無成憲。因情制禮，實在聖時。乞以所奏，使下兩制詳議，而擇取其當。」詔答曰：「廟祧之序，蓋有典彝，所以上承先王，下法後世。朕嗣大統，獲奉宗祀。而世次遷毁，禮或未安。討論經常，屬我哲輔，于以佐朕不逮，而仰稱祖宗追孝之心。朕覽之矍然，敢不祗服，宜依所請。」八年五月，禮院言：「今年四月太廟禘祭，排列神位，以僖祖居東嚮之位，自順祖而下，昭穆各以南北爲序。自後如遇禘祫，著爲定禮。」詔恭依。

司馬光議：「英宗祔廟，僖祖神主當遷夾室，准朝旨，令待制以上同議。臣光于嘉祐八年，仁宗祔廟之時，已曾與龍圖閣直學士盧士宗上言，僖祖當遷夾室〔一二〕。當時議臣不以爲然，朝廷遂從衆議。臣謹按王制稱：『天子七廟，三昭三穆，與太祖之廟而七。』明太祖之外，止有三昭三穆而已。是以前代帝王，于太祖未正東嚮之時，大率所祀不過六世。若僖祖于今日方議祧遷，則是太祖之外，更有四昭三穆，與太祖之廟而八，不合先王典禮，難以施于後世。臣愚以謂仁宗祔廟之時，僖祖已當遷于夾室。今英宗祔廟，順祖亦合遷于夾室，伏乞更賜詳擇。」知諫院范鎮議：「英宗即位，祔仁宗主而遷僖祖。及神宗即位，復還僖祖而遷順祖。」鎮言：「太祖起宋州有天下，與漢高祖同。僖祖不當復還。乞下百官議。」不報。及哲宗即位，鎮又言：「乞遷僖祖，正太祖東嚮之位。」崇寧二年九月，詔：「朕寅奉宗祧，丕式古訓。廟室之制，厥有常典。洪惟哲宗實繼神考〔一三〕，傳序正統，十有六年。升祔之初，朕方恭默，乃增一室于七世之外，遂成四穆于三昭之間。考禮與書，曾靡有合。比閲近疏，特詔從臣并與禮官，博盡衆見。列奏來上，援據甚明，謂本朝自僖祖至仁宗始備七世。當英宗祔廟，神考聖學高明，以義斷恩，上祧順祖。暨神考祔廟，又祧翼祖。則哲宗祔廟，父子相承，當爲一世，祧遷之序，典禮可稽。覽之惕然，敢不敬聽。其合行事件，令禮部、太常寺詳議聞奏。」又詔：「有天下者事七世，古之道也。惟我治朝，祖功宗德，聖賢之君六七作，休烈之盛，軼乎古先。尊爲不祧者，至于五宗，遷毁之禮，近及祖考。永惟景祐欽崇之詔，已行而不敢渝。暨我元符尊奉之文，又隆而不可殺。博考諸儒之説，詳求列辟之宜。顧守經無以見其全，而適時當必通其變。爰稽衆議，肇作彝倫。推恩以稱情而爲宜，則禮以義起而無愧。是用酌鄭氏四親之論，取王肅九廟之規，參合二家之言，著爲一代之典。自我作古，垂之將來，庶安宗廟之靈，以永邦家之福。布告中外，咸使聞知。」

太廟七室議

嘉祐八年八月乙酉，以修太廟成，命參知政事歐陽修告七室。初，廟室前楹狹隘，每禘祫陳序，昭穆南北不對，左右祭器填委。嘉祐親祫，築土階，張幄帟，乃可行禮。至是，宗正丞趙觀因修廟室，增廣檐陛，如親祫時。詔從其請。凡增廣二丈七尺。丙戌，太廟神主復歸于七室。初，太常禮院奏：「當以太祖、太宗爲一世，神主祔廟，則增一室。」詔兩制及待制以上與禮官議。觀文殿學士孫抃等議：「謹按禮曰：『三昭三穆，與太祖之廟而七。』書曰：『七世之廟，可以觀德。』七世與昭穆云者，據父子而言也。若兄弟，則昭穆同，不得以世數數之矣。商之祖丁之子曰陽甲、曰盤庚、曰小辛、曰小乙，四人皆有天下。而商之廟有始祖，有太祖、太宗，有中宗。若以一君爲世，則小乙之祭，不及其太祖祖丁。

案：「小乙之祭不及其太祖祖丁」句，宋史禮志：作「不及其父」蓋小乙爲祖丁之子，特以兄弟世次相及，遂云爲其太祖，于稱名不順，故宋史易之。

是古之兄弟相及，昭穆同而不以世數數之明矣。故晉之廟十一室而六世，唐之廟十一室而九世，中宗、睿宗之于高宗，敬宗、文宗、武宗之于穆宗，案：唐敬宗、文宗、武宗皆穆宗之子。敬宗原本作恭宗，以避翼祖諱，宋史因之不改，今從唐書改正。同居穆位。國朝太祖爲受命之祖，太宗爲有功德之宗，此萬世不遷者也。故太祖之室，太宗稱孝弟，真宗稱孝子，大行皇帝稱孝孫。而禘祫圖，太祖、太宗同居昭位，南嚮。真宗居穆位，北嚮。蓋先朝稽用古禮，而著之于祀典矣。大行皇帝神主祔廟，伏請增一室爲八室，以備天子之事，七世之禮。」詔從之。于是龍圖閣直學士兼侍讀盧士宗、天章閣待制兼侍講司馬光議曰：「臣等謹按禮：『天子七廟，三昭三穆，與太祖之廟而七。』太祖之廟，萬世不毁，其餘昭穆，親盡則毁，示有終也。自漢以來，天子或起于布衣，以受命之初，太祖尚在〔一四〕，三昭三穆之初次，故或祀四世，或祀六世，其太祖以上之主，雖屬尊于太祖，親盡則遷。故漢元帝之世，太上廟主瘞于寢園。魏明帝之世，處士廟主遷于園邑。晉武帝祔廟，遷征西府君；惠帝祔廟，又遷豫章府君。自是以下，大抵過六世則遷其神主。蓋以太祖未正東嚮，故止三昭三穆，已正東嚮之位，則并三昭三穆爲七世矣。唐高祖初立，祀四世，太宗增祀六世。及太宗祔廟，則遷弘農府君神主于夾室。高宗祔廟，又遷宣帝神主于夾室。皆祀六世，此前代之成法也。惟明皇立九室，祀八世，事不經見，難可依據。今若以太祖、太宗爲一世，則大行皇帝祔廟之日，僖祖親盡，當遷于西夾室，祀三昭三穆，于先王典禮，及近世之制，無不符合。太廟更不須添展一室。」又詔抃等議。議曰：「先王之禮，自祖以下隆殺以兩。故有天下者，事七世；有一國者，事五世。自漢以來，諸儒傳禮者，始有夏五廟，商六廟之說。其說出于不見商書伊尹之言。而承用禮學之誤。蓋自唐至周，廟制不同，而大抵皆七。王制所謂『三昭三穆，與太祖廟而七』者，是也。今議者疑僖祖既非太祖，又在三昭三穆之外，以爲于禮當遷。如此，則是天下之尊，而所事止于六世，不稱先王制禮隆殺以兩之意。且議者言僖祖當遷者，以爲在三昭三穆之外，則于三代之禮，未嘗有如此而不遷者。臣等以爲，三代之禮，亦未嘗有所立之廟，出太祖之上者也。後世之變，既與三代不同，則廟制亦不得不變而從時。且自周以上，所謂太祖，亦非始受命之王，特始封之君而已。今僖祖雖非始封之君，要爲立廟之始祖，方廟數未過七世之時，遂毀其廟，遷其主，考三代之禮，亦未嘗有如此者也。漢、魏及唐，一時之議，恐未合先王制禮之意。臣等竊以爲存僖祖之室，以備七世之數，合于經傳七世之明文，而亦不失先王之禮意。」詔又從之。

太廟戟門。

【仁宗慶曆七年三月癸卯】太常禮院言：「天子宗廟，皆有常制。今太廟之南門立戟，即廟正門也。又有外墻欞星門，即漢時所謂壖垣，乃廟之外門也。昨新建面西墻門，原在通衢，以止車馬之過廟者。其臣僚下馬，宜勿禁。」從之。初，知宗正丞趙恭和言：「今廟壖短，而去民居近，非所以嚴宗廟。請別爲復墻，以甓累之。」故又設面西之門，然而非制也。

滁州、并州、澶州三宗神御殿。

仁宗謂輔臣曰：「朕覽自古帝王，凡起義及立功之地，皆崇建浮圖，以旌示後人，如唐太宗之詔是也。恭惟太祖擒皇甫暉于滁州，是受命之端也。太宗取劉繼元于并州，是太平之統也。真宗歸契丹于澶州，是偃武之信也。功業若此，而神御缺然，是朕不能顯揚祖宗之盛美也。今于三州，因其舊寺，建殿以奉安神御。滁州曰端命，并州曰統平，澶州曰信武。」神御告遷，上親奠辭。及太宗神御至并州，是歲四月二十二日也。上謂輔臣曰：

「朕閲平晉記所載，太平興國四年，親征至太原城下，亦此日也。事之相去七十有五年，案宋史：滁、并、澶三州神御殿，建在(神)【仁】宗皇祐五年。自太平興國四年至是年，凡七十五年。原本誤作十有五年，今改正。而日月符合如此，何其異也！」宰相龐籍等曰：「陛下孝德感通，故符合如此。請付其事史館。」

列聖神御殿

咸平初，真宗始令供奉僧元藹寫太宗聖容于啓聖後院，玉清昭應宫範金以肖祖宗像，餘多塑像。其殿名，在京奉先禪院曰慶基者，奉宣祖。在太平興國寺曰開先者，奉太祖。案：宋史：「開先」作「開元」，與此互異。在玉清昭應宫曰二聖者，奉太祖、太宗。在啓聖院曰永隆者，奉太宗。在玉清昭應宫曰安聖，在景靈宫曰奉真，在慈孝寺曰崇真，在萬壽觀曰延聖，在崇先觀曰永崇者，并奉真宗。在景靈宫曰孝嚴者，奉仁宗。曰英德者，奉英宗。而外郡，在揚州建隆寺曰章武，在西京應天院曰興先，在滁州曰端命者，并奉太祖。在西京應天院曰常華，在太原府曰統平者，并奉太宗。在西京應天院曰昭孝，在澶州曰信武，在華陰雲臺觀曰集真者，并奉真宗。又鳳翔太平宮有祖宗神御殿，南京鴻慶宮有三聖神御殿，西京永安縣會聖宮有五聖神御殿，今京師定力院有太祖御容。

諸后影殿：在京奉先禪院曰重徽者，奉明德太后、章穆皇后。在慈孝寺曰章德者，奉章獻太后。在景靈宮曰廣孝者，奉章懿太后。在萬壽觀曰廣愛者，奉章惠太后。又曰神御殿，古原廟也，以奉安先朝之御容宣祖昭憲皇后于資福寺慶基殿。

太祖神御之殿七：太平興國寺開先殿、景靈宮、應天禪院西院、南京鴻慶宮、永安縣會聖宮、揚州建隆寺章武殿、滁州大慶寺端命殿。

太宗神御之殿七：啓聖禪院壽寧堂、景福殿、鳳翔上清太平宮、并州崇聖寺統平殿及西院、鴻慶宮、會聖宮。

真宗神御之殿十有四：景靈宮奉真殿、玉清昭應宮安聖殿、洪福院、壽寧堂、福聖殿、崇先觀永崇殿、萬壽觀延聖殿、澶州信武殿、西京崇福宮保祥殿、華州雲臺觀集真殿又西院鴻慶宮、會聖宮、鳳翔太平宮。

仁宗、英宗、神宗、哲宗四朝神御于景靈宮廣孝殿、應天院，章獻明肅皇后于慈孝寺章德殿，章懿皇后于景靈宮廣孝殿，明德、章穆二后于普安院重徽殿，章惠太后于萬壽觀廣慶殿。

紹興十五年秋，復營建神御殿于崇政殿之東，朔望節序、帝后生辰，皇帝皆親酌獻、行香，用家人禮。其殿名：徽宗曰承元、欽宗曰端慶、高宗曰皇德、孝宗曰系隆、光宗曰美明、寧宗曰垂光、理宗曰章熙、度宗曰昭光。案：此條末有光、寧、理、度四朝神御殿名，與宋史禮志略同，當是後人增入，非李攸原本。

廣親宅神御殿

嘉祐三年，罷修睦親宅祖宗神御殿。初，翰林學士歐陽修言：「神御非人臣私家之禮，若援廣親宅例，當得興置，則是沿襲非禮之事。」詔送兩制、臺諫、禮官詳定。上言：「漢韋玄成奏議春秋之義，父不祭于支庶之宅，君不祭于臣僕之家，王不祭于諸侯。其後，遂罷郡國廟。今睦親宅所建神御殿，不合典禮，悉宜罷。」時上以廣親宅置已久，不欲毀之。〔一五〕案：此下似有闕文。【輯校者案：據長編卷一八七，下文還有：「睦親宅遂罷修營。」】

范鎮乞罷修并州神御殿

【仁宗至和二年八月丙申】鎮言：「竊聞并州素無火災，自建神御殿，未幾，而輒火災。天意若告陛下，祖宗御容非郡國所宜奉安。近日，又聞下并州復加崇建，是徒事土木，以重困民力，非以答天意也。自太宗皇帝下并州，距今七十七年，故城父老不入新城。陛下宜寬其賦輸，緩其徭役，以除其患，使河東之民不忘太宗皇帝之德，則陛下孝思，豈特建一神御殿之比哉？伏惟上觀天意，下顧人心，特賜停罷。臣不勝區區之愚。」

景靈西宫記

臣謹按：景靈宫，實始大中祥符，以奉祠聖祖。逮天聖初，乃易其旁之萬壽殿曰奉真〔一六〕，以爲真宗館御之所。治平建仁宗之殿曰孝嚴。熙寧建英宗之殿曰英德。而宣祖、藝祖、太宗之殿曰慶基、曰開先、曰永隆。母后之殿曰隆福、重徽、章德、廣孝，皆舊寓于老佛之祠，布在都邑，與夫郊野之外。歲時奠謁，或不克躬行。而清蹕所臨，動涉塗巷，百工執事，疲于奔走，陟降跛倚而不恭。殆非所以致齋莊之誠，廣孝欽之本也。神宗天錫聖智，超然遠覽，功成治定之際，乃詔有司度宫之東西，建六殿爲原廟，奉祖宗之靈。設以昭穆之次，列于左右。又爲别殿五于其北，以奉母后。其經營締構，規畫程度，靡不素定。按圖即工，成不期月。觀者駭異，以謂非造化融結，孰能若是之壯麗神速也？又以宣祖潛真隱耀，實基王迹，歷數所鍾，自我流澤，故名其殿曰天元。藝祖膺命造邦，撥亂反正，兵不再試，五服來享，故曰皇武。太宗親執晉俘，混一區夏，覆載之内，莫不嚮方，故曰大定。真宗登封告成，文物鼎盛，珍符上瑞，應圖合牒，故曰熙文。仁宗德教善政，康濟天下，涵養覆露四十二年，納斯民于仁壽之域，故曰美成。英宗誕膺景命，以紹文祖，天人和同，遠邇綏靖，故曰治隆。案：龐元英文昌雜録云：「景靈宫神御殿成，榜名皆上親製，宣祖曰天元，后殿曰太始；太祖曰皇武，后殿曰儷極；太宗曰大定，后殿曰煇極；真宗曰熙文，后殿曰衍慶；仁宗曰美成，后殿曰繼仁。」是記，于五后殿名皆未之及。事辭稱情，名實無爽。雲漢昭晰，揭諸門闥。四方搢紳傳誦，于今不絶。今皇帝踐祚之七月，哲宗復土泰陵，議廣原廟于顯承殿之左。一日，顧謂輔臣曰：「神考盛德大業，越冠古今。而原廟之制，實始元豐，惟顯承僻處一隅，日迫廛市，無以稱崇報之重。宜改營新宫于馳道之西，奉神考爲館御之首，詔示萬世尊異之意。群臣踊躍，附合爲一，退而表請其事。詔曰恭依。曲士腐儒，有以爲不當遷者，皇帝持其説益堅，卒破浮議。計不中卻。無有内外，若臣若子，皆延頸企踵，知皇帝之繼志述事，如是其篤且至也。恭惟神宗皇帝，聖神文武，有不世出之資。仁孝勤儉，著無能名之德。内無聲色便嬖之惑，外無游宴玩好之累。正心修身，以先天下，而奮然大有爲于世。引見多士，無間疏遠。日昃不倦，省閲幾務，無憚寒暑，夜分不寐。孜孜焉以招徠俊乂，綜核名實，詢求民瘼，修飭治具。故興學校，擇師儒，建三舍，崇經術，以養人材。發倉廩，時賑貸，募皂隸，絶繇役，以寬民力。修水土之政，以敦本業，而盡地利。嚴保伍之法，以察奸宄，而寓軍令。宗子疏屬，裁禄秩之濫，而誘掖以宫學。禁衛冗兵，考尺籍之實，而銷并其名額。重禄責吏，以杜苞苴、請托之私。限員入流，以懲胥徒仕進之濫。理財賦以待邦國之用，修武衛以固封疆之守。凡可舉之事，世以爲難濟而不敢建者，必爲。可革之弊，衆之所甚願，而不能改者，必革。有勞者必賞，有罪者必罰，號令風采，凛然更新。方是時，士以緣飾表彰盗名，吏以便文苟偷玩令，積習既久，浸以成風。在廷之臣，議論蠭起，挾衆尚異，更詘迭毁，而不能惑。乘機伺隙，危言巧中，而不能摇。固守而力行之，沛然若决江河，莫之能禦。焦勞惻怛，夙夜以之。一時同事之人，聚精會神，叶謀并力，以趨上之所嚮。而上之所措，縱横泛應，雖匠石之斵輪，庖丁之解牛，不足以喻。事爲之制，曲爲之防，典章區式，纖悉備具。乃至尚方武庫之兵，犀利堅勁；期門羽林之士，簡鍊精鋭，皆昔者之所未有。外則郡縣五溪，授以冠帶；開拓洮、隴，建之旌節。嶺梅絶域，重譯請吏。天地順紀，風雨以時，年穀屢登，閭里安悦，英聲茂實，充塞宇宙，非至神大智，誰能與于此乎？中更元祐之變，政之已改者人必病之，已廢者人必思之，然後益知其所設爲良法善政，雖偏言横議，亦莫之能易也。今皇帝睿哲温恭，躬有聖質。上帝眷顧，駿命所集。孝悌慈仁，聞于海内。遠識獨見，明并日月。沈幾剛斷，堅若金石。固足以紹庭緒業，克成厥功。然猶兢兢業業，恭慎約戒。毁臺榭，却珠珍，罷土木不急之役，而必以繕治太室，建原廟爲先。既崇飭太宫，以爲斯宫之首，遂奉宗祏，上配烈祖，世世獻享，不遷不毁。以爲郊祀社稷，并列無窮，致孝寧神之道，可謂盡矣！蓋西宫之地，東與故宫相直，其棟宇之制、供張之具，一視故宫，無有損益。大明之南，有門曰燕昌。北有殿曰欽儀，實母后之所御也。西則爲寶慶殿，以奉哲宗。而南有門曰世德。東則有皇帝齋祓之館，門曰昭德，殿曰潔誠。庖廚次舍，各以其序，凡爲屋六百四十區。經始于元符三年十月之甲子，案：東都事略及宋史：建景靈西宮在元符三年八月。據此，在十月，與各書互異。功不罙歲，役不告勞，行者不聞斧斤之聲，居者不見追胥之擾，而崇墉廣廈，屹然特起于端門百步之外。象魏之下，俯視二宮，樓觀崢嶸，高切辰極。金碧焜燿，上薄光景。都人士女，與夫要荒廣莫之來庭者，肩摩足接，却立跂望，排衆争前，以快先睹。歡欣嘆悦，洋溢道路。非皇帝睿哲至誠，出于天性，而不怵于卑近之説，又何以臻此哉？周之文武，世有明德，以儀刑于天下；成王率時昭考，以緝熙于純嘏，故鳧鷖之詩，言太平之君子，能持盈守成，神祇祖考，安樂之也。其詩之始曰『福禄來成』，終曰『無有後艱』。皇帝嗣宅神器，祇率天下，不愆不忘，乃作斯宮，以顯異先烈，是似是續，以追配乎前人。方之成王，何慊之有？宰臣姓名謹記。」案：此所云宰臣姓名，未著何人。據宋史：元符三年十月，韓忠彦爲尚書左僕射兼門下侍郎，曾布爲尚書右僕射兼中書侍郎。又考陳振孫書録解題云：曾紆，字公衮，布之子。建中靖國中，布在相位，奉詔撰景靈西宮碑。紆之筆也。

復廢后制

景祐二年，廢皇后郭氏薨。【三年正月】詔復后號，制曰：「生而有貴秩于朝，殁則申郵典于第。矧蚤嬪于天極，而奄謝于人寰。不舉徽章，曷旌遺躅？故金庭教主、冲靜元師郭氏〔一七〕，鍾曆沙之慶，分寶婺之輝，動鑒圖史之規，居服組紃之事。自玉衣叶兆，金屋承榮，夙施輔佐之勤，益懋閑和之則。而乃遺情物表，探味淵宗，獨抗出塵之心，遂厭塗椒之地。靈期遽迫，朝露易晞。良增悼往之懷，載厚飾終之典。嗚呼！柔儀永隔，内範如存。躡三景之蹤，倏同于萬化；應四星之象，復正于尊名。芳魂有知，歆我渥命。可特追册爲皇后。」停謚册祔廟之禮，其鹵簿儀物，皆用孝章皇后故事。

温成后祔廟議原注：石揚休上言，封香書名事附。

温成皇后神主祔新廟，皆以兩制攝獻官，端明殿學士楊察攝太尉，殿中侍御史趙抃監祭〔一八〕，吴充監禮。上又遣内臣臨視祭事〔一九〕，内出圭瓚以灌鬯。充言于察曰：「禮，上親享太廟，則用圭瓚；若有司攝事，則用璋瓚。今使有司祭温成廟而用圭瓚，是薄于太廟，而厚于姬妾也。其于聖德虧損不細，請奏易之。」察有難色，曰：「日已暮矣，明日行事，言之何及？」而內臣視祭者，已聞之，密以上聞。詔即改用璋瓚。案：宋史吳充傳云：「張貴妃薨，治喪越式，判式王洙命吏以印紙行文書，不令同僚知。充移開封治吏罪，忤執政意，出知高郵軍。」不載請奏易圭瓚事，此書足補其闕。

天章閣待制何郯奏曰：「臣伏見故貴妃張氏，自始沒贈后，仍于墳所置廟，不稱制度，人言紛紜，譏議至今不已。稽其本末，其有由然。夫國有嬪妃，蓋是常制，必有賢德，乃可備位。蓋聞張氏之存也，諫官王贄倡始建議，策進加位，因結托以固恩寵。廟室之設，并行定數。前代之建別廟，皆是不經。張氏之歿也，禮官王洙專用失禮，講成廟議，不守舊章，敗亂典法。二人者不正之心，深可誅也。況聞始謀葬之時，禮臣按故事上議，惟當于葬所置祠室，本無立廟之說。而王洙不顧，歸過于上。與當時執政合力，務爲將迎，浸長其事，以成黷禮之失。春秋載隱公考仲子之宮，初獻六羽，蓋仲子非嫡，而立廟獻舞，故聖人譏之。張氏亦非嫡，又母后在宮，而追册后號，仍建廟焉，是尤不可也。若遂而不改，其招萬世之譏，固無窮矣。今欲正其失，莫若改廟名爲祠室，歲時祀享，不差祠官，但委中官或內人掌之。如此，則其事初爲奸臣所誤而改之，則過在下，而不累聖德矣。臣近累爲祠官，親見禮物黷亂，所不忍視，故敢上縷陳述。伏望聖慈，下有司速更之，則足以追贖前失。」上頗重其言，雖不盡行，然頗損其儀。舊制，每有祠祭封香，稱臣書名，至是祀温成廟，内出封香，亦稱臣書名。知制誥石揚休上言曰：「温成本陛下妃妾，不當稱臣。此乃太廟之制，有司不以時聞，致有此失。」上曰：「朕見諸廟封香，一例進來，所以各爲書名，以表事宗廟之恭，豈可温成之廟亦稱臣？蓋失在有司，非卿言，朕無由知。」即命改正。案：宋史：温成皇后祔廟時，吴充知太常禮院，石揚休以刑部員外郎知制誥、同判太常寺，各詳見本傳。此書但云吴充監禮，知制誥石揚休不著太常官守，似失之疏略。

【新輯】據李攸所編本朝事實載，天禧元年六月五日，奉安太祖繪像。德音：「門下：奉先昭孝，列辟之大猷；宥過惟仁，前經之格訓。朕纘承鴻緒，奄宅中區，曷嘗不念王業之艱難，荷宗枋之眷祐？克洽至寧之治，彌增永慕之懷。雖洛師定鼎之都，實藝祖誕靈之壤。興王之氣，始兆於丕祥；布金之園，聿新於崇矩。爰備彰施之彩，虔圖睟穆之容。臨遣輔臣，奉安秘宇。苾芬之薦，既獲罄於嚴宫；滂霈之恩，宜曲覃於衆庶云云。於戲！詒謀錫羡，適仰於威神；布德均禧，裨周於京邑。庶協無疆之慶，誕昭追遠之儀。告於明庭，咸體朕意。」〔二〇〕

【新輯】皇朝事實：太祖建隆四年，詔曰：「武成王廟從祀神像，齊相管仲宜塑像，升於堂上。西河守吴起宜畫像，降於廡下。」清周城宋東京考卷一五。

校勘記

〔一〕撫盈成之運　「盈成」，宋大詔令集卷一三八及宋會要輯稿禮一五之五四作「全盛」。

〔二〕昔在仁祖　「仁祖」，文淵閣本作「神祖」。

〔三〕神宗皇帝以聖神不世出之資　「聖神」原脱，據宋大詔令集卷一三八及宋會要輯稿禮一五之五四補。

〔四〕案：此段奏疏没有提出建議，所以四庫館臣加案語云：「此下似有闕文。」文獻通考卷九四宗廟考四載：「十一月，權太常少卿盛次仲等言：『仁宗、神考請如聖詔，尊崇廟祏，永祀不祧，與天無極。』」

〔五〕今具合行典禮如左　「左」原作「右」，據文意改。

〔六〕今弘農府君神主當遷　「當」原作「上」，據唐會要卷一三諱改。

〔七〕故揚雄以爲禹以舜作土　「土」原作「工」，據文淵閣本、長編卷二四〇及宋會要輯稿禮一五之四九改。

〔八〕如商則祖契而宗湯　「宗湯」，長編卷二四〇及宋會要輯稿禮一五之五〇作「郊冥」。

〔九〕周則祖文王而宗武王　「宗武王」，長編卷二四〇及宋會要輯稿禮一五之五〇作「郊稷」。

〔一〇〕故以考配天　「天」原脱，據宋會要輯稿禮一五之五〇補。

〔一一〕萬物本乎天人本乎祖　「天人本乎」原脱，據宋會要輯稿禮一五之三七及長編卷二四〇補。

〔一二〕僖祖當遷夾室　「僖祖」原作「僖宗」，據上下文改。

〔一三〕洪惟哲宗實繼神考　「洪」原作「於」，據宋會要輯稿禮一五之五六改。

〔一四〕太祖尚在　「在」原脱，據職官分紀卷一八及山堂考索前集卷二九補。

〔一五〕案，四庫館臣疑此處有脱文，長編卷一八七下還有「睦親宅遂罷修營」。

〔一六〕乃易其旁之萬壽殿曰奉真　「曰奉真」原脱，據玉海卷一〇〇郊祀補。

〔一七〕故金庭教主冲静元師郭氏　「冲静元師」，宋大詔令集卷二〇作「冲妙仙師」。

〔一八〕殿中侍御史趙抃監祭　「祀」原作「察」，據長編卷一七七改。

〔一九〕上又遣内臣臨視祭事　「祭事」，涑水記聞卷八作「察臨事」。

〔二〇〕輯自通鑑長編紀事本末卷二〇詔西京建太祖神御殿。

卷七

宋　李攸　撰

道釋

建隆初，太祖遣使詣真源祠老子。于京城修建隆觀，觀在閶闔門外。周世宗建曰太清觀，帝命重修，賜今名。自是齋修，率就是觀。

自五代以來，道流庸雜。乾德五年，右街道録何自守坐事流配，乃詔萊州道士劉若拙爲左街道録，案：「左街道録」原本闕「街」字，今從李燾長編增入。俾之肅正道流。開寶五年閏二月，詔曰：「冲妙之門，清浄爲本。逮于末俗，頗玷真風，或竊服冠裳，寓家宫觀，所宜懲革，以副欽崇。兩京諸州士庶，稱寄謁者〔一〕，一切禁斷。其道流先有家屬同止者，速遣出外。自今如願入道者，須本師與本觀知事，同詣長吏陳牒，請給公驗，方許披度。」十月，又令若拙與功德使集京師道士試驗。其學業未至而不修飭者〔二〕，皆斥之。若拙，蜀人，自號華蓋先生。善服氣養生，九十餘歲不衰，步履輕捷。每水旱，必召于禁中致禱。其法精至，上甚重之。

大中祥符元年，增宫名曰玉清昭應，凡役工日三四萬，發京東西、河北、淮南州軍禁軍，調諸州工匠，每季代之。兵卒歲一代，并優其口糧資值。選四厢都指揮使忠佐二員董役，案：宋初有軍頭司、引見司。端拱元年，并冠稱御前忠佐。詳見文獻通考。此云忠佐，從省文。立賞格以勸。其所用木石，則有秦、隴、岐、同之松，嵐州、汾陰之柏〔三〕，潭、衡、道、永、鼎、吉之杉松桐楮〔四〕，温、台、衢、婺之豫章〔五〕，明、越之松杉〔六〕。其石則淄、鄭之青石，衛州之碧石〔七〕，萊州之白石，絳州之斑石，吴越之奇石，洛水之玉石〔八〕。其采色則宜聖庫之銀硃，桂州之丹砂，河南之赭土，衢州之朱土，梓州之石青、石緑〔九〕，磁、相之黛，秦、階之雌黄，廣州之藤黄，孟、澤之槐花，虢州之鉛丹，信州之土黄〔一〇〕，河南之胡粉，衛州之白堊〔一一〕，鄆州之螺粉，兖、澤之墨，宣、歙之漆〔一二〕，賈谷之望石，萊蕪、興國之鐵〔一三〕。其木石皆遣所在官部押兵民入山谷伐取，挽輜車，泛舟航以至。餘皆分布部綱輸送。又于京師置務，化銅爲鍮，冶金箔，鍛鐵以給用。凡宫之東西三百一十步，南北四百三十步，地多黑土疏惡，于京東取良土易之〔一四〕。自三尺至一丈有六等，上以負擔之勞，令自新城濠，由廣濟濠入舊城濠抵宮門。案：李燾長編：上以道里稍遠，令丁謂等議。謂等請用車載土。上曰：「挽舟止役十人，而土可速致。」令三司以空船給昭應宮運土，浚治渠道，自新城北濠入。與此所載詳略互異。兵匠供茶酒飲食，綱卒皆給鞋錢、衣屨、口糧。民以材木鬻于官者，蠲其算。或有獻良木者，優賜其值。車駕時來省視，必有賜賚。遇節序日，別賜燕會。及宮成，令長吏于采木石處建道場以謝。

五年，聖祖司命天尊降臨，改奉尊像于玉皇後殿東，建司命殿，爲治事之所。十一月，詔名玉皇殿曰太初，聖祖殿曰明慶，天書閣曰寶符，凡宮殿門名無慮五十餘所，皆御製賜名，親書填金。有司具黄麾仗、道門威儀，奉迎至宮奉安。東西山院，在集靈凝命之旁，皆累石爲山，引流水爲池。東有昆玉亭、澄虚閣、昭德殿，西有瑶峰亭、涵暉閣、昭信殿，原注：山院常扃鐍，中設茵褥、屏風、棋枰、琴阮之屬。北門内二宴殿曰迎禧、迎祥，後二殿曰崇福。太初殿楚石爲丹墀、龍墀，前置日月樓，畫太陽、太陰像，及環殿圖八十一。太一東西廊，圖五百靈官，前置石壇、鐘樓、經樓。原注：上聞江西有鐘洪大，遣使取之。既而不堪用，令李溥就杭州別鑄，重三萬斤。四隅置樓，闕其外，累甓爲墻。引金水爲甓渠，環宮垣。又分爲二石渠，貫宮中。六年五月〔一五〕，上望拜奉迎。丙午，奉安，肆赦：「門下：國家重熙鼎盛，席慶善之鴻基；百禄惟新，承昊穹之蕃錫。爰自綿區底定，寶籙薦臻，叶千歲之昌辰，舉一王之茂典。肇營恭館，式耀丕圖，偉嘉會以元亨，荷太靈之昭格。昔者九龍垂馭，啓道德之仙源；五老告期，顯唐虞之瑞命。天人交應，古今同符。昨以鍊楚越之良金，法紫清之妙像，肅陳仗衛，迎至國都。榮觀焜燿，懽聲沸嘒〔一六〕。上真高聖，凝三氣之殊姿；英祖神宗，儼重瞳之粹質。屬朝修之禮畢，罄恪謹之誠深。動色相趨，降祥允集。宅靈秘宇，永申崇奉之儀〔一七〕；賜福群倫，宜霈覃延之澤。可大赦天下。云云。於戲！昭事上帝，惟懷永圖。克己彌恭，務守盈成之業；保民在念，庶躋仁壽之鄉。更資同德之臣，叶贊承平之治。」建安軍升爲真州，鎔範之地，建爲儀真觀。玉清昭應宮作于大中祥符元年，至七年十一月，宮成。案：宋史紀事本末：十一月乙酉，玉清昭應宮成。初議營宮料工，須十五年，修宮使丁謂令以夜繼晝，每繪一壁，給二燭。故七年而成。凡二千六百一十楹。制度宏麗，屋宇稍不中程式，雖金碧已具，劉承珪必令毀而更造。所載較此爲詳，附録備考。

大中祥符元年，建玉清昭應宮太初、紫微殿、寶符閣。上梁日，上皆親臨護。其日，大合樂，工人以文繒裹梁，金飾木，寓龍負之輅以昇。伶官讀文，其上設機木，散擲金錢餅果。修宮使以下，及營繕掌事者，賜以衣帶、金帛有差。從官咸賜衣服、金犀帶。

大中祥符元年，真宗建玉清昭應宮，又奉四像，御大舟，上設幄殿，皆内侍主供具。夾岸設黄麾仗三千人〔一八〕，騎吹四百〔一九〕。别列舟十艘，載門旗、弓矢、青衣、弓矢、殳叉，道衆、幢節。經過州縣，道門聲讚，鼓吹振作，官吏出城十里，具道、釋威儀音樂迎拜。所過禁屠宰，止刑。京師禁屠宰七日，止行刑二日。甲辰，聖像至，上齋于長春殿，百官齋宿朝堂。乙巳，上衮服朝拜。群臣朝服，陳玉幣、册文酌獻。具大駕鹵簿，自宮城東出景龍門，五使前導，上望拜奉迎。丙午，奉安，肆赦。

真宗建天慶觀。大中祥符二年十月，詔曰：「朕欽崇至道，誕受元符。庶敦清浄之風，永洽淳熙之化。式營仙館，以介民禧。宜令諸路州、府、軍、監、關、縣〔二〇〕，開擇官地，建道觀，或改舊宮觀名題而崇葺之，以奉三清、玉皇。并以天慶爲額。」五年閏十月，詔增設聖祖殿，惟西京謂之天慶宮。天禧中，各賜金寶牌。

王捷者，汀州人。咸平初，賈販至南康軍，于逆旅遇道人，自言姓趙氏。是冬，再見于茅山，命捷市鉛汞鍊之，少頃，皆成金。捷即隨至和州諸山，得其術。又授以小鐶神劍，密緘之。戒曰：「非遇人主，慎勿輕言。」捷詣闕求見，不得，乃謀以罪名自達，至信州，陽狂大呼。案：「陽狂」，錦綉萬花谷引此，作「佯狂」。遂坐配隸嶺南。未久，逃至京師，官司捕繫，閤門祗候謝德權知其有術，即爲奏請，案：江少虞事實類苑：捷逃至京師，撾登聞鼓自陳，與此互異。得釋，乃解軍籍。劉承珪聞其異，爲改名中正，得對龍圖閣，具陳靈應。特授許州參軍，留止皇城廨舍。時出游廛市，常有道人與之偶語云，即向來授法司命真君也。其語秘不傳。承珪爲創新堂駐之。乃以景德四年五月十三日，降于堂之紗幬中，戴冠佩劍，服皆青色。自是屢降。中正傳達其言，凡有瑞異，必先告之。東封畢，加號司命天尊，及司命降臨延恩殿，乃上聖祖之號。每舉大禮及有營繕，中正必達靈命，以藥金銀來獻。後改皇城新堂爲元符觀。中正累官至左神武軍大將軍、康州團練使。後贈鎮南軍節度使，塑其像于景靈宮。案：事實類苑：捷卒，贈嶺南節度使，謂之「燒金王先生」，建祠元寧院西，與此互異。上爲製靈遇贊，紀其始終。九年十月，内出所進金，命鑄爲寶牌，分給在京宮觀及外路名山聖迹，并天慶觀。原注：寶牌長二寸許，廣寸餘。面文曰「玉清昭應宮成天尊萬歲」，其背文曰「永鎮福地」。其周郭，皆隱起龍蛇華葩之狀。藥銀命鑄大錢，大會道、釋于天安殿賜之，凡萬三千八十六人。其後著令，凡官吏之官罷任，并詣觀朝拜聖祖，禁乘馬轎入門，及不得食葷茹猒。遇天慶節，許士庶焚香庭中。八年四月，上命禮儀院，備録聖祖降臨置節建觀事狀，咸命刻石觀中。案：錦綉萬花谷引此書云：大中祥符五年十月，聖祖降于延恩殿。先是，有汀州人王捷者，咸平初，賈販于南康軍，逆旅遇道人，自言姓趙。是冬，再見于茅山，命捷市鉛汞鍊之成金。捷即隨至和州諸山。又授以小鐶神劍，曰：「非遇人主，勿輕言。」捷詣闕求見，不得。乃謀以罪名自達，至信州佯狂大呼，遂坐配隸嶺南。未久，逃至京師。閤門祇候謝德權知其有術，即爲奏請，釋軍籍。劉承珪聞其異，爲改名中正，得對龍圖閣，具陳靈異。特授許州參軍，留止皇城舍。時出游市，嘗有道人與之偶語云，即向來授法司命真君也。承珪爲創新堂駐之。景德四年五月，降于堂之紗幬中，戴冠佩劍，服皆青色。凡有瑞異，必先告中正傳達其言。既降延恩殿，前八日，上夢景德中所睹神人，傳玉皇之命。是夕五鼓，殿廷先聞異香。少頃，黄光自東南至，燈燭失光，俄見靈僊儀仗皆有光明。天尊至，冠服一如元始天尊之像。旁有六人，秉圭僊衣。上再拜于堦下，俄有黄霧起，須臾，霧散，天尊與六人皆坐。上升西堦，僊童捧湯飲一器，器類碧玉，湯甘白如乳。天尊曰：「吾人皇中九人之一也，是汝趙之始祖。再降乃軒轅黄帝，凡世所知，少典之子，非也。母感赤電，夢天人生于壽丘，後唐時七月一日下降，生趙氏之族。今已百年，皇帝善撫育蒼生，無怠前志。」即離坐乘雲而去。及曉，以語宰相等，仍召至殿上，觀降臨之所。先東封畢，加封司命天尊。及此降延恩殿，恭上「九天司命保生天尊」，號曰「聖祖上靈高道九天司命保生天尊大帝」聖祖名玄朗，詔中外毋斥犯，遂以聖祖降臨之地，建新宮，名曰景靈宮。琢玉石爲聖祖像。初，聖祖述感電降生之地，改兗州曲阜縣爲僊源，壽丘建道宮，以景靈爲名。命宰相王曾紀述其事云云。與下條誤合爲一條，且多闕略，不若此書原本爲詳明足據也。

聖祖以大中祥符五年十月戊午，降于禁中延恩殿，前八日辛亥，上夢景德中所睹神人，傳玉皇之命，即命内侍于延恩殿大設道場。是夕五鼓一籌，殿庭先聞異香，少頃，黃光自東南至，燈燭失光。俄見靈僊儀仗，執香爐、扇拂、華奩之類，皆有光明。天尊至，冠服一如元始天尊之像，旁有六人，四人秉圭僊衣，二人通天冠、絳紗袍，案：李燾長編云：「又六人皆秉圭，四人僊衣，二人通天冠絳紗袍。」與此小異。上再拜于階下。俄有黃霧起，須臾霧散，天尊與六人皆就坐，侍從在東階。上升西階，再拜。又欲拜六人，天尊令揖不拜。命設榻，召上坐。僊童奉湯飲一器，器類碧玉，湯甘白如乳。天尊曰：「吾人皇中九人之一也，是汝趙之始祖，再降，乃軒轅黃帝，凡世所知少典之子，非也。母感赤電，夢天人，生于壽丘，後唐時七月一日下降，總治下方，主趙氏之族，今已百年。皇帝善撫育蒼生，無怠前志。」即離坐，乘雲而去。及曉，以語宰相等。仍召至殿上，觀降臨之所。十月二十五日，大赦天下。「門下：衆妙之宗，藴道樞而斯秘；非常之應，稽天眷以有孚。事夐絶于前聞，理克彰于合契。洪惟偉兆，實焕祥經。朕猥以眇冲，嗣承基業〔二一〕，荷九清之眷命，遵二聖之詒謀，不敢怠遑，粗臻嘉靖。頃以上真告貺，秘檢垂文，祗膺元命之符，申錫無疆之祚。間歲之内，盛典交修。秩衆祀以咸禋，感靈心之允答。彌懷惕厲，愈務欽崇。而穹昊顧懷，不忘于凉德；神祇鑒燭，薦發于休祥。粤以冬初，警于宵寐，戒先期而誕告，約真馭以下臨。宿設靈壇，仰祈鴻應。果于穀旦，肅奉睟儀。儼霧鬱葱，異香芬郁，衆真列侍。寶訓躬聞。示基緒長發之祥〔二二〕，見希夷交感之盛。久留扃禁，倏返虚無。惟瑞異之親逢，曠古今而罕記。載循寡昧，奚以奉承！蓋祖宗在天，永錫爾類；而雷雨作解，恩及于民。用均純嘏之休，普浹龐鴻之慶。可大赦天下。云云〔二三〕。於戲！至神善應，既本于無方；王澤誕敷，俾周于有截。匪獨在予之慶，式均與物之春。内省匪躬，荷兹殊貺，彌增抑畏，罔敢遑寧〔二四〕，更頼文武藎臣，中外列辟，共欽元誥，各勵乃誠，叶宣永圖，同底于道。」閏十月癸巳，案：李燾長編載閏十月己巳，上天尊號。乙亥，上聖祖母懿號。是月乙丑朔，則己巳係五日，乙亥，十一日也。此云癸巳，乃二十九日，又并二事爲一事，與長編異。恭上九天司命保生天尊號曰聖祖上靈高道九天司命保生天尊大帝，又上聖祖母號曰元天大聖后。車駕詣宫，酌獻聖祖母玉册文：「維天禧元年，歲次丁巳，三月庚子朔，六日乙巳，嗣皇帝臣德昌，再拜稽首，上言曰：『恭以大道無形，爲一氣之祖；至神毓粹，居二儀之先。洪惟靈懿無方，柔明有赫。總妙本而貴始，啓真緒以肇基。顧以冲人，嗣守鴻業，夙持勵翼，思致治平。乃者穹昊監觀，秘符申錫。祐綿長之祚，勖清净之風，瑞命殊尤，景貺紛屬。繇是勒封嶽岱，展事汾脽。既明察以交修，復祺祥而薦至。僊馭告期于中禁，睟儀來自于太霄。法從儼其音容，諄誨受于清密。諭感祥于大電，聆毓聖于高丘。厚德孚先，浚源長發，猥紹貽謀之慶，敢忘克荷之艱。享是休嘉，永懷欽奉。仰惟祖德之盛，爰上丕稱，而母儀之尊，未崇顯號。斯所以順稽鉅禮，式耀徽章，允罄精衷，肅伸昭報。謹奉玉册玉寶，恭上徽號曰聖祖母元天大聖后。恭惟誕膺茂典，丕赫殊徽，垂祐後昆，永錫繁祉。謹言。』」聖祖名原注：上玄下朗。詔中外不得斥犯，遂改玄武、玄冥、玄枵之類，并爲「真」字，玄聖文宣王爲至聖。七年，詔曰：「恭以感電發祥，合符御極。鴻靈累洽，盛德無疆。猥以眇姿，獲承大統，躬聞寶訓，遡宗遐源〔二五〕。間覽庶僚，每形奏牘，或傍稽于文史，必上指于名稱〔二六〕，雖歸美之可嘉，誠瀆尊之是懼。自今内外文字，并不得指斥黄帝名字。」祥符五年十二月，遂以聖祖降臨之地，建宫崇奉，命修玉清昭應宫，使丁謂擇地，及令禮官考制度以聞。司天少監王熙元上言〔二七〕：「謹按天文志：太微宫南有天廟星，乃帝王祖廟也。宜就大内之丙地營建。」于是得錫慶院吉壤，即命丁謂與内侍鄧守恩等修建。初，五年十月戊午〔二八〕，聖祖述感電降生之地，即以其年閏十月，改兖州曲阜縣爲僊源縣，壽丘建道觀奉聖祖，以景靈爲名。建道觀奉聖祖母，以太極爲名。九年四月，宫成，凡一千三百二十二區。觀北即壽丘，東南有小丘，改名慶丘。以石增累壽丘，設天尊像。慶丘設壽星像。上命宰相王曾紀述其事，爲書二十卷，賜名曰聖祖皇帝天源録，藏于天下名山福地。

大中祥符八年正月丁酉，始興太極觀工作。七月丙辰，詔曰：「朕恭延飆馭，遡悟璿源〔二九〕。載懷尊祖之心，用建列真之宇。顧惟宗姓，實兆靈僊。遂命樞密使王欽若討閲道藏，得趙氏神僊事迹四十件〔三〇〕，宜令修宫使分畫廊廡，庶昭懿範，永耀遐宗。」九年五月〔三一〕，宫成，凡七百二十六區，正殿曰天興，琢玉石爲聖祖像〔三二〕，仍刻真宗聖容，立侍。

國初，有神降于盩厔縣民張守真家，自言：「天之尊神，號黑殺大將軍〔三三〕，玉帝之輔。帝命乘龍降世，衛護宋朝，但非棲真之士，無以奉吾教。守真有異骨，吾故降之。」每守真齋戒祈請，神必降之，則室中冷風肅然，聲如嬰兒，獨守真能曉之。具道其意，所言禍福皆驗〔三四〕。守真遂度爲道士，即所居創北帝宫，神爲守真傳結壇之法，曰：「結壇有九：上三壇則爲國家設之。其上曰順天興國壇，凡星位三千六百，爲普天大醮，旌旗鑑劍弓矢法物，羅列次序，開建門户，具有儀範。其中曰延祚保生壇，凡星位二千四百，爲周天大醮，法物儀範，降上壇一等。案：上三壇，中壇各載壇名、星位、醮名，而下壇不載，係原本脱略，無别本可校，姑仍其舊。其下曰祈穀福時壇，凡星位一千二百，爲羅天大醮，法物儀範，降中壇一等〔三五〕。倘非時禱祀〔三六〕，不及備此。三壇亦當精潔辭章，鮮異花果，扣鼓集神，懇禱而告，去地九尺，焚香以奏，亦可感應也。中三壇則爲臣僚設之。其上曰黄籙延壽壇，凡星位六百四十。其中曰黄籙臻慶壇，凡星位四百九十。其下曰黄籙去邪壇，凡星位三百六十。此三壇所用法物儀範，各有差降。下三壇則爲士庶設之。其上曰續命壇，凡星位二百四十。其中曰集福壇，凡星位一百二十。其下曰郤灾壇，凡星位八十一。所用儀範，量有等差。此九壇之外，别有應物壇，或六十四位，或四十九位，或二十四位，法物所須，各以差降。士民之類，可量力而爲之。如臣庶上爲帝王祈祐，當作祈穀福時壇，凡一千二百位，或爲父母師尊禳灾祈福，當爲醮設壇，隨宜增益也〔三七〕。」守真拜而受之，自爾多有徵驗，不能備記。

乾德中，太宗皇帝方在晉邸，頗聞靈應，乃遣近侍賫信幣香燭，就宫致醮。使者齋戒焚香，告曰：「晉王久欽靈異，敬備俸緡，增修殿宇，仍表乞敕賜宫名。」真君曰：「吾將來運值太平君，宋朝第二主修上清太平宫，建千二百座堂殿〔三八〕，儼三界中星辰，自有時日，不可容易而言。但爲吾啓大王，言此宫觀，上天已定增建年月也，今猶未可。」使者歸以聞，太宗驚異而止。

太祖皇帝素聞之，未甚信異。召小黄門長嘯于側，謂守真曰：「神人之言若此乎？」守真曰：「陛下倘謂臣妖言，乞賜案驗，戮臣于市。勿以斯言褻瀆上聖。」須臾，真君降，言曰：「安得使小兒呼嘯，以鄙吾言〔三九〕，斯爲不可。汝但説與官家，言天上宫闕已成，玉鏁開，晉王有仁心。」

翌日，太祖升遐，太宗嗣位。尋召守真作延祚保生壇，醮罷，真君降言于内臣王繼恩曰：「吾有言，汝當爲吾奏之。曰：『建隆元年奉帝言，乘龍下降衛人君。掃除妖孽猶閑事，縱横整頓立乾坤。國祚已興長安泰，兆民樂業保天真。八方效貢來稽首，萬靈震伏自稱臣。親王祝壽焚香禱，遞相虔潔向君親。吾有捷疾一百萬，諸位靈官萬垓人。若行忠孝吾加福，若行悖逆必誅身。賞罰行之既平等，天無紛穢地無塵。愛民治國勝前代，萬年基業永長新。』」繼恩録之以聞。太宗覽之，驚異，稽首謝曰：「家國之幸，宗廟之慶，虔荷上聖，賜此格言。」尋遣内供奉官王守節、起居舍人王龜從就終南山下築宫。

方卜地于終南鎮，真君忽降言于龜從曰：「此地乃修建上帝宫闕之地，不可易也。」于是乃定，凡二年宫成〔四〇〕。宫中有通明殿，玉皇三十二天帝，大游小游、五福、四太乙、紫微帝君，并二十八宿，七元殿、黑殺殿，并靈官、童子、六丁神、歲星辰星。又有天蓬、九曜、東斗、三官、玄武十二元辰〔四一〕、西斗、天曹殿，南斗閣、靈官堂、龍堂，命常參官一人主宫事，選道士焚修，軍士百人守衛。題曰上清太平宫，一如真君豫言之制。命常參官一人監宫，擇道士焚修。每歲三元及誕節，皇帝本命日，并遣中使致醮。祀神之夕，上望拜焉。

歲或水旱，或國家將舉事，率致禱焉。

初，宫成，真君忽降言謂王龜從等曰：「汝奉詔修宫，勤則至矣。然何爲不開日月華門，不畫八小殿壁？堦墀甓甃，亦未嚴備，惟求速成，以冀恩寵。然上天亦不掩爾功，亦不赦汝罪。」守節、龜從頗切驚懼，然已奏訖，役不及增，惟稽首祈謝而去。至闕，皆獲增秩，賜白金千兩。既而，守節染疾而亡，龜從歿于兵刃。

太平興國初，太宗皇帝親征太原，真君忽降言于守真曰：「官家已臨汾晉，非久克復城池。汝當令監宫内臣等設醮，以謝勝捷于上帝。」守真等曰：「國家大事，乞俟捷音。」真君曰：「上天已定勝負也。」逾旬而王師告捷，監宫等以聞。帝遣内臣盧文壽賫内庫香藥、御書詞章，詣宫陳醮以謝。是夕，真君降言曰：「官家設此大醮，上帝與諸天皆喜，國祚延遠，過于有唐。」

六年，守真以乾明節，詣闕朝賀。召見，因面奏曰：「聖真下降，俯爲昌朝。乞降詔加號，以答靈貺。」上允其奏。尋下詔曰：「太平宫神，受命上穹，降靈下土，苾芬致薦，肸蠁有徵。大庇斯民，屢垂丕貺，宜加美號，以答神休。其封神爲翊聖將軍。」詔至宫，守真焚香以告。真君忽降言曰：「汝當上問官家，所言翊聖者，翊何聖？」守真數日疑懼，不敢答。復降言曰：「汝但馳奏，官家不罪汝。」守真遂具章以聞。太宗覽之，召近臣謂之曰：「玉帝輔臣，所翊者上帝也。當以此意報守真，令啓白也。」既而内臣傳命到宫，守真詣殿焚香以告。真君曰：「此意是也。」

七年，守真復詣闕朝賀，真君忽降言曰：「吾有言，汝當聞于官家。曰：『大道興隆陰謀滅〔四二〕，諸天聖衆皆欣悦。宋朝社稷甚延長，太平景運初興發。君上端心顯明哲，愛民治國常須切。萬年基業永長新，金枝玉葉無休歇。』」守真得之以聞。詔賜紫衣，號崇元大師。

至道初，忽降言謂守真曰：「吾建隆之初，奉上帝命下降，衛護宋朝社稷。今基業已成，社稷方永，承平之世，將繼有明君。吾已有期，却歸上天，汝等不復聞吾言矣。倘國家祈禱，但嚴潔焚香，北面告吾，雖不降言，當授福衛護宗社。」

大中祥符七年，詔曰：「誕敷寶命，仰荷于至神；昭報殊徵，虔增于懿號。蓋爲邦之大典，庇民之深旨也。而况翊宣元化，表式衆靈，司陰騭于含生，播明威于福地。當王基肇啓，固降治而已彰；洎文考纘承，復先期而斯應。繇是亟營珍館，備薦徽章。蒙介福于無垠，佐鴻圖于累盛。顧惟眇質，紹撫綿區。屬典禮之交修，實禔祥之沓委，緬懷幽贊，敢怠欽崇。是用益以丕稱，奉之茂則。式達至精之懇，庶申祇答之文。期克享于寅恭〔四三〕，永保寧于品彙。爰頒成命，俯告宰司，深體予懷，共宣其事。翊聖將軍，宜加聖號曰翊聖保德真君。」

守真又嘗啓真君曰：「道釋儒典，并垂于世，未審崇奉何者？即得獲其福。」真君曰：「太上道德經，大無不包，小無不納。修身錬行，治家治國。世人若悟其旨歸，達其妙用，造次于是，信奉而行，豈惟增福，諒無所不至矣。釋氏之四十二章經，制心治性，去貪遠禍，垂慈訓戒，證以善惡〔四四〕，亦一貫于道矣。奉之求福，固亦無涯。至于周公、孔子，皆列僊品，而五經、六籍，治世之法，治民之術，盡在此矣。世雖諷讀，多不依從。若口誦而心隨，心隨而事應，仁義信行禮智之道，常存于懷，豈惟正其人事，長生久視之道，亦何遠矣！」

守真又嘗啓告曰：「華山陳摶近卒，時人謂之尸解，未審其人修何功行，證僊階乎？」

真君曰：「摶之鍊氣養神，頗得其要。然及物之功未至，但有所主掌耳。」端拱中，知鳳翔府高凝祐嘗詣宮致禮。即去，真君忽降言于監宮李鑄曰：「高凝祐行虧忠信，死非久矣。」秩滿還京，爲三司判官，數月而卒。

自真君臨降，官吏民庶，不遠千里祈禱，乞聞誨言。大抵多隨其性習，加以訓勖。人臣依于忠，人子依于孝，清淳者示之格言，貪酷者警以要道。詞甚平易，頗叶音韻。

開寶中，侍御史路冲乞賜真語。真君曰：「盡力事君，以爲忠臣。濁財勿顧，邪事莫聞。整雪刑獄，救療人民。動合王道，終爲吉人。積愆爲咎，必有沈淪。衆生本無形之性，配有形之軀。曠劫以來，不能自悟。自有無極世界，不夜之鄉，混合太虛，杳冥同理。」又曰：「六合乾坤内，衆生多不會。造孽向前行，如盲驀江海。如將智慧觀，自越千里海。」冲再拜，録而誦之。左補闕王龜從焚香懇禱曰：「如何修身，得獲遐壽？」真君曰：「勸汝修鍊，莫如精勤，精勤不怠，上聖皆聞。太平降世，用武興文。無文則不正，用文則益君。食禄則不違王命，行吉善但守清貧。清貧者饗合天地，濁富者像火投冰。投冰者火緣漸滅，積惡者自貫其身。自貫者殃及七祖，地府下痛害及親。吾懸千尺之索，提釣有緣之人。道之尊，德之貴，大道能生一切物。衆生頭像天，足像地，中心空然合真理。鑿户牖以爲室，房室之中有一物，亦無影，亦無形，杳杳冥冥人不識，若能識者得長生。陽在天，陰在地，二氣同和誠有謂。空中造化乃自然，自然之中生萬類。天不高，地不卑，大道混合虛無理。學道衆生審欲聞，此是修行崇妙門。」

丞相沈倫嘗連綿卧疾，遣使致告曰：「如何修行，得免兹患？」真君曰：「靈物不病，形軀自安。形軀有病，返照而看。」倫驚喜曰：「吾得之矣。」後數日，疾遂愈。

王德淵因游終南山，寓止其宫中，勤奉香火，好養生而性褊，多所恚怒。忽一日，真君降言，謂之曰：「汝學道修真，先當調習其性，以順天和，忘諸有爲，勿耗心識。融怡凝湛，道乃可見。復見之日，莫管内，莫管外，來往真靈無罣礙。所居安樂是汝家，各自勤行莫相待。先達之人難滯礙，真空妙藥有天堂，與聖相同滅諸罪。」德淵曰：「上感真君降言教示，不曉前篇内『與聖相同滅諸罪』，願垂誨諭。」真君曰：「汝若除煩入静，鍊心修真，積累其功，數盈之後，泥丸百節之神靈通〔四五〕，而自同于聖。天堂妙藥，無所不至，豈更有諸罪也？故言『與聖相同滅諸罪』。」

太平興國中，駕部員外郎李鑄嘗知鳳翔府，備觀靈應，俄復奉詔監宫，凡十餘年，志頗嚴潔。真君前後降語僅十餘篇，其有録者數首：

一曰：「建隆之初，方稟希夷。上帝命吾，衆聖皆知。乘龍下降，列宿相隨。五岳受命，主張地祇。潛扶社稷，密佐明時。吾要李鑄，知吾降期。不得輕洩，免漏天機。」

又曰：「與吾盡忠理國，與吾以道理民，與吾慈善理家，與吾不飲自醉。醒時理民，醉時理神。此語是延年益壽之法，吾勸府主記取。」

又曰：「爲官求理在貞明，智慧俱通臨事清。觀天行道合陰德，食君爵禄常若驚。爲吾洗心復换骨，背凡入聖奔長生。天宫快樂勝凡世，不夜之鄉挂一名。」

又曰：「府主累世爲人，降生中國。與吾清直，莫行邪曲；與吾積善累功，與吾佐輔明主，與吾洗雪黎民，與吾挂心刑獄。上帝若知名，天官也克取。捨住世輸流之財，但修取有形之像，獲隨身之功，得無量之福〔四六〕，與吾不得因循，不奈時光迅速。靈官賞汝功勛，天曹與汝添福。若一一依吾聖言，必得延年益壽。」

又曰：「年登七十餘，住世不久居。饒君壽百歲，問汝得幾秋？地府直須怕，冥司難請求。有功無驚懼，積罪必遭誅。子孫難替代，早覺莫癡愚。」

淳化中，西京留守、中書令趙普嘗遣使備禮，致醮虔祈，願聞休咎。真君降言曰：「趙普扶持社稷，甚有功勛。上天所知，賜汝福壽。以大妨小，幽府亦有冤對。當啓誦真經，告祈天地，首懺前非，吾亦與汝達于上帝，庶解兹咎。汝官職壽數，已有限矣。」其使録之而去。普跪讀感涕，因焚詞謝過，遣人詣宫設醮。

殿中丞張卓嘗乞聖言，真君曰：「大道養汝性，陰陽生汝身。爲吾勤行道，爲吾勤修真。公廉當用意，憂恤在乎民。遇時佐明主，清濁上帝聞。濁富終不久，清貧爲天人。莫教人道富，從他人笑貧。自有真家福，清高不愧貧。」又曰：「形凡性不凡，爲國顯清廉。家積千餘口，有罪自家擔。」

真君又嘗戒宫吏等曰〔四七〕：「每存忠信齊其天，文武班行自有賢。爲主萬年安基業，常憂黎庶恐飢寒。長行德行合其道，燒香虔祝告虚玄。但願國安君長久，齊心輔佐太平年。」凡真君所降語，帝命宰相王欽若編次之，爲三卷，藏于秘閣，仍賜本宫。

真宗咸平間，知揚州魏羽上雩祀五龍祈雨法。詔頒諸路。其法以甲乙日，擇東地作壇，取土造青龍，土器之大小，龍之修短，餘方皆如之。凡旱建壇，取五行生成之數焉。長吏齋三日，詣龍所汲流水，設香茗果，率官屬日再至祝酹。不用樂巫覡，雨足，送龍水中。

景德三年五月，旱，又以畫龍祈雨法付有司刊行。其法〔四八〕：擇潭洞或湫濼林木深邃之所，以庚辛壬癸日，先齋戒，以酒脯告社令，築方壇三級，高一尺，闊一丈三尺，壇外二十步，界以白繩。壇上植竹枝〔四九〕，張畫龍，其圖以縑素畫黑魚左顧，環以天黿十星；中爲白龍吐雲黑色〔五〇〕；其下畫水波，有龜亦左顧，吐黑氣如綫，和金銀朱丹飾龍形。又設皂旛，刎鵝頸取血，致盤中，楊枝灑水龍上。群官再至，祝酹雨足，取龍投水中。

【新輯】宋朝事實云：丘濬少隱於華山，多蓄異書。嘗遇異人，傳太一遁甲法。精於易，洞吉凶之變。周游天下，嘗至五羊，以詩上太守云：「碧睛蠻婢頭纏布，黑面蕃兒耳帶環。幾處樓臺皆枕水，四周城郭半因山。」又云：「脣上腥臊惟蜆子，口中膿血吐檳榔。」又云：「風腥蠻市合，日上瘴雲紅。」太守覽之，不懌曰：「今四海一家，玉帛萬里，至於四方之民，言語不通，嗜欲不同，自其性也。子何好惡如此？」濬曰：「詩人之言，當如此。」康定中，嘗上觀風感事詩一百篇，往往譏刺權貴，嘲宰相張士遜詩曰：「中書壞了朝綱後，方始辭榮學退居。」又嘲張耆詩曰：「西鄙用兵閑處坐，可能羞見碧油幢。」又嘲執政曰：「密院中書多出入，不論功績便高遷。金銀一似佛世界，動便三千與大千。」執政怒，且以其詩多及朝廷休咎，於是言於上，請誅之。仁宗曰：「狂夫之言，聖人擇焉。古有郇模哭市，其斯人之徒歟？」至皇祐中，以爲光禄寺丞。其詩今略載於後：

三聖艱難平九有，纔當陛下守宗祧。太平日久還知否，官濫民窮士卒驕。

太陽日日無光彩，陰霧相侵甚可驚。臣道昏蒙君道蔽，天垂警戒最分明。

太陰度度臨南斗，南斗當寅屬艮宫。月是大臣艮是主，何人貪位竊天功。

太祖艱難恢帝業，庚申起曆到庚辰。庚辰自是九九數，國事邊機合鼎新。

太游太一臨西北，便有干戈動此中。五將三門如不會，漫言邊吏盡英雄。

小游丙午歸東北，内外宫中兩相來。客算雖然二十五，其知迫脇也成灾。

辛巳依前二十五，推移入義到東南。若論大將并參將，中國文昌苦未堪。

天玄日朗佯君道，兩字諱來三十春。况是人間瞻仰地，無天無日有何因？

門立正陽因火德，而今名號異當時。尋思失道由宣德，失德須防仁義虧。好是四京兼九府，人人盡著窄衣裳。天垂大意還知否？急迫須憂萬事忙。取士只憑詩與賦，謀猷方略悄無聲。今朝正是求賢際，又把科場引後生。枉費民財修郡學，總言聲譽比文翁。其中只聚漂浮輩，教化根源恰似空。輯自明程敏政新安文獻志卷一〇〇上行實丘殿丞浚傳（又見明汪舜民（弘治）徽州府志卷一二。

神宗建中太一宫衣冠之制

熙寧五年，建中太一宫，内侍主塑像，乃請下禮院議中太一衣冠。禮院乃具狀，請如東西二宫之制，太一盡服通天絳紗。有言亳州太清宫有太一塑像。上遣中使視之，乃盡服王者衣冠。遂詔如亳州之制。

延祥觀。紹興十四年，建以奉四聖真君。初，靖康末，上自康邸北使，將就馬，小婢招兒見四金甲人，各執弓劍以衛上，指示衆，皆云不見。顯仁后聞之曰〔五一〕：「我事四聖香火甚謹，必其陰助。」及陷虜中〔五二〕，每夕夜深，必四十拜。及曹勛南歸，后令奏上，宜加崇奉，以答景貺云。觀今在西湖上，極壯麗，其像以沈香斲之，修繕之費，皆出慈寧宫，有司不預。

太宗曰：「古者一夫耕，三人食，尚有受其餒者。今殆二十人矣。東南之俗，連村跨邑，去爲僧者，蓋慵稼穡而避徭役耳。泉州奏，未剃僧尼繫籍者四千餘人，其已剃者數萬人，尤可驚駭。」案：此條見江少虞事實類苑，采録補入。

太平興國中，始置譯經院于太平興國寺，延梵僧翻譯新經。始以光禄卿湯公悦、案：李燾長編：太平興國七年，建譯經院，詔天竺國僧天息灾等各譯一經以獻。以光禄卿湯悦，兵部員外郎張洎潤色之。「湯悦」原本誤作「陽悦」，今改正。兵部員外郎張公洎潤色之。後趙文定、楊文公、晁文元、李尚書維，皆爲譯經潤文官。天禧中，宰相丁晉公始爲使。天聖三年，又以宰相王冀公爲使。自後元宰繼領之。然降麻不入銜，又以參政、樞密爲潤文，其事浸重。每歲誕節，必進新經。前兩月，二府皆集，以觀翻譯，謂之開堂。前一月，譯經使、潤文官又集，以進新經，謂之閉堂。慶曆三年，吕許公罷相，以司徒爲譯經潤文使。明年，致仕章郇公代之，自後乃降麻入銜。

國家兩京、諸州僧尼共六萬七千四百三人，歲度千人，自後削平諸國，其籍彌廣。祖宗憫五代之亂，民墜塗炭，常布恩旨，錫福天下。太平興國七年九月，詔曰：「朕方隆教法，用福邦家。念天下之度人，拘有司之制度，俾申素願，式表殊恩。應內外繫籍童行長髮，并特與剃度。」

景德三年，詔曰：「老氏立言，實宗于衆妙；能仁垂教，蓋誘夫群迷。用廣化樞，式資善利。兩京諸州道釋，歲度十人者，特放一人，不試經業〔五三〕。」祥符二年正月，以封禪行慶，詔天下宮觀寺院，內十人度一人，不滿十人者，亦度一人〔五四〕。三年，天慶節，兩京諸路宮觀，每十人度一人，不及十人者，亦如之。天禧三年八月，詔普度天下道士、女冠、僧尼。凡度二十六萬二千九百四十八人〔五五〕。天禧末，天下僧三十九萬七千六百一十五人，尼六萬一千二百三十九人。案：錦綉萬花谷引此書云：「天禧三年，普度僧道凡六十六萬二千四百九十人。」與此數不符。又考文昌雜録：元豐間，祠部歲比天下僧尼道士凡二十四萬，然死者亦常萬人。據此書所載，真宗天禧時，僧尼已至四十五萬八千八百餘人，道士更不在此數。況至神宗元豐時耶？龐元英殆據當時案牘之文，未足信也。

天聖二年〔五六〕，判都省馬亮上言：「天下僧以數十萬計，間或爲盜，而民頗患之。請除每歲合度人外，非時更不度人。仍自今無得收曾犯刑，及文身者。」詔并從之。

【新輯】宋朝事實：國初，(西)【兩】京諸州僧尼共六萬七千四百人。削平諸國，其數彌廣。天禧三年，普度僧道凡二十六萬二千四百九十人。天禧末，僧三十九萬七千六百一十五人。浙江、福建常居天下半一。輯自明解縉永樂大典卷之八七〇六。

禮部勘當，今欲將本部例册内，僧尼等師號，頒降諸路州軍等處。照會委所屬官司，許于數内選擇書填者，奉聖旨，依下項：

僧師號

法乘、法真、法照，慧滿、慧空、慧海，真悟、真懿、真戒，妙空、文慧、普明，慈懿、慈濟，真教、明普、宣秘、慧照、禪鑒，浄因、浄慧、浄嚴、浄悟，普證、圓證、證悟，慈覺、慧覺，密印、崇辨、通照。

尼師號

妙清、妙明、妙滿、妙果，了慧、了因、了行、了緣、了真，真懿、真行、真净、真戒、真範，慈懿、慈婼、慈悟、慈願、慈滿、慈範、慈因，慧秀、净信、圓照、妙因、崇智、真寂、勝因、靖智、登寂、妙智、真果、寶勝。

道士師號

真觀、冲真、冲清、冲隱，道清、道空、道安、道成，虚希、虚安、虚遠、虚妙、虚辨、虚一、虚濟、虚應，冲寂、元觀、元正、明一、明素、靈一、明微、洞元、淵宗、冲素、冲寂、崇道、演道、明素、靈寶、虚寂、保寧、洞淵。

女冠師號

真寂、真静、真懿、真妙，守一、守白、守真，安素、安教、安常，希妙、希密、希真，虚範、凝範，棲雲、棲月，靈素、靈懿，冲秀、冲和，通妙、澄妙，淵智、淵妙，通微、希無、真净、宣净、宗微、澄秀、宣真、冲懿、凝真、元素、冲真、靈寂。

校勘記

〔一〕稱寄謁者　「寄謁」原作「奇詭」，據宋大詔令集卷二二三改。

〔二〕其學業未至而不修飭者　「未」原脱，據長編卷一三、宋史全文卷二及佛祖統紀卷四三補。

〔三〕嵐州、汾陰之柏　「州」，宋洪邁容齋隨筆三筆卷一一作「石」。

〔四〕潭衡道永鼎吉之杉松桐楮　「杉松桐楮」，容齋隨筆三筆卷一一作「椂柟櫧」。

〔五〕温台衢婺之豫章　「婺之豫章」，容齋隨筆三筆卷一一作「吉之檮」。

〔六〕明越之松杉　容齋隨筆三筆卷一一作「潭柳明越之杉」。

〔七〕衛州之碧石　「衛州」，容齋隨筆三筆卷一一作「衡州」。

〔八〕洛水之玉石　「玉石」，容齋隨筆三筆卷一一作「石卵」。

〔九〕梓州之石青石緑　「州」，容齋隨筆三筆卷一一作「信」。

〔一〇〕信州之土黄　「土黄」原作「黄土」，據容齋隨筆三筆卷一一改。

〔一一〕衛州之白堊　「衛州」，容齋隨筆三筆卷一一作「衡州」。

〔一二〕宣歆之漆　「宣」，容齋隨筆三筆卷一一作「歸」。
〔一三〕萊蕪興國之鐵　「國」原脱，容齋隨筆三筆卷一一補。
〔一四〕于京東取良土易之　「京東」，長編卷七一作「東京城北」，容齋隨筆三筆卷一一作「京東北」。
〔一五〕六年五月　「五月」原作「四月」，據長編卷八〇、宋大詔令集卷一三五及宋史卷八真宗本紀三改。
〔一六〕懽聲沸嘒　「嘒」，宋大詔令集卷一三五作「涌」。
〔一七〕永申崇奉之儀　「儀」原作「宜」，據宋大詔令集卷一三五改。
〔一八〕夾岸設黄麾仗三千人　「三千」，長編卷八〇作「二千五百」。
〔一九〕騎吹四百　長編卷八〇作「鼓吹三百人」。
〔二〇〕宜令諸路州府軍監關縣　「監關」原脱，據宋大詔令集卷一七九及山右石刻叢編卷一二補。
〔二一〕嗣承基業　「業」，宋大詔令集卷一三五作「構」。
〔二二〕示基緒長發之祥　「祥」，宋大詔令集卷一三五作「源」。
〔二三〕云云　原脱，據宋大詔令集卷一三五補。
〔二四〕罔敢遑寧　「遑」，宋大詔令集卷一三五作「荒」。
〔二五〕遜宗遐源　「宗」原作「示」，據宋大詔令集卷一五六改。
〔二六〕必上指于名稱　「指」原作「詣」，據宋大詔令集卷一五六改。

〔二七〕司天少監王熙元上言　「王熙元」原作「王希元」，據長編卷七九、玉海卷一〇〇及歷代名臣奏議卷二一改。
〔二八〕五年十月戊午　原作「八年正月丁酉」，據本書前文和長編卷七九及靈巖集卷五改。
〔二九〕遜悟璿源　「遜悟璿」，宋大詔令集卷一三六作「獲聞系」。
〔三〇〕得趙氏神僊事迹四十件　「四十」原作「四十八」，據宋大詔令集卷一三六及玉海卷一〇〇改。
〔三一〕九年五月　「九年」原脱，據靈巖集卷五、長編卷八七及玉海卷一〇〇補。
〔三二〕琢玉石爲聖祖像　「聖」原脱，據錦綉萬花谷卷八及玉海卷一〇〇補。
〔三三〕號黑殺大將軍　「黑殺大將軍」，長編卷一七及邵氏聞見後録卷一均作「黑殺將軍」。
〔三四〕所言禍福皆驗　「皆」，長編卷一七及邵氏聞見後録卷一均作「多」。
〔三五〕「其下曰祈穀福時壇」至「降中壇一等」凡二十九字，原脱，據雲笈七籤卷之一〇三甘三補。
〔三六〕倘非時禱祀　「時」原脱，據雲笈七籤卷之一〇三甘三補。
〔三七〕隨宜增益也　「宜」，雲笈七籤卷之一〇三甘三作「儀」。
〔三八〕建千二百座堂殿　「千二百」，雲笈七籤卷之一〇三甘三作「十二」。
〔三九〕以鄙吾言　「鄙」，雲笈七籤卷之一〇三甘三作「比」。
〔四〇〕凡二年宫成　「二年」，玉海卷一〇〇與此同，雲笈七籤卷之一〇三甘三及錦綉萬花谷後集卷二三作

「三年」。

〔四一〕玄武十二元辰　「辰」，雲笈七籤卷之一〇三甘三作「神」。

〔四二〕大道興隆陰謀滅　「隆」原脱，據雲笈七籤卷之一〇三甘三補。

〔四三〕期克享于寅恭　「享」原作「萃」，據雲笈七籤卷之一〇三甘三改。

〔四四〕證以善惡　「善」，雲笈七籤卷之一〇三甘三作「于」。一本作「千」。

〔四五〕泥丸百節之神靈通　「之」，雲笈七籤卷之一〇三甘三作「元」。

〔四六〕得無量之福　「得」原作「德」，據雲笈七籤卷之一〇三甘三改。

〔四七〕真君又嘗戒宮吏等曰　「宮吏」，雲笈七籤卷之一〇三甘三作「官吏」。

〔四八〕景德三年五月旱又以畫龍祈雨法付有司刊行其法　原脱，據宋史卷一〇二禮志六補。

〔四九〕壇上植竹枝　「枝」原作「杖」，據文獻通考卷七七郊社考十、宋史卷一〇二禮志六及山堂考索前集卷三六禮門改。

〔五〇〕中爲白龍吐雲黑色　「龍吐雲」原作「雲龍」，據文獻通考卷七七郊社考十、宋史卷一〇二禮志六及山堂考索前集卷三六禮門改。

〔五一〕顯仁后聞之曰　「顯」原作「憲」，據建炎以來朝野雜記甲集卷二改。

〔五二〕及陷虜中　「虜中」原作「北庭」，據建炎以來朝野雜記甲集卷二改。

〔五三〕不試經業　「試」原作「取」，據宋大詔令集卷七及宋會要輯稿道釋一之一九改。
〔五四〕詔天下宮觀寺院内十人度一人不滿十人者亦度一人　案：此詔宋大詔令集卷二二三及宋會要輯稿道釋一之二〇均載：「逐處見繫帳童行，每百人試驗經業精熟者，更度兩人，不滿百人處，亦如之。道士每宮觀特度一人。」當是。
〔五五〕凡度二十六萬二千九百四十八人　「四十八」，宋會要輯稿道釋一之二三作「四十」。
〔五六〕天聖二年　「二年」原作「三年」，據長編卷一〇二及宋會要輯稿道釋一之二六改。

卷八

宋 李攸 撰

玉牒

宋有天下百餘年，所與分天工共民事者，皆取之疏遠側微，不私其親。故宗室之賢，未有以勛名聞者。神宗皇帝實始慨然，欲出其英材，與天下共之。增立教養、選舉之法，所以封植琢磨之者甚備。行之二十年，而文武之器，彬彬稍見焉。

上嘗語及宗室多求外居者。宰相韓琦曰：「臣請許親盡無服者外居，然後因之試以外官。」上曰：「宗子素未諳民政，若補外官，但慮易致過失爾。」琦曰：「陛下若命宗室習律令，久之何患其不能從政也？」參知政事趙槩曰：「人臣子弟未必皆有過人之才，使之從政，尚能粗了局事，蓋積習使然。宗室固多美才，若擇而任之，庶幾漸知爲政之方也。」上曰：「五七年，漸當以外官試之。」案：此條但稱上語、宰相云云。不指爲何代。考宋史：韓琦于仁宗嘉祐三年六月，拜同平章事，趙槩于嘉祐七年三月，除參知政事。是時，琦與槩并爲宰執，此當爲仁宗嘉祐七年以後事也。

富弼議裁損宗室授官〔一〕

英宗問輔臣前代宗室。樞密使富弼對曰：「唐之名臣，多出宗室。」樞密副使吴奎曰：「祖宗時，宗室皆近親。然初授止于殿直、侍禁、供奉官，不如今之過也。朝廷必爲無窮計，當有所裁損。」上然之。

徽宗朝增神宗教養選舉法

尚書右僕射蔡京等言：「伏考宗室，在祖宗朝，制禄蓋寡。至仁宗時，始除南班官，自率府副率凡五六遷，遂至正任。承平日久，皇支浸繁，神宗皇帝乃下詔書，别其親疏，異其等殺。遂斷自祖宗祖免親，罷補環衛之官，盡除班行名目。祖免以外，更不賜名授官，止許應舉。自熙寧至今，宗室人無官者，已一千五百餘人。宗女之未嫁者，亦千五百有奇。

皆宣祖、太祖之裔，或有貧困失所者。臣等伏考神宗詔書，蓋爲祖免既已賜名授官，若願應舉者，自當依進士法。非其祖免，既不賜名授官，故止令量試藝業，即推恩數，非若應進士舉之難也。至于年長，累試不中，則又有特與推恩、量材録用之制，則隨其材器，收録盡矣。至于世數稍遠，及貧無依者，則又賜田存恤有差。逮元祐紛更，廢量試之法，改依進士科舉之制，是以自熙寧至元符初，三十餘年，中科舉者纔二十餘人。既廢量試之法，亦未嘗有以年長推恩者。賜田之令，徒爲虚文。雖有量給錢米之法，未能周濟其乏，遂致宗室不能自給。臣等謹追考神宗詔書，推原本旨，稽之往昔〔二〕，增以當今所可行者，謹條具如左〔三〕：

一、非祖免親，乃祖宗六世孫。伏請將上件服屬宗室，二十五以上者，今次許于禮部投狀，試經義或律義二道〔四〕，以文理稍通者爲合格，分爲兩等，候至來春，附進士榜推恩。内文藝優長者，臨時取旨。其不能試，或試不中者，并赴禮部書家狀，讀律，别作一項奏名〔五〕。今來止爲前此未曾推廣補考量試推恩之令，致使宗室無官者遂衆。有此陳請，祇作一時指揮，不爲永法。今後自依熙寧詔書賜田，并于兩京近輔、沿流州軍，取應未賣官田物業撥充。每州府各置宗室官莊，專差文武官各一員，與逐州通判同行管幹，逐縣兼管，仍置指使二員〔六〕，每歲量入爲出。宗女量給嫁資。仍立定則例，量支嫁娶喪葬之費。其逐州自今後，有没官田産物業，更不出賣，并撥入官莊。仍先于京西北路撥田一萬頃。

一、熙寧詔書，袒免以下，許隨處置産業，其出官即置田宅，一如外官之法。蓋以宗支浸廣，其疏屬理當聽其外居。勘會宗室，舊來在宫有出入之限，有不許外交之禁，宫門有譏察之令。今疏屬外居，僅遍都下，出入無禁，交游不節，往往冒犯法禁。伏請非袒免親以下兩世，欲分于西京、南京近輔，或沿流便近居止，各隨州郡大小，創置屋宇。仍先自西京爲始，每處置敦宗院，差文臣一員、武臣一員管幹。參酌在京院法禁可施行者頒下。應無父母兄弟見任將軍副使以上官者，許令前去。若有父母兄弟而願去，或無而不願者，聽從便。依外官赴任立法，量給舟船接人。

一、乞依神宗詔書，不拘世數，應宗子、宗女尤貧失所者，伏請委所在州郡報明，量加存恤訖奏。

一、乞于兩京置外宗正司官，掌業所在宗室，擇宗室之賢者管勾外宗正事。仍自朝廷于本州通判職官内，選差二人，兼領丞簿，以主其事。

一、乞隨所在諸宫置學，添教授，立法教養。量試宗室，依熙寧文武官試出官法，策試經義。中選者，許令出官；若再試不中者，止許在宫院，使食其禄。

一、神考釐正宗室袒免、非袒免，各立奏補子孫之法，獨緦麻親，舊用國蔭，自來未有蔭孫以下明文。伏請依外官例，得補蔭孫。

一、舊制，宗室袒免親參選，常許不拘名次，陳乞指名差遣〔七〕。非袒免親初選，依條添差外，更不拘名次，陳乞指名差遣一次。以後每到部，與升一年名次陳乞。今後宗室非袒免以下親，量試出官者，并各于員闕外添差。每大郡通屬縣不得過十人，中郡不得過七人，小郡不得過四人。候到任，不簽書本職公事。如有本轄長貳，或監司二人保奏，堪任釐務，方得供職。未釐務者，添支驛券、供給人從。」從之。

宗室賜名授官

「孝」字親王之子授武衛將軍，其餘宗室，不用此例。

○祖宗緦麻親賜名。○「承」字男賜名「克」字。○「宗」字男賜名「仲」字。○「從」字男賜名「世」字。○授官太子右内率府副率。

○祖宗袒免親賜名。○「克」字男賜名「叔」字。○「仲」字男賜名「士」字。○「世」字男賜名「令」字。○授官右班殿直。

○祖宗非袒免親不賜。原注：熙寧二年以前，「叔」字男賜名「之」字，「士」字男賜名「不」字，「令」字男賜名「子」字。奏薦原注：熙寧二年以前，授太子右内率府副率。以上，「承」字、「宗」字磨勘至使相止。「從」字、「仲」字、「世」字，至觀察使止。「叔」字、「士」字、「令」字，授副率者，至遥郡防禦使止。「之」字、「不」字、「子」字，賜名授官者，至遥郡刺史止。

襲封，原注：國朝舊制，諸王之後，用本宫最長一人封公繼襲。熙寧二年十一月，敕：「祖宗之子，皆擇其後一人爲宗。令世世封公，補環衛之官，以奉祭祀。不以服屬盡故殺其恩禮。」○案：宋史秦王廷美傳：熙寧二年，詔宣祖、太祖、太宗之後，擇一人封公世襲。無補環衛官之句。而神宗本紀：是年十一月甲戌，詔祖宗之後世襲補外官。與此環衛之官亦異。存此備考。祖宗之子并傳嫡襲封，原注：熙寧二年閏十一月五日，聖旨：祖宗之子并令傳嫡襲封。○案：宋史秦王廷美傳：熙寧三年，以太常禮院言，令祖宗之子傳嫡襲封。神宗本紀：亦作三年七月，詳定宗室襲封制度。此書作二年，與宋史互異。濮安懿王諸子。案：熙寧十年十月，詔濮王子以次襲封奉祀。此條濮安懿王諸子句下有闕文，并脱去小注。

宗室轉官資級圖。原注：并料錢。節度使兼侍中，案：宋史，宗室叙遷之制，由節度使同中書門下平章事，轉節度使兼侍中，節度使同中書門下平章事，即使相也。原本「使」字上脱「節度」二字，「侍中」字上脱「兼」字，今從宋史補正。○使相，○左衛上將軍，○右衛上將軍節度使，○三級。原注：四百貫。○節度觀察留後，案：宋制，節度觀察留後月俸三百貫，觀察使、防禦使并二百貫。此書誤以觀察留後爲留後觀察，而于防禦使之上脱「觀察使」三字，將觀察留後及觀察使二職，混而爲一。今從宋史改正。二級。原注：三百貫。○觀察使，○防禦使，○一級。原注：二百貫。○團練使，○遥郡防禦使，○一級。原注：一百五十貫。○刺史，○遥郡團練使，○一級。原注：一百貫。○遥郡刺史，案：自此遥郡刺史以下，至衛將軍月俸若干貫，各有不同，考宋史職官志：皇親任諸衛大將軍、領刺史八十千，將軍領刺史六十千，將軍三十千，率府率二十千，副率十五千。蓋宗室俸禄之制，與叙遷之制不同，故諸衛大將軍本六十千，兼領刺史則增爲八十千，將軍本三十千，兼領刺史則增爲六十千矣。此書俱闕注，附識備考。一級。○左右衛大將軍，○左右金吾衛大將軍，○左右龍武軍大將軍，○左右羽林軍大將軍，○左右神武軍大將軍，○左右驍衛大將軍，○左右武衛大將軍，○左右屯田衛大將軍，〇左右領軍衛大將軍，〇左右監門衛大將軍，〇左右千牛衛大將軍，〇一級。〇左右衛將軍，〇左右金吾衛將軍，〇左右龍武衛將軍，〇左右羽林軍將軍，〇左右神武軍將軍，〇左右驍衛將軍，〇左右監門衛將軍，〇左右千牛衛將軍，〇左右領軍衛將軍，〇一級。〇太子左右衛率府率，〇太子左右司禦率府率，〇太子左右清道率府率，〇太子左右監門率府副率，〇太子左右內率府副率，〇一級。原注：十五貫。

宗室換官：案：宋制有文臣換右職，武臣換文資，俱見宋史職官志。至宗室換官之制，則略而不書。此足補其闕。諸衛將軍、原注：就文官者換太常丞，就武官者換率府率。率府率、原注：就文官者換太子中允，就武官者換內殿崇班。率府副率、原注：就文官者換大理評事，就武官者換西頭供奉官。左右班殿直、原注：換試銜知縣。三班奉職、借職，原注：無專條。以上須祖免親將軍以下，方許換出外官。其大將軍以上，願換外官者，并臨時取旨。

宗室轉官資級

太子右內率府副率，原注：轉太子右監門率府率。太子右監門率府率，原注：轉右千牛衛將軍。右千牛衛將軍，原注：轉右監門衛大將軍。案：宋史職官志：千牛衛將軍，當轉右監門衛大將軍，右監門衛大將軍轉遥郡刺史。原本「右千牛衛將軍」下，脱小注「轉右監門衛大將軍」，并大字「右監門衛大將軍」十五字，今從宋史增入。右監門衛大將軍，原注：轉遥郡刺史。遥郡刺史，原注：轉遥郡團練使。繼諸王後，見封國公，特旨即轉正刺史。遥郡團練使，原注：轉遥郡防禦使，繼諸王後，見封國公，及特旨即轉團練使。案：轉遥郡防禦使，原本誤作團練使，今從宋史職官志考正。刺史，原注：轉團練使。團練使，原注：轉防禦使。案：宋制，宗室叙遷之制，團練使轉防禦使。原本「團練使」下多「遥郡防禦使」五字，今從宋史删去。防禦使，原注：轉觀察使。觀察使，原注：轉節度觀察留後。節度觀察留後，原注：轉節度使。特旨轉左右衛上將軍。左右衛上將軍節度使，原注：轉節度使同中書門下平章事。節度使同中書門下平章事，原注：轉節度使兼侍中。節度使兼侍中〔八〕。

宣祖五子

太祖皇帝、○太宗皇帝、○邕王光濟、○秦王廷美、原注：本名光美。○夔王光贊。案：

光濟早亡，宋初，追封邕王。徽宗時，改封曹王。廷美，太宗初，封齊王，進封秦王。太平興國七年，降涪縣公。

九年，追封涪王。真宗復秦王。徽宗改封魏王。光贊幼亡。宋初，追封夔王。徽宗改封岐王。考東都事略及宋史，皆書其最後徽宗時封國。故光濟稱曹王，廷美稱魏王，光贊稱岐王。而此書則書太祖時封國爲號，體例與各書不同。

太祖四子

楚王德秀、○燕王德昭、○舒王德林、○秦王德芳。原注：太宗嘗謂宰相曰：「德昭、德芳，先帝之子。朕篤愛之，猶子也。不欲異其稱呼，當令有司與昭慶公主而下，依舊稱皇子。」案：東都事略：德秀早亡，徽宗追賜名，封滕王。德昭，初封武功郡王，太平興國四年，追封魏王。英宗改封越王，徽宗改封吴王。德芳，太宗追封岐王、楚王。徽宗改封秦王。宋史并同。考德秀未嘗封楚王，德昭未嘗封燕王。于德芳則又書其最後封國爲號，與本書體例復不合。疑有訛誤。

太宗九子

楚王元佐、○真宗皇帝、案：東都事略及宋史：太宗九子，長漢王，次昭成太子，次真宗。今此書列真宗于昭成太子之前，與各書互異。○昭成太子元僖、○陳王元份、○安王元傑、○密王元偓、

○曹王元偁、○涇王元儼、○代國公元億。案：宋史：元佐，原名德崇，初封衛王，進封楚王，改今名。雍熙二年，廢爲庶人。真宗即位，復楚王，追封齊王、潞王。英宗封魏王，徽宗改封漢王。昭成太子，初名德明，封廣平郡王，進封陳王，改名元佑，後改今名。進許王，追贈太子，謚恭孝，改謚昭成。元份，初名德嚴，改名元俊，封冀王。又改今名，封越王。真宗改雍王，追封陳王、潤王。英宗改魯王，徽宗改封商王。元傑，初名德保，後改今名，封益王。真宗封兖王，追封安王、邢王。英宗改封陳王，徽宗封越王。元偓，初封徐國公。真宗封彭城郡王，進寧王、徐王，追封鄧王、密王。英宗封韓王，徽宗封鎮王。元偁，初封安定郡王，進舒王，追封曹王、華王。英宗封蔡王，徽宗封楚王。元儼，初封曹國公。真宗封廣陵郡王，進封榮王。尋降端王，改彭王、通王、涇王。仁宗封定王、荆王，追封燕王。英宗封吴王，徽宗改封周王。元億，早亡。追賜名，封代國公。英宗封安定郡王，徽宗改封崇王。此書于太宗諸子，皆書其始没時，追贈封國爲號，而于元偓不書鄧王，而書密王；于元儼不書燕王，而書涇王。則又自亂其例矣。

仁宗四子

褒王昉、○豫王昕、○鄂王曦、○英宗皇帝。案：太宗諸子應繼以真宗諸子，永樂大典原本附玉牒于祖宗世次之後，自真宗及英宗以下世次既闕，而諸子玉牒亦復不詳。

公主

秦國長公主嘗爲子莊宅使世隆求正刺史，案：宋史：秦國長公主即太祖女昭慶公主，太宗改封秦國，真宗時，進長公主，下嫁王承衍，子世隆爲如京副使，歷洛苑、六宅二使。不言其爲莊宅使，此足補宋史之闕。真宗曰：「正刺史係朝廷公議，不可。」魯國長公主，案：宋史：魯國長公主即太祖女延慶公主，至元符初，追封魯國。爲翰林醫官使趙自化求尚食使兼醫官院事。上謂王繼英曰：「雍王元份亦嘗爲自化求遥郡〔九〕。朕以遥郡非醫官所領，此固不可也。」駙馬都尉石保吉自求見上，言：「僕夫盜財，乞特加重罪。」上曰：「有司自有常法，豈肯以卿故，亂天下法也？」又請于私第决罰，亦不許。案：此條見江少虞事實類苑，今采録補入。

胡宿上仁宗論兖國公主議行册禮劄子：

今月二十一日，草福康公主特進兖國公主制，竊聞議行册禮，然于事體，頗有未便。祖宗以來，公主、長公主未有行此禮者。昔漢明帝封皇子，悉半諸國。明德馬皇后曰：「諸子食數縣，不已儉乎？」帝曰：「我子豈敢與先帝子等也？」唐貞觀中，太宗長樂公主將出降，帝令有司資送，倍于永樂公主。魏徵曰：「不可。」引漢明帝之言爲對。且曰：「天子姊妹，稱長公主，加『長』字，示有所尊崇〔一〇〕，或可情有淺深，無容禮相逾越。」太宗然其言，入告長孫皇后。后遣使賜徵金帛。陛下即位以來，累曾進封楚國、魏國二大長公主，亦不曾行册禮。今施于兖國公主，是以大長公主相逾越。兼以貴主之故，賢妃亦蒙殊典。有旨令進綸告〔一一〕，不行册禮，是母子之間，一行一不行，禮意尤不相稱。書于史册，後世將有譏議，必謂陛下偏于近情，虧聖德之美。臣願陛下采漢明之言，開文皇之聽，遵祖宗舊典，如國朝公主曾行此禮，行之粗且無嫌。如其不曾，則宜且罷。臣以陛下好忠諫，納至言。臣職在論思，不敢不言。

除皇女福康公主進封兖國公主制：案：宋史：福康公主，仁宗長女。嘉祐二年，進封兖國。

門下：天道之美，濟下而光明；王化之行，由中而洽被。唐堯有釐降之典，召南載肅雍之詩。範俗崇風，于是乎在。國家慶靈憑厚，德教深長，迪厥真源，育兹懿主。儀我皇室，緊于舅門。待年及于有行，涓日申于誕告。皇女福康公主閑和居德，秀映棲神。聰悟之姿，非由于外奬；徽柔之性，乃蹈于自然。朕懷先后之慈，篤外家之愛，將敦美化，是選密親。教著沁園，導人倫之婦順〔一二〕；恩加渭水，廣天下之孝思。是用詳按舊章，稽合嘉禮，爰築其館，載肅之車，卜以仲秋，祉兹元吉。向班初册，嘗擇美名〔一三〕，未拓膏腴，尚闕湯沐。進開曲阜之國，衍食龜陰之田。儀服有光，號名增重。於戲！貴宜思降，富勿期驕。尚懷國史之言，緬念衿褵之戒。往服休寵，永綏壽昌。

韋驤代陳少卿賀福康公主進封兖國表：

中宸有命，美化務先于族親；貴主進封，優恩不奪于典禮。風聲遐被，中外交忻，臣誠歡誠喜，頓首頓首。恭惟尊號皇帝陛下，配天地之德，紹祖宗之基，守無逸于持盈，概至公于立極。御遠以近，齊邦以家。治宫等周官之規，訓女偕堯舜之法。罔愧前躅，克成令猷。公主分乾之英，體巽之順，雖曰愛之欲其富〔一四〕，不以生而暴榮〔一五〕。案：愛之欲其富以下，疑有脱誤。無别本可校，姑仍其舊。豈湯沐不可一而充，印綬不可一而足。蓋誨育之存節，故寵私之有階。龍光一宣，慈孝兩得。教其有素，下嫁豈忘其矩度；澤非不隆，四方孰謂之偏黨。朝野歡浹，人神氣和。邁治古之休光，增太平之盛事。臣限以官守，不獲奔走闕庭稱慶，無任瞻天踴躍之至。

德寧公主將出降，上謂輔臣曰：「公主第及房從之物，比福康公主皆減三之一。」又對群臣數稱唐公主多適名人，而近世士人乃畏尚主。命擇士人，得尚書職方員外郎王克臣之子孝莊者，故駙馬都尉承衍曾孫。而父子皆業進士，令至宰相第，試以詩而并其所業一編以進。上召見清居殿，拜左衛將軍、駙馬都尉，賜名師約。又命以毋廢學，後又出經籍及紙筆墨賜之。案：德寧公主，英宗長女，進封徐國。宋史載：王師約，字君授。英宗命宰相諭旨，令師約持所爲文至第。明日，獻賦一編，即坐中賦大人繼明詩，遂賜對。選尚公主，面賜玉帶及九經筆硯勉之。進學與此書所載詳略不同，史亦不載其本名孝莊，賜名師約，據此可補宋史之闕。

宣祖女

陳國長公主。案：宋史：太祖有姊一人，未笄而夭，建隆三年，追封陳國長公主。又案：太祖同母妹，初適米福德，建隆三年，封燕國長公主，再適高懷德。元符三年，改封秦國。宋史但爲秦國立傳，而附陳國于傳末，以其早夭，未及下降也。涑水記聞：太祖將北征，京師喧言，出軍之日，當立點檢爲天子。太祖懼，密以告家人。太祖姊面如鐵色，方在厨，引麵杖逐太祖擊之，曰：「丈夫臨大事，可否當自決胸懷。乃來家間恐怖婦女，何爲耶？」太祖默然而出。或云即魏國長公主。考魏國長公主，太祖女，即昭慶公主，非太祖姊也。據史云，太祖姊早夭，則引麵杖逐太祖者，當爲太祖妹秦國長公主可知。涑水記聞屬傳聞之誤。而此書于宣祖女止載陳國長公主，不載秦國長公主，意陳國必秦國之誤。蓋此書于公主早亡，及未下嫁者，俱削而不書。如太祖六女：申國、成國、永國三公主早亡，不載。止載秦國、晉國、許國三公主。太宗七女：滕國早亡，邠國爲尼，没後始有封號，故不載。其體例與宋史互異。

太祖女

秦國大長公主，○晉國大長公主，○許國大長公主。

太宗女

燕國長公主，○曹國長公主，○晉國大長公主，○鄭國長公主，○申國大長公主。案：太宗女以下應繼以真宗以下公主，永樂大典原本俱失載。

校勘記

〔一〕富弼議裁損宗室授官　「損」原作「捐」，據下文改。

〔二〕稽之往昔　「昔」原作「者」，據宋會要輯稿帝系五之一六改。
〔三〕謹條具如左　「左」原作「右」，據宋會要輯稿帝系五之一六改。
〔四〕試經義或律義二道　「二」原作「一」，據宋會要輯稿帝系五之一六改。
〔五〕別作一項奏名　「別」原作「列」，據宋會要輯稿帝系五之一六改。
〔六〕仍置指使二員　「指使」原作「指揮使」，據宋會要輯稿帝系五之一六改。
〔七〕陳乞指名差遣　「指名」，宋會要輯稿帝系五之一七作「指占」。下同。
〔八〕節度使兼侍中　原脱，據宋史卷一六九職官志九補。
〔九〕雍王元份亦嘗爲自化求遥郡　「嘗」原脱，據宋朝事實類苑卷三補。
〔一〇〕示有所尊崇　「示」原作「是」，據文恭集卷七及宋朝諸臣奏議卷三三改。
〔一一〕有旨令進綸告　「綸」原作「諭」，據宋朝諸臣奏議卷三三改。
〔一二〕導人倫之婦順　「導」，宋大詔令集卷三六作「尊」。
〔一三〕嘗擇美名　「美」，宋大詔令集卷三六作「其」。
〔一四〕雖曰愛之欲其富　「欲其富」，錢塘韋先生文集卷一〇作「欲富」。
〔一五〕不以生而暴榮　「暴」原脱，據錢塘韋先生文集卷一〇補。

卷九

宋 李攸 撰

官職

乾德四年，詔：「御史臺、吏部流内銓、南曹、刑部、大理寺，自少卿、郎中、員外郎、知雜、侍御史以下，及丞、簿、司直、評事等，并以三周年爲滿。須常在本司莅事者，至月限滿〔一〕，即與轉官。」案：此以下二條，俱見江少虞事實類苑，今采録補入。考李燾長編：乾德四年八月壬寅，詔以憲府繩奸，天官選吏，秋曹讞獄，俱爲難才，理宜優異。故詔御史臺、吏部、刑部、大理寺等官，并莅事滿三歲者，即遷其秩。此書删去上數語，于詔意未能明晰。

詔：「京朝官將命出入，及受代歸闕者，宜令中書舍人郭贄、膳部知雜事滕中正、户部郎中雷德驤，同考校勞績，及銓量材器。候有闕，中書類能以授之。」先是，常參官自一品以下，皆謂之京官。未常參官，謂之未常參官。近代以常參官爲朝官，未常參官爲京官，故有朝官之目。

淳化五年十一月，詔：「吏部選人赴調，并須于京朝官内求一人爲職官〔二〕，用府縣諸司監印。」

太平興國之初，朝臣班簿才二百人。至咸平初，四百人。天聖元年，乃逾千人。原注：李淑疏。

真宗初即位，以工部侍郎郭贄知天雄軍。贄自陳戀闕，泣下不肯去〔三〕。真宗曰：「全魏重地，委任于卿，亦非輕也，宜亟去〔四〕。」贄退，召輔臣問之，輔臣對以近例，亦有已受命而復留者。曰：「朕初嗣位，命贄知大藩而不行，則何以使人？」卒遣之。群臣皆畏服。案：此與下一條，據江少虞事實類苑補入。

【英宗治平】諫官陳升之言：「比來館閣選任益輕，非所以聚天下賢才，長育成就之意〔五〕。請約今在職者之數，著爲定員。有論薦者，中書籍其名。若有闕，即取其文學行義傑然，爲衆所推者，取旨召試。」詔從之。〔六〕

【新輯】天聖三年，左正言孔延魯法當遷官，願不遷而爲其父尚書祠部郎中致仕勉求紫章服。上曰：「子爲父請，可從也。」特賜勉紫章服。宰相王欽若等曰：「延魯所陳足以厚風俗，陛下從其請，實資孝治也。」宋朝事實。〔七〕

景祐四年三月，詔：「自今尚書省議事，應帶職官三司副使以上，并不赴。如集議大事，詔特赴者，即別設坐。」

初，明道中，殿中侍御史段少連言：「國家每有大事，必集議于尚書省。而本省官自三司副使已帶職者，多移牒不赴。請凡托故不集者，以違制論。」

既而，太常博士、集賢校理兼宗正丞趙良規言：「都省集官議謚，用段少連請，應本省官帶學士、知制誥、待制。臣謹按國朝故事，及令敕儀制，別有學士、知制誥、待制、三司副使，著位視品，即與前朝制度不同。固無在朝敘職、入省敘官之理。今若全不論職，假有中後行郎中兼學士，案：中後行郎中兼學士，長編作員外郎兼學士，與此小異。在朝立丞郎以上，入省綴駕庫之次；知制誥、待制入朝與六行侍郎同行，入省即位郎官之下。又如員外郎任三司副使、郎中爲判官者，在三司爲參佐，入省却位其上。所以舊來議事，除別詔三省悉集，則中書舍人、知制誥與常侍、給諫，至左右正言皆赴。若内朝官悉集，則學士、待制、三司副使皆赴。若更集他官，則諸司三品、武臣二品〔八〕，各在本司長官之次。若止是集尚書省官，其帶職者并合不赴。按閤門儀制，大宴，學士坐殿上，與僕射同行。知制誥與尚書丞郎同行。若曲宴，則三司副使在知制誥之後，重行異位。豈有親奉至尊于殿上，其禮如此，暫入都省，而却降損著位？又按故事，尚書省官帶知制誥者，并中書奏班簿，即是于尚書省、御史臺并不著籍，故有絶曹之語。又國朝以來，凡定學士、舍人兩省以上著位，除先後入外，若有升降，皆是特奉朝旨。豈有在朝入省，迭爲高下？又郎中、員外兼侍御史、起居舍人及任裹行者〔九〕，皆稱臺官，不赴都省集議。臣以爲本省官兼佐臺職，即是與帶知制誥、待制等，事體無異。又按唐翰林學士，有不知制誥者，只是與今直館事體相類。若國朝學士、知制誥、待制，則顯有著位，與唐不同。其侍讀、侍講、龍圖閣、樞密等學士，及三司副使，即是國朝新制。唐朝三司，自是尚書之職，自後唐別置使額〔一〇〕，而與今不同。請自今除集三省官議事，即如舊外。若是本省議事，其學士、知制誥、待制、三司副使〔一一〕，更不赴議。」詔御史臺與太常禮院詳定以聞。

禮院言：「按唐李肇翰林志：『凡學士無定員，皆兼它官充〔一二〕，下自校書郎，上至諸曹尚書〔一三〕，皆得爲之。既入院，與班行絶迹，亦不拘本司〔一四〕，不繫常參。類守官三歲，則遷知制誥。』五代史職官志〔一五〕：『翰林學士入院，并先後爲定。惟承旨一員，出自上意，不計官資先後，在學士之上。』國朝儀制令敕：『翰林學士、侍讀、侍講學士、龍圖閣學士、樞密直學士、龍圖閣直學士，并在丞郎之上。龍圖閣待制在知制誥下〔一六〕，三司三部副使在少卿監之上〔一七〕。』自唐至國朝，翰林學士、知制誥、待制、三司副使，與本官絶曹，不屬南省官之例。謹詳會議之文〔一八〕，由來非一，或出朝廷別旨，或循官司舊規。故言集本省，即南省官也。集學士、兩省、臺官者，容有内制、給舍、中丞之屬。集學士、臺省，及諸司四品以上者，容有卿監之屬。集文武百官者，容有諸衛之屬。故謀事有大小，集官有等降，率繫詔文。昨因段少連以覆謚小事，謂群牧普當會議〔一九〕，列爲具奏，嬰以嚴科，遂使絶曹清列，還入本行。而良規援求故實，理當難奪。請自今有臣僚擬謚者，止令集南省官屬。或緣事體大，臨事敕判，兼召三省、臺寺郎并依國朝舊例施行。」

御史臺別奏云：「良規稱尚書省官任外制者，不著臺省之籍，故有絶曹之語，而以爲重。則今尚書省官任内制者，并係臺省之籍，寧有坐曹之實，而可輕乎？然則論職官之言，正爲絶曹者設。豈有受禄則繫官定俸，議事則絶曹爲辭？況王旦、王化基、趙安仁、晁迥、杜鎬、楊億，皆時之重望，嘗集議于尚書省，而無變古之論。故相李昉爲主客郎中、知制誥日，屢經都省議事，與散騎常侍徐鉉，言見江南舊儒所説，議事次第，與此略同。又議大事，僕射、御史大夫入省，惟僕射至廳下馬，于今行之，蓋所以重本省也。故都堂會議，列狀以品，就坐以官。忽此更張，恐非通理。請自今，但係本省官帶職，令赴議，而輒不集者，如議國家典禮，即從違制論施行。若議常事，止依律文處分。」

又秘書省著作郎、直集賢院、同知太常禮院吴育言：「若從本省叙官之議，有不可者二。且自朝廷至臺省〔二〇〕，以及郡縣，上下有次，輕重有倫。至上莫若君父之前，至重莫若朝廷之内。上可以統下，重可以臨輕。舉重則不可以輕者干，舉上則不可以下者撓。夫尚書省，雖制度尊大，亦天子之有司。官繫其中，謂之本省，本省相會，須有朝廷〔二一〕。豈有君父之前，朝廷之内，列班殊隔，一入有司，輒易尊卑，而云在朝叙職，入省叙官？以一體爲二家，以朝省爲彼我，上下異貫，輕重不倫，此其不可一也。官職之名，本非二體。官主其號，職供其事〔二二〕，名實相繫，豈有殊途？只如庖人是官，供庖是職；祝人是官，致祝是職。以何隔絶，分官職爲兩事？蓋自唐室以來，臨事雜置，遂有别帶職事之名。厥後因循，未歸本務。即今而言，須以隸名爲輕，供職爲重。倘云入朝叙職，入省叙官，則是官職相離，遂爲限絶，推之于古，蓋紊源流。此其不可二也。若從絶班不赴之議，有不可者三：古者尚書，爲天下綱轄喉舌之地。故其官皆材識之士，凡國有謀議，取决其中。今則不然，惟以叙遷，而其間拔擢英異，又多歸侍從之中，若絶班不赴，則朝事諮决，未盡其人。此不可一也。知制誥稱中書省奏班簿，是謂絶班，可以不赴本省。如翰林學士，亦知制誥，而不絶班簿，此皆因循之制，參差不倫，未可取爲確據。縱絶班有例，而絶官無聞〔一二〕。謹按唐六典：中書舍人以他官兼者，謂之兼制誥。故白居易草楊嗣復授庫部郎中知制誥，辭云：『前代制誥，中書令、侍郎、舍人通掌之。國朝以來，或以它官兼領。』又授元稹中書省舍人辭云：『元稹自祠曹員外，試知制誥。』謂之兼，則豈絶本官？謂之試，則明未正職。斯皆章灼不疑之事也。今縱有明文，絶其官，若遇定事，猶當以事體追而正之。况無明文，但引因循參差之事爲據，此不可二也。今兩制遷改，其告身命辭，必舉本曹之務爲之訓諭。凡受一敕牒，則下至府寺冗局，猶供其職。豈有一人命書，三省連判，而都無所繫？若止爲俸錢，徒加官號，命官之理，豈若是乎？惟兩府大臣，不可更親有司之事，况其俸禄，亦不繫其官。自餘縉紳遷次，所主者官名，俸給盡從本省。居常既不復至，會議又不一來，則是自絶其官矣。仲尼不去餼羊，粗存告朔之禮。若并羊亦去，寄禮無地。則臺省之制〔二四〕，自此盡隳〔二五〕，縱以班絶，皆可不赴，若有詔兩制、臺省、百官諸司畢會，則坐次又如何爲定？此其不可三也。臣伏謂是非之議，至當歸一，若又廣爲采摭，適足爲煩。今于國朝典故中，取一最明之事，足以質定。准大中祥符五年敕〔二六〕：『新授僕射于都省上事曰，僕射、尚書、丞郎、郎中、員外，三司使副、學士、兩省、御史臺、文武諸司常參官，并集省内幕次以俟，僕射自正衙退，將至都省堂，門外下馬。朝廷差人前導，諸行尚書、丞郎、郎中、員外郎，并于都堂門内，分左右列班迎候。俟僕射判案訖，知班引贊官報班次定，禮生贊三司使，次學士，次兩省待制，次三司副使賀。』此則雖赴本省，自有次序之别。臣切詳禮院、御史臺兩奏，各有未安。請自今，凡尚書省會議，如止集本省官，則帶職者皆赴，依在朝兩制班列，别作一行而坐。春秋之義，王人雖賤，必叙乎諸侯之上，所以尊王命，而廣臣恭也。今兩制，侍從之職，皆朝廷拔擢殊才，王命所旌，禮當表異。况又自分行列，非以相壓，亦如僕射上事之儀，凡帶絶班之官并赴，而别班贊引，不與本省官同在迎班，顯合本朝之典章，亦非今日之臆斷。若詔兩制、臺省、諸司、諸衛官畢集，則各從其類，自作一行。其書議亦如其坐次。」上以群議所執不同，故參用所宜，而降是詔。

治平三年，翰林學士承旨張方平奏：「切見嘉祐五年，諫院陳升之言，三班供奉官以下八千八百餘人〔二七〕，乞裁冗濫，立條制。于時定議，事頗酌中。升之始言八千八百餘員，及此又已五年，數當增倍，其濫如此，而不云救，何以立憲度、建治功？乞下兩府檢討前所奏議，早爲裁定頒行，亦振舉頹弊之一端。」詔以付樞密院，而計三班見使臣六千五百三十四人而已〔二八〕，遂無所更議。

元祐三年，詔文臣繫銜分左右。案：九朝編年：詔文臣繫銜分左右，自朝議至金紫光禄，進士爲左，餘人爲右。紹聖二年，罷之。崇寧二年，復分左右。「繫銜」原本誤作「繫御」。紹聖、崇寧下，俱失載「二年」兩字。自朝議以上，進士爲左，餘人爲右。明年，詔朝議以下并分左右。紹聖罷之，惟朝議以上如故。崇寧又詔朝議、中散、正議、光禄分左右。兩資應轉者，先右而後左。蓋元祐之分左右，所以别流品。崇寧之分左右，特以序官爵耳。

龍圖閣學士一員，原注：大中祥符三年，置。龍圖閣直學士七員，原注：内一員兼，景德四年，置。龍圖閣待制三員，原注：景德元年，置。直龍圖閣五員，原注：大中祥符九年，置。

天章閣學士，原注：慶曆七年，置。侍講，原注：自賈昌朝始。直天章閣，原注：政和六年，始置。

大觀二年二月十三日，詔曰：「朕惟哲宗皇帝英文睿武，神機獨運，道與時俱，沉潛無方。然事天治人，彰善癉惡，訓迪有位，攘却四夷〔二九〕，則號令指揮，若揭日月。蓋自親攬庶政，始大有爲，一話一言，罔不儀式。刑于神考之典。故緝熙紹復，著在簡編，與熙寧、元豐之所行，相爲始終。比命有司，廣加裒輯，成書來上，本末粲然，誠可傳無窮、施罔極矣。若昔祖宗述作，皆有寶藏之所，參列廣内，揭爲嘉名，擇儒臣以資訪納。今將祗率成憲，匹休前烈，則夫名出于信，不可無所考也。在詩有之：『君子有徽猷。』是爲論德之美，而觀道之成，于是乎在！其哲宗皇帝御集建閣，以徽猷爲名，仍置學士、直學士、待制。」政和六年，增置直閣。

紹興十年五月七日，詔：「門下：恭惟徽宗皇帝躬天縱之睿資，輔以日就之聖學。因時制治，修禮樂，恢學校，發揮典墳，緝熙治具，宸章奎翰，發爲號令，著在簡編者，煥乎若三辰之文，麗天垂光，賁飾群物。所以貽謀立教，作則萬世者，殆與詩書相表裏。特加裒輯，崇建層閣，以嚴寶藏，用傳示于永久。其閣恭以敷文爲名。衹遹舊章，宜置學士、直學士、待制、直閣，以次列職，備西清之咨訪，爲儒學之華寵。其著于令。」

直秘閣、校理：自建隆初，三館有書萬二千餘卷。乾德元年後，平諸國，盡收其圖書，以實三館。先是，朱梁都汴，正明中〔三〇〕，始以右長慶門東北廬舍十數間，列爲三館，湫隘卑濕，纔蔽風雨。周廬徼道，出于其側，衛士騶卒，朝夕喧雜。歷代以來，未遑改作。每諸儒受詔有所論撰，即移于他所，始能成之。太平興國初，太宗因幸三館，顧左右曰：「若此之陋，豈可以蓄天下圖籍，延四方之士耶？」詔經度左升龍門東北舊車輅院，别建三館，命中使督其役，制度皆上所規畫。三年二月〔三一〕，書院成，盡徙舊館之書以實之，凡八萬餘卷。端拱元年，詔分三館之書萬餘卷，别爲書庫，目曰「秘閣」，以吏部侍郎李至兼秘書監。案：「吏部」原本誤作「禮部」，考東都事略李至傳：至授禮部侍郎，遷吏部，爲秘書監。長編亦作「吏部」，今據以改正。右司諫、直史館宋泌兼直秘閣，右贊善大夫、史館檢討杜鎬爲校理，而直秘閣、秘閣校理之官，始于此。

秘書省：監、少監、丞各一人，監掌古今經籍圖書、國史實録、天文曆數之事，少監爲之貳，而丞參領之。其屬有五：著作郎一人，著作佐郎二人，掌修纂日曆；秘書郎二人，掌集賢院、史館、昭文館、秘閣圖籍，以甲乙丙丁爲部，各分其類。校書郎四人，正字二人，掌校讎典籍，刊正訛謬，各以其職隸于長貳。惟日曆非編修官不預。歲于仲夏曝書，則給酒食費。尚書、學士、侍郎、待制、兩省諫官、御史并赴。遇庚伏，則前期遣中使諭旨，聽以早歸。大典禮，則長貳預集議，所以待遇儒臣，非他司比。宴設錫予，率循故事。宋初，置三館長慶門北，謂之西館。太平興國初，于升龍門東北，創立三館書院。三年，賜名崇文院，遷西館書貯焉。東廊爲集賢書庫，西廊分四部，爲史館書庫。大中祥符八年，創外院于右掖門外。天禧初，令以三館爲額，置檢討、校勘等員。檢討以京朝官充，校勘自京朝、幕職至選人，皆得備選。以内侍二人爲勾當官，通掌三館圖籍事，孔目官、表奏官、掌舍各一人。又有監書庫案：「監書庫」原本誤作「監内庫」，今據宋史改正。内侍一人，兼監秘閣圖籍，孔目官一人。

秘閣：係端拱元年〔三二〕，就崇文院中堂建閣，以三館書籍真本，并内出古畫墨迹等藏之。淳化元年，詔次三館置直閣、原注：以朝官充。校理。原注：以京朝官充。以諸司三品、兩省五品以上官一人，判閣事。直閣、校理通掌閣事，掌繕寫秘閣所藏。供御人、裝裁匠十二人。元豐五年，職事官貼職悉罷，以崇文院爲秘書省官屬，始立爲定員，分案四，置吏八。原注：崇文院，太平興國三年置，端拱元年，建秘閣于院中。昭文館、史館、集賢院皆沿唐制立名。但有書庫寓于崇文院廡下。三館、秘閣、崇文院，各置貼職官。又有集賢殿修撰、直龍圖閣、校勘，通謂之館閣。初，英宗謂輔臣曰：「館閣所以育雋材。比選數人出使，無可者，豈乏材耶？」歐陽修曰：「今取材路狹，館閣止用選人編校書籍，故進用稍遲。」上曰：「卿等各舉數人，雖親戚世家勿避。」于是，宰相琦、公亮，參知政事修、槩，各薦五人，未及試，神宗登極，先召十人試以詩賦，而開封府界提點陳汝義別以奏對稱旨預試。于是御史吴申言：「試館職者請策以經史及世務，毋用辭賦。」遂詔：「自今試館職，專用策論。」熙寧二年，置崇文校書，始除河南府永安主簿邢恕。乃詔自今應選舉可用人，并除校書，候二年取旨除館職官。五年，以隸秘書省。

元祐初，復置直集賢院、校理。自校理而上，職有六等，内外官并許帶，恩數仍舊。又立試中人館職法，選人除正字，京官除校書郎。原注：校書郎供職二年，除集賢校理。秘書郎、著作佐郎比集賢校理。著作郎比、直集賢院，直秘閣。丞及三年，除秘閣校理。三年二月，詔御試唱名日，秘書丞至正字，升殿侍立。九月，復試賢良于閣下。五年，置集賢院學士并校對黃本書籍官員。原注：紹聖初，罷校對，以編修日曆選本省，易集賢院學士爲修撰，直院爲直秘閣，集賢校理爲秘書校理。案：「修撰」上，宋史有「殿」字，考紹聖二年，易集賢院學士爲修撰，政和間，改爲右文殿修撰。宋史因誤爲殿修撰，其實宋時無此稱，當以此書爲正。十二月，詔禮部，本省長貳定校讎之課，月終具奏。原注：入伏午時減半，遇没伏依舊。從蘇軾之請。案：「没伏」，宋史誤作「渡伏」，當從此書爲正。又罷本省官任滿除館職法。元符二年，詔職事官罷帶館職，悉復元豐官制。崇寧五年，詔館閣并除進士出身人。政和五年四月，詔秘書省殿以右文爲名。案：宋史：置右文殿，在政和六年，此書作五年四月。考九朝編年：亦在五年四月，足證宋史之誤。改集賢殿修撰爲右文殿修撰。案：「集賢殿修撰」下，原本脱「爲右文殿修撰」六字，今據宋史增入。是月，駕詣景靈宫朝獻，還幸秘書省。詔曰：「延見多士，歷覽藏書之府，祖宗遺文在焉，屋室淺狹，甚非稱太平右文之盛。宜重行修展。」八月，詔秘書省移于新左藏庫，以其地爲堂。七年，詔類集所訪遺書，名曰秘書總目。宣和二年，立定秘書省員額：監、少監、丞依元豐舊制，著作郎以四員爲額，校書郎二員，正字四員。

渡江後，制作未遑。紹興元年，始詔置秘書省，權以秘監或少監一員，丞、著作郎佐各一員，校書、正字各二員爲額。續又參酌舊制，校書郎、正字召試學士院，而後命之。自是，采求闕文，補綴漏逸，四庫書略備。即秘書省復建史館，以修神宗、哲宗實録，選本省官兼檢討、校勘，以侍從官充修撰。五年，傚唐人十八學士之制，監、少、丞外〔三三〕，置著作郎佐、秘書郎各二人，校書郎、正字通十二人。又移史館于省之側，别爲一所，以增重其事。九年，詔著作局惟修日曆，遇修國史則開國史院〔三四〕，遇修實録則開實録院〔三五〕，以正名實。十三年，詔復每歲曝書會。是冬，新省成，少監游操援政和故事，乞置提舉官。遂以授禮部侍郎秦熺，令掌求遺書，仍鑄印以賜。置編定書籍官二人，以校書郎、正字充。

孝宗即位，詔館職儲養人才，不可定員。乾道九年，正字至六員。淳熙二年，監、少并置，皆前所未有。除少監、丞外，以七員爲額。尋復詔不立額。案：乾道、淳熙係孝宗年號，與江陽譜所云「起建隆迄宣和」者，已不合。至下文所記紹熙，係光宗年號，非李攸所及見，當是後人所增。紹熙二年，館職闕人，上令召試二員，謹加審擇，取學問議論平正之人。自是，監、少、丞外，多止除二員。是時，陳傅良上言：「請以右文、秘閣修撰并舊館閣校勘三等爲史官。自校勘供職，稍遷秘閣修撰，又遷右文。在院三五年，如有勞績，就遷次對。庶幾有專官之效，無冷局之嫌。」時論韙之，然不果行。中興分案四：曰經籍，曰祝版，曰知雜，曰太史。吏額：都副孔目官二人，四庫書直官二人〔三六〕，表奏官、書庫官各一人，守當官二人，正名楷書五人，守闕一人，正貼司及守闕各六人，監門官一人，以武臣充，專知官一人。

日曆所：隸秘書省以著作郎、著作佐郎掌之。以宰執時政記，左右史起居注所書會集修撰，爲一代之典。舊于門下省置編修院，專掌國史、實録，修纂日曆。元豐元年〔三七〕，詔：「宣徽院等供報修注事，自今更不供起居院，直供編修院日曆所。」四年十一月，廢編修院歸史館。官制行，屬秘書省國史案。六年，詔秘書省長貳毋得預著作修纂日曆事，進書即繫銜，以防漏洩，如舊編修院法焉。八年，詔吏部郎中曾鞏、禮部郎中林希兼著作。職事官兼職自此始。元祐五年，移國史案置局，專掌國史、實録，編修日曆，以國史院爲名，隸門下省，更不隸秘書省。紹聖二年，詔日曆還秘書省。宣和二年，詔罷在京修書諸局，惟秘書省日曆所係元豐國史案，除著作官專管修纂日曆之事無定員外，其分案編修日曆書庫官吏〔三八〕，并依元豐法。紹興元年，初修皇帝日曆，詔依修日曆所爲名，本省長貳通行修纂。三年，詔宰臣提舉，侍從官修撰。十一月，詔以修國史日曆所爲名。四年，詔以史館爲名。十年，詔依舊制并歸秘書省國史案，以著作郎佐修纂〔三九〕，舊史館官罷歸原官。尋復詔以國史日曆所爲名，續并修神宗、哲宗寶訓。隆興元年，詔編類聖政所并歸日曆所，依舊宰臣提領，仍令日曆所吏充行遣。

會要所：以省官通任其事。紹興九年，詔秘書省官讎校國朝會要，逐官添給茶湯錢。乾道四年，詔尚書右僕射陳俊卿兼提舉編修國朝會要，每遇提舉官開院過局，就本省道山堂聚呈文字，提舉諸司官、承受官、主管諸司官，并令國史日曆所官兼。五年，令本省再加删定，以續修國朝會要爲名。九年，秘書少監陳騤言：「編類建炎以後會要成書，以中興會要爲名。」并從之。其後接續修纂，并隸秘書省。

國史實録院〔四〇〕：初，紹興三年，詔置國史院，重修神宗、哲宗實録，以從官充修撰，續以左僕射吕頤浩提舉國史，右僕射朱勝非監修國史。四年，置直史館及檢討、校勘各一員。五年，置修撰官二員，校勘無定員。是時，國史、實録皆寓史館，未有置此廢彼之分。九年，修徽宗實録，詔以實録院爲名，仍以宰臣提舉，以從官充修撰、同修撰，餘官充檢討，無定員。明年，以未修正史，詔罷史館，官吏并歸實録院。二十八年，實録書成，詔修三朝正史，復置國史院，以宰臣兼修，侍從官兼同修，餘官充編修。明年，詔國史院以宰臣提舉，置修國史、同修國史共二員，編修官二員。又置都大提舉諸司官，承受官、諸司官各一員，以内侍省官充。隆興元年，以編類聖政所并歸國史院，命起居郎胡銓同修國史。二年，參政錢端禮權監修國史；乾道元年，參政虞允文權提舉國史。皆前所未有。二年，詔置實録院，修欽宗實録，其修撰、檢討官，以史院官兼領。四年，實録告成。詔修欽宗正史，以右僕射蔣芾提舉四朝國史，詔增置編修官二員，續又增置三員。淳熙三年，特命李燾以秘書監權同修國史、權實録院同修撰。四年，罷實録院，專置史院。十五年，四朝國史成書。詔罷史院，復開實録院，修高宗實録。案：此下所記慶元、嘉泰係寧宗年號，且有修孝、光兩朝實録事，當亦後人所增。慶元元年，開實録院，修纂孝宗實録。六年，詔實録院同修撰以四員，檢討官以六員爲額。嘉泰元年，開實録院，修纂光宗實録。二年，復開國史院。自是，國史與實録院并置矣。實録院吏兼行國史院事，點檢文字一人，書庫官八人，楷書四人。

太史局，掌測驗天文，考定曆法之事。凡日月、星辰、風雲、氣候、祥眚之事〔四一〕，日具所占以聞，歲頒曆于天下，則豫造進呈。祭祀、冠昏，及大典禮，則選所用日。其官有令、有正、有春官、夏官、中官、秋官、冬官正，有丞，有直長，有靈臺郎，有保章正，其判局及同判，則選五官正以上，業優考深者充。保章正五年、直長至令十年一遷，惟靈臺郎試中乃遷，而挈壺正無遷法。其别局有天文院、測驗渾儀刻漏所，掌渾儀臺晝夜測驗辰象〔四二〕。鐘鼓院，掌文德殿鐘鼓樓刻漏進牌之事。印曆所，掌雕印曆書。南渡後，并同隸秘書省，長、貳、丞、郎輪季點檢。

算學：元豐七年，詔四選命官通算學者，許于吏部就試。其合格者，上等除博士，中次爲學諭。元祐元年初，議者謂：「本監雖准朝旨造算學，元未興工，其試選學官亦未有應格。竊慮徒有煩費，乞罷修建。」崇寧三年，遂將元豐算學條制修成敕令。五年，罷算學，令附國子監。十一月，從薛昂請，復置算學。大觀三年，太常寺考究，以黄帝爲先師，自常先、力牧至周王朴以上從祀，凡七十人。四年，以算學生并入太史局。後入秘書省。宣和二年，并罷官吏。案：自秘書省以下至此，俱見宋史職官志，永樂大典則以此爲宋朝事實。内有光寧兩朝年號，當非原書。江陽譜稱攸書成上之，緘封副本，啓秦檜，不報，藏于家。則是書或爲其子孫所增，而宋史采之。

雍熙元年，改匭院爲登聞檢院，東延恩匭爲崇仁檢，南招諫匭爲思諫檢，西申冤匭爲申明檢，北通玄匭爲招賢檢。案：此條見江少虞事實類苑，今采録補入。考九朝編年：匭院舊隸諫院，至是，改爲登聞院。仍命諫院令司諫一人主判，此書載之未詳。

太宗時，始置磨勘差遣院，後改爲審官院。真宗時，京朝官四年乃得遷。天聖中，方有三年之制，而在外任者不得遷，須至京引對，乃得改秩。明道中，始許外任滿歲亦遷。案：九朝編年：景德四年七月，立京朝磨勘限。初令現任京朝官，三年方得磨勘遷官。大中祥符九年，初令京朝官在外任滿三年，當考課者，附驛上聞。是三年之制，京朝官及外任滿歲得遷，皆真宗時事也。此書作天聖、明道，當爲仁宗時事，與九朝編年互異。時恭謝天地覃恩，不隔磨勘，有并遷者。于是，朝士始多。皇祐明堂覃恩，隔磨勘，人情苦其不均。英宗、神宗即位，因有恭謝之例。原注：一本云：「太宗用趙普議，置考課院、審官院，以分中書之權是也。」案：宋史：趙普卒在淳化三年七月，審官院、考課院置在四年二月。考九朝編年云：「從蘇易簡之請也。」此書作趙普，或當時普先有此議，至是因易簡請始行之也。

景祐二年十月辛亥，詔曰：「國家分命群官，外釐庶務，每代還于京輦，或寓止于客坊，雜處囂卑，頗罹瀆嫚。稽信書于往載，有朝邸之舊規。爰飭攸居，用昭予眷。宜于京師置朝集院。」

神宗置大理寺，上以府左右院暨司録獄〔四三〕，無以離合訊辯，三司混金穀，視獄不專。詔曰：「稽參故事，宜屬理官。」初置大理寺，命李清臣爲記。清臣以謂：「王者立政，以詔天下，必辭尚體要，則書爲近。」乃倣古立言所以導事者，詞灝噩奇甚。其載上訓之略曰：「五教未訓，五法亟下，是曰暴民，治用弗格。」案：此句下疑有脱文。以成上德意先教後刑之叙。上曰：「卿言逼近經誥。」

内侍省：大中祥符二年，内臣冠以省號。初補曰小黄門，遷内侍黄門，遷内侍高班，遷内侍高品，遷内侍殿頭。其極爲都都知。案：宋史：内侍省有都都知，有都知，有副都知。則其極當爲「都都知」，原本誤作「都知」，今據宋史改正。國朝諸司使止于宣政，真宗以内侍李神福有功，特置宣慶使以寵之。又以劉承珪，特置景福殿使名以寵之，班在各省使之上。又以秦翰久在邊隅，宣力勤蓋，特置入内都都知以寵異之。

唐自開元、天寶以後，藩鎮屯重兵，皆自贍租賦，所入名曰留使、留州〔四四〕，其上供者鮮矣。五代疆境偪蹙，藩鎮益强，率令部曲主場院厚斂。其屬三司者，補大吏以臨之，輸額之外，頗以入已。太祖歷試艱難，周知其弊。及受命，務恢遠略，革弊以漸。國初，猶循前制，牧守來朝，皆有貢奉，以助軍實。乾德三年，詔：「諸州度支經費外，凡金帛悉送闕下，無得占留。」案：長編：趙普爲相，勸上革去其弊，申命諸州，度支經費外，金帛悉送都下，無得占留。注云：「去年已有此詔，故云申命。」與此詳略不同。 時藩鎮有闕，稍命文臣權知。所在場務，或以京朝官廷臣監臨。凡一路之財，置轉運使掌之。一州之財，置通判掌之。爲節度、防禦、團練、留後、觀察刺史者，皆不預簽書金穀之事。于是，外權削，而利歸公上矣。其轉運使職位，國初但曰「勾當某路水陸計度轉運使」，官高者則曰「某路計度轉運使」。太平興國初，皆曰使，兩省五品以上，則爲都轉運使。又置副使、判官。又置同勾當轉運事，俄罷。諸副使止置使二員〔四五〕。明年，復置副使。真宗每用兵，或令都部署兼都轉運使，或提點轉運事。及車駕巡狩，置隨軍轉運使，事畢，即停。真宗嘗曰：「天下物宜，民間利病，惟轉運使得以周知，當召見訪問外事。」上又嘗戒諸路轉運使曰：「汝等所至，點檢公事，固是常職。若州郡相承弊事，但且改正，切勿亟行刑罰，致其滋蔓，害及無辜也。」

景德元年，詔權三司使丁謂等，取户税條敕，及臣民所陳農田利害，删定成農田敕五卷，上之〔四六〕。三年〔四七〕，謂等又取唐開元中，宇文融請置勸農判官，檢校户口、田土僞濫等事。且言：「別置官，慮益繁擾。而諸州長吏，職當勸農，乃請少卿監、刺史、閤門使以上知州者，并兼管内勸農使。餘及通判并兼勸農事〔四八〕。諸路轉運使、副并兼本路勸農使。」詔可。勸農使入銜〔四九〕，自此始。景德四年正月，詔：「諸路提點刑獄官爲勸農使，使臣爲副使。凡農田事，悉領焉。」置局案，鑄印以給之。

先是，軍巡及馬步院判官，皆用郡府吏。建隆元年，始詔兩京軍巡，諸州馬步院判官，令吏部流内銓擇選人無遺闕者〔五〇〕，聽減兩選補之。始用文吏也。

乾德三年，詔諸州長吏，或有須藉人代判者〔五一〕，即于賓佐中擇公幹者充。不得更任親從人。先是，承五代以來，領節旄爲郡守者，多武人，皆不知書。所至必自置吏，謂之代判，政事一以委之，用權不法。太祖知其弊，罷之。

五代任官，凡曹掾簿尉，有齷齪無能，以至昏老，不任驅策者，始注爲縣令。故天下之邑，率皆不治。甚者誅求刻剥，穢迹萬狀，故天下優諢之言，多以長官爲笑。而祖宗深嫉貪吏。太祖嘗謂左右曰：「晉、漢之世，侯伯恣横，非法掊斂，百姓田蠶所獲，未輸公税，已入權豪之手。以至縣令將至有年，誅求百端，下無所訴。國朝以來，未革其弊。朕每念耕稼之勤，苟非兵食所資，固當盡復其租税爾。」建隆初，始以朝官爲知縣，其後參用京官，或試銜幕職、三班爲之。案：九朝編年：乾德元年六月，命朝官知縣，大理正奚嶼知館陶，監察御史王祐知魏縣，楊應夢知永濟，屯田員外于繼徽知臨清，常參官知縣，自嶼等始。此書作「建隆初」，與九朝編年互異。自是懲五代弊政，尤重親民之官，民政稍稍修舉。凡縣事，主簿爲之佐，尉掌盜賊殺傷之事。而自五代以來，藩侯補署親隨，爲諸藩鎮副鎮都虞候，同掌警邏盜竊之事，與縣令抗禮，凡公事專達，于州縣多闕簿尉。建隆三年，復置縣尉、主簿，掌鄉村盜賊。其鎮將所主，郭内而已。自是，稍統于縣。太平興國二年，始禁藩侯不得差親隨，其鎮將皆以本州將校爲之。縣尉專治賊盜，而民始無擾矣。開寶五年，縣令猶兼岳廟令，尉兼廟丞。太平興國中，以令録州官老耄不治者爲廟令，判司簿尉老耄者爲廟主簿。

文武换官格：中大夫，防禦使。中大夫，團練使。中散大夫，刺史。原注：候通除七年，除團練使。朝議大夫，刺史。奉直大夫，武功大夫、遥郡刺史。原注：舊皇城使。朝請大夫，武德大夫、遥郡刺史。朝散大夫，武德大夫、遥郡刺史。原注：舊内藏庫使。朝奉大夫，武節大夫、遥郡刺史。原注：舊莊宅使。朝請郎，武略大夫。原注：舊洛苑使。朝散郎，武義大夫。原注：舊西京作坊使。朝奉郎，武義大夫。原注：舊禮賓使。承議郎，武翼大夫。原注：舊供備庫副使。奉議郎，武節郎。原注：舊莊宅副使。通直郎，武義郎。原注：舊禮賓副使。宣教郎，敦武郎。原注：無出身未及三年，換修武郎。宣義郎，從義郎。承事郎，秉義郎。承奉郎，忠訓郎。承務郎，忠翊郎。案：此文武换官格，不著何年所定。據文獻通考：謂神宗以大中大夫爲宰相官，故初除執政，只授中大夫，舊爲秘書監、殿中監之官。中奉大夫，大觀新置。中散大夫、朝議大夫，係卿監。奉直大夫，亦大觀新置。朝請大夫、朝散大夫、朝奉大夫，係正郎。朝請郎、朝散郎、朝奉郎，係員外郎。承議郎、奉議郎、通直郎，係朝官。宣教郎、宣義郎、承事郎、承奉郎、承務郎，係京官。皆元豐以後之文階也。武階舊有正使、副使。政和易以新名，自皇城使至供備庫使，爲武功大夫、武德大夫、武顯大夫、武節大夫、武略大夫、武經大夫、武義大夫、武翼大夫。自皇城副使至供備庫副使，爲武功郎、武德郎、武顯郎、武節郎、武略郎、武經郎、武義郎、武翼郎。自内殿承制至三班借職，爲敦武郎、修武郎、從義郎、秉義郎、忠訓郎、忠翊郎、成忠郎、保義郎、承節郎、承信郎。十者并稱使臣。宋史職官志載：「文臣换右職之制，秘書監换防禦使，太卿監换團練使，秘書少監、太常、光禄少卿换刺史，少卿監换皇城使、遥郡刺史。自帶職郎中至員外郎，换諸司正使并帶遥郡刺史，自帶職博士、左右正言、監察御史，至太子左右贊善大夫、中舍、洗馬，换諸司副使。自秘書郎、著作佐郎，至判司簿尉，换内殿承旨至三班奉職。」以所載與通考互證，文武之階悉合。此書于文階不載中奉大夫，武階不載武顯大夫、武經大夫、武功郎、武德郎、武顯郎、武略郎、武經郎、武翼郎、修武郎，又武略大夫、武義大夫、武翼大夫不著帶遥郡刺史，當并由傳寫遺闕。

勛臣

太祖義社兄弟：保静軍節度使楊光義，天平軍節度使、同平章事兼侍中石守信，昭義軍節度使兼侍中李繼勛，忠武軍節度使、同平章事、中書令、秦王王審琦，忠遠軍節度使、觀察留後劉慶義，左驍衛上將軍劉守忠，右驍衛上將軍劉廷讓，彰德軍節度使韓重斌，解州刺史王政忠。案：太祖勛臣不止九人，此九人中，如楊光義、劉慶義、劉守忠、王政忠四人，東都事略及宋史俱無傳。石守信諸人傳内，亦無義社兄弟之名，惟三槐王氏雜録有云：「太祖即位，方鎮多偃蹇，所謂十兄弟者是也。」可爲此義社兄弟之證。

配享

太祖室：趙普、曹彬。

太宗室：薛居正、石熙載、潘美。

真宗室：李沆、王旦、李繼隆。

仁宗室：王曾、吕夷簡、曹瑋。案：文獻通考載配享功臣，自太祖至仁宗十一臣，與此同。復載英宗二臣：韓琦、曾公亮。神宗一臣：富弼。哲宗一臣：司馬光。徽宗一臣：韓忠彦。高宗四臣：吕頤浩、趙鼎、韓世忠、張俊。孝宗二臣：陳康伯、史浩。光宗一臣：葛邲。此書不載富弼、司馬光，似因南渡後始定議配享，故未之及。若韓琦、曾公亮之配享英宗，則早定自神宗時，不當失載，必由傳寫遺闕。

【新輯】爵邑

封爵之差，唐制：王，食邑五千户；郡王、國公，三千户；開國郡公，二千户〔五二〕；縣公，一千五百户；縣侯，千户；伯，七百户；子，五百户；男，三百户〔五三〕。又有食實封者，户給縑帛，每賜爵，遞加一級。唐末及五代始有特加邑户〔五四〕，而罷實封之給，又去縣公，封侯以郡。宋朝沿其制〔五五〕，文臣少卿、監以上，武臣副率以上〔五六〕，内職崇班以上，有封爵；丞、郎、學士、刺史、大將軍〔五七〕、諸司使以上，有實封。但以增户數爲差，不繫給爵〔五八〕。邑過其爵則進爵，止於開國公〔五九〕。每加食邑千户至二百户〔六〇〕，實封六百户至百户，皆六等。親王、重臣或特加，有逾千户者。皇屬有特封郡公、縣公或增侯者。無「開國」字。開寶以來，伐國降及乃臣叛命不誅者亦封侯，皆因其名以見其罪焉。

三等國○舊有大、次、小三等，以爲進封之叙。然每或封拜，又有權升次、小國爲大國者。景德中，詔分三等，以爲定制。今著於後。

趙，楊承信封公。○晉，太宗封王，丁謂封公。○秦，孟旭、向拱封公，廷美封王。○齊，廷美封王。○魏，武行德、趙普、馮拯并封公。○韓，真宗封王，武行德、王晏、潘美、曹利用封公。○燕，劉進封公。○楚，侯章封公，元佐封王。○越，元雋封王。○夏、商、周、漢、唐。新添。

已上大國十八〔六一〕

衞，○劉鋹、趙贊、封德崇封王，張永德封公。○鄭，張昭封公。○蔡、曹，元儼封公。○許，張從思、趙普、吕蒙正封公，錢俶元祐封王。○代，潘美封公。○徐，元渥、吕蒙正并封公。○鄧，張永德、張耆并封公，錢俶封王。○岐，陳洪進、張旻封公。○隋、蜀、邠，王彥超封公。○邢，宋偓封公，○冀，高懷德、王欽若封公，元雋封王。○壽，真宗封王。○鄆，曹利用封公。○荊，元儼封王。○昇，仁宗封王。○雍，元汾封王。○豫、梁、揚。新添。

已上次國二十四〔六二〕

江、滕，○孟玄喆封王。向、黃、紀、譙，○向拱、錢惟濬并封公。○原、弦、邾，○李洪義、王溥并封公，○劊、耿、舒，○元偁封王。○介、道、相，○元偓封王。○鄫、蔣、蕭，○錢惟濬封公。○郕、譚、霍、夔、萊，○呂蒙正、寇準并封公。○郇、鄅、芮、薛、郳、宮，○崔彥進封公。○鄣、羅、郜、鄎、戴、桐、遂、管、沈、虞、應、息、英、任、崇、榮，○元儼封王。○扈、濮、密、巢、安、觀、申，○呂夷簡封公。○虢、宿、邾、杞，○陳洪進封公。○賈、鄫〔六三〕、邧、巴、夷、穀、頓、麋、黎、葛、蓼、項、聃、邢、茅、胙、庸、畢、滑、鄀、牟、權、甘、祭、尹、溫、毛、樊、成、單、劉、鞏、邵、邶、鄘、衛、鬲、寧、杜、呂、皖、留、部、鄠、郿、焦、宛、鄼、穰、葉、郢、緡、劇、費、鄫、郚、隴、范、程、鄱、鄃、潛、涪、遼、瀛、絳、汲、棓、軹、營、翕、秺、廣、藺、易、定，○元儼封王。○鎬、純、昌、翟、陸、緇、卞〔六四〕、綸。○已上皆春秋、秦、漢以來公侯。

○潞、盧、鄒、房、褒、康、沛、邳、彭，○元儼封王。○賨、鄂、鄴、薊、潁、汧、沔、沂，○王曾封公。○肅、岷、瀛、郧、鄯、莘、順、渝、鄆、蒲、鄺、豐。○已上周、唐已來封公。

○棣、光、儀、懷、永、延、盛、濟、信，○元佑封公。○襄，○真宗封王。○均、陸、丹、簡、益，○元傑封公。○忻、韶、嘉、端，○元儼降封王。○循、恭、原、雅、通，○元儼封王。○虎、資、昭、欽、珍、淑、集、和、郢、衡、會、福、岳、表、桂、蘄、澧、深、洋、建、鄜、瓊、婺、茂、衢、澶、昌、慶，○仁宗封公。○吉、景、郴、傅、賀、惠。○已上唐及五代封王。

○夏，○趙德明封王，自西平進封。○蘇、潭、鎮，○元儼封王。○潤、華。○已上皇朝封王。

已上小國二百〔六五〕

壽、梁、趙、宋四國，更不得封臣。○景德三年詔。會要。〔六六〕

右承議郎李攸再編：

國二百七十四

大國二十二

秦、魏、韓、燕、楚、晉、魯、陳、吴、越、夏、昇、商、周、漢、唐、冀、豫、兗、荆、雍、揚。

次國二十一

衛、蔡、曹、代、徐、鄧、岐、隨、蜀、邠、邢、鄆、凉、潞、潭、蘇、鎮、益、廣、延、壽。

小國二百三十一

江、滕、向、黄、紀、譙、原、弦、祁、鄶、耿、舒、介、道、相、酆、蔣、蕭、郕、譚、霍、夔、萊、郇、程、郯、芮、薛、郥、莒、鄣、羅、邿、鄅、戴、桐、遂、菅、沈、虞、應、息、郋、任、崇、榮、扈、濮、密、巢、觀、英、虢、宿、郲、杞、賈、鄫、邛、巴、申、穀、頓、麇、黎、葛、蓼、項、呥、夷、茅、胙、庸、畢、鄀、牟、權、甘、邗、尹、温、毛、樊、成、單、劉、鞏、祭、邶、鄘、韋、鬲、甯、杜、吕、皖、邵、郃、鄠、郿、焦、宛、鄮、穰、葉、留、鄢、緡、劇、費、繒、郜、隴、范、郢、鄱、潛、浩、遼、嬴、絳、汲、梧、軹、鬱、稼、藺、易、定、鄗、洮、昌、翟、陸、緇、卞、綸、盧、翼、鄒、房、褒、康、沛、邳、彭、賨、鄂、鄴、薊、潁、沔、沂、肅、岷、瀛、郳、鄯、莘、順、渝、郫、蒲、鄺、豐、光、儀、懷、永、盛、濟、信、義、涇、襄、均、睦、丹、思、簡、忻、韶、嘉、端、循、恭、願、雅、通、虔、資、昭、欽、珍、淑、集、和、衡、會、福、撫、袁、桂、蘄、澧、深、洋、建、鄜、瓊、婺、茂、衢、澶、德、昌、慶、吉、景、郴、傅、賀、惠、岳、潤、華、汧、棣、滑、安、翕。輯自章汝愚群書考索後集卷一八。

校勘記

〔一〕至月限滿　「月」原作「日」，據宋朝事實類苑卷二八改。

〔二〕并須于京朝官内求一人爲職官　「職官」原作「職目」，據宋朝事實類苑卷二八改。

〔三〕泣下不肯去　「泣」原脱，據宋朝事實類苑卷三補。

〔四〕宜亟去　「亟」原脱，據宋朝事實類苑卷三補。

〔五〕長育成就之意　「長育」原作「張弛」，據宋朝事實類苑卷五改。

〔六〕案：此條，文淵閣四庫本宋朝事實類苑注明爲「國朝事實」，而上海古籍出版社版點校本則注明爲「國朝寶訓」。且據宋朝事實類苑卷五，此條原繫於治平元年後，所以此條應移到下文治平三年前爲當。

〔七〕輯自清徐松輯宋會要輯稿職官七七之三四至三五（點校本五一六〇頁）。

〔八〕則諸司三品武臣二品　「二品」原作「三品」，據長編卷一二〇及宋會要輯稿儀制八之五改。

〔九〕起居舍人及任裏行者　「起居舍人」原脱，據宋會要輯稿儀制八之五補。

〔一〇〕自後唐別置使額　「唐」原脱，據宋會要輯稿儀制八之六補。

〔一一〕其學士知制誥待制三司副使　「三司副使」，宋會要輯稿儀制八之六作「三司使副使」。

〔一二〕皆兼它官充　「充」原脱，據宋會要輯稿儀制八之六補。

〔一三〕上至諸曹尚書　「上」原脱，據宋會要輯稿儀制八之六補。

〔一四〕亦不拘本司　「不拘本司」原脱，據宋會要輯稿儀制八之六補。

〔一五〕五代史職官志　「史」原脱，據宋會要輯稿儀制八之六補。

〔一六〕龍圖閣待制在知制誥下　「在知制誥下」原作「及知制誥」，據宋會要輯稿儀制八之七改。

〔一七〕三司三部副使在少卿監之上　「三部」原脱，據宋會要輯稿儀制八之七補。

〔一八〕謹詳會議之文　「謹」原作「載」，據宋會要輯稿儀制八之九改。

〔一九〕謂群牧普當會議　「當」原脱，據宋會要輯稿儀制八之九補。

〔二〇〕且自朝廷至臺省　「至」，宋會要輯稿儀制八之一二作「制」。

〔二一〕須有朝廷　「有」，宋會要輯稿儀制八之一二作「存」。

〔二二〕職供其事　「事」原作「職」，據宋會要輯稿儀制八之一二改。

〔二三〕而絶官無聞　「官」原作「曹」，據宋會要輯稿儀制八之一三改。

〔二四〕則臺省之制　「臺」原作「一」，據宋會要輯稿儀制八之一三改。

〔二五〕自此盡隳　「盡」，宋會要輯稿儀制八之一三作「益」。

〔二六〕准大中祥符五年敕　「准」原脱，據宋會要輯稿儀制八之一四補。

〔二七〕三班供奉官以下八千八百餘人　「餘」原脱，據本卷下文及長編卷二〇八補。

〔二八〕而計三班見使臣六千五百三十四人而已　「見」原脱，據長編卷二〇八補。

〔二九〕攘却四夷　原作「綏靖邊方」，據宋會要輯稿職官七之九及愧郯録卷一四改。

〔三〇〕正明中　「正」當作「貞」，蓋避宋仁宗趙禎嫌名之諱改。

〔三一〕三年二月　原作「二年三月」，據文獻通考卷一七四經籍考一及長編卷一九改。

〔三二〕係端拱元年　「元年」原作「二年」，據長編卷二九及宋會要輯稿職官一八之四七改。下同。

〔三三〕監少丞外　「監少」原互倒，據宋史卷一六四職官志四乙正。下同。

〔三四〕遇修國史則開國史院　「則開國史院」原脱，據宋史卷一六四職官志四補。

〔三五〕遇修實録則開實録院　「遇」原脱，據宋史卷一六四職官志四補。

〔三六〕四庫書直官二人　「直」原脱，據宋史卷一六四職官志四補。

〔三七〕元豐元年　「元年」原作「三年」，據長編卷二八七及宋史卷一六四職官志四改。

〔三八〕其分案編修日曆書庫官吏　「分」原作「餘」，據宋史卷一六四職官志四改。

〔三九〕以著作郎佐修纂　「郎佐」互倒，據宋史卷一六四職官志四乙正。

〔四〇〕國史實録院　原脱，據宋史卷二六四職官志四補。

〔四一〕凡日月星辰風雲氣候祥眚之事　原脱，據宋史卷二六四職官志四補。

〔四二〕掌渾儀臺晝夜測驗辰象　「測」原作「刻」，據宋史卷二六四職官志四改。

〔四三〕上以府左右院暨司録獄　「上以」互倒，據鷄肋集卷六二資政殿大學士李公（李清臣）行狀乙正。

〔四四〕所入名曰留使留州　「留」原作「送」，據長編卷六及文獻通考卷二三國用考一改。

〔四五〕諸副使止置使二員　「二員」職官分紀卷四七作「一員」。

〔四六〕删定成農田敕五卷上之　案：删定農田敕，宋史卷一七三食貨志上一作「景德二年詔修，三年正月上之。」長編卷六一作「二年十月庚辰上之」，玉海卷一七〇引崇文目作「景德元年詔修，二年十月庚辰上之」。

〔四七〕三年　原作「二年」，據長編卷六二及宋史卷一七三食貨志上一改。

〔四八〕餘及通判并兼勸農事　「通」原作「同」，據長編卷六二及宋史卷一七三食貨志上一改。

〔四九〕勸農使入銜　「使」原作「事」，據長編卷六二改。

〔五〇〕令吏部流内銓擇選人無遺闕者　「令」原作「合」；「闕者」原作「省」，均據宋朝事實類苑卷二八改。

〔五一〕或有須藉人代判者　「須」原作「煩」，據宋會要輯稿職官四八之五及宋朝事實類苑卷二八改。

〔五二〕二千户　「二」原作「三」，據舊唐書卷四六百官志、文獻通考卷二七七封建考一八及宋史卷一七〇職官志十改。

〔五三〕子五百户男三百户　原作「子男五百户」，據文獻通考卷二七七封建考一八及宋史卷一七〇職官志十改。

〔五四〕唐末及五代始有特加邑户　「特加邑户」原脱，據文獻通考卷二七七封建考一八及宋史卷一七〇職官志十補。

〔五五〕宋朝沿其制　「朝」，宋史卷一七〇職官志十作「初」。

〔五六〕武臣副率以上　「率」，玉海卷一三四同。宋史卷一七〇職官志十作「使」。

〔五七〕大將軍　「大」原脱，據文獻通考卷二七七封建考一八及宋史卷一七〇職官志十補。

〔五八〕不繫給爵　「爵」原脱，據文獻通考卷二七七封建考一八及宋史卷一七〇職官志十補。

〔五九〕止於開國公　「開國公」，文獻通考卷二七七封建考一八作「開國郡公」，宋史卷一七〇職官志十作「郡公」。

〔六〇〕每加食邑千户至二百户　「邑」原脱，據文獻通考卷二七七封建考一八及宋史卷一七〇職官志十補。

〔六一〕已上大國十八　「十八」，案上文僅有「十四」國。

〔六二〕已上次國二十四　「二十四」，案上文僅有「二十二」國。

〔六三〕鄶　下文作「鄫」。

〔六四〕卞　原作「下」，據下文改。

〔六五〕已上小國二百　「二百」，案上文實際有「二百四十一」國。

〔六六〕案：以上文字出自宋官修會要，但李攸是根據以上文字改編，且介紹了三等封國的演變，因此録文於此，以供讀者參考。

卷十

宋李攸撰

宰執拜罷

【新輯】宋朝事實：開寶元年，貶雷德驤官。初，德驤判大理寺，其官屬與堂吏附會宰相，擅增減刑名，德驤憤惋，面白其事，并言趙普强市人第宅，聚斂財賄。上怒曰：「鼎鐺猶有耳，汝不聞趙普吾社稷之臣乎！」以判大理寺而敢於言大臣之短，不惟養後日敢言之風，亦可以無大臣專權之禍。漢高帝聞蕭何多買田宅之污，則有械繫元勛之辱，此漢一代所以有誅戮大臣之禍。我太祖聞趙普彊市人第宅之事，則有「鼎鐺有耳」之責，此本朝所以有進退大臣之禮。〔一〕

【新輯】本朝事實：雷德驤爲御史中丞，奏趙中令普强市八第宅，上怒叱之。後德驤子有鄰復訟其庇吏受賕。上怒，按問罷相。輯自宋林駉新箋決科古今源流至論別集卷之二。

楚昭輔，太平興國元年十月〔二〕，自右驍衛大將軍、判三司副使，除檢校太保、左驍衛大將軍、充樞密使。案：李燾長編：楚昭輔爲樞密使，在是年十月庚申，與宋史同。此書作「十一月」，與各書互異。

柴禹錫，太平興國七年四月，自如京使除宣徽南院使、副使〔三〕。案：宋史宰輔表：柴禹錫兼樞密副使，此書去樞密二字，專稱副使。蓋宋以樞密院爲執政，此書類紀樞密拜罷，諸人姓名年月，故不復載。如下文稱知樞密院爲知院，同知樞密院爲同知，簽書樞密院事爲簽書，同簽樞密院爲同簽書，皆從此例也。

雍熙二年，罷爲左驍衛將軍。

真宗嘗幸澶淵，案：「真宗」原本誤作「太宗」，「澶淵」下原本脱「宋湜爲樞密副使扈從」九字。考宋史，湜以真宗咸平元年，拜樞密副使，二年，從幸澶淵，三年正月，以疾卒于道。今從宋史改正。宋湜爲樞密副使扈從，遇疾，真宗許其先歸，賜以衾褥。且曰：「此朕所常御者，雖故敝，亦足以禦道途之寒也。」又遣中使護送之，次澶州，卒。真宗再幸河朔，追悼之，加贈刑部尚書，謚忠定。湜秀穎有器識，又善引重後進云。

咸平二年己亥六月戊午，樞密使兼侍中曹彬卒。彬自至道三年八月，復爲樞密使，是年六月，卒。居樞府三年，彬性仁恕，清謹遜言恭色，在朝廷，未嘗抗辭忤旨，亦未嘗言人過失。博覽强記，善談論，被服雅同儒者。伐二國，秋毫無所取。位兼將相，不以等威自異。彬歸休，閉閤門，無雜賓，保功名，守法度，近代良將，稱爲第一。

七月己丑，王顯樞密使，原注：自横海軍節度使兼御史大夫，依前檢校太尉充。顯自太平興國八年六月，拜樞密使。淳化二年，罷。是年，復召拜樞密使。

咸平三年庚子二月癸亥，王顯罷樞密使。原注：自檢校太尉，罷爲山南東道節度使、同中書門下平章事。顯再入樞府，逾半年，從真宗伐契丹，車駕還京，乃以使相罷之。四年五月，顯以定州駐泊都部署，兼河北諸州水陸計度都轉運使。

同日，案：宋史宰輔表：周瑩、王繼英、王旦同日拜除，皆在咸平三年二月。此云同日，蓋承上王顯二月罷樞密之文上四年五月句，紀顯次年事也。長編：咸平四年載，王旦同知院事，與此互異。周瑩、王繼英并知樞密院事。原注：瑩自宣徽北院使遷宣徽南院使除。繼英自樞密都承旨、客省使遷宣徽北院使除。王旦同知樞密院事。原注：自中書舍人、翰林學士除。瑩，瀛州人。繼英，開封祥符人。旦，字子明，大名人。瑩少給事于晉邸，太宗即位，擢簽書樞密院事，宣徽院諸房公事。諸房自後不復置云。繼英事真宗于藩邸，至是并知樞密院事。旦少好學，父祐器之，嘗手植三槐于庭，曰：「吾之後必有爲三公者。」真宗即位，旦爲翰林學士。嘗奏事下殿，真宗目送之，曰：「與朕致治天下，必此人也。」是年，遂有此除。錢若水名能知人，嘗見旦曰：「真宰相器也。」若水爲樞密副使，罷，召對苑中，問誰可大用者。若水言旦可大用。真宗曰：「吾固已知之矣。」

【景德三年二月】韓崇訓、馬知節并簽書樞密院事。崇訓自樞密都承旨、四方館使，遷檢校太傅除。知節自樞密都承旨、東上閤門使，遷檢校太保除。崇訓長厚謙畏，未嘗忤物。知節折節讀書。至是，并拜簽書樞密院事。當是時，契丹已盟，中國無爲，大臣方言符瑞，知節每不然之，言：「天下安，不可存去兵忘戰之意。」景德四年丁未，原注：五年，改大中祥符。八月庚子，韓崇訓罷簽書樞密院事，爲齊州防禦使。崇訓自景德三年二月，召除簽書樞密院事。是年八月，罷。在樞府逾年，崇訓以目疾，累表求罷。從之。

王欽若，大中祥符五年九月，自吏部尚書、知樞密院、監修國史，除檢校太傅、中書門下平章事、監修國史，充使。十一月，除檢校太尉。七年六月，罷權判都省。

陳堯叟，大中祥符五年九月，自户部尚書、檢校太傅、知樞密院、修國史，除本官同中書門下平章事、監修國史，充使。七年六月，罷。

寇準，大中祥符七年六月，案：「大中」下原本脱「祥符」二字，今增入。自兵部尚書除檢校太尉、同中書門下平章事，充使。八年四月，罷爲武勝軍節度使、同平章事。

大中祥符八年乙卯四月壬戌，王欽若、陳堯叟并樞相。原注：欽若自判尚書都省、知通銀臺司、兼中書門下封駁事，依前吏部尚書、同平章事，充樞密使。堯叟依前户部尚書、檢校太尉、同平章事，充樞密使兼群牧制置使。欽若與堯叟，自祥符五年九月，并同平章事，充樞密使，後與堯叟同罷。至是，復與堯叟并命。

大中祥符八年四月壬戌，寇準罷樞密使。原注：自行兵部尚書，依前檢校太尉、同平章事，充武勝軍節度等使。準自大中祥符七年六月，除中書門下平章事，充樞密使。至是年四月，罷，在任樞密未逾年〔四〕。先是，準惡三司使林特奸邪，數與争忿。上謂王旦等曰：「準年高，屢更事。朕意其必能改前非，今觀所爲，似更甚于疇昔。」旦等曰：「準好人懷惠，又欲人畏威，皆大臣所當避。而準乃以爲己任，此其所短也。非至仁之主，孰能全之？」準之末爲樞密也，旦嘗得疾未愈，上命肩輿入禁中，見于偏殿，問曰：「卿今疾亟，萬一有不諱，使朕以天下付之誰乎？」旦曰：「知臣莫若君，惟明主擇之。」再三問，不對。上曰：「張詠何如？」又問：「馬亮何如？」不對。上曰：「試以意言之。」旦強起，舉笏曰：「以臣之愚見，莫若寇準。」上憮然，有間，曰：「準性剛褊，更思其次。」旦曰：「他人，臣所不知也。」遂辭退。及準爲樞密使，中書行事，關送樞密院，礙詔格。準即以聞。上謂旦曰：「中書行事如此，施之四方，奚所則？」旦再拜謝曰：「此實臣等過也。」中書吏既坐罰，樞密院吏皇皇告準曰：「中書、樞密院日有相干，舊例，止令諸房改易，不期奏白，而使宰相待罪。」既而，樞密院有事送中書，礙詔格，吏得之，欣然以呈旦，旦却送與樞密院〔五〕，吏白準〔六〕，準大慚。翌日，謂旦曰：「王同年大度如此耶！」旦不答。旦每對上，必稱準之才，而準數短之。一日，上謂旦曰：「卿雖談其美，彼專道卿惡。」旦曰：「理固然，臣在相位久，政事闕失必多。準對陛下無所隱，益見其忠直，此臣所以重準也。」上由是愈賢之。及準自知當罷，使人私于旦求爲使相，旦大驚曰：「使相安可求耶？且吾不受私請。」準憾之。既而，上問旦曰：「準罷，當何官可爲？」旦曰：「準年未三十，蒙先帝擢置二府，且有才望，若使相令處方面，其豐采亦足爲朝廷光也。」及制出，準入見，流涕曰：「非陛下知臣，何以至是？」上具道旦所以薦準者。準始愧嘆，出語人曰：「王同年器識非準所可測也。」

七月案：七月，即大中祥符八年七月，以上文見，故不復載某年。考宋史：王嗣宗以是月罷副使，與此書合。戊午，王嗣宗罷樞密副使。原注：爲天平軍節度使、檢校太保。嗣宗自大中祥符七年七月，除樞密副使，至是年七月罷，在樞府逾年。嗣宗表求外郡，故有是命。後上章求退，而猶欲領郡。寇準爲相，惡之，即以爲左屯衛上將軍致仕。卒，年七十八歲，贈侍中，謚景莊。

大中祥符九年正月丙辰，張旻樞密副使。原注：自侍衛馬軍副都指揮使、威塞軍節度使、檢校太保，遷宣徽南院使，除〔七〕。旻，開封人。事真宗于潛邸。及即位，以殿前都虞候從祀東封。是時，盛興宫室，人皆争奉符瑞，丁謂、王欽若主其事，無敢議者。旻毅然謂土木之役，不足以承天意。是年正月，遂有此除。

八月甲申，陳堯叟罷樞相。原注：自樞密使、行户部尚書、檢校太尉、同平章事，罷爲尚書右僕射。

堯叟自大中祥符八年四月，復爲同平章事，充樞密使。至是年罷，再執政逾年。久疾，求領外任，上遣閤門使楊崇勛至第撫慰，且詢其意。堯叟辭意懇確，乃從之。命其子賫告牒，就第賜之。尋命判河陽，月給實俸，歲賜公使錢百萬。堯叟力疾求入辭，肩輿至便殿。詔勿拜，賜坐，又作詩餞其行。卒，贈侍中，謚文忠。堯叟偉姿貌强力，奏對明辯，多任智數。久典機密，軍馬之籍，悉能記之。父省華，終左諫議大夫。母馮氏，性嚴毅。弟堯佐，景祐四年，拜同中書門下平章事。堯咨舉進士第一，後以儒臣易武守，仕至武信軍節度使。

同日〔八〕，任中正樞密副使。中正，字慶之，曹州濟陰人。原注：自樞密直學士、給事中、權知開封府，遷工部侍郎，除。同日〔九〕，馬知節知樞密院事。原注：自潁州防禦使、知天雄軍，召除檢校太尉、兼宣徽南院使，除。案：宋史宰輔表：馬知節、曹利用等四人，同日除知樞密院事，在天禧元年九月，此書以年月載明本條，下文直以「同日」二字起，不載年月，殊爲闕略。曹利用、任中正、周起并同知樞密院事。原注：利用自檢校太傅、樞密副使，加檢校太尉、宣徽北院使，除。兼群牧制置使。中正自樞密副使兼刑部侍郎，除。起自樞密直學士、右諫議大夫，遷給事中，除。起，字萬卿，淄州人。

【天禧二年閏】四月案：宋史宰輔表：馬知節罷，在天禧二年閏四月，此書失載某年，直書四月，不言閏，殊爲闕略。癸卯，馬知節罷知樞密院事。原注：自檢校太尉、宣徽南院使，罷爲彰德軍節度觀察留後。知節自天禧元年九月，除知樞密院，是年四月，罷，再入樞府，凡七月。恩顧極厚，素病足，特許内朝别爲一班，省其舞蹈。未幾，疾甚，賜告。上親臨其第，謂之曰：「久不相見，思卿而來。」病既久，乃罷爲節度，留京師。卒，贈侍中，謚正惠。知節慷慨，以武力智謀自喜，又能好書，賓友儒者，所與善必一時豪傑。遇事謇謇，未嘗有所顧憚，天下至今稱其直云。

【天禧三年】六月案：李燾長編：曹利用知樞密院，與丁謂并樞密使，皆在天禧三年。此六月上缺紀年。乙未，曹利用知樞密院事。原注：自檢校太尉、宣徽北院使、同知樞密院事、兼群牧制置使，除。十二月辛卯，曹利用、丁謂并樞密使。原注：利用自檢校太尉、宣徽北院使、知樞密院事兼群牧制置使，除。謂自吏部尚書、參知政事，除檢校太尉，充。時輔臣以郊恩俱進官。故事，嘗爲宰相而除樞密使，始得遷僕射。乃以謂爲檢校太尉、兼本官，充使。樞密使舊兼御史大夫，自利用始去之。再入政府一年，至四年〔一〇〕，拜相。原注：樞密使不兼御史大夫，自曹利用始。

同日〔一一〕，任中正、周起并樞密院副使。原注：中正自刑部侍郎、同知樞密院事，遷兵部侍郎，除。起自給事中、同知樞密院事，遷禮部侍郎，除。

天禧四年庚申正月乙丑，曹瑋簽書樞密院事。原注：自華州觀察使、鄜延路副都總管、環慶秦鳳等州沿邊巡檢、安撫使、宣徽北院使、鎮國節度觀察留後，充。瑋，字寶臣，樞密使彬之子。李繼遷擾邊，諸將數出無功。太宗問誰可任者。是時，彬在樞府，對以瑋可任。召知渭州，時年十九。又知秦州，秦州人立碑紀功，有詔褒之。至是，遂有此命。

【八月】錢惟演樞密副使。原注：自翰林學士、刑部侍郎、知制誥，除。案：李燾長編：天禧四年八月，除錢惟演樞副，下九月，周起、曹瑋罷。即是年九月也。與宋史宰輔表合。此書于錢惟演上闕載年月。

九月丙辰，周起罷樞密副使。原注：自禮部侍郎罷爲户部侍郎、知青州。曹瑋罷簽書樞密院事。原注：自宣徽北院使、鎮國軍節度使觀察留後除罷爲宣徽南院使、環慶路馬步軍都部署。起自天禧元年九月，除同知樞密院事，三年十二月，遷樞密副使，是年九月，罷。在樞府三年。丁謂用事，逐寇準而以周起爲黨，罷知青州，又降太常少卿、知光州。謂得罪，復禮部侍郎、留守南京。卒，贈禮部尚書，謚安惠。瑋自天禧四年正月，除簽書樞密院事，是年九月，罷，在樞府一年。寇準謫道州，丁謂惡瑋不附己，指爲準黨，出之。未幾，復降爲左衛大將軍、容州觀察使、知萊州。瑋自知宿將，爲謂所忌，恐益爲謂中，即日上道，從弱卒十餘人，不以弓韔矢箙自隨。謂敗，乃復節度使。卒，贈侍中，謚武穆。治平中，配享仁宗廟庭。瑋好讀書，通左氏春秋。爲將幾四十年，未嘗敗衄，威震西鄙。罝勒斯賚案：罝勒斯賚，原本誤作「唃厮囉」，今改正。每聞其名，以手加額而東嚮之。鎮天雄，契丹使過，必戒其下，無敢疾驅者。在渭州，始置弓箭手。其所措置，後皆爲法云。弟琮之孫詩〔一二〕，尚魯邠國大長公主〔一三〕。案：宋史：魯國大長公主，仁宗女。治平四年，封祁國，熙寧九年，改魯國，此書作「魯邠國」，考公主未嘗封邠國，或即「祁」字之誤。琮累官至馬軍副都指揮使。

張士遜，天禧五年正月，自樞密直學士、右諫議大夫，除本官副使。

任中正自大中祥符九年九月，除樞密副使。天禧元年九月，除同知樞密院事。三年十二月，除樞密副使。四年八月，除參知政事。是年案：宋史：任中正，乾興元年六月，以救丁謂，謫知鄆州。自大中祥符九年九月，至是凡六年。仁宗于是年二月戊午，即位。此書但云「是年」，而不著乾興元年，殊爲闕略。六月，罷爲執政，凡六年。事真宗五年，事仁宗纔數月。中正之貶，坐營救丁謂故也。後復禮部尚書。卒，贈左僕射，謚康懿。弟中師，仁宗時，爲樞密副使。

張知白，乾興元年十一月，自翰林學士、尚書右丞，除本官副使。案：宋史：張知白，乾興元年，自尚書右丞，除樞密副使。此書云本官者，即指樞密而言也。天聖三年十二月，拜相。

李棁，靖康元年正月，自正奉大夫、守吏部尚書〔一四〕，除本官同知。二月〔一五〕，遷尚書右丞。

唐恪，靖康元年正月，自正議大夫、吏部尚書，除本官同知。三月，遷中書侍郎。

种師道，靖康元年正月，自靖難軍節度使、檢校少保、河東北路制置使，除同知，兼京畿河東河北路宣撫〔一六〕。二月，罷守本官中太一宮使。

李綱，靖康元年正月，自尚書右丞、兼同知、兼親征行營使。二月，罷。三月，復故，兼都提舉城壁守禦使。四月，遷知院。

許翰，靖康元年三月，自朝散郎、御史中丞，除中大夫，同知〔一七〕。八月，罷。

孟忠厚，紹興十二年某月，自少保、鎮潼軍節度使、判紹興府，除充使。某月，罷爲福建路安撫使。案：宋史宰輔表：孟忠厚以紹興十二年九月，自護國軍節度除樞密使。是年十一月，罷爲少傳、知建康府。與此互異。

石熙載，太平興國四年正月，自樞密直學士、兵部員外郎，本官簽書院事。四月，遷副使。案：自石熙載以下，至湯思退止，類紀簽書、同簽書、發遣、領院事諸職。考宋以簽書樞密院爲執政，其同簽書、發遣、領院事，特以類附載。

王沔，太平興國八年十一月，自樞密直學士，除右諫議大夫，簽書院事。雍熙元年十二月，除左諫議大夫。三年八月，遷副使。

張齊賢，太平興國八年十一月，〔自〕樞密直學士，除右諫議大夫，簽書院事。雍熙元年十二月，除左諫議大夫。三年七月，罷爲給事中。

楊守一〔一八〕，端拱元年九月〔一九〕，自内客省使，除宣徽北院，簽書院事。

張遜，端拱二年七月，自鹽鐵使，除宣徽北院使，簽書院事。淳化二年九月，遷知院。案：長編：九月甲辰，以樞密副使張遜知樞密院事，温仲舒、寇準同知院事。知院之名，始此。

向敏中，咸平三年正月，以參知政事權發遣。

馮拯，景德元年八月，自給事中、同知院，改工部侍郎，簽書。二年四月，遷參知政事。

陳堯叟，景德元年八月，自給事中、同知院，改工部侍郎，簽書〔二〇〕。二年十一月，除刑部侍郎。三年二月，遷知院。

韓崇訓，景德三年二月，自樞密都承旨，除檢校太傅，簽書。四年八月，罷爲齊州防禦使。

馬知節，景德三年二月，自樞密都承旨，除檢校太保、簽書。大中祥符元年十一月，除檢校太傅。四年四月，除宣徽北院使。五年九月，遷副使。案：長編：景德三年二月，王欽若爲尚書左丞、簽樞密院事。陳堯叟知院事，韓崇訓、馬知節并簽書院事。四人同日視事。此書前已載欽若大中祥符五年，與陳堯叟并知院事。八年，復與堯叟并樞相。而此處自石熙載簽書院事以下，并記簽書院事、及同簽書、發遣、領院事諸人姓名，及除罷年月，獨不載王欽若簽院事，似有闕佚。

向敏中，大中祥符七年，以宰相權發遣。

曹瑋，天禧四年正月，自華州觀察使、鎮國軍節度觀察留後，除宣徽北院使、簽書。九月，罷爲宣徽南院使、環慶路馬步軍都部署。

王德用，明道二年四月，自侍衛步軍副指揮使、福州觀察使，除檢校太保，同簽書。十月〔二一〕，遷副使。

郭逵，治平三年四月，自容州觀察使、檢校太保，除同簽書。九月〔二二〕，安撫陝西。四年正月，加靖難軍節度使〔二三〕。四月，還自陝西。九月，罷爲宣徽南院使，判鄆州。

曾孝寬，熙寧八年十二月，自龍圖閣學士、起居舍人、樞密都承旨，除樞密直學士、同簽書。元豐元年，丁父憂。

趙瞻，元祐三年四月，自中散大夫、户部侍郎，除樞密院直學士、本官簽書。四年六月，遷同知院。

王嵒叟，元祐六年二月，自龍圖閣待制、權開封府，除樞密直學士、簽書〔二四〕。七年五月，罷爲端明殿學士、知鄭州。

劉奉世，元祐七年六月〔二五〕，自朝請郎、寶文閣待制〔二六〕，除樞密直學士，本官、簽書。紹聖元年五月，罷爲端明殿學士、知成德軍。

童貫，政和六年二月，自檢校少保、護國軍節度使、陝西河東路河北宣撫使〔二七〕，簽書。五月，除檢校少傅，威武節度使，權領院事。七年十二月〔二八〕，除檢校少師、寧江軍節度使、領院事。重和元年八月，除太保、河中節度使。宣和元年八月，除太保、山南東道節度使。二年十二月，加劍南西川節度使。三年八月，除太師，封楚國公。五年七月〔二九〕，以太師，改徐豫國公〔三〇〕，致仕。

鄭居中，宣和二年十二月，自少傅、威武軍節度使、中太一宮使，權領院事。三年五月，落權字。五年六月〔三一〕，除太保、威勝軍節度使，燕國公。致仕。

童貫，宣和六年八月〔三二〕，落致仕。前太師，進封徐豫國公〔三三〕，領院事、陝西河北路燕山府路宣撫使〔三四〕。七年，封廣陽郡王。靖康元年二月，責授左衛上將軍，致仕。

蔡攸，宣和五年六月〔三五〕，自少師、安遠軍節度使、寶籙宮使、侍讀、河東北路宣撫使，除前少師、領院事。七年，除太保、燕國公。靖康元年，責大中大夫、提舉亳州明道宮。

耿南仲，宣和七年十二月〔三六〕，自徽猷閣學士、朝散郎〔三七〕、太子詹事，除資政殿學士、簽書。靖康元年，遷尚書左丞。

路允迪，靖康元年正月，自朝散郎〔三八〕、兵部尚書，除資政殿學士、簽書。二月，使河東。建炎元年，罷爲資政殿學士、提舉南京鴻慶宮。

宇文虛中，靖康元年二月，自資政殿學士、中大夫，除本官簽書。其月，改資政殿大學士〔三九〕。三月〔四〇〕，罷，落職。

李回，靖康元年八月，自朝議大夫、御史中丞〔四一〕，除延康殿學士、簽書。十一月，罷，提舉萬壽觀。

曹輔，靖康元年十一月，自承議郎、御史中丞，除延康殿學士、簽書。建炎元年五月，卒。

張叔夜，靖康元年閏十一月，自延康殿學士、南道都總管，除簽書。建炎元年四月，扈從北狩。

路允迪，建炎三年正月〔四二〕，自資政殿學士、提舉洞霄宫，除本官簽書。四月，罷爲資政殿學士、提舉醴泉觀、兼侍讀。

吕頤浩，建炎三年，自大中大夫、吏部尚書，除資政殿學士、同簽書、江淮兩浙制置使。四月，拜相。

王淵，建炎三年，自嚮德軍節度使、御營都統制，除本鎮、簽書。三月〔四三〕，遇害。

李邴，建炎三年三月，自翰林學士承旨〔四四〕、案：宋史：建炎三年，李邴自翰林學士、知制誥，除簽書。此書作承旨，與宋史互異。朝奉郎，除端明殿學士、本官同簽書。四月，遷尚書右丞。

鄭瑴，建炎三年三月〔四五〕，自朝散郎、御史中丞，除端明殿學士，同簽書。四月，落同字。七月，卒。

滕康，建炎三年五月，自翰林學士承旨、朝散郎〔四六〕，除端明殿學士，簽書。七月，除資政殿學士、同權三省、樞密院。從隆祐太后，幸洪州。

周望，建炎三年七月，自朝奉大夫、兵部尚書，除端明殿學士，同簽書。九月，宣撫荆湖江浙。十一月〔四七〕，遷同知。

張守，建炎三年九月〔四八〕，自翰林學士承旨、朝奉郎〔四九〕，除端明殿學士、同簽書。四年五月〔五〇〕，遷參知政事。案：宋史：張守自翰林學士、知制誥，同簽書在九月，參知政事在四年五月，此書作承旨除同簽書在七月，參政在四月，與宋史互異。

趙鼎，建炎四年五月，自翰林學士承旨、朝奉大夫，除端明殿學士，簽書。十一月，罷，提舉洞霄宮。案：宋史：趙鼎自翰林學士承旨、除端明殿學士，簽書。十一月，罷，提舉洞霄宮。原本「學士」下脱「簽書十一月罷」六字，今據宋史增入。

富直柔，建炎四年十一月，自奉議郎、御史中丞，除端明殿學士、朝奉郎，簽書。紹興元年，遷同知。

權邦彦，紹興二年五月，左朝議大夫、兵部尚書〔五一〕，除端明殿學士、簽書。六月〔五二〕，兼權參知政事。三年二月，卒。

徐俯，紹興三年二月，自翰林學士承旨、中大夫〔五三〕，除端明殿學士、簽書。四年四月〔五四〕，罷。案：宋史：徐俯以紹興四年四月，罷簽事，此作五月，與宋史互異。提舉洞霄宮。

韓肖冑，紹興三年五月〔五五〕，自中大夫、吏部侍郎，除端明殿學士、同簽書，充大金軍前通問使。四年正月〔五六〕，罷，知温州。案：宋史：韓肖冑同簽書，在紹興三年五月，此作七月。罷在四年正月，此作五月。與宋史互異。

胡松年，紹興四年七月，自左朝奉大夫、吏部尚書〔五七〕，除端明殿學士、簽書。遷罷年月闕。案：宋史：胡松年罷簽書，在紹興五年閏二月。

折彦質，紹興六年二月，自左朝議大夫、兵部尚書〔五八〕，除端明殿學士、簽書，兼權參知政事。十二月，罷，提舉洞霄宫。

韓肖胄，紹興八年十二月，自端明殿學士、知常州，除本職簽書，使大金。十年，使還，罷，知紹興府。

王倫，紹興九年正月〔五九〕，自龍圖閣學士，除端明殿學士、同簽書。其月，罷以本官職，留守東京。

樓炤，紹興九年三月，自翰林學士承旨、朝奉郎、知制誥，除端明殿學士、簽書。十年六月，丁母憂。

何鑄，紹興十一年十一月〔六〇〕，自御史中丞、朝奉郎，除端明殿學士、簽書。尋出使。案：宋史：何鑄以紹興十一年十一月，除簽書，遂出使金。此作十年六月，與宋史互異。十二年五月，使還。七月，兼權參知政事。八月，罷，提舉江州太平觀。

程克俊，紹興十二年，自翰林學士承旨、朝奉郎〔六一〕，除端明殿學士、簽書，兼權參知政事。十三年二月，罷兼權。六月，罷，提舉洞霄宫〔六二〕。

樓炤，紹興十四年二月，自資政殿學士、知紹興府，移知建康府，過闕，以本官簽書，兼權參知政事。五月〔六三〕，罷，提舉江州太平觀。

李文會，紹興十四年五月，自奉議郎、御史中丞，除端明殿學士、本官簽書，兼權參知政事。十二月〔六四〕，罷。案：宋史：李文會罷簽書，在十二月，此作十一月，與宋史互異。落職，奉議郎、提舉江州太平觀。

楊愿，紹興十四年十二月〔六五〕，自通直郎、御史中丞，除端明殿學士、朝奉郎、簽書，兼權參知政事。十五年，罷。案：宋史：楊愿除簽書，在十二月，此作十一月，與宋史互異。罷在十五年十月，此失載某月。提舉江州太平觀。

李若谷，紹興十五年十月〔六六〕，自敷文閣直學士、朝議大夫、樞密都承旨，除端明殿學士、簽書。案：宋史：李若谷除簽書，在紹興十五年十月，此作九月，與宋史互異。十七年正月，遷參知政事。

何若，紹興十七年正月，自奉議郎、御史中丞，除端明殿學士、朝奉郎、簽書。三月，罷。提舉江州太平興國宮。

【新輯】汪勃，【紹興十七年】四月己亥，汪勃簽書樞密院事。自御史中丞，遷端明殿學

士，除。十八年二月，兼權參知政事。八月丙申〔六七〕，罷簽書樞密院事。〔六八〕

詹大方，紹興十八年八月，自朝奉郎、工部尚書，除端明殿學士、本官簽書，兼權參知政事。九月〔六九〕，卒。案：宋史：詹大方以紹興十八年九月，卒。以余堯弼代之。即在是年十月，此俱作十一月，與宋史互異。

余堯弼，紹興十八年十月〔七〇〕，自朝散郎、御史中丞，除端明殿學士、本官簽書，兼權參知政事。二十年三月，遷參知政事。

巫伋，紹興二十年三月，自朝奉郎、給事中，除端明殿學士、本官簽書，兼權參知政事。二十一年四月，使大金，爲祈請使。是歲，還，仍兼權參知政事。二十二年四月〔七一〕，罷，落職。案：巫伋除簽書，在紹興二十年二月〔七二〕，此作三月，罷在二十二年四月，此作二月，與宋史互異。提舉太平興國宫。

章夏〔七三〕，紹興二十二年四月，自朝散郎、諫議大夫〔七四〕，除端明殿學士、本官簽書，兼權參知政事。九月〔七五〕，罷，落職，提舉太平興國宫。

宋樸，紹興二十二年十月，自奉議郎、御史中丞，除端明殿學士，朝奉郎、簽書，兼權參知政事。二十三年十月，罷，落職，提舉太平興國宫〔七六〕。

史才，紹興二十三年十月，自朝奉郎、諫議大夫，除端明殿學士、本官簽書，兼權參知政事。二十四年六月，罷，落職，提舉太平興國宫〔七七〕。

魏師遜，紹興二十四年，自奉議郎、御史中丞，除端明殿學士、朝奉郎、簽書，參知政事。十一月，罷，提舉太平興國宫。

鄭仲熊，紹興二十四年十二月，自承議郎、諫議大夫，除端明殿學士、朝奉郎、簽書。二十五年四月，兼權參知政事。六月〔七八〕，罷，落職，提舉太平興國宫。

湯思退，紹興二十五年六月〔七九〕，自承議郎、禮部侍郎、直學士院，除端明殿學士、朝奉郎、簽書。十月〔八〇〕，兼權參知政事。八月，罷。

蔡懋，宣和六年九月，自朝議大夫、開封尹，除中大夫，同知。靖康元年，遷尚書左丞。

案：自蔡懋以下，至張慤，皆紀宣和以後，尚書左右丞諸人姓名，及除罷年月，而自宣和六年以前，皆闕。

葉夢得，字少藴，蘇州吴縣人。【建炎三年二月】官至尚書左丞。在鎮，以其子模將數千人，守馬家渡，金人果使叛將酈瓊將輕兵來襲，見有備，乃去。時以屯兵衆，歲費米八十

萬斛，錢八百萬緡。榷貨務所入，不足以贍。且命夢得兼總四路漕運，時江淮多難，甚賴之。以勞進觀文殿學士。〔八一〕

王安中，字履道，號初寮道人。宣和中，爲翰林學士，遷尚書右丞。安中文學稱于時，靖康中，坐累謫象州，館于謝氏之扶疏堂。又建炎間，貶道州司户，避寇寓臨賀，有和李師中布水寺詩及稽古閣墨迹。

李綱，【靖康元年正月】爲尚書右丞。上欲親征，命綱爲東京留守，以李梲副之。時，宇文粹中扈從東幸，綱建議守城，罷親征。辛未，上登宣德門，親勞問將士，命李綱、吴敏撰數十語，示金人犯順，欲危宗社，決策固守，各令勉勵之意。俾閤門官宣讀〔八二〕，每讀一句〔八三〕，將士聲喏。須臾，六軍皆感泣。于是，固守之議始決。乃以綱爲親軍行營使。二月，罷。後三日，士庶伏闕，言綱不當罷。復除尚書右丞、都大提舉京城四壁守禦使。

張慤，建炎元年六月，自中大夫、户部尚書，除本官同知。至十一月，遷尚書左丞〔八四〕。

忻州地震，灾異數見。時，陳堯佐與王隨同在相位，諫官論政事錯繆，由宰相不得人。

堯佐亦先自援漢故事，數上章，請行策免。下制曰：「適因灾異，繼有奏陳，累煩宰制之勤，宜錫都俞之命。」從優禮云。

曾布與韓忠彦同輔政，忠彦既罷相，而布亦力請去位，乃有是命。未幾，臣僚論列：「布與宦官閻守懃等相交結，使門人李士京通道密語。暨陛下發揮睿斷，斥逐守懃。是時，布在公堂，忽覺驚駭失色，曰：『昨日見李士京來，不言，及今日何遽如此？』又聞金山登雲門外，下鼻唐地，嘗有讖記，遂諷金山寺僧獻其地。又以常住地，不可買。遂面欺，乞令潤州估價買之。王防獻賄于其子紓，納妾以事之，布亦薦用。朱彦任府界提點日，朝廷便錢往京，紓與布之婿吴則禮攬客人便錢，所得息錢甚多，彦以此速進。陛下深察其奸，終以必去而不疑，可謂有人主之英斷矣。及其既去，則譽以美詞，寵以要職，罪狀未著，天下惘然。」于是，落職，提舉亳州太清宫〔八五〕，太平州居住。又責授賀州别駕，衡州安置。二年，又責授廉州司户參軍。案：前條不著年月，此條首云「乃有是命」，末云「二年」，又責授則原本必有「元年罷相」之文，而傳寫脱去。且陳堯佐、王隨罷相，在景祐五年三月。韓忠彦、曾布罷相，在崇寧元年五月，乃錯置建炎後，皆由傳寫淆亂。

蔡京，尚書左丞，京〔八六〕，興化軍仙游人。陳瓘因朝會，見蔡京視日，久而不瞬。嘗以語人曰：「京之精神如此，他日必貴。然矜其禀賦，敢敵太陽。吾恐此人得志，必擅私逞欲，無君自肆矣。」尋居諫省，遂攻其惡。京聞瓘言，因所親以自解，且致情懇，而以甘言啖瓘。瓘使答之曰：「杜詩所謂『射人先射馬，擒賊必擒王』，不得自已也。」于是，攻之愈力，草四章將上，會聞隔對不得見，乃悉繳而奏之。案：宋史：瓘以論皇太后預政，因罷監揚州糧料院。瓘出都門，繳四章上之。與此互異。其奏曰：「紹聖之初，哲宗之意本無適莫，章惇雖挾功自恣，然其初猶有兼取元祐之意。京自成都而來，與其弟卞共毀宣仁，共欺哲宗。京之得售其說自役法始。從大改役法以後，事事無不大改。兄弟同朝，塤篪相和，無有一事不如其意。當此之時，不以所聞神考聖訓告于哲宗。至于今日，然後引所自書實録以爲證驗。倡爲不經之論，而欲遷神考于西宮。其爲矯誣，可謂明矣。京以矯誣之筆，妄增實録之事；以矯誣之舌，僞造神考之訓。朝廷用矯誣之言，而輕改宗廟；信矯誣之說，而力沮言者。臣恐自此矯誣之人，無復忌憚矣。今朝廷大政，又皆委曲遷就，而爲一京之地，公議洶洶，人不敢言。」

「京當紹聖之初，與其弟卞俱在朝廷，導贊章惇，共作威福。卞則陰爲謀畫，惇則果斷力行，且謀且行者，京也。哲宗篤于繼述，一于委任，事無大小，信惇不疑。卞于此時，假繼述之説，以主私史。惇于此時，因委任之篤，自明己功。京則盛推安石之聖過于神考，以合其弟。又推定策之功，毀蔑宣仁，以合章惇。惇之矜伐，京爲有助。卞之乖悖，京實贊之。當此之時，言官常安民屢攻其罪，京與惇、卞共怒安民，協力排陷，斥爲奸黨。而孫諤、董敦逸、陳次升亦因論京，相繼黜逐。哲宗晚得鄒浩，不由進擬，寘之言路。浩能忘身徇國。京又因其得罪，從而擠毀。是以七年之間，五害言者。凡所施行，得以自恣。遂使當時之所行，皆爲今日之所改。卞之尊紹王氏，知有安石，豈知有神考？知有金陵，豈知有京師？絶滅史學，一似王衍。重南輕北，分裂有萌。臣之痛心默憂，非一日也。陛下融會南北，去卞不疑。然而京尚未去，人實憂之。兄弟一心，皆爲國害，一去一留，失政刑矣。熙寧之末，王安石、吕惠卿紛争以後，天下之士，分爲兩黨。神宗患之，于是自安石既退、惠卿既出之後，不復用此兩人。而兩門之士，則皆兼取而并用之也。當時天下之士，初有王黨、吕黨，而朋黨之禍，終不及于朝廷者，用此術耳。自京、卞用事以來，牢籠薦引天下之士，處要路得美官者，不下數百千人。其間才智藝能之士，可用之人，誠不爲少。若京去朝廷，則私門之士數百千人者，皆爲朝廷之用矣。京在朝廷，則皆蔡氏之黨也。然則，消黨之術，惟在去京而已。國家内外無事一百四十年矣，至于保養陰邪，必成心腹之患。」瓘又論哲宗實録不當止以蔡京兼修。疏奏，上甚感其言，密賜瓘黄金百兩。案：宋史：瓘以上書，明宣仁誣謗事，賜黄金百兩。后亦令勿遽去，畀十僧牒，爲行裝，改無爲軍。與此所載詳略互異。上謂輔臣曰：「瓘言事極不可得，暫貶亦不久。」前日遣人以金百兩賜之，瓘受賜泣下。」布曰：「陛下待遇如此，宜其感泣也。」元符三年十月，京遂以翰林學士承旨，出知永興軍。至是，除尚書左丞，京執政凡二月而相。

王黼上章乞骸骨，曰：「陛下用臣不爲不盡，任臣不爲不專。緣臣薄祜，取戾陰陽，内積憂虞，外傷疲弊。捫心自悼，吊影興嗟，獲戾天人，莫之可逭。儻許盡還印綬，退即里居，脱身于風波洶涌之中，收功于桑榆衰蹇之域。人非鬼責，少緩顛隮，永言此恩，是爲終惠。」詔依所乞，守本官致仕，應得恩禮，朝謁人從等，并依蔡京例，仍給節度使俸，從優禮也。黼當國之久，專權稔惡，中外畏之，無敢言者。及是，太上皇覺悟，罷其政事，天下稱快。

校勘記

〔一〕輯自清徐松輯宋會要輯稿禮四七之二(點校本一七六三至一七六四頁)。

〔二〕太平興國元年十月　「十月」原作「十一月」,據長編卷一七、宋宰輔編年録卷二及宋史卷四太宗本紀一改。

〔三〕自如京使除宣徽南院使副使　「南」原作「北」,據長編卷一七及宋史卷四太宗本紀一改。

〔四〕在任樞密未逾年　「在」原作「再」,「未」原脱,據宋宰輔編年録卷三改、補。

〔五〕旦却送與樞密院　「旦」原脱,據長編卷八四及宋宰輔編年録卷三補。

〔六〕吏白準　「吏」原脱,據長編卷八四及宋宰輔編年録卷三補。

〔七〕遷宣徽南院使除　「南」原作「北」,據長編卷八六及宋史卷二九〇張耆傳改。

〔八〕同日　長編卷八八繫於「大中祥符九年九月丙午」。

〔九〕同日　長編卷九〇及宋史卷二一〇宰輔表一均繫於「天禧元年九月癸卯」。

〔一〇〕至四年　「年」原作「月」,據宋宰輔編年録卷三及宋史卷二一〇宰輔表一改。

〔一一〕同日　當指上文「辛卯」,宋宰輔編年録卷三及宋史卷二一〇宰輔表一與此同,長編卷九四、宋史卷八真宗本紀三均繫於「癸巳」。

〔一二〕弟琮之孫詩　「弟」原作「子」,據宋宰輔編年録卷三及宋史卷二五八曹彬傳改。

〔一三〕尚魯郃國大長公主　「魯郃國」，宋史卷二五八曹琮傳作「魯國」。

〔一四〕守吏部尚書　「守吏部」原作「户部」，據宋宰輔編年録卷一三及宋史卷二一二宰輔表三改。

〔一五〕二月　原作「三月」，據宋史卷二三欽宗本紀及宋史全文卷一五改。

〔一六〕兼京畿河東河北路宣撫　「河北」原脱，據東都事略卷一〇七及宋宰輔編年録卷一三改。

〔一七〕除中大夫同知　「中大夫」原作「大中大夫」，據宋宰輔編年録卷一三及宋史卷二一二宰輔表三改。

〔一八〕楊守一　原作「王守正」，據宋宰輔編年録卷二、文獻通考卷五八職官考一二及宋史卷二六八楊守一傳改。

〔一九〕端拱元年九月　「九月」，太宗實録卷四三、宋宰輔編年録卷二及宋史卷二一〇宰輔表一均作「二月」。當是。

〔二〇〕簽書　原脱，據宋宰輔編年録卷三及宋史卷七真宗本紀二補。

〔二一〕十月　原作「十一月」，據長編卷一一三及宋史卷一〇仁宗本紀二改。

〔二二〕九月　長編卷二〇八及稽古録卷二〇繫於「十月」。

〔二三〕加靖難軍節度使　「靖」，宋史卷二九〇郭逵傳及東都事略卷六二郭逵傳作「静」。

〔二四〕除樞密直學士簽書　「直」原脱，據長編卷四五五及宋宰輔編年録卷一〇補。

〔二五〕元祐七年六月　「六月」原作「五月」，據宋宰輔編年録卷一〇及宋史卷一七哲宗本紀二改。

〔二六〕自朝請郎寶文閣待制　「朝請郎」，宋宰輔編年録卷一〇作「左朝議大夫」。「寶文閣」，宋宰輔編年録卷一〇作「寶文殿」。

〔二七〕自檢校少保護國軍節度使陝西河東路河北宣撫使　「檢校」、「河北」原脱，據宋宰輔編年録卷一二補。

〔二八〕七年十二月　「七年」原脱，據宋史卷二一徽宗本紀三補。

〔二九〕五年七月　「五年」原作「四年」，據宋宰輔編年録卷一二及宋史卷二二徽宗本紀四改。

〔三〇〕改徐豫國公　「徐」原脱，據宋宰輔編年録卷一二補。

〔三一〕五年六月　「五年」原作「六年」，據宋宰輔編年録卷一二及宋史卷二二徽宗本紀四改。

〔三二〕宣和六年八月　「六年八月」原作「四年五月」，據宋宰輔編年録卷一二及宋史卷二二徽宗本紀四改。

〔三三〕進封徐豫國公　「徐」原脱，據宋宰輔編年録卷一二補。

〔三四〕領院事陝西河北路燕山府路宣撫使　「燕山府路」原脱，據宋宰輔編年録卷一二補。

〔三五〕宣和五年六月　「五年」原作「六年」，據宋宰輔編年録卷一二及宋史卷二二徽宗本紀四改。

〔三六〕宣和七年十二月　「十二月」原作「二月」，據宋宰輔編年録卷一三及宋史卷二三欽宗本紀改。

〔三七〕自徽猷閣學士朝散郎太子詹事　「朝散郎」，宋宰輔編年録卷一三作「朝散大夫」。

〔三八〕自朝散郎　「朝散郎」，宋宰輔編年録卷一三作「朝散大夫」。

〔三九〕改資政殿大學士　「大」原脱，據宋史卷二三欽宗本紀補。

〔四〇〕三月　原作「四月」，據宋宰輔編年録卷一三及宋史卷二三欽宗本紀改。

〔四一〕自朝議大夫御史中丞　「議」，宋宰輔編年録卷一三作「請」。

〔四二〕建炎三年正月　「正月」原作「二月」，據繫年要録卷一九及宋史卷二五高宗本紀二改。

〔四三〕三月　原作「四月」，據繫年要録卷二一及宋史卷二五高宗本紀二改。

〔四四〕自翰林學士承旨　「翰林學士承旨」，繫年要録卷二一、宋宰輔編年録卷一四及宋史卷二五高宗本紀二作「翰林學士」。當是。

〔四五〕建炎三年三月　「三月」原作「二月」，據宋宰輔編年録卷一四及宋史卷二五高宗本紀二改。

〔四六〕自翰林學士承旨朝散郎　「翰林學士承旨」，宋宰輔編年録卷一四及宋史卷二五高宗本紀二作「翰林學士」。

〔四七〕十一月　原作「十二月」，據繫年要録卷二九及宋史卷二五高宗本紀二改。

〔四八〕建炎三年九月　「九月」原作「七月」，據繫年要録卷二八、宋宰輔編年録卷一四及宋史卷二五高宗本紀二改。

〔四九〕自翰林學士承旨朝奉郎　「翰林學士承旨」，繫年要録卷二八、宋宰輔編年録卷一四及宋史卷二五高宗本紀二作「翰林學士」。

〔五〇〕四年五月　「五月」原作「四月」，據宋宰輔編年録卷一四及宋史卷二五高宗本紀二改。

〔五一〕左朝議大夫兵部尚書　「左」原脱，據宋宰輔編年録卷一五補。

〔五二〕六月　原作「八月」，據繫年要録卷五五及宋史卷二七高宗本紀四改。

〔五三〕自翰林學士承旨中大夫　「翰林學士承旨」，繫年要録卷六三及宋史卷二七高宗本紀四作「翰林學士」。

〔五四〕四年四月　「四月」原作「五月」，據繫年要録卷七五及宋史卷二七高宗本紀四改。

〔五五〕紹興三年五月　「五月」原作「七月」，據繫年要録卷六五及宋史卷二七高宗本紀四改。

〔五六〕四年正月　「正月」原作「五月」，據宋會要輯稿職官七八之三九及宋史卷二七高宗本紀四改。

〔五七〕自左朝奉大夫吏部尚書　「左」原脱，據宋宰輔編年録卷一五補。

〔五八〕自左朝議大夫兵部尚書　「左」原脱，據宋宰輔編年録卷一五補。

〔五九〕紹興九年正月　「九年正月」原作「八年十二月」，據繫年要録卷一二五、宋宰輔編年録卷一五及宋史卷二九高宗本紀六改。

〔六〇〕紹興十一年十一月　「十一年十一月」原作「十年六月」，據繫年要録卷一四九、宋宰輔編年録卷一六及宋史卷二九高宗本紀六改。

〔六一〕自翰林學士承旨朝奉郎　「翰林學士承旨」，宋宰輔編年録卷一六及宋史卷三〇高宗本紀七作「翰林學士」。

〔六二〕六月罷提舉洞霄宫　「六月」原作「七月」，「洞霄宫」原作「江州太平觀」，據宋宰輔編年録卷一六及繫年要録卷一四九改。
〔六三〕五月　原作「四月」，據繫年要録卷一五一及宋史卷三〇高宗本紀七改。
〔六四〕十二月　原作「十一月」，據繫年要録卷一五二、宋宰輔編年録卷一六及宋史卷三〇高宗本紀七改。
〔六五〕紹興十四年十二月　「十二月」原作「十一月」，據繫年要録卷一五二、宋宰輔編年録卷一六及宋史卷三〇高宗本紀七改。
〔六六〕紹興十五年十月　「十月」原作「九月」，據繫年要録卷一五四、宋宰輔編年録卷一六及宋史卷三〇高宗本紀七改。
〔六七〕八月丙申　「八月」原作「七月」，據繫年要録卷一五八、中興小紀卷三三及宋史卷三〇高宗本紀七改。
〔六八〕輯自宋宰輔編年録卷一六（標點本一〇九一至一〇九二頁）。
〔六九〕九月　原作「十一月」，據繫年要録卷一五八及宋史卷三〇高宗本紀七改。
〔七〇〕紹興十八年十月　「十月」原作「十一月」，據繫年要録卷一五八、宋宰輔編年録卷一六及宋史卷三〇高宗本紀七改。
〔七一〕二十二年四月　「四月」原作「二月」，據繫年要録卷一六三、宋宰輔編年録卷一六及宋史卷三〇高宗本紀七改。
〔七二〕在紹興二十年二月　「二月」，宋史卷三〇高宗本紀七作「三月」。

〔七三〕章夏　宋史卷三〇高宗本紀七作「章复」。

〔七四〕自朝散郎諫議大夫　「諫議大夫」，宋宰輔編年録卷一六作「御史中丞」。

〔七五〕九月　原作「十月」，據宋宰輔編年録卷一六及宋史卷三〇高宗本紀七改。

〔七六〕提舉太平興國宮　「太平興國宮」，繫年要録卷一六五與此同，宋宰輔編年録卷一六及宋史卷二一三宰輔表四作「洞霄宮」。

〔七七〕提舉太平興國宮　「太平興國宮」，繫年要録卷一六六與此同，宋宰輔編年録卷一六及宋史卷二一三宰輔表四作「洞霄宮」。

〔七八〕六月　原作「五月」，據繫年要録卷一六八、宋宰輔編年録卷一六、及宋史卷三一高宗本紀八改。

〔七九〕紹興二十五年六月　「六月」原作「五月」，據繫年要録卷一六八、宋宰輔編年録卷一六及宋史卷三一高宗本紀八改。

〔八〇〕十月　原脱，據繫年要録卷一六九、宋宰輔編年録卷一六及宋史卷三一高宗本紀八補。

〔八一〕以勞進觀文殿學士　案此下原有兩條：

「蔡仲熊，濟陽人。好學博聞，執經議論，往往與時宰不合，亦不改操求同。歷年方至尚書右丞，當時憾其不遇。

王璠，以尚書右丞爲京兆尹。自李諒後，政條隳弛，奸豪浸不戢，璠頗修舉政治，有名，進左丞。」

蔡仲熊爲南朝人，所記内容見南史卷五〇劉瓛傳。王璠是唐朝人，所記事迹見新唐書卷一七九王璠傳。二人均屬於四庫館臣誤輯，因此删去。

〔八二〕俾閤門官宣讀 「門」原作「下」，據三朝北盟會編卷二七及宋宰輔編年録卷一三改。

〔八三〕每讀一句 「每讀」原脱，據三朝北盟會編卷二七補。

〔八四〕遷尚書左丞 「左」原作「右」，據繫年要録卷十、宋宰輔編年録卷一〇及宋史卷二四高宗本紀一改。

〔八五〕提舉亳州太清宫 「太清宫」原作「明道宫」，據東都事略卷九五曾布傳、宋宰輔編年録卷一一及宋史卷四七一曾布傳改。

〔八六〕蔡京尚書左丞京 原脱，據宋宰輔編年録卷一一補。

卷十一

宋 李攸 撰

儀注一

太祖乾德元年，將有事于南郊，爲壇于城南南薰門外，徑五丈、高九尺四成。案：「四成」，原本誤作「四出」，考宋史禮志：「壇舊制四成，一成二十丈，再成十五丈，三成十丈，四成五丈。成高八尺一寸。」此書言徑五丈，指一成而言，徑爲五丈，則四圍爲二十丈，然不及宋史之詳。又高九尺，與宋史言八尺一寸者，不合。附注備考。帝致齋于便殿，屏葷茹。前一日，上服衮冕，備大駕鹵簿，宿齋于青城。上御青城門觀奏嚴。夜設警場，用鼓吹一千二百七十五人。奏嚴用金鉦、大角、大鼓，樂用大小横吹、觱篥、簫、笳、笛〔一〕，角手歌六州、十二時，每更三奏之。

導引開寶元年南郊三首〔二〕：氣和玉燭〔三〕，睿化著鴻明，緹管一陽生。郊禋盛禮燔柴畢，旋軫鳳皇城。森羅儀衛振華纓，載路溢歡聲。皇圖大業超前古，垂象泰階平。歲時豐衍，九土樂升平，睹寰海澄清〔四〕。道高堯、舜垂衣治，日月并文明。嘉禾、甘露登歌薦，雲物煥祥經。兢兢夕惕持謙德，未許禪云、亭。

六州：嚴夜警，銅蓮漏遲遲〔五〕。清禁肅，森陛戟，羽衛儼皇闈。角聲厲，鉦鼓攸宜〔六〕。金管成雅奏，逐吹逶迤〔七〕。薦蒼璧，郊祀神祇，屬景運純熙。京坻豐衍，群材樂育，諸侯述職，盛德服蠻夷。原注：和聲。殊祥萃，九苞丹鳳來儀。膏露降〔八〕，和氣洽，三秀煥靈芝。鴻猷播，史册相輝。張四維，卜世永固丕基。敷玄化，蕩蕩無爲，合堯、舜文思。混并寰宇，休牛歸馬，銷金偃革〔九〕，蹈咏慶昌期。

十二時：承寶運，馴致隆平，鴻慶被寰瀛。時清俗阜，治定功成，遐邇咏由庚。儼郊祀，文物聲明。會天正〔一〇〕，星拱奏嚴蹕〔一一〕，布羽儀簪纓。宸心虔潔，明德播惟馨。動蒼冥，神降享精誠。原注：和聲。燔柴半，萬乘移天仗，肅鑾輅旋衡。千官雲擁，群后輸誠〔一二〕，玉帛旅明庭。韶濩薦，金奏諧聲，集休亨〔一三〕。皇澤浹黎庶，普率洽恩榮。仰欽元后，睿聖貫三靈。萬邦寧，景貺福千齡〔一四〕。

鹵簿使張昭又上言：「準舊儀，鑾駕將出宮入廟〔一五〕，赴南郊宿齋之辰，皆有夜警晨嚴之制。奏嚴之設，本緣警備，事理與作樂全殊。況齋宿之夜，千乘萬騎宿于儀仗之中，苟無鼓漏之徼巡，何警衆多之耳目？其宮門、廟門、南郊，夜警晨嚴之制，望依舊制施行。」詔從之。

太祖乾德元年八月六日，太常禮院言：「南郊壇衆星位版，并刻漏時辰，司天臺應奉，豫申嚴辦。」從之。太宗淳化四年五月三日，吏部侍郎陳恕言：「郊壇祭祀，其神位席褥，望自今并委逐司長官封送祀所。禮畢，監祭使封還。」從之。

太祖乾德元年，將有事于南郊。司天監新定從祀星辰圖，上之。中書門下詳定祀昊天上帝儀，設皇地祇之位，從祀五方五帝、日月五星、中官、外官，總六百八十七位。案：原本「五帝」下脱「日月」二字，「五星」下脱「中官外官」四字，今據宋史禮志增入。有司議請以僖祖升配昊天上帝。太常少卿張昭，請以宣祖崇配。詔從之。案：宋史禮志：張昭議曰：「隋、唐以前，雖追立四廟，或六七廟，而無偏加帝號之文。梁、陳南郊，祀天皇，配以皇考。北齊圜丘祀昊天，以神武升配。隋祀昊天于圜丘，以皇考配。唐貞觀初，以高祖配圜丘。梁太祖郊天，以皇考烈祖配。恭惟宣祖皇帝，積累勛伐，肇基王業。伏請奉以配享。」從之。此書不載其議。

乾德元年，將有事于南郊。禮儀使陶穀建議，取天文大角，攝提列星之象，作攝提旗、及北斗旗、二十八宿旗、十二辰旗、龍墀十三旗、五方神旗、五方鳳旗、四瀆旗。于時有貢黄鸚鵡、白兔及馴象，又作金鸚鵡、玉兔、馴象旗。帝又詔别造大黄龍負圖旗一、黄龍負圖旗一、案：宋史禮志：無「黄龍負圖旗一」六字，但以下二十一旗數之，則大黄龍負圖旗外，又有黄龍負圖旗，觀下文云：「大黄龍負圖旗陳于明德門前，餘二十旗悉立于宿頓宫。」則此本二旗，而宋史删去，可以證其闕。大神旗六、日旗一、月旗一、君王萬歲旗一、天下太平旗一、獅子旗二、金鸞旗一、金鳳旗一、五龍旗五，二十一旗，皆有架，南郊用之。大黄龍負圖旗陳于明德門前，餘二十旗悉立于宿頓宫前，遇朝會册禮，亦皆陳于殿庭。

牙門旗，赤質，錯采爲神人象，中道前後各一門，左右道五門，門二旗。

金節制，黑漆竿，上施圓盤，周綴紅絲拂八層，黄綉龍袋籠之。

幢，制如節而五層，韜以袋，綉四神，隨方色，朱漆柄。取曲禮「行前朱鳥而後玄武，左青龍而右白虎」之義。

絳麾，如幢，止三層。紫羅囊蒙之。

黃麾，古有黃、朱、纁三色，所以指麾也。漢鹵簿有前黃麾護駕御史。宋制，絳帛爲之，如幡，錯采成「黃麾」字，下綉交龍；朱漆竿，金龍首，上垂朱絲小蓋。

幡，本幟也，貌幡幡然。有告止、傳教、信幡，案：原本脱「教」字，今據宋史儀衛志增入。皆絳帛，錯采爲字，上有朱絲小蓋，四角垂羅文佩，繫龍頭竿上。有錯采字下，告止爲雙鳳，傳教爲雙白虎，信幡爲雙龍。又有絳引幡，制頗同此，作五色間暈，無字，兩角垂佩。

氅，爲四角小蓋，每角垂朱佩，間以朱絲，周綴五色帶，綉雲龍、孔雀、白鵝，有三色之别，繫龍頭竿，竿制如戟。案：宋史儀衛志：氅，本緝鳥毛爲之。唐有六色，孔雀、大小鵝毛、鷄毛之制。後志云：「今制有青、緋、皂、白、黄五色，上有朱蓋，下垂帶，帶綉禽羽，末綴金鈴。青則綉以孔雀，五角蓋；緋則綉以鳳，六角蓋；皂則綉以鵝，六角蓋；白亦以鵝，四角蓋；黄則以鷄，四角蓋。每角綴垂佩，揭以朱竿，上如戟，加横木龍首以繫之。」與此書互有詳略。

王公所給幢，黑漆柄，紫綾袋。節，韜以碧玉。麾，以紫綾袋，餘制同。

范質與禮官議案：宋史：范質與禮官議郊祀輿服之制，在建隆四年。此書失載年月。道駕官服袴褶之衣：「按袴褶衣，其制度所起，先儒皆無其説。惟開元雜禮五品以上通用細綾及羅，六品以下服小綾，褶衣之色〔一六〕，隨本品綬色。原注：褶衣即複衣也。又按諸王朱綬，四采：赤、黄、縹、紺，赤即朱也。以純朱爲地，更次第輕入黄、白、青汁内染之，共爲四采，亦謂之朱褶。一品緑綟綬，四采：緑、紫、黄、赤。原注：綟即緑也，是草之緑色。以緑爲地，亦謂之緑綟綬褶。二品、三品紫綬，三采：紫、黄、赤，謂之紫褶。其衣身、領、袖、袂，請依令制。又按令文，武弁金飾，平巾幘、簪導、紫褶、白袴，玉梁、珠寶鈿帶、韡，騎馬服之。金飾即金附蟬也。附蟬之數：一品九蟬，二品八蟬，三品七蟬，四品六蟬，五品五蟬。又令文、武弁平巾幘，侍中、中書令、散騎常侍加貂蟬，侍左者左珥〔一七〕，侍右者右珥〔一八〕。案：宋史輿服志：侍左者左珥，侍右者右珥。與此互異。又開元雜禮：導駕官并朱衣，冠履依本品。朱衣，今之朝服也。然自一品至三品〔一九〕，并用四入之朱爲衣，乃協上下之文，異絳繒之色。又令文，三品以上紫褶，五品以上緋褶，七品以上緑褶，九品以上碧褶，并白大口袴、起梁帶、烏皮韡。看詳籠巾、籠冠、平巾與武弁大冠，其名雖殊，本是一物。製同而飾別，蓋以官品爲差，其幘戴在籠冠下。今請造袴褶如令文之制〔二〇〕，其起梁帶形制，檢尋未獲，欲乞以革帶代之。」奏可。又令博士檢緋紫裲襠制度。按開元禮：武臣陪位大仗，加螣蛇裲襠，如袖無身，以覆其膊胳。原注：胳音各，蓋掖下縫也。從肩領覆臂膊，共一尺二寸。又按釋文、玉篇云：其一當胸，其一當背，謂之兩當。今詳裲襠之制，其領連所覆膊胳，其一當左膊，其一當右膊，故謂之起膊。今請兼存兩説，擇而用之。是歲，造裲襠，遂用當胸、背之制。

乾德元年，將有事于南郊。于是，范質上言：「三公祭服，舊皆畫升龍，請令禮官檢尋故事。按三禮：三公毳冕無龍章，上公衮冕，二品鷩冕。又周禮言上公衮冕九旒，以五采繩貫五采珠，旒長九寸，每寸以珠玉瑱。其衣玄色，五章：山、龍、華蟲、火，宗彝，畫于衣。其裳朱色，四章：藻、粉、米、黼，黻，綉于裳。又按令文，旒并貫青色珠，青纊。其珠及黝纊〔二二〕。今請依令文青色之制。」詔從之。遂改製焉。

淳化四年正月辛卯，合祭天地圜丘，以宣祖、太祖皇帝同配。有司因請：「孟春祈穀，孟冬神州地祇，季秋大饗明堂，請以宣祖配。冬至祀昊天，夏至祀皇地祇，孟夏雩祀，請以太祖配。」從之。案：宋史：淳化四年，以宣祖、太祖并配圜丘。禮儀使蘇易簡請：「郊祀圜丘，奉宣祖、太祖同配。其常祀祈穀、神州地祇、明堂，以宣祖配。圜丘、北郊、雩祀，以太祖配。」奏可。此以下三條，從事實類苑采出，而字句多訛缺，復據宋史訂正。

太宗將南郊，彗星見。宰相趙普召檢討杜鎬問之，鎬曰：「當祭日食，猶廢祭。謫見如此，罷祀不疑。」遂從其說。至熙寧五年，將郊而河決。神宗問輔臣曰：「議者以河決地震，不當郊。」王安石曰：「古者年不順成，八蜡不通。八蜡小祭，或可以變異廢。上帝之祭，乃祭之大者，恐不宜如此。」上亦以爲然。

建隆四年，太常博士和峴奏：「唐以前，寅日蜡百神，卯日祭社宫，辰日臘饗宗廟。開元定禮，三祭皆于臘辰，以應土德。聖朝火德，合以戌日爲臘，而以前七日辛卯便行蜡禮，恐未爲宜。」下太常議，而請蜡百神、祀社稷、饗宗廟，同用戌臘日。案：以上各條，皆郊祀之儀，此係蜡臘擇日，故以類從，不復以時代爲先後。

仁宗慶曆四年十月壬辰〔二二〕，太常禮院言：「新修禮儀并據通禮，而郊廟舊儀所設罇罍之數，乃與通禮不同。南郊配帝位，舊誤著罇二、山罍二，今宜如通禮犧罇之次，益以象罇二。其下壇午階之東，舊設象罇二、壺罇二、山罍二，今宜如通禮，增山罍爲四。每太廟室舊設斝彝一、黄彝著尊二，今宜如通禮，用斝彝一、黄彝一、犧罇一、象罇二、山罍二，仍于堂下階間及設壺罇二、山罍二。」從之。仁宗景祐二年十一月十一日，詔：「訪聞祀天地、社稷、宗廟，簠簋籩豆祭器，多是損壞，收掌不得嚴潔。令太常禮院相度修整，不堪者別引創造，净潔處置庫收盛。」

封禪：

【新輯】宋朝事實：【太平興國九年五月】是月，乾元、文明二殿災。上謂宰相曰：「封禪之廢已久，况今時和歲豐，行之固宜。數日前，烈火遽作，延賓正殿，豈大事將舉，未符天意乎？况炎暑方熾，慮于勞人，徐圖亦未爲晚。」〔二三〕

【新輯】宋朝事實：【大中祥符元年六月】二十一日，降德音：「門下：王者奉玄貺以臨民，聿敦致治〔二四〕，順鴻禧而布澤，式表殊私〔二五〕。顧以眇躬〔二六〕，嗣承丕搆，守位敢忘於日慎，保邦期至於時雍。乃者寶籙誕彰，輿情固請，願舉勒成之典，肅陳昭報之儀〔二七〕。瞻彼岱宗，首冠群岳。因高展寀，將有事於雲封；永祚垂文，載儲祥於秘檢。當甘醴發源之地，顯圓穹眷命之仁。既福應以薦臻，見明靈之昭格。齊慄躬膺於景貺，寅威益勵於丹衷。式是魯邦，介於東夏，屬錫符而告瑞，思與物以同休。宜推在宥之恩，用洽自天之慶。云云。於戲！不測之神，荷靈祇之顧諟；曲成之道，俾樂土以昭蘇。諒爾衆心，體予行

惠。主者施行。」〔二八〕

【新輯】宋朝事實：【大中祥符元年九月十三日】上於封祀，極其至誠。是日，詔封祀有期，禁天下屠宰一月。其行事臣寮、樂工等，於致齊日并齋戒沐浴。祭器委獻奠官躬親浣滌。隨駕官吏、軍兵，不得將采捕罝羅、鷹鷂等隨行。自告太廟畢，上即蔬食清齋。王旦等奏曰：「昨日親奉德音，自此便素食，蓋陛下特於封祀備盡嚴恭。然日月尚遠，將涉長途，衝冒寒沍，况南郊亦祀天地，不聞預絶葷茹。乞於致齋或散齋後方進素饌。」上曰：「封禪大禮，固非常祀，先期齋潔，冀表至誠。」旦等復再拜懇言。上曰：「朕志已定，不煩重疊。」自告廟後不御前殿。詔審刑院、開封府不奏大辟。上謂王旦等曰：「朕以登岱勒封，爲民祈福，應緣今來封禪事合斷罪人，卿喻有司，并從寬恕，不得過行刑責。」仍詔泰山社首、九宫貴神行事官并職事人，如奉祀懈慢，遇赦不原。上又謂陳堯叟曰：「朕虔心祀事，凡犯罪之人，不欲躬親裁決。又慮小民以朝廷方行大禮，輕犯憲令，可降宣命，應自今諸事諸色人或有違犯，并送行營量輕重決遣，更不聞奏。內有罪重者，亦一面依法斷遣，勿得奏來。」自訖事不戮一人，咸以謂上睿謀先見，得省刑愛人之旨。〔二九〕

【新輯】據李攸編本朝事實云：册用瑉玉，長尺二寸，闊一寸二分，量文之多少，聊以金繩，首尾結締，前後四枚，刻龍縷金，若捧護之狀。藉以綿褥，覆以紅羅，泥金夾帊。册匣長廣，取足容册，塗以朱漆。金裝起突，龍鳳金鏁。匣上以紅羅綉盤龍蹙金憶覆之，承以金裝長竿牀，金龍首，金魚鈞鑰。匣以錦緣，席錦褥。其紐紅絲爲條，以縈匣。册案塗朱漆，覆以紅羅銷金衣。其寶門下省造。〔三〇〕

【新輯】按事實又云：在路一品已下并避路。至嶽下，禮直官引册使等自幄次奉玉册、衮冕由正門入，樂作，升殿，置殿室門西褥位，樂止。玉册在前，衮冕次之，使、副并列其後。禮生再拜，應殿下官屬皆再拜，禮直官引册使當神座前俛伏跪，稱説：「太尉、具銜某奉敕加上某嶽某帝懿號、玉册、衮冕。」言訖，興，攝中書令俛伏跪讀。〔三一〕

帝每道經險峻，必降輦徒步，所司議增侍衛，皆却之。導從者或至疲頓，而帝辭氣益壯，侍臣莫不瞻悚。至回馬嶺，以天門斗絶，給從官横板，選親從卒推引而上。原注：板之制，長三尺許〔三二〕，兩端施彩帛，上則施于背，下則施于臆。衛士皆給釘鞵。上至御幄，命近臣觀玉女泉及古碑。前一夕，山上大風裂帟幕，遲明未已。及上之至，天氣温和，纖羅不動。祥光瑞雲，交相輝映。辛亥，設昊天上帝位于山上圜臺，太祖、太宗配帝位于東方，西向，北上側嚮，以申祖宗恭事之意。設五方帝、日月、天皇大帝、北極神座于山下，封祀壇之第一等，青帝于卯陛之北，赤帝于午陛之東，黄帝于午陛之西，白帝于酉陛之南，黑帝于子陛之西，大明于卯陛之南，夜明于酉陛之北，天皇大帝于戌陛之北，北極于丑陛之東。席皆以藁秸，上加席褥。設五星、十二辰、河漢及内官五十四座〔三三〕，于第二等十有二陛之間〔三四〕，各依方面，几席皆内嚮〔三五〕。其内官、北斗于午陛之東〔三六〕，天一、太一皆在北斗之東，五帝内座在亥陛之西，帝座在卯陛之北。又設二十八宿及中官一百五十九座于第三等〔三七〕，其二十八宿及帝座、七公、日星、帝席〔三八〕、大角、攝提、太微、太子、明堂、軒轅、三台、五車、諸王、月星、織女、建星、天紀等一十七座〔三九〕，并差在外位前。又設外官一百六座席位于内壝之内〔四〇〕。又設衆星三百六十座席位于内壝之外。各依方次，十有二陛之間〔四一〕，席皆以莞，設神位各於座首〔四二〕。所司陳異寶及嘉瑞等于樂縣之北東西厢〔四三〕。

玉，昊天上帝以蒼璧，青帝以青珪，赤帝以赤璋，白帝以白琥，黑帝以玄璜，黄帝以黄琮，日月以珪璧。

幣，昊天上帝幣以蒼，地祇幣以黄，配帝幣以白，五天帝、日月、内官以下，各從其方之色，各長一丈八尺。又方丘玉幣，皇地祇以黄琮，其幣以黄；神州以兩圭有邸，其幣以玄；配帝之幣以白。封祀壇，内官五十四座，中官一百五十八座，外官一百六座，社壇嶽鎮海瀆以下一十八座。依南郊隨方色用幣。

正位、配位依南郊，各位犢一、羊一、豕一。五方帝，每位羊一、豕一。日月、神州，每位羊一、豕二〔四四〕。從祀七百三十七位，羊、豕每位使肉二段，計使一千四百七十四段。

上服衮冕，侍中奏中嚴，少頃，又奏殿中監進鎮圭。皇帝出次，盡屏導衛，減去拂翟，燭籠前導亦徹去。上至幄殿，登歌，樂作，用高安之曲。禮儀使引皇帝就褥位，西向，樂止。禮儀使奏請皇帝再拜，拜訖，禮生贊拜，在位群臣皆再拜。次禮儀使引皇帝詣罍洗，樂作，侍中跪取匜盥沃水。皇帝搢圭，盥手，門下侍郎進帨巾，皇帝帨手訖，樂作，解劍，脱舄如常儀。禮儀使贊引皇帝升幄殿，樂作，降神，用禮安之曲。皇帝自午陛升，詣昊天上帝正座前，禮儀使奏請皇帝再拜，上香、進酒、貢幣、俯伏、興，再拜。

中書侍郎讀玉册：「維大中祥符元年，歲次戊申，十月戊子，二十四日辛亥，嗣天子臣德昌，敢昭告于昊天上帝：臣嗣膺景命，昭事玄穹。昔太祖揖讓興邦，案：「興邦」，宋史禮志作「開基」。太宗憂勤致治，肅清寰海，案：「肅清」，宋史作「廓清」。混一車書。升中告成，猥延積慶。案：此二句，宋史作「固抑升中，以延積慶」。元符錫祚，衆寶效祥。異域咸懷，豐年屢應。虔修封祀，祈福黎元。謹以玉帛、犧牲、粢盛、庶品，備兹禋燎，式薦至誠。皇伯考太祖皇帝啓運立極英武聖文神德玄功大孝皇帝、皇考太宗至仁應道神功聖德文武大明廣孝皇帝，配神作主。尚饗。」

次詣太祖皇帝配座前行禮，玉册文：案：太祖、太宗玉册文，宋史禮志并失載，此足補其闕。「維大中祥符元年歲次戊申，十月戊子朔，二十四日辛亥，孝子嗣皇帝臣德昌，敢昭告于皇伯考太祖啓運立極英武聖文神德玄功大孝皇帝：恭以在昔，昊穹顧懷。聖神開統，救衰五代。先德後刑，平亂四方，有征無戰。荆湘請覲，巴蜀知歸。海隅既同，江左亦服。臣猥以孱眇，祇荷慶靈。再炳元符，誕彰休應。封祀喬嶽，陟配上玄。虔舉典章，敢祈昭格。謹以制幣、犧牲、粢盛、庶品，式伸嚴配，侑神作主。尚饗。」

次詣太宗皇帝配座前行禮，玉册文：「維大中祥符元年，歲次戊申，十月戊子朔，二十四日辛亥，孝子嗣皇帝臣德昌，敢昭告于皇考太宗至仁應道神功聖德文武大明廣孝皇帝：恭以欽明御宇，玄德應天。撫泉浙之强雄，除并汾之負固。誕敷景化，聿致太平。儀抑升中，功遵不宰。臣猥承積慶，獲荷鴻休。時臻太和，屢惟稔歲，大錫遐祚，再炳元符。紀號名山，永揚徽烈。謹以制幣、犧牲、粢盛、庶品，式伸嚴配，侑神作主。尚饗。」

封祀玉牒文：「維大中祥符元年，歲次戊申，十月戊子朔，二十四日辛亥，有宋嗣天子臣德昌，敢昭告于昊天上帝：運啓大同，惟宋受命。太祖開階，案：「開階」，宋史：作「肇基」。功成治定。太宗膺圖，重熙累盛。粤惟冲人，丕承列聖。案：宋史：此句下有「寅恭奉天，憂勤聽政。」二語。一紀于兹，四隩來暨，玄貺殊尤，元符章示。案：宋史：此句下有「儲慶發祥，清净可致。」二語。時和年豐，群生咸遂。案：宋史：此句下有「仰荷顧懷，敢忘繼志。」二語。僉議大封，聿伸昭事。躬陟喬嶽，對越上玄。案：宋史：此句下有「率禮祗肅，備物吉蠲。以仁守位，以孝奉先。」等語。祈福下民〔四五〕，侑神奉先〔四六〕。天禄無疆，靈休允迪。萬葉其昌，永保純錫。」禮儀使贊引皇帝復褥位，亞獻，終獻。行事宰臣以下，分祀群神訖。皇帝飲福酒，攝中書令王旦跪稱：「天賜皇帝太一神策〔四七〕，周而復始，永綏兆民。」送神上詣昊天上帝座前，封玉匱。太祖、太宗座前，封金匱。還立石磩南。攝太尉王旦奉玉匱于磩中，有司徹饌，燔燎。將作監率工人封石磩，畢。禮儀使跪奏：「禮畢。」前導皇帝歸幄殿，佩劍，納舄，樂作，殿中監跪受鎮圭。皇帝至御幄，樂止，司天跪奏：「慶雲繞壇，月有黃輝氣。」宰臣率從官稱賀。即日，還仗奉高宮。

壬子，禪祭社首山，如封祀之禮，禪祭皇地祇。玉册文：「維大中祥符元年，歲次戊申，十月戊子朔，二十五日壬子，嗣天子臣德昌，敢昭告于皇地祇：無私垂祐，有宋肇基，命惟天啓，慶賴坤儀。太祖神武，威震萬寓。太宗聖文，德綏九土。臣恭膺寶命，纘承丕緒。穹昊降祥，靈符下付。景祚延鴻，秘文昭著。八表以寧，五兵不試，九穀豐穰，百姓親比，方輿所資，涼德是愧。溥率同詞，縉紳叶議。因以時巡，亦既肆類。躬陳典禮，祇事厚載。致孝祖宗，潔誠嚴配。以伸大報，聿修明祀。本支百世，黎元受祉。謹以玉帛、犧牲、粢盛、庶品，備兹瘞祀，式表至誠。皇伯考太祖啓運立極英武聖文神德玄功大孝皇帝、皇考太宗至仁應道神功聖德文武大明廣孝皇帝，配神作主。尚饗。」上至山下，服靴袍，步出大次。侍臣言：「山路險滑，請乘步輦。」上曰：「接神在邇，敢不徒行。」前夕陰晦，風勢勁猛，不能燃燭。及行事，風頓止，天宇澄霽，燭燄凝然不動。封石礎訖，紫氣蒙壇。法駕還奉高宮，日重輪，五色雲見。鼓吹振作，觀者塞路，萬歲之聲，震動山谷。配座金匱，迴日，奉置太廟本室。

上作登泰山謝天書述二聖功德銘〔四八〕。初，王欽若言：「唐高宗、玄宗二碑之東石壁，南嚮平峭〔四九〕，欲即崖成碑，以勒聖製。」上曰：「朕之功德故無所紀，若須撰述，不過謝上天敷佑，叙祖宗盛美。」是日，幸仁聖天齊王、炳靈公廟、岱嶽觀、王母池、宜福寺、青帝君觀、天貺殿、靈液亭。改上泰山奉高宮曰會真宮，增葺室宇，選道士住持焚修，仍給供具物。放國朝以來天下所獻珍禽奇獸，悉縱于山下。

癸丑，御朝覲壇，肆赦：案：此赦文，東都事略及長編、宋史俱失載。「門下：式觀邃古，眇覿前王。功成治定之餘，時和歲豐之際。三靈孚佑，萬寓宅心。則考登封降禪之文，率建顯垂鴻之禮。無懷而下，間封祀于崇巒；開元以來，曠講求于徽典。時更五代，運應千年。當聖祖之開基，肇平郊壘；暨神宗之制作〔五〇〕，益固邦基。升喬嶽以未遑，謂冲人之克嗣〔五一〕，肆予纂紹，每務精勤，動經畫于永圖〔五二〕，庶奉承于先志。顧惟寡德，素昧王猷，遵奕世之貽謀，承慶靈之遠及。屬以五兵銷偃，四海澄清，良民洽歸厚之風〔五三〕，嘉穀茂重華之歲。荷洪符之昭錫，示大曆以無疆，允叶昌期，實繁靈眷，葳蕤絶瑞，覺悟輿情〔五四〕。是用承列聖之垂休，徇衆臣之勤請，聿崇大報，躬造神區。文物聲明，具陳于法駕；豆籩珪幣，悉奉于彝章。紫壇伸嚴配之儀，玉檢視封崇之制。諒三神之降鑒，伊百福以潛臻。輯瑞班朝，率從肆覲，省方問俗，用慰來蘇。遵王度以無愆，展國容而有耀。既被紛綸之景貺，宜覃渙汗之洪恩。冀與群生，共膺遐嘏。可大赦天下。云云。於戲！升中展采，曠古之盛儀；尊祖配天，哲王之洪範。既周旋而集事，諒中外以咸歡。載省眇躬，獲成大禮，猥當殊慶，愈勵深衷。思廣聽于嘉謀，貴同裨于闕政。更賴朝廷勛舊，藩輔親賢，逮諸文武之臣，共立忠勤之效，式扶昌運，永保丕休。」

【大中祥符四年正月丁酉】是日，上有黄氣如匹素，五色雲如蓋，紫氣翊仗。是夕，次中牟縣。辛丑，過訾村，設幄殿，奉置三陵神主，上鞾袍拜哭奠獻。是夕，晴霽，始就次，蒼烟白露赴陵上，俄覆神幄，禮畢乃散，咸以爲上哀慘所感。案：此以下爲真宗大中祥符四年二月，幸西京，祀汾陰后土之儀。原本不載年月，今依宋史序訂。

【二月戊午】是日，帝召近臣登延慶亭，南望仙掌，北瞰龍門，自宫至脽上，列植嘉樹，六師環宿，行闕旌旗帟幕照耀郊次。帝眺覽久之。

【辛酉】先是，脽上多風，及行禮，頓止。黄氣遶壇，月重輪，衆星不見，惟大角光明。上登鄈丘亭，視汾河，望梁山〔五五〕，顧左右曰：「此漢武帝泛樓船處也。一時之樂，垂于千古。」即日，還奉祇宫。鼓吹振作，紫氣四塞，觀者溢路，民有扶老携幼，不遠千里而至者，咸感泣言曰〔五六〕：「五代以來，此地爲戰場，今乃獲睹天子巡祭，實千載一時之幸。」

【壬戌】赦文：「門下：爲人倫之紀律，禮曰天經；著王者之誠明，祀惟大事。凡致恭于幬載，求介福于黎元。已建圜封，是崇方澤。考坤元之設象〔五七〕，配乾健以同符，厚德無疆，柔祇定位。矧高脽之靈境，有前古之嚴祠，誕集祺祥，薦從禋瘞，登隆祭典，焜燿國容。歷五運以下衰，曠六飛之戾止。顧予菲德，叨纂慶基，欽燕翼之貽謀，荷豐融之敷祐，既無文而咸秩，顧墜典以交修〔五八〕。多愧眇冲，獲遵盛美，率由勤請，勉徇輿情，慰蒲津佇望之民，奉鄈上親祠之事。百神幽贊，九服駿奔，嘉瑞必升，靈休允答。遂涓良日，式展鴻儀，務極洗心，以申精意。薦豆籩而惟潔，奠琮帛以斯嚴，禮樂相資，神祇胥悦〔五九〕，集顧懷之殊貺，契茂育之玄功。是用周覽時風，肆覲西后，輯瑞圭而成列，羅琛賮以充庭〔六〇〕，和氣冲融，頌聲洋溢。肇迎嘉慶，適鐘神賜之祥；均被華夷，宜廣雲行之施。可大赦天下。云云。於戲！龐洪之慶，既浹于八區；眷佑之靈，普臻于兆庶。更賴宗親勛舊，文武忠良，罄同德之端誠，贊卜年之景祚，庶期寰宇，永洽純熙。」是行塗中屢有甘澤之應，皆夕降晨霽，從官、衛兵無沾濡之患。又農事方興，耕民懽抃相屬。

三月，駐蹕西京。陳堯叟、李宗諤來朝。堯叟奏曰：「臣等供使職日，面奉宸旨：『今之祀事，皆爲蒸民，如不擾人集事，即副朕意。』臣等自經度，訖于禮成，凡土木工三百九十萬餘，止役軍士。至于輦送芻糧，供億頓置，亦未嘗科率編民。」上稱善久之。始，雍熙初，議封禪，特命翰林學士扈蒙、宋白、賈黄中、右散騎常侍徐鉉、兵部員外郎張洎、太常丞吕端、殿中丞韓瑱，詳定儀注。真宗東封，命翰林學士杜鎬、待制陳彭年與禮官同撰儀注。至是，祀汾陰，亦如之。

校勘記

〔一〕樂用大小横吹觱篥簫笳笛　「簫」原脱，據文獻通考卷一四七樂考二及宋史卷一四〇樂志一五補。

〔二〕開寶元年南郊三首　原作「二首」，據宋史卷一四〇樂志一五改。案：宋會要輯稿樂八之一作「建隆二年三曲」。

〔三〕氣和玉燭　「氣和」原作「和調」，據宋會要輯稿樂八之一及宋史卷一四〇樂志一五改。

〔四〕睹寰海澄清　「睹」原作「當」，據宋會要輯稿樂八之一及宋史卷一四〇樂志一五改。

〔五〕銅蓮漏遲遲　「蓮」原作「史」，據宋史卷一四〇樂志一五改。

〔六〕鉦鼓攸宜　「攸」原作「收」，據宋會要輯稿樂八之一及宋史卷一四〇樂志一五改。

〔七〕逐吹逶迤　「吹」原作「次」，據宋會要輯稿樂八之一及宋史卷一四〇樂志一五改。

〔八〕膏露降　「膏」前原衍「爲」，據宋會要輯稿樂八之一及宋史卷一四〇樂志一五删。

〔九〕銷金偃革　「銷金」原作「咸」，據宋會要輯稿樂八之一及宋史卷一四〇樂志一五改。

〔一〇〕會天正　「會」原脱，據宋會要輯稿樂八之二及宋史卷一四〇樂志一五補。

〔一一〕星拱奏嚴蹕　「奏」原作「奉」，據宋會要輯稿樂八之二及宋史卷一四〇樂志一五改。

〔一二〕群后輸誠　「輸誠」，宋會要輯稿樂八之二與此同，宋史卷一四〇樂志一五作「葵傾」。

〔一三〕集休亨　「亨」原作「享」，據宋會要輯稿樂八之二及宋史卷一四〇樂志一五改。

〔一四〕景貺福千齡　「福千齡」原作「愈駢臻」，據宋會要輯稿樂八之二及宋史卷一四〇樂志一五改。
〔一五〕鑾駕將出宫入廟　「廟」原作「朝」，據文獻通考卷一四七樂考二改。
〔一六〕褶衣之色　「之」原作「其」，據太常因革禮卷二六、宋會要輯稿輿服四之一七及宋史卷一五二輿服四改。
〔一七〕侍左者左珥　「左珥」原作「右珥」，據太常因革禮卷二六、宋會要輯稿輿服四之一七及宋史卷一五二輿服四改。
〔一八〕侍右者右珥　「右珥」原作「左珥」，據太常因革禮卷二六、宋會要輯稿輿服四之一七及宋史卷一五二輿服四改。
〔一九〕然自一品至三品　「三品」，太常因革禮卷二六與此同，宋會要輯稿輿服四之一七作「二品」。
〔二〇〕今請造袴褶如令文之制　「令文之」原作「今」，據太常因革禮卷二六、宋會要輯稿輿服四之一七及宋史卷一五二輿服四改。
〔二一〕其珠及黝纊　「黝」原作「充」，據宋會要輯稿輿服四之一八改。
〔二二〕仁宗慶曆四年十月壬辰　「壬辰」，宋會要輯稿禮一四之三一作「二十四日」，即「壬子」。
〔二三〕輯自宋會要輯稿禮二二之一（標點本一一一〇頁）。
〔二四〕聿敦致治　「致」原作「至」，據宋大詔令集卷一五一改。
〔二五〕式表殊私　「表」原作「衰」，據宋大詔令集卷一五一改。

〔二六〕顧以眇躬　「以」原脱，據宋大詔令集卷一五一補。

〔二七〕肅陳昭報之儀　「儀」原作「宜」，據宋大詔令集卷一五一改。

〔二八〕輯自宋會要輯稿禮二三之一三（標點本一一二二頁）。

〔二九〕輯自宋會要輯稿禮二三之一六（標點本一一二五頁）。

〔三〇〕輯自通鑑長編紀事本末卷二〇崇奉五嶽。

〔三一〕輯自通鑑長編紀事本末卷二〇崇奉五嶽。

〔三二〕長三尺許　「三尺」，宋史卷一〇四禮志七與此同，文獻通考卷八四郊社考十七作「二尺」。

〔三三〕河漢及内官五十四座　「五十四」，文獻通考卷七〇郊社考三作「五十五」。

〔三四〕于第二等十有二陛之間　「二等」原脱，據文獻通考卷七〇郊社考三補。

〔三五〕几席皆内嚮　「几」，文獻通考卷七〇郊社考三作「凡」。

〔三六〕其内官北斗于午陛之東　「午陛」原作「未陛」，文獻通考卷七〇郊社考三作「南陛」，即「午陛」，據改。

〔三七〕又設二十八宿及中官一百五十九座于第三等　「官」原作「宫」，「九」原作「八」，據文獻通考卷七〇郊社考三改。

〔三八〕其二十八宿及帝座七公日星帝席　「帝座七公日星帝席」原脱，據文獻通考卷七〇郊社考三補。

〔三九〕天紀等一十七座　「一十七」原作「一十六」，據文獻通考卷七〇郊社考三改。

〔四〇〕又設外官一百六座席位于内壝之内　「一百六」，文獻通考卷七〇郊社考三作「一百五」。

〔四一〕十有二陛之間　「陛」，文獻通考卷七〇郊社考三作「道」。

〔四二〕設神位各於座首　原脱，據文獻通考卷七〇郊社考三補。

〔四三〕所司陳異寶及嘉瑞等于樂縣之北東西厢　「異」原脱，據文獻通考卷七〇郊社考三補。

〔四四〕每位羊一豕二　「羊一」，宋會要輯稿禮二六之八作「羊二」。

〔四五〕祈福下民　「下民」，宋史卷一〇四禮志七作「逮下」。

〔四六〕侑神奉先　「奉先」，宋史卷一〇四禮志七作「昭德」。案：宋史卷一〇四禮志七此句下還有「惠綏黎元，懋建皇極」。

〔四七〕天賜皇帝太一神策　「一」原作「元」，據長編卷七〇及宋史卷一〇四禮志七改。

〔四八〕上作登泰山謝天書述二聖功德銘　「天書」原作「天地」，據長編卷七一、玉海卷三二及文獻通考卷八四郊社考十七改。

〔四九〕南嚮平峭　「嚮」原作「丘」，據長編卷七一及文獻通考卷八四郊社考十七改。

〔五〇〕暨神宗之制作　「制作」，宋大詔令集卷一一七作「繼統」。

〔五一〕謂冲人之克嗣　「嗣」，宋大詔令集卷一一七作「構」。

〔五二〕動經畫于永圖　「動」，宋大詔令集卷一一七作「期」。

〔五三〕良民洽歸厚之風　「洽」原作「合」，據宋大詔令集卷一一七改。

〔五四〕覺悟興情　「悟」原作「倍」，據宋大詔令集卷一一七改。

〔五五〕望梁山　「山」原脱，據長編卷七五補。

〔五六〕咸感泣言曰　「咸」，長編卷七五作「或」。

〔五七〕考坤元之設象　「坤」原作「乾」，據宋大詔令集卷一一七改。

〔五八〕顧墜典以交修　「顧」，宋大詔令集卷一一七作「因」。

〔五九〕神祇胥悦　「神」，宋大詔令集卷一一七作「人」。

〔六〇〕羅琛賚以充庭　「賚」原作「貢」，據宋大詔令集卷一一七改。

卷十二

宋　李攸　撰

儀注二

國初，因唐與五代之制，文武官每日赴文明殿原注：即文德殿。正衙曰常參〔一〕，宰相一人押班。五日起居即崇德、長春二殿，原注：崇德即紫宸，長春即垂拱。中書、門下爲班首。其長春殿常朝，則内侍省都知、押班，率内供奉官以下，并寄班等先起居；次客省、閤門使以下，原注：呈進目者。次三班使臣，原注：節度、觀察、防禦、團練、刺史等子弟，充供奉官、侍禁、殿直，有旨令預内朝起居者。次内殿當直諸班，原注：殿前指揮使、左右班都虞候以下〔二〕、内殿直、散員、散指揮、散都頭、金槍班等。次長入祗候、東西班殿侍，次御前忠佐，次殿前都指揮使率軍校至副指揮，次駙馬都尉，原注：任刺史以上者綴本班。次諸王府僚，次殿前諸軍使、都頭〔三〕，次皇親將軍以下至殿直，次行門指揮使率行門起居，原注：以上并内侍贊喝。如傳宣前殿不坐，即宰相、樞密使、文明殿學士、三司使、翰林、樞密直學士、中書舍人、三司副使、知起居注、皇城内監庫藏朝官〔四〕、諸司使副、内殿崇班、供奉官、侍禁、殿直、翰林醫官、待詔等同班入。次親王、次侍衛親軍馬步軍都指揮使率軍校至副都指揮使，次使相，次節度使，次統軍，次兩使留後、觀察使，次防禦、團練使、刺史，次侍衛馬軍步軍使、都頭，起居畢，見、謝班入。如御崇德殿，即樞密使以下先就班，俟升坐，原注：諸司使副以下至殿直，分東西對立，餘皆北向。長春殿皆北面〔五〕。宰相、參知政事最後入。原注：以上并閤門贊喝。日止，再拜，朔望及三日假，即樞密使以下皆舞蹈。

建隆三年三月，重定合班儀：升六曹侍郎在給事、舍人之上，郎中在補闕之上，員外郎在拾遺之上，節使在六曹侍郎之上，中書侍郎之下。故事，京兆省官爲侍從班，五品押南省四品，六品押南省五品，節使在諸司三品之下。至是改焉。案：文獻通考載合班圖于朝儀後，可與此互證。

十月，賜文武常參官冬服，累朝止賜將相、翰林學士、諸軍大校〔六〕，至是，太祖曰：「冬服不及百官，甚無謂也。」故賜之。

乾德元年閏十二月，詔：「一品致仕官曾帶同平章事者，每遇朝會，宜綴中書門下班。」是時，太子太師致仕侯益等來陪祀，故有是詔。

淳化二年十二月，太宗御文德殿，群臣入閤，禮畢，賜百官廊下餐。唐制：朔望天子御宣政殿，受百官起居，諸司奏事，仗衛如式。敬宗始于紫宸爲入閤之儀。五代以來，禮容多闕，至是，始復舊。

三年正月，太宗御朝元殿，受賀禮畢，改服通天冠、絳紗袍，升殿，群臣上壽。國朝以來，元正、冬至朝賀，御正殿。即以退御大明殿，群臣常服上壽，奏教坊樂。至是，始約開元禮，皆以法服，設宮懸、萬舞，酒三行而罷。

大宴群臣于廣德殿，分設宰相、使相、三師、三公、參知政事、東宫三師、僕射、學士、御史大夫、中丞、三少、尚書、常侍、賓客、太常、宗正、卿、丞、郎、給事、諫、舍、節度兩使、留後、觀察、防禦、團練、刺史、上將軍、統軍、廂都指揮使坐于殿上〔七〕；文武四品以上、知雜御史、郎中、郎將、禁軍都虞候坐于朵殿；餘升朝官、諸軍副都頭以上〔八〕、諸蕃進奉使、諸道進奉軍將以上，分坐于兩廊。宰相、使相坐以綉墩，原注：曲宴行幸，用杌子。參知政事以下用二蒲墩花毯。原注：曲宴，樞密使、副使并同。案：「花毯」，宋史禮志作「罽毯」。軍都指揮使以上用一蒲墩。自朵殿而下，皆緋緣氈條席。殿上器用金，餘以銀。其日，樞密使以下先起居訖，當侍立者升殿，宰相率百官入，宣徽、閤門通唱，致詞訖，宰相升殿，進酒，各就坐，酒九行。每上舉酒，群臣立侍，次宰相、次百官舉酒；或傳旨命釂，即皆搢笏起飲，再拜。原注：曲宴多令不拜。或上壽朝會，止令滿酌，不勸。中飲更衣，賜花有差。宴訖，舞蹈拜謝而出。

太平興國後，止設春宴。雍熙三年後，常以暮春，召近臣賞花，釣魚于苑中。三館之職皆預。淳化四年，令京官兼館職者并預大宴。咸平三年，始備設春秋大宴。五年十二月，詔凡內宴，宗正卿令升殿坐，班次依合班儀。又以翰林學士梁灝請，春秋大宴、小宴，賞花、行幸次爲四圖，頒下閤門遵守。案：宋史禮志：春秋季仲及聖節、郊祀、籍田禮畢，巡幸還京，凡國有大慶，皆大宴。天聖後，大宴率于集英殿，次宴紫宸殿。小宴垂拱殿。若特旨，則不拘常制。天禧四年，從集賢院祖士衡言：「大宴將更衣，群臣下殿，然後更衣，更衣後再坐，則群臣班于殿庭，候上升坐，起居謝賜花，再拜升殿。」案：文獻通考有大慶殿再坐上壽立班圖。

初入，面西躬候，通銜位姓名訖，引當殿。贊喝兩拜，搢笏舞蹈，三拜，不起，奏聖躬萬福，喏，贊又再拜，喝祗候，出。如喝有敕賜酒食，更兩拜，搢笏舞蹈，三拜訖，祗候差遣見，引當殿立，躬喝兩拜，隨拜山呼，奏聖躬萬福，喏，喝祗候，平身，立俟。喝謝恩，兩拜，隨拜山呼。案：此條不著某年所定、某處儀注，與文獻通考、宋史禮志所載常朝起居入閤賜宴諸儀，互有異同。疑原本尚詳，傳寫闕之。

【旬假對後殿。】唐王及善曰：「中書令可一日不見天子乎？」太祖開寶九年，以中外無事，始詔旬假日不坐。然其日輔臣猶對于後殿，問聖體而退。至道三年三月二十九日，旬假。是日，太宗猶對輔臣。至夕，帝崩。李南陽永熙挽詞曰：「朝憑玉几言猶在，夜啓金縢事已非。」時稱佳作。至真宗朝旬假，輔臣始不入。寶元中，西事方興，假日視事。慶曆初，乃如舊。

諸蕃入朝皇朝之制：西北蕃部及契丹、高麗、東南蠻、西南夷及諸外蕃國來貢者，并對于崇德殿。契丹使捧書函入殿庭，北嚮，鞠躬。閤門使降受，升殿以進，内侍都知受而啓之，通事舍人導使者升殿，代其主跪問聖躬。上令内侍都知報問之，皆通事傳譯。畢，乃降階西嚮，通名，起居，舞蹈，賜冠帶、器幣、鞍勒馬。上親宴其使于内殿。他國使或止就長春殿，皆于殿庭北嚮，跪奉表函，通事舍人受以進。南蠻、東夷、西南夷、海外蕃國、西北蕃部對訖，復引對于崇政殿。案：宋史禮志：凡外國使至，及君長來朝，皆宴于内殿。開寶八年，宴契丹使于長春殿。太平興國三年，宴契丹使、諸國蕃客于崇德殿，以契丹使來賀故也。景德澶淵會盟以來，始定儀注，引對于崇德殿，宴使于長春殿。至政和五禮新儀，則朝見、賜宴、朝辭，皆于紫宸殿。假日皆于崇政殿，諸國不及也。此書所載，蓋據宋初之制。有善本國歌舞者，令奏之。契丹、高麗、交阯使歸，赴内朝奉辭，皆于崇德殿。其契丹使，召升殿授書。他國書，皆有司付之。其賜物有差。真宗景德後，契丹請盟，每使至，遣官爲接伴、館伴使、副使，舍于都亭驛，班在上將軍之下，宴賜加等。餘蕃使分館諸驛。高麗使至，遣閤門祇候接送，直館一員館伴，宴餞亦命近臣。

諸蕃夷奉朝貢四十三國：原注：契丹、夏州歲遣使入貢，已載本門。高麗國、原注：漢玄菟郡，國境南北一千五百里，東西三千里。定安、原注：馬韓之種，爲契丹所攻，餘衆保于西部，稱定安國。案：「西部」，文獻通考作「西鄙」。女真、原注：渤海之別種，本拏姓〔九〕。日本、原注：倭奴國也。以近日所出，故改稱。交阯、原注：本南越之地，交州總管也。後改安南都護府。溪洞諸蠻、原注：隋置辰州，唐置錦州、巫州、欽州〔一〇〕，皆唐末蠻酋，分據其地，自置僞刺史。建隆以後，溪洞諸蠻皆歸順，乞内附，朝廷悉命其酋長爲刺史。南丹州、原注：溪洞别種，與宜州接。撫水州、原注：在宜州南，有縣四：曰撫水、曰京水、曰多逢、曰古勞。唐隸黔南。西南蕃、原注：漢牂牁郡地，唐置費珍、莊琰、播郎、牂夷等州。邛部川蠻〔一一〕、原注：漢越嶲郡，由黎州十一程至部落〔一二〕。黎州山前、山後蠻、原注：西南夷之别種，其酋長號都鬼主。黎州南行七日而至其地，又一程，至嶲州，又二程，至建昌，又千里，至雲南。雅州蠻、原注：西南夷别種。風琶蠻、原注：在建昌城之上〔一三〕。占城、原注：在中國西南，北至廣州，便風半月程，至兩浙一月程。三佛齊、原注：南蠻之别種，與占城爲鄰。闍婆、原注：國在南海中。勃泥、原注：在中國之西南大海中。注輦、原注：其國水行至廣州，約四十一萬一千四百里。蒲端、原注：國在海上，與占城接。丹流眉、原注：國在海上，水路東北至廣州，一百三十五程。天竺、原注：舊名身毒，亦曰摩伽陁〔一四〕，又曰婆羅門。大食、原注：本波斯之别種。于闐、原注：國在京師之西九千九百餘里，西南帶葱嶺與婆羅門接，相去三千餘里，南接吐蕃〔一五〕，西北至疏勒二千餘里。龜兹、原注：回鶻之别種。高昌、原注：漢車師前王之地，其國有高昌城，取其地勢高敞，人民昌盛以爲名。回鶻、原注：匈奴之别裔，國在西北娑陵水上〔一六〕。後魏號鐵勒。唐初號特勒。吐蕃、原注：本漢西戎之地，或云南涼秃髮利鹿孤後，以秃髮爲國號，語訛吐蕃。族帳分處，各有首領，内屬者爲熟户。党項、原注：古析支之地，漢西羌之别種，部落分處，各有首領，内屬者爲熟户。西凉府、原注：西凉即凉州也。唐末陷河西之地，雖爲吐蕃所隔，然其地亦自置牧守。東至靈武千里，西北去至甘州五百里。沙州、原注：瓜、沙二州，本漢燉煌故地。達靼、原注：東方靺羯之别部，音訛謂之達靼。罝勒斯賚、原注：吐蕃餘種。董戬、原注：罝勒斯賚之子，爲會州刺史。層檀、原注：國與占城、大食相近。勿巡、原注：南海上小國。大中祥符中，其國主蒲加心烏皇遣使來貢。伊州、案：原本闕注。龐元英文昌雜録：謂即漢之伊吾郡。賓同隴、原注：海南小國。其王室利波庶税，至道中來朝貢，今不具到。甘州、原注：甘州回鶻可汗舊隸沙州歸義軍。西州、案：自此以下五國，原本俱闕注。文昌雜録謂：西州本高昌國，漢車師前王之地。貞觀中，平其地，爲西州。大食陁羅離慈、案：文昌雜録作「陁羅離」，宋史大食國傳作「陁婆離」，俱無「慈」字。大食俞和盧地、案：文昌雜録誤以俞盧和地爲南荒之國。考宋史：謂大食國人入貢，路由沙州，涉夏國，抵秦州。天聖元年，恐爲西人鈔略，乃詔自今取海路，由廣州至京師。其國部屬各異，名故有勿巡、有陁婆離、有俞盧和地、有麻囉跋等國，然皆冠以大食。則其爲西方之國無疑。大理國、案：范成大桂海虞衡志曰：「大理，南詔國也。本唐小夷。自皮邏諾并五詔爲一，受册封雲南王。至異牟尋封南詔王，後自稱大禮國。今其與中國接，乃稱大理國。」與唐史禮理字異，未詳所始。西天大食國、案：文獻通考、宋史俱不著「西天」之稱，惟于熙寧六年，載都蕃首蒲陁婆利慈表奉貢物事，據此書後篇，所記是年西天大食國來朝，疑係一事，附注備考。

日本，淳化二年，貢方物〔一七〕。太平興國九年，獻銅鈴磬。景德元年，來朝。大中祥符二年，來朝。熙寧五年，來朝。元豐元年，來朝。

交阯，開寶元年八月，來貢方物。太平興國二年、五年、七年、八年，來貢方物。雍熙二年，貢方物。三年，貢金器、牙、犀。端拱元年，貢方物。淳化元年，貢龍鳳椅子、傘握子。五年，貢方物。至道三年，貢七寶交椅、方物。咸平元年，獻馴象。四年，貢馴犀、象。景德元年，遣其子明提來貢。四年，遣其弟明衵來貢，乞賜九經、佛經。大中祥符二年，貢馴犀。三年、五年、七年，貢方物。天禧三年，遣弟鶴來貢方物。熙寧二年、六年，貢方物。元豐元年，貢方物。

溪洞諸蠻，逐年同天節、端午貢方物。

南丹州，開寶七年，貢銀器、馬。九年，求賜牌印。太平興國五年，貢銀。淳化元年，遣其子來貢銀。五年，貢方物。

方物。

撫水州，咸平四年正月，貢方物。四年十一月、十二月〔一八〕，又來朝。天禧元年，貢方物。

西南蕃，乾德四年、五年、六年，貢方物。開寶二年，貢方物。八年，貢馬。太平興國三年，貢方物。五年，貢馬。雍熙二年八月〔一九〕，貢方物；九月〔二〇〕，貢馬。淳化元年，遣其弟漢興來朝。三年，貢方物、馬。至道元年，貢方物。咸平元年，貢方物。二年、五年，貢馬。景德元年，貢方物。大中祥符二年，貢賀東封馬。六年、八年、九年，貢方物。天禧四年，貢方物。天聖四年，貢方物。康定元年，貢馬。熙寧三年，貢方物。六年，四次貢方物。十年，貢方物。

邛部川蠻〔二一〕，開寶二年，貢方物。太平興國四年，貢方物。雍熙二年，貢馬。端拱二年，貢御馬。淳化二年，貢方物、馬。至道三年，遣其子來朝賀。咸平二年、五年，貢方物。景德二年，貢象牙。大中祥符元年，貢馬。景祐四年，貢方物。

黎州山前、山後兩林蠻，開寶二年、八年，貢方物。太平興國二年、四年，貢馬。雍熙二年〔二二〕，貢方物。端拱二年，貢馬。淳化元年，貢方物。大中祥符元年〔二三〕，貢方物。天禧二年，貢方物。

雅州蠻，太平興國二年，貢方物。大中祥符二年，貢馬、犎牛。三年，貢方物、馬。

風琶蠻，咸平元年，貢馬。景德三年〔二四〕，貢犀角、犎牛、青羊。

占城，建隆元年，貢方物。二年，來朝。三年，貢方物。乾德四年三月、九月，貢方物。五年，貢方物。開寶二年，貢馴象牙。四年，貢方物。六年四月，貢方物。七年九月，貢方物。太平興國二年、三年、四年、七年，貢方物。八年，貢馴象。淳化元年，貢馴犀。三年，貢方物。至道元年、三年，貢方物。咸平二年，來朝。景德元年、二年、四年，貢方物。大中祥符元年、三年、四年、七年，八年二月、五月，貢方物。天禧二年，貢方物。天聖八年，貢方物。熙寧元年九月，貢方物。元豐元年，貢方物。

三佛齊，建隆元年、二年，三年三月、十一月，貢方物。開寶四年、五年，貢方物。七年，貢象牙。八年，貢方物。太平興國五年、八年，貢方物。雍熙二年，貢方物。端拱二年，貢方物。淳化元年，貢方物。咸平六年，貢方物。大中祥符元年，貢方物。天禧元年，貢方物。天聖六年，貢方物。

闍婆，淳化三年，貢方物。

勃泥，太平興國二年，貢方物。

注輦，大中祥符八年，貢方物。天禧四年，貢方物。明道二年，貢真珠等。熙寧十年，貢方物。

蒲端，咸平六年，貢方物。景德元年、四年，貢方物。大中祥符四年，貢方物。

丹流眉，咸平四年，貢方物。

天竺，乾德三年，貢舍利。開寶五年，貢舍利。八年，貢方物。太平興國三年，貢舍利。五年，貢香藥。七年，貢佛頂印。八年，貢經、犀角。淳化二年，貢舍利。至道元年，貢佛頂骨。三年，貢梵夾。咸平元年四月，來朝。二年，貢梵夾。四年四月，來朝。七月，貢梵夾、舍利。六年，貢方物。景德元年，貢舍利。二年，貢梵夾、菩提葉。大中祥符三年，貢金剛坐。四年正月，貢金剛坐。六年，貢梵夾、經、佛骨舍利。七年，貢梵經。九年二月，貢佛骨舍利。四月、五月，來朝。天禧三年、四年，貢梵經。天聖二年，貢梵經。

大食，開寶元年、四年、六年、七年、八年、九年，貢方物。太平興國二年四月〔二五〕，貢方物。雍熙元年，貢花錦。淳化五年，貢方物。至道元年，貢龍腦。三年，貢方物。咸平二年閏三月、六月，三年、六年，貢方物。景德元年、二年、四年，貢方物。大中祥符元年，貢玉圭。九年，貢方物。天禧三年，貢方物。熙寧三年，貢方物。

于闐，建隆二年，貢玉圭。乾德三年，來朝。四年，遣其子德從來朝貢方物。大中祥符二年，貢方物。天聖三年[二六]，貢玉圭、玉帶、方物。嘉祐八年，貢方物。熙寧四年、六年、十年，貢方物。元豐元年，貢方物。

龜茲，太平興國九年，貢方物。咸平四年，貢玉、馬。六年六月十一日，貢方物。景德元年五月、六月，貢方物。大中祥符三年，貢乳香。六年，貢方物。天禧元年，貢玉、馬、香藥。四年，貢大尾白羊。天聖二年，貢橐駞、馬、玉。三年、七年、九年，貢方物。景祐四年，貢方物。熙寧五年，貢方物。

高昌，建隆三年，貢方物。乾德三年，貢佛牙、琉璃器。太平興國六年、八年、九年，貢方物。景德元年，貢玉、馬等。

回鶻，建隆二年、三年，貢方物。乾德二年，貢方物。三年四月，貢馬、駞。十二月，貢馬、玉。開寶二年〔二七〕，貢駞、馬。太平興國五年，貢方物。雍熙四年，貢鍮石。至道二年，貢方物。咸平元年、三年，貢方物。景德元年九月，貢方物。閏九月，貢戰馬。四年，貢方物。大中祥符元年四月，來朝。三年、四年，貢方物。五年五月、八月，貢寶貨、槖駞、馬。六年，貢御馬。八年十一月，貢方物。九年十二月，貢馬、玉。天禧三年，四年三月、十二月，貢方物。天聖元年、二年、三年，貢方物、馬。熙寧元年〔二八〕，貢方物。

吐蕃，建隆二年，貢槖駞、馬。三年，獻伏羌地。太平興國八年，貢馬。九年，貢羊、馬。淳化二年，獻山林田畝。五年，貢馬。咸平三年，貢犛牛。六年，貢馬。景德元年，貢馬。又三月，來朝。三年，貢方物。大中祥符元年、三年、五年，貢馬。八年二月，貢馬。十月，貢方物。九年三月，貢馬。四月，來朝。天聖二年，貢馬。

党項，建隆二年，來朝。淳化四年三月、十二月，來貢馬。五年，遣其子朝貢。至道三年，貢馬。咸平元年三月、十月，來朝。七月，貢馬。二年，來朝貢。四年，貢馬。五年四月、十二月，來朝貢。六年，貢馬。景德二年，貢馬。三年，貢方物。大中祥符二年四月，貢方物。

西涼府，淳化二年，貢方物。五年，貢馬。至道元年、二年，貢馬。咸平元年，貢馬二千匹。五年，貢馬五千匹。十二月，貢方物。六年四月，貢方物。八月，貢馬。景德元年，貢六谷馬三千匹。二年四月，貢馬。三年五月，貢方物。六月、十二月，又貢馬。四年五月，來朝。十二月，貢方物。大中祥符元年，貢馬。二年二月，貢方物。十一月，貢馬。四年三月、十月，貢方物。五年，其子來貢馬。七年四月、十一月，貢方物。八年五月、十月，貢馬，來朝。天聖四年，貢馬。

沙州，建隆二年，貢玉鞍。太平興國五年三月，貢玉圭。八年，貢方物。淳化二年，貢良玉、舍利。至道元年三月、五月，貢方物。咸平二年，貢玉團。五年，貢方物。景德元年，貢玉馬。四年，貢玉印。天聖元年，貢乳香。皇祐二年〔二九〕，貢方物。

達靼，乾德四年，貢方物。開寶二年，貢方物。太平興國六年、八年，貢方物。

罝勒斯賫，大中祥符八年、九年，來貢馬。天禧三年，貢馬。景祐四年，貢方物。寶元二年，貢方物。慶曆四年、六年、七年，貢方物。皇祐元年〔三〇〕，貢方物。至和元年，貢方物。嘉祐三年、四年，貢方物。治平元年，貢方物。

董氊，熙寧三年、十年，貢方物。元豐二年，貢方物。

層檀，熙寧四年，貢方物。

勿巡，大中祥符四年，貢方物。熙寧五年，貢方物。

賓同隴，至道二年，貢方物。

甘州，天聖三年，貢方物。

西州，皇祐二年，來朝。

大食陁婆離慈，熙寧三年，貢方物。

大食俞盧和地，熙寧六年，貢方物。

西天大食國，熙寧六年，來朝。

大理國，熙寧九年，貢馬。

校勘記

〔一〕正衙曰常參　「曰」原脱，據宋史卷一一六禮志一九補。

〔二〕左右班都虞候以下　「以下」原脱，據文獻通考卷一〇七王禮考二及宋史卷一一六禮志一九補。

〔三〕次殿前諸軍使都頭　「諸」原作「都」，據文獻通考卷一〇七王禮考二及宋會要輯稿儀制二之一改。

〔四〕皇城内監庫藏朝官　「官」原作「宫」，據文獻通考卷一〇七王禮考二及宋史卷一一六禮志一九改。

〔五〕長春殿皆北面　原脱，據文獻通考卷一〇七王禮考二及宋史卷一一六禮志一九補。

〔六〕諸軍大校　「校」原作「使」，據宋會要輯稿禮六二之一、玉海卷九〇及宋朝事實類苑卷二八改。

〔七〕統軍廂都指揮使坐于殿上　「統軍廂」原脱，據文獻通考卷一〇七王禮考二及宋史卷一一三禮志一六補。

〔八〕餘升朝官諸軍副都頭以上　「副」原作「頭」，據文獻通考卷一〇七王禮考二及宋史卷一一三禮志一六改。

〔九〕本拏姓　「拏」原作「駑」，據宋會要輯稿蕃夷三之一及皇朝編年綱目備要卷一改。

〔一〇〕唐置錦州巫州欽州　「巫州欽州」，宋史卷四九三蠻夷傳一，文獻通考卷三二八四裔考五作「溪州巫州敘州」。

〔一一〕卬部川蠻　「川」原作「州」，據宋會要輯稿蕃夷五之五六及宋史卷四九〇蠻夷傳四改。

〔一二〕由黎州十一程至部落　「十一」，宋史卷四九〇蠻夷傳四作「十二」。

〔一三〕在建昌城之上　「之上」，山堂考索後集卷六四財賦門作「三山上」。

〔一四〕亦曰摩伽陁　「亦曰」原作「赤白」，據宋史卷四九〇外國傳六及文昌雜録卷一改。

〔一五〕南接吐蕃　「南」原作「東」，據山堂考索後集卷六四財賦門及宋史卷四九〇外國傳六改。

〔一六〕國在西北娑陵水上　「娑陵水」原作「婆羅陵水」，據宋會要輯稿蕃夷四之一及宋史卷四九〇外國傳六改。

〔一七〕淳化二年貢方物　案：此條應移到「太平興國九年」條後。

〔一八〕四年十一月十二月　「四年」原作「三年」，據宋會要輯稿蕃夷七之一四改。

〔一九〕雍熙二年八月　「月」原作「年」，據宋會要輯稿蕃夷五之一一改。

〔二〇〕九月　「月」原作「年」，據宋會要輯稿蕃夷五之一一改。

〔二一〕邛部川蠻　「川」原作「州」，據宋會要輯稿蕃夷五之五六及宋史卷四九六蠻夷傳四改。

〔二二〕雍熙二年　「二年」，玉海卷一五四作「三年」。

〔二三〕大中祥符元年　「元年」，玉海卷一五四作「九年」。

〔二四〕景德三年　「三年」原作「二年」，據長編卷六三、宋史卷四九六蠻夷傳四及玉海卷一五四改。

〔二五〕太平興國二年四月　「四月」原作「四年」，據宋史卷四太宗本紀一及玉海卷一五四改。

〔二六〕天聖三年　「三年」原作「二年」，據宋史卷四九〇于闐傳及玉海卷一五四改。

〔二七〕開寶二年　「二年」原作「三年」，據宋史卷二太祖本紀二及玉海卷一五四改。

〔二八〕熙寧元年　「元年」原作「七年」，據宋史卷一四神宗本紀一及玉海卷一五四改。

〔二九〕皇祐二年　「二年」原作「三年」，據宋史卷一二仁宗本紀四及玉海卷一五四改。

〔三〇〕皇祐元年　「元年」，宋史卷一二仁宗本紀四作「二年」。

卷十三

宋 李 攸 撰

儀注三

凡勘箭，皆左右金吾仗司主之。箭笴長二尺五寸，鵰羽，金鼊筈〔一〕，鍮石鏃〔二〕，闊二寸，方斜，形如匕。二箭合鏃，有鑿枘爲雄雌，一爲雄鶻箭〔三〕，藏内中；一爲辟仗箭，藏本司，皆韜以絳羅銷金囊。每車駕至門，閤門使持雄鶻箭贊云〔四〕：「勘箭官來前。」勘箭官稱喏，跪受箭，以左右箭相合，奏云：「内外箭勘同。」閤門使承宣云〔五〕：「準敕行勘。」勘箭官稱：「軍將門仗官前來。」軍將門仗官二十八人齊聲喏〔六〕。勘箭官言：「呈箭。」又聲喏。勘箭官云：「某年月日，皇帝宿齋于某殿。某日，具天仗迎鑾駕出入某門，詣某所行禮，内出雄鶻箭一，外進辟仗箭一，準敕付左右金吾仗行勘〔七〕。」勘箭官稱：「合不合？」和箭門仗官皆稱：「合。」如此再問對。又問：「同不同？」和箭門仗官皆稱：「同。」如此亦再問對〔八〕。勘箭官乃伏奏云：「左右金吾引駕仗〔九〕，勾畫都知具官臣姓名〔一〇〕，對御勘同。」其雄鶻箭謹奉閤門使，進入諸司。準式，和箭官聲諾。奏畢，奉箭付閤門使。〔一一〕，勘箭官即起居，三呼萬歲，開門進輅。凡宣德門出，左仗主之；入，右仗主之〔一二〕。景靈宮入，右仗主之。太廟入，左仗主之；南薰門入則勘，出則否。案：宋史禮志：熙寧四年，參知政事王珪言：「南郊乘輿所過，必勘箭然後出入，此師行之法，不可施于郊祀。」禮院亦言，于是，凡車駕出入門，皆罷之。六年，以詳定所請，又罷太廟及宣德、朱雀、南薰諸門勘契。蓋自熙寧以後罷勘箭。故史志不詳其儀。而東都事略及長編諸書亦不復載。

【慶曆元年十一月】許立家廟，已賜門戟者，仍給官地修建。案：宋史禮志：慶曆元年，南郊赦書：中外文武官，并許依舊式立家廟。宋庠請下兩制、禮官詳定。官正一品，平章事以上，立四廟。樞密使以下，節度使、東宮少保以上，皆立三廟。餘官祭于寢。凡立廟，聽于京師，或所居州縣。大觀間，議禮局言：「有私第者立廟于門內之左，如狹隘，聽于私第側。力所不及，仍許隨宜。」詔製祭器給賜之。未嘗給以官地修建也。自紹興十一年，詔臨安守臣爲秦檜營建家廟。後韋淵、吴益、楊存中、吴璘、虞允文、韓世忠、史浩等，并請建家廟，賜以祭器。參用大觀、紹興故事，此書所載，與宋史互異。

册公主儀制。太常禮院上封册兖國公主儀注。前一日，有司設册使等幕次于内東門外，設内命婦次于公主受册印本位門之外，又設公主受册印本位于庭階下，北嚮；又設册使位于内東門、副使及内給事于其南，差退并東嚮〔一三〕；又設册印案于册使之前，南嚮；又設内給事位于册使北，南嚮。其日，自文德殿奉册印將至内東門，内給事詣本位，請公主服首飾、褕翟。册印至内東門外褥位置訖，捧册官少退，内臣引内命婦俱入就位，禮直官引册使、副使等，俱就東嚮位立定，内給事進，就南嚮位。通事舍人、博士引册使就内給事前，東嚮，稱「册使某、副使某奉制授公主册印」，退復位，内給事入詣所設受册印本位公主前，言訖退。内給事進詣册使前，面西，册使前跪以册印授内給事，内給事亦跪以授内謁者〔一四〕，内謁者及主當内臣等持册印入内東門〔一五〕，内給事從本位庭中，内給事贊公主降詣庭中北嚮位立定〔一六〕，跪取册，興，立于公主之右少前，西嚮。内給事立于公主之左，少前東嚮。又内給事稱「有制」，内給事贊公主再拜訖，右給事捧册跪授公主〔一七〕。公主受以授左給事〔一八〕，右給事捧印授公主〔一九〕，如捧册之儀。内給事贊公主再拜，前引公主升位。以次内臣引内命婦賀，内給事贊言：「禮畢。」内命婦退，遂引公主謝皇帝、皇后，一用内中之儀。案：宋史禮志載：公主受封儀，謂自此遂爲定制。

【嘉祐初】太常禮院言：「古者，結婚始用行人，告以夫家采擇之意，謂之納采。問女之名，歸卜夫廟，卜而獲吉，以告女家，謂之問名、納吉。今選尚一出朝廷，不待納采；又公主封爵已行誕告，不待問名而卜之。若納成〔二〇〕，則既有進財，請期則有司擇日。宜稍依五禮之名，存其物數，俾知古者婚姻之事至重，而夫婦之際，有嚴如此，則亦不忘古禮之義也。欲自公主出降日，令李瑋家主婚之人，具合用雁、帛、玉、馬等物，陳于內東門外，以授內謁者，進入內中，付掌事者受之。其馬即不入。」從之。案：此條脱去李瑋尚兖國公主年月。

太平興國五年，令有司詳定打毬儀。三月，會鞠于大明殿，用其儀。有司于毬場東西樹雙木爲毬門，高丈餘，首刻金龍，下施石蓮花座，加以彩繪。左右分朋主之，以承旨二人守門。內臣十二人，案：「內臣十二人」，宋史作「衛士二人」，與此互異。持小紅旗唱籌。御龍官衣錦繡服，持哥舒棒，以周衛毬場。殿階下，東西設日月旗。教坊設龜茲部鼓樂于兩廂，鼓各以五。又于兩毬門旗下，別各設五門〔二一〕，豫定分朋狀取裁。親王、近臣、節度、觀察、防禦、團練使、刺史、錢俶、劉繼元、駙馬都尉、諸司使副、供奉官、殿直悉預。其兩朋官，皇親及節度使以下服異色綉衣〔二二〕，左朋黃襴，右朋紫襴；打毬供奉官，左朋服紫綉，右朋服緋綉，烏皮鞾，冠以花插脚折上巾。天廄院擇馬之馴習者，并供鞍勒。上自禁中乘馬出，教坊大合涼州曲，諸司使以下前導，從臣奉迎。上降馬，御殿，群臣謝，宣召以次上馬，馬皆結尾，分朋乘馬自兩廂入，序立于西廂。上乘馬當庭西南駐。内侍發金合，出朱漆毬，擲于御前。通事舍人奏云：「御朋打東門。」上遂擊毬，教坊作樂奏鼓。毬既度，颭旗，叩鉦〔一三〕，止鼓。上迴馬，從臣奉觴上壽，貢物以賀。賜以酒，即列拜，飲畢上馬。上再擊毬，命諸王、大臣馳馬争擊。旗下擂鼓。將及門，逐厢急鼓。毬度，殺鼓三通。設綉旗二十四于毬門兩旁，又設虚架于殿東西階下。每朋得籌，即取旗一立架上以記之。上得籌，樂少止，從官呼萬歲。群臣得籌即唱好，得籌者下馬稱謝。凡三籌畢，乃御殿，召從臣飲。又有步擊及跨驢騾擊者，時令供奉分朋戲于御前以爲樂。後以打毬驢騾務名不經，改爲擊鞠院，軍中之戲也。

英宗葬永厚陵。英宗梓宫至永厚陵，館于席屋。從韓公下視，宫有正殿，置龍輴，後置御座。影殿置御容，東幄卧神帛，後置御衣數事。齋殿旁皆守陵宫人所居。其東有浣濯院，有南厨，厨南，陵使廨舍；殿西，副使廨舍。都知石全育爲陵使。原注：次道曰：「陵使三年而罷，其後惟置副使及都監。」靈駕至，儀仗轉趣園西殿中，儀仗前導御容，大升輿、御龍輴、御前殿車輅，各就幕屋。方相、儀椁、漆梓宫等置于塋外，各有方位，司天監處之。兵士各執儀仗，分屯鞏縣、偃師，承安命使臣董之。陵北有枯河，河北原合抱三陵，在青龍山下。其西白虎澗。青龍山西即太室也。少室西，俗謂之冠子山。陵前闕角，謂之鵲臺門，側臺曰乳臺。陵臺三層，高五十三尺。上宫方百五十步，卷四重，共高八尺，厭木者二重，石椁高一丈。其鑿長一丈二尺，深闊七尺，蓋條石各長一丈、闊二尺，十四板。皇堂方三丈，深二丈三尺。麓巷長八十三尺，深闊一丈八尺。自平地至深六十三尺，隧道長四百七十尺，石人物六十事。韓公曰：「力士所得直及賜予，人不過七緡而已。」癸酉，黎明，設遣奠于幄殿，有牲牢、祝文，餘皆如朝臨禮。昌王案：宋史：神宗封皇弟顥爲昌王。及五使皆吉服、金帶，導龍輴，降隧道，抵木階。梓宫升石椁西首，御夷牀，下不及地尺而止。巳時一刻，乃下。置珠網花結于上，布方木及蓋條石，及設御座于蓋下，前置時果及五十味食，別置五星、十二辰及祖思、祖明尊位于四壁，又設衣冠、劍佩、筆硯、弧矢、甲胄凡平生玩好之物，又設繒帛、緡錢，然後設册寶。乃然漆燈，閉柏門，置逍遥于麓巷，闔石門，缺其閾之中央，留人于内，揞掂畢，匍匐而出，鎖其門，投鑰于内。司徒復土九鍤，立石柱于中央，縈以鐵索。乃以都護排防，累石以塞門，實隧以土。五使乃易凶服，設掩皇堂祭于隧外，哭，又于陵哭。人易吉服、黑帶，俟浴虞主畢，奏請降輿，升輅，即下宫。又奏進發，五使前步導至下宫，奏降輅，升輿，設第一虞哭。原注：仁宗之虞不哭。次道曰：「唐室請陵，但置香藥，不設食，爲臭腐故也。」乙酉，未明，百官序立集英殿下，上自東南來登殿，哭奠，拜，降就幄。宗正卿告遷酌獻畢，虞主乘腰輿出兩府，前導，上步從至宣德門，乘玉輅，上北面再拜，辭。是日早，太祝浴栗主于廟門西幄，王禹玉題之。輅及廟門，百官拜迎于門外，虞主御腰輿，入就幄。辰時，百官又立于殿庭，内臣以腰輿迎栗主，置于中庭之褥子，又于褥西北面俯伏興，稱英宗憲文憲武宣孝皇帝祔廟。内臣奉主于腰輿，升自阼階，詣真宗室，祔坐于東壁下。少頃，詣本席褥位，公卿以下行禮奏樂，如時享之儀。畢，以腰輿奉桑主，埋于席北，百官入慰。乙酉，祔英宗于太廟。

太宗詔：「天下前後詔敕，并聽于敕書樓著以籍。受代日，交相付，仍于印紙曆及南曹曆内批書。」

凡公家文書謂之藁，中書謂之草，樞密院謂之底，三司謂之檢。今秘府有梁朝宣底，即貞明中崇政院書也。檢，即州縣通稱焉。

理宗用黄封柬板，或以牙作，號御槧。案：此記理宗事，疑非李攸原本。

至和元年，詔：「中書提點五房公事，雖無出身，亦聽佩魚。」舊制，自選人入爲堂後，轉至五房提點，始得佩魚。提點五房吕惟和非選人入，援司天監五官正例〔二四〕，求佩魚，特許之。

真宗、仁宗兩朝禁銷金、縷金。真宗大中祥符四年七月，後苑匠爲民造銷金，開封府奏罪當笞。帝以不足懲誡，刺面配中靖。

仁宗性節儉，不喜華侈，尤惜財用。景祐二年五月七日〔二五〕，謂近臣曰：「訪聞市肆，以縷金爲婦人首飾、冠子及梳等，潛將貨賣。況先朝已有制條，禁銷金之作。今縷金之用，耗蠹奢侈，與銷金無異。須議行斷絶。」宰臣對以法嚴則令行。乃下詔曰：「幣器之興，金鎰爲重，理財藝貢，邦用賴焉。洪惟先朝，深鑒治本，特嚴塗鑠之禁，以杜奢僭之萌。而宵人末工，放利矜巧，如聞比如〔二六〕，潛冒舊防〔二七〕，糜壞至寶，崇華首服，浸相貿鸞〔二八〕。陰長奇邪。官司因循，曾未呵糾〔二九〕。宜申布于前令，俾大革其非心。倘或弗悛，罔有攸赦。敦風遠罪，當稱朕懷。檢會大中祥符元年至天禧二年二月編敕，除大禮法物，上從中禁，下暨庶邦，但係衣服裝著之類、土木翫好之物，并不得以金爲飾。如違，并科違制之罪。其臣僚之家，罪在家長；皇親宮宅，祇坐勾當使臣，并駙馬都尉。其充業匠人不得輒便造作，罪當行處斬。如官司并鄰人不覺察造作者，亦當勘罪重斷。仍許人告，得實，支賞錢一百貫文。」至慶曆二年，又以銷金等物未盡禁止，又下詔曰：「朕欽遵聖猷，精求政治，務菲躬而圖儉，庶率己以先民。眷乃良金，時爲上幣。何兹流俗，未穆醇風，侈麗相夸，蠹弊滋廣。銷爇珍寶，變尚服裝。增效魚龍之文〔三〇〕，頗奸輿輦之制。浸逾法度，遂益僭差。頃在先朝，累頒深詔，爰重禁防之格，乃開購告之塗。肆朕纂承，亦嘗申飭。如聞近歲，違冒猶多，俾條舉于舊章，冀懋成于敦化。必驅衆正，宜自近初，上從宮掖之嚴，下暨臣民之伍，均行屏絶，用一等倫。除大禮各有舊制，依前行用，內庭自中宮以下，并不得衣銷金〔三一〕、貼金、縷金、間金、蹙金、圈金、解金、剔金〔三二〕、陷金、明金、泥金、楞金〔三三〕、背金、闌金、盤金、織金、綫金、撚金等〔三四〕，但係裝著衣服，并不得以金爲飾。其外廷臣庶之家，不以有官無官封邑，并皆禁斷。宜令宰司，申明前後條貫指揮。」皇祐三年，殿中侍御史張澤行奏曰：「臣聞真宗朝，已有衣明金、銷金，一禁之後，無有犯者，其故何也？蓋聞先自宮中禁斷，然後知禁令必行，無敢犯之者。如聞京師，近年頗不禁絶，此壞亂先帝舊法，又違陛下崇儉崇孝之德。夫先帝發一號，出一令，豈徒然哉！蓋欲後世師其儉也。况陛下動作皆法先訓，遂致治平。而世俗敢此冒禁者，風俗侈靡使然也。惟陛下可以裁之、抑之。無知之民，從其所好。如允臣所言，亦乞先自宮中禁斷。仍檢會舊敕，如有犯者，并從違制定斷。其工匠人，仍乞處斬，所貴知悉。」上語輔臣，令舉行前後詔書，嚴行禁止。自是銷金之弊遂止。

禁止奢僭制度。仁宗景祐三年，詔曰：「儉守則固，約失則鮮，典籍之格訓也。貴不逼下，賤不擬上〔三五〕，臣庶之定分也。如聞輦轂之間，士民之衆，罔遵矩度，争尚僭奢。服翫纖華，務極珠金之飾；室居宏麗，交窮土木之工。倘懲誡之弗嚴〔三六〕，恐因循而滋甚。况歷代之制，甲令備存，宜命攸司，參爲定式〔三七〕。庶幾成俗，靡蹈非彝。其令兩制與太常禮院，同詳定制度以聞。」及群臣議上，因詔：「天下士庶之家，凡屋宇非邸店、樓閣臨街市之處，毋得爲四鋪作及鬬八；非品官毋得起門屋；非宮室、寺觀毋得彩繪棟宇及間朱漆梁柱、窗牖，雕鏤柱礎。凡器用，毋得表裏用朱漆、金漆，下毋得襯朱。非三品以上官，及宗室、戚里之家毋得用稜器。其用銀稜者，毋得鍍金。玳瑁酒食之器，非宮禁毋得用。純金之器若經賜者，聽用之。凡命婦許以金爲首飾，及爲小兒鈴鐲，用餘以爲釵、篸、釧、纏、珥、環者，聽之。仍毋得爲牙魚、飛魚、奇巧飛動若龍形者。其用銀，仍毋得鍍金。非命婦之家，毋得以真珠裝綴首飾、衣服，及項珠、纓珞、耳墜、頭𢄙、抹子之類。凡帳幔、複壁、承塵、柱衣、額道、架帕、簾〔三八〕、牀裙，毋得用純錦遍綉。宗室、戚里茶擔子并食合，毋得以緋紅蓋覆。豪貴之族，所乘坐車子，毋得用朱漆及五彩裝繪。若有黑漆而間以五彩者，聽之。民間毋得乘擔子，及以銀骨朶、水罐子引喝隨行。其用兜子，所舁毋得過二人。非四品以上官，毋得服金帶，舊經賜者聽之。非五品以上，毋得乘鬧裝銀鞍。其乘金塗銀裝絛子、促結鞍韉，自文武升朝官，及内職禁軍指揮使、諸班押班〔三九〕、廂軍都虞候、防團副使以上，聽之，仍無得以藍黄爲絛，白皮爲韉韉。民庶祗許以氈皮、絁紬爲韉。京官爲通判以上職任者，許權依升朝官例。違者，物主、工匠并以違制論，工匠仍刺配他州。有陳告者，賞錢五萬。其過百日而不變毀者，坐之。宜令宣徽院、御史臺、閤門、左右金吾衛司、開封府，覺察以聞。」

禁止鋪翠、銷金等服飾。太上皇帝紹興二十七年，原注：闕月。手詔：「朕惟崇尚儉素，實帝王之先務，祖宗之盛德。比年以來，中外服飾，過爲侈靡。雖累行禁止，終未盡革。朕躬行敦樸，以先天下。近外國所貢翠羽六百餘隻，可令焚之通衢，以視百姓行法當自近始。自今後宫中首飾、衣服，并不許鋪翠、銷金。如犯此禁，重置于法。仰幹辦内東門司官常切覺察，不得有違。若失覺察，以違制論。其中外士庶，令有司嚴立禁法。貴近之家，尤宜遵守，如有違犯，必無容貸。故兹詔諭，各宜知悉。」

校勘記

〔一〕金鼊筈　「鼊」，太常因革禮卷二一及宋會要輯稿禮一四之三四作「鼊」。

〔二〕鍮石鏃　「鍮」原作「輸」，據太常因革禮卷二一及宋會要輯稿禮一四之三四改。

〔三〕一爲雄鶻箭　「鶻」原作「體」，據太常因革禮卷二一及宋會要輯稿禮一四之三四改。

〔四〕閤門使持雄鶻箭贊云　「雄」原脱，據太常因革禮卷二一及宋會要輯稿禮一四之三四補。

〔五〕閤門使承宣云　「宣」原作「制」，據太常因革禮卷二一及宋會要輯稿禮一四之三四改。

〔六〕軍將門仗官二十八人齊聲喏　「二十八」，太常因革禮卷二一及宋會要輯稿禮一四之三四作「二十」。

〔七〕準敕付左右金吾仗行勘　「付」原作「符」，據太常因革禮卷二一及宋會要輯稿禮一四之三四改。

〔八〕如此亦再問對　「亦」原脱，據太常因革禮卷二一補。

〔九〕左右金吾引駕仗　「引」原作「列」，據太常因革禮卷二一及宋會要輯稿禮一四之三五改。

〔一〇〕勾畫都知具官臣姓名　「畫」原作「盡」，據太常因革禮卷二一及宋會要輯稿禮一四之三五改。

〔一一〕和箭官聲諾奏畢奉箭付閤門使　原脱，據太常因革禮卷二一及宋會要輯稿禮一四之三五補。

〔一二〕右仗主之　原脱，據太常因革禮卷二一及宋會要輯稿禮一四之三五補。

〔一三〕差退并東嚮　「嚮」後原衍「北上」，據宋史卷一一一禮志一四及宋會要輯稿帝系一八之四删。

〔一四〕内給事亦跪以授内謁者　「内給事」原脱，據宋史卷一一一禮志一四及宋會要輯稿帝系一八之四補。

〔一五〕内謁者及主當内臣等持册印入内東門　「内謁者」原脱，據宋史卷一一一禮志一四及宋會要輯稿帝系一八之四補。

〔一六〕内給事贊公主降詣庭中北嚮位立定　「内給事」原脱，據宋史卷一一一禮志一四及宋會要輯稿帝系一八之四補。

〔一七〕右給事捧册跪授公主　「右」原作「内」，據宋史卷一一一禮志一四改。

〔一八〕公主受以授左給事　「左」原作「内」，據宋史卷一一一禮志一四改。

〔一九〕右給事捧印授公主　「右」原作「内」，據宋史卷一一一禮志一四改。

〔二〇〕若納成　「納」後原衍「吉」，據長編卷一八六、宋史卷一一五禮志一八及文獻通考卷二五八帝系考九删。

〔二一〕别各設五門　宋史卷一二一禮志二四作「各設鼓五」。

〔二二〕皇親及節度使以下服異色綉衣　「皇親」，宋史卷一二一禮志二四作「宗室」。

〔二三〕叩鉦　「叩」，宋史卷一二一禮志二四作「鳴」。

〔二四〕援司天監五官正例　「援」原作「授」；「例」原脱，據長編卷一七七、職官分紀卷五及宋史卷一五三輿服志五改、補。

〔二五〕景祐二年五月七日　「七日」原作「九日」，據宋會要輯稿輿服四之六、長編卷一一六及宋大詔令集卷一九九禁鏤金詔改。

〔二六〕如聞比如　原脱，據宋會要輯稿輿服四之六及宋大詔令集卷一九九禁鏤金詔補。

〔二七〕潛冒舊防　「潛」原作「深」，據宋會要輯稿輿服四之六及宋大詔令集卷一九九禁鏤金詔改。

〔二八〕浸相貿鬻　「浸」原作「交」，據宋會要輯稿輿服四之六及宋大詔令集卷一九九禁鏤金詔改。

〔二九〕曾未呵糾　「糾」原作「謫」，據宋會要輯稿輿服四之六及宋大詔令集卷一九九禁鏤金詔改。

〔三〇〕增效魚龍之文　「增效」，宋大詔令集卷一九九禁鏤金詔作「效增」。

〔三一〕并不得衣銷金　「衣」原脱，據東都事略卷六及文獻通考卷一一四王禮考九補。

〔三二〕圈金解金剔金　「圈金」、「剔金」原脱，據東都事略卷六及文獻通考卷一一四王禮考九補。

〔三三〕楞金　「楞」原作「榜」，據東都事略卷六及文獻通考卷一一四王禮考九改。

〔三四〕盤金織金綫金撚金等　原作「蒙金」，據東都事略卷六及文獻通考卷一一四王禮考九改。

〔三五〕貴不逼下賤不擬上　宋大詔令集卷一九九禁鏤金詔作「貴不逼賤，下不僭上」。

〔三六〕倘懲誡之弗嚴　「誡」，宋會要輯稿輿服四之六及宋大詔令集卷一九九禁鏤金詔作「革」。

〔三七〕參爲定式　「定」原作「令」，據宋會要輯稿輿服四之六及宋大詔令集卷一九九禁鏤金詔改。

〔三八〕頭帤抹子之類凡帳幔複壁承塵柱衣額道架帕簾　「頭帤」、「複壁」、「架帕」、「簾」，宋會要輯稿輿服四之七分别作「頭鬚」、「緻壁」、「項帕」、「覆旌」。

〔三九〕諸班押班　後一「班」原脱，據長編卷一一九補。

卷十四

宋 李攸 撰

科目

進士之舉，惟本朝尤盛，而沿革不一。開寶六年，因徐士廉伐鼓訴訟，太祖御講武殿覆試。原注：講武殿即今崇政殿。覆試自此始。案：此句疑有脱誤。據文獻通考、宋史選舉志：命中書覆試，已行之乾德中，御殿命題重試，則自開寶六年始。賜詩，自太平興國二年吕蒙正榜始。分甲，自太平興國八年王世則榜始。賜袍、笏，自大中祥符中姚曄榜始。案：文獻通考：賜袍笏亦自吕蒙正榜始。錫宴，自吕蒙正榜始。賜同出身，自王世則榜始。賜别科出身，自咸平三年陳堯咨榜始。唱名，自雍熙二年梁灝榜始。封彌、謄録、覆考、編排，皆始于景德、祥符之間。案：宋史選舉志：淳化元年，蘇易簡知貢舉，糊名考校，遂爲例。景德四年，定親試進士條制，試卷内臣收之，付編排官去其卷首鄉貫狀，别以字號第之。付封彌官謄寫、校勘，用御書院印，付考官定等畢，復封彌送覆考官，再定等。編排官閱其同異，未同者，再考之。如復不同，即以相附近者爲定，取鄉貫狀字號合之，即第其姓名、差次，并試卷以聞。大中祥符八年，始置謄録院。令封印官封試卷付之。集書吏録本。文獻通考謂：糊名考校，淳化已用之。殿試，景德復用之禮部。此書以封彌與謄録、覆考、編排，并言始于景德、祥符間。似脱漏淳化糊名前事。蔡齊，大中祥符八年，舉進士第一。真宗臨軒，見其舉止端重，顧謂宰相寇準曰：「得人矣。」特詔金吾給騶從，使傳呼道上。因以爲例。

開寶六年，翰林學士李昉知貢舉，放進士及諸科及第者凡三十八人。下第進士徐士廉，自陳屈抑。即詔貢部以入等進士，并終場經學人，并親覆于殿廷。内出未明求衣賦、懸爵待士詩，進士宋準等一百二十七人，并放及第。昉所放，退落者十人。案：文獻通考云：昉取宋準等十一人。上令籍下第人召見擇之，并準等御試詩賦，黜昉所取武濟川一人，續取十六人附後，共得進士二十六人。又五經、開元禮、三禮、三傳、三史、學究、明法諸科，共一百有一人，恰合此書一百二十七人之數。惟初取十一人與三十八人，後黜一人與十人，彼此多寡懸殊，當是通考專言進士，此書合諸科言之。責授昉太常寺少卿〔一〕。御試舉人，自此始也。案：文獻通考云：昉等皆坐責，自茲殿試遂爲常式。又云：是年，雖別試，而其爲一榜。至八年，御試別爲升降，始有省試、殿試之分，省元、狀元之別。

【新輯】景德中，李迪、賈邊皆舉進士，有名當時。及就省試，主文咸欲取之。既而二人皆不與，取其卷視之，迪以賦落韻，邊以「當仁不讓於師論」，以「師」爲「衆」，與注疏異說。乃爲奏，具道所以，乞特收試。時王文正公爲相，議曰：「迪雖犯不考，然出於不意，其過可恕。如邊特立異說，將令後生務爲穿鑿，漸不可長。」遂收迪而黜邊。國朝事實。〔二〕

【新輯】唐制，禮部試舉人，夜以三鼓爲限。本朝率用白晝，不復繼燭。國朝事實。〔三〕

大中祥符元年，貢士萬二千人。真宗自擇太子少保晁迥知貢舉。

仁宗慶曆二年，詔罷殿試。時臣僚言：案：文獻通考、宋史選舉志并作「知制誥富弼言」「國家沿隋、唐之制，設進士科，取采賢俊，雖至公之道，過于前代，而得人之實，或所未至。蓋自咸平、景德後，條約漸密，然省試有三長，殿試有三短。省試主文者四五人，皆兩制辭學之臣；又選館閣官數人，以助考校；復有監守、巡察、糊名、謄録，上下相警，不能容毫釐之私，一長也。又引試凡三日，詩賦可以見辭藝，策、論可以見才識。四方之士，得以盡其所蘊，二長也。又貢院凡兩月餘日研究差次，必窮功悉力，然後奏號。三長也。殿試考校之官，多不精慎，一短也。一日試詩、賦、論三題，不能盡人之才，二短也。考校不過十日，不暇研究差次，三短也。或云省試放榜，則恩歸有司，殿試唱第，則恩出主上，是忘取士之實，而務收恩之名也。歷代取士，悉委有司，獨後漢文吏課牋奏，而副之端門〔四〕，亦未聞天子親試也。至唐武后載初之年，始有殿試，此安足法哉？往時未有糊名、謄録之制，主文者尚可專取捨。今既無以容其私，則殿試未見所長。請自今南省放榜，必恐恩歸有司，則宜如天聖二年貢舉，先令考定高下，以混榜引于殿廷，然後賜第，則與殿試無異矣。」因降是詔。案：文獻通考載是篇，大略相同。其末云：「遂詔罷殿試。而議者多言其輕上恩，隳故事，旋復殿試如舊。」

韓忠獻公、宋景文公同召試，中選。是時，王德用帶平章事，例當謝，自謙空疏。德用曰：「亦曾見程文，誠空疏，少年更宜學問。」二公大不堪，景文至曰：「吾屬見一老衙官，是納誨也。」後二公俱大名。德用已卒，忠獻謂景文曰：「王公雖武人，尚有前輩激勵、成就後學之意。」

【新輯】宋熙寧三年，吕公著知貢舉，密奏曰：「天子臨軒策士而用詩賦，非舉賢求治之意。今廷試，乞以詔策諮訪治道。」自是，上御集英殿試，乃以策問。是年，葉祖洽狀元。〔五〕

【新輯】宋朝事實：集賢殿唱第日，皇帝臨軒。宰臣進三名卷子，讀於御按前，用牙篦點讀畢，宰臣析視姓名，則曰某人。閤門則承之以傳于階下，衛士凡六七人皆齊聲傳其名而呼之，謂之「臚傳」，亦謂「遶殿」。唱名後，狀元獨班謝恩。第二名、第三名次爲一班。一甲唱名畢，則往西廓角取敕黄執之。敕黄用蜀中麻紙，兩幅連粘，大書某人待宜賜某等科第。其可漏子，又長於敕黄一尺。自狀元至第二甲終，皆曰宜賜進士及第。自第三甲至第四甲，皆曰宜賜進士出身。第五甲則曰宜賜同進士出身。甲内人齊則謝恩，便賜食，相身爲袍。各設位，賦詩以答皇恩。唱第五甲畢，士人皆執敕黄，再拜殿上。傳曰賜進士袍笏，積於殿外南廡下，出争取之，皆不暇脱白襴，加緑袍於下焉。兼賜淡黄絹衫一領、淡黄帶子一條、緑羅公服一領、笏一面。及第爲正奏名，第一狀元，承事郎；第二榜眼，第三探花，文林郎；第四、第五人，從仕郎；第六人至五甲終，并迪功郎。恩科人爲特奏名。第一等前二名，附正奏五甲，授迪功郎，餘并登仕郎。第二等，京府助教。第三等，上州文學。第四等，下州文學。并侯郊出官。第五等，諸州助教，止得敕黄袍、笏。〔六〕

樂律

太祖乾德元年，將有事于南郊。翰林學士竇儼撰定樂章，降神用高安，皇帝行禮用隆安，奠玉幣用嘉安，奉俎用豐安，酌獻、飲福并用禧安〔七〕，亞獻、終獻并用正安，送神用高安之曲。案：宋史樂志載：竇儼撰樂章，在建隆元年。此因乾德元年始南郊，故繫年互異。

治平二年，禮官李育言：「開寶通禮載：『圜丘、宗廟、大樂令，率二舞工人就位，文舞陳于縣北，武舞立于縣南。』今郊、廟文武二舞工六十八人，方行禮時，文舞既罷，乃捨羽籥，執干戚，以爲武舞。竊惟天子親執珪幣，以事天地、祖考，可謂極嚴恭矣。而舞者紛然旁午縱横于下，進退取捨蹙迫如此。非所以稱嚴恭之意也。」上曰：「自今郊、廟，二舞各用六十四人，以備八佾。」自是，二舞之數全矣。

崇寧四年九月，蔡京用魏漢津鑄九鼎，作大晟樂。時漢津取身爲度之義，以帝年二十四，當四六之數，取帝中指，以爲黄鐘之寸，而生度量權衡以作樂。漢津本剩員兵士，爲范鎮虞候，見其制作，略取之。而京又使劉昺緣飾之。原注：以上見楊氏編年。嘗考劉昺大晟樂論云〔八〕：五季滅裂之餘，樂音散亡。周世宗觀樂懸，問工人，不能答。乃命王朴審定制度，其規模鄙陋，聲音焦急，非惟朴之學識不能造微，蓋焦急之音，適與時應。藝祖以其聲高，近于哀思。乃詔和峴減下一律。仁宗朝，詔李照與諸儒典治，取京縣秬累尺成律，審其聲，猶高，更用太府布帛尺爲法，乃取世俗之尺，以爲下太常四律〔九〕。然太府尺乃隋尺也，照知樂聲之高，而無法以下之，乃取世俗之尺以爲據。是時，樂工病其歌聲太濁，乃私賂鑄工，使減銅齊，實下舊制三律。然照卒莫之辨。于是，議者紛然，遂廢不用。皇祐中，命阮逸、胡瑗參定。詔天下知樂者，亟以名聞。逸、瑗減下一律，三年而樂成。言者以其制不合于古，鐘聲弇鬱震掉，不和滋甚，遂獨用之常祀朝會焉。神考肇新憲度，將作禮樂，以文治功。元豐中，采楊傑之論，驛召范鎮、劉几與傑參議，下王朴樂二律，用仁宗所制編鐘，稽考古制，是正闕失，焕然詳明，夐出前世焉。然諸儒之議，互有異同，而其論不出于西漢，雖粗能減定，而其律皆本于王朴，未有能超然自得，以聖王爲師者也。魏漢津居西蜀，師事李良，授鼎樂之法。良惟以黄帝、后夔爲法，餘代皆有所去取。皇祐中，漢津與房庶以善樂被薦，既至，黍律已成。阮逸始非其說，漢津不得伸其所學。後逸之樂不用，乃退與漢津議指尺，作書二篇，叙述指法。其書行于世。漢津嘗陳其説于太常，樂工憚改作，皆不主其説。逮崇寧初，上以英明浚哲之姿，慨然遠覽，將稽帝王之制，而自成一代之治。乃詔宰臣置僚屬，令講議大政。顧惟大樂之制，訛謬殘闕甚矣。太常以樂器敝壞，遂擇諸家可用者。琴瑟制度，參差不同，簫篴之屬，樂工自備。每大合樂，聲韻淆雜，而皆失之太高。箏、筑、阮，秦、晉之樂也，乃列于琴、瑟之間。熊羆案，梁、隋之制也。乃設于宮架之外，笙不用匏，舞不象成，曲不協譜。樂工率農夫、市賈，遇祭祀朝會，則追呼于阡陌閭閻之中，教習無素〔一〇〕，懵不知音。議樂之臣以樂經散亡，無所據依。秦、漢之後，諸儒自相非議，不足取法。乃博求異人，而以漢津之名達于上焉。高世之舉，適契聖心。乃請以聖上中指三節爲三寸，三三爲九，而黄鐘之律成焉。漢津得之于師曰：「人君代天理物，其所禀賦，必與衆異。然春秋未及，則其寸不足；春秋既壯，則其寸有餘。惟三八之數，爲人正，得太簇之律。」今請指之年，適與時應，天其興之乎？前此以黍定律，遷就其數，曠歲月而不能决。今得指法，裁而爲管，尺律之定，曾不崇朝。其聲中正平和，清不至高，濁不至下，焦急之聲，一朝頓革。聞者無不懽忻，調唱和氣油然而生焉。越崇寧四年八月庚寅，樂成。詔罷舊樂，賜新樂，名曰大晟。明年冬，致祠于帝鼐殿，有甘露自龍角鬣下降。案：崇寧四年，鑄帝鼐、九鼎成。大觀間，御製大晟樂記云：「明年冬，備三獻九奏，奉祠鼎鼐。後有雙鶴來儀。」不言甘露降，則此特昺之飾說也。詔令樂府官屬排設宮架，備三獻九奏，以祇謝景貺。曲再作，有雙鶴迴旋于宮架之上。後再習樂，群鶴屢至。昔黃帝大合樂〔一二〕，有玄鶴六舞于前，蓋和聲上達，而後鶴爲之應。傳曰：「不見其形，當察其影。」世之知音者鮮矣。而羽物之祥，可卜其聲和也。蓋聲音之和，上繫人君之壽考，下應化日之舒長。焦急之聲，固不可用于隆盛之世。昔李照欲下其律，乃曰：「異日聽吾樂，當令人物舒長。」照之樂固未足以感動和氣如此，然亦不可謂無其意矣。自藝祖御極，知樂之聲高，歷一百五十餘年，而後中正之聲乃定。蓋奕世修德，和氣薰蒸，一代之樂，理若有待。壽考、舒長之應，豈易量哉！

四年八月庚寅，崇政殿奏新樂。詔曰：「道形而下，先王體之，協于度數，播于聲詩。其樂與天地同流，雅、頌不作久矣。朕嗣承令緒，荷天降康，四海泰定，年穀順成。南至夜郎、牂牁，西逾積石、青海，罔不率俾。禮樂之興，百年于此。然去聖逾遠，遺聲復存。乃者得隱逸之士于草茅之賤，獲英莖之器于受命之邦。適時之宜，以身爲度，鑄鼎以起律，因律以制器，按協于庭，八音克諧。蓋祖宗積累之休，上帝克相，豈朕之德哉！昔堯有大章，舜有大韶，三代之王，亦各異名。今追千載而成一代之制，宜賜名曰大晟。朕將薦郊廟，享鬼神，和萬邦，與天下共之，豈不美歟？其舊樂勿用。」實録不載，詔旨亦不載。本紀于辛卯日書「賜新樂，名大晟。置府建官。」辛卯，大理卿曹調、少卿李孝稱、中書舍人張閣、許光凝各以本職進對，上謂閣曰：「昨日新樂如何？」閣對曰：「昨日所按大晟樂，非特八音克諧，盡善盡美，至于樂器〔一二〕，莫不皆應古制。竊聞初按時，已有翔鶴之瑞，與『簫韶九成，鳳凰來儀』，亦何以異？臣無知識，聞此和聲，但同鳥獸蹌舞而已。」閣因奏被旨以古州等處納土，差官奏告永昭、永厚陵。上曰：「古州是古牂牁、夜郎之地。」閣對曰：「牂牁、夜郎接連南詔〔一三〕，最爲荒遠，所謂『上仁所不化者』。今不緣征誅文告之煩，舉國内屬，非陛下文德誕敷，何以致此？今告功諸陵，在天之靈，亦當顧享。」次光凝奏云：「昨日按新樂，臣忝侍從之末，得遇榮觀，不勝幸甚。」上曰：「八音甚諧。」光凝曰：「此聖德所致，可謂治世之音安以樂。至如陛下收復青唐，趙懷德歸順，近古州二千餘里，盡内附。今正功成作樂之時。」上曰：「盡出詒謀。」光凝曰：「神考厲精庶政，今陛下收其成效，若非陛下善繼善述，何以致此？」九月乙未朔，以九鼎成，御大慶殿受賀，始用新樂。

大觀四年八月丁卯，御製大晟樂記云：「在藝祖時，常詔和峴；在仁宗時，常詔李照、阮逸；在神考時，常詔范鎮、劉几。然老師俗儒，末學昧陋，不達其原，曾不足以奉承萬一，以迄于今。朕仰繼先烈，推而明之。蓋古之作樂者，事與時并，名與功偕。制作各不同，故文王作周，大勛未集，則簴業之聲，不可行于武成之後。武王嗣武，卒其功伐，則大武之聲，不可施于太平君子持盈守成之日。周雖舊邦，樂名三易。朕承累聖之謀，述而作之，有在乎是。然奮乎百世之下，以追千古之緒，遺風餘烈，莫有存者。夙夜以思，賴天之靈，祖宗之休。李良之弟子，出于卒伍之賤，獻黄帝、后夔正聲、中聲之法，宋成公之英莖出于受命之邦，得其制作範模之度，協于朕志。于是，斥先儒累黍之惑，近取諸身，以指爲寸，以寸生尺，以尺定律，而樂出焉。爰命有司，庀徒鳩工，一年制器，三年樂成，而金石、絲竹、匏土、革木之器備。以崇寧四年八月庚寅，按奏于崇政殿庭，八音克諧，不相奪倫。

越九月朔，百僚朝大慶殿稱慶，樂九成，羽物爲之應，有鶴十隻，飛鳴其上。乃賜名曰大晟，置府建官，以司掌之。明年冬，備三獻九奏，奉祠鼎鼐，復有雙鶴來儀。自後樂作則鶴至，形影之相召。于以薦壇廟，和萬邦，與天下共之。乃按習于宫掖，教之國子，用之太學辟廱，頒之三京、四輔，以及藩府焉。及親筆手詔，布告中外，以成先帝之志，不其美歟！孟子曰：『今樂猶古樂。』蓋感人以聲，則無古今之異。四夷之樂，先王所不廢也。雖樂不同，而聲豈有二？古今參用，永爲一代之制。繼周勺之後，革百王之陋，以遺萬世，貽厥子孫，永保用享。大觀庚寅八月一日，宣和殿記。」

政和三年五月，御筆手詔：「樂廢久矣，歷世之君，千有餘歲，莫之能述，以迄于今，去古尤遠〔一四〕。循沿五季之舊，誠非治世之音〔一五〕。祖宗肇造之始，每未遑暇，百年後興，蓋在今日。崇寧之初，納漢津之説，成大晟之樂，薦之郊廟，而未施行于燕饗。夫今樂猶古樂也，知樂者知其情而已，循聲以知音，循音以知樂，循樂以知政，所通在政，所同在音，而無古今之異。比詔有司，以大晟樂播之教坊，按試于庭，五聲既具，八音始全，無怗滯焦急之聲〔一六〕，有純厚嘽繹之美。朕奉承聖謨，立政造事，昭功繼志，一紀于兹。乃者玄圭告成，今則雅樂大備，功成而作，于是始信。荷天之休，宗廟遂謀〔一七〕，追三代之盛，成一代之制，以遺萬世，嘉與天下共之。可以所進樂并頒行天下，舊樂悉行禁止。仍令尚書省措置，立法行下。故兹詔示，想宜知悉。」牒奉敕，依已得指揮，并大晟府既頒降，候頒行日，禁止舊樂。

六年閏正月戊申，大晟府奏：「神宗皇帝嘗命儒臣肇造玉磬，藏之樂府。乞令略加磨礱，俾與律合。并造金鐘，專用于明堂，以薦在天之神。」從之。

曆象

太宗詔新曆，載六十甲子。至道二年十一月，司天冬官正楊文鑑請〔一八〕：「于新曆六十甲子外，更增六十年〔一九〕。」事下有司，判司天監苗守信等議：「以爲無所稽據，不可行用。」帝曰：「支干相承，雖止六十，儻兩周甲子，共成上壽之數，使期頤之人，得見所生之歲，不亦善乎？」因詔新曆，以百二十甲子爲限，自此始。

仁宗朝司天論月蝕分刻。皇祐五年，知制誥王洙言：案：宋史曆志不載是年月食事及王洙奏議，此可補其闕。「據司天監李用晦等狀，十一月望，月蝕十分，七曆并同。復圓在晝，不辨辰刻〔二〇〕。推驗起虧時刻〔二一〕，内宣明算在丑正二刻，儀天丑正三刻，應天、乾元、崇玄寅初一刻後〔二二〕，大衍、景福寅初二刻〔二三〕。而其夜食寅初四刻，惟大衍、景福稍近。然景福算景祐三年四月朔日食二分强，而崇天、乾元、宣明不食，後果不食。大衍曆算唐開元十二年七月戊午朔日食八分半，十三年十二月庚戌朔日食十五分之十三，至日皆不食。所以一行大衍曆議云：『假令理曆者因開元二食，曲變交限以就之，則所協甚少，而所失甚多。』用晦等亦不敢指定大衍、景福爲密。緣曆算日月交食〔二四〕，諸曆互有疏密，不可常準的。蓋月日動物〔二五〕，豈不少有盈虧〔二六〕，亦變常不定。曆象必無全密〔二七〕，所謂天道遠，而人道邇，古來撰曆名賢，如太史公、洛下閎、劉歆、張衡、杜預、劉綽、李淳風、僧一行等，尚不能窮究，况用晦等淺學，止依古法推步，難爲指定日月所食疏密。又據編修唐書官劉義叟狀，據曆官等稱，參校諸曆，互有疏密，及稱止依古法推步，不敢指定一曆準的參定者〔二八〕。古聖人曆象之意，止于恭授人時，雖則豫考定交會，不必吻合辰刻，故有修德救食之理〔二九〕。天道神變，理非可盡。設謂必可盡耶，則先儒不容自爲疏闊。又大衍等七曆所差不多，法數大同而小異，亦是遞相因藉，乘除積累，漸失毫釐。且辰刻更籌，惟據漏刻，或微有遲速，未必獨是曆差。按隋曆志，日月食既有起訖早晚，亦或變常進退，于正見前後十三刻半內候之。今止差三刻，或是天道變常，未爲乖謬。又一行于開元中治曆，以大衍及李淳風麟德、劉綽皇極三曆，校日食三十七事，大衍課第一，所中纔二十二〔三〇〕，麟德得五，皇極得十。以一行聰明博達，時謂聖人，宜考古今，尚未能盡。如淳風輩，益以疏遠。況聖朝崇天曆法，頒用逾三十年，誕布海內，熟民耳目，方將施之無窮，兼所差無幾，不可偶緣天變，輕議改移〔三一〕。詰其本原，蓋亦出于大衍。其景福曆行于唐季，非治世之法，不可循用。」詔仍用崇天曆法。

英宗治平二年三月〔三二〕，賜新曆名曰明天，命翰林學士承旨王珪序之。初，上即位，司天監奏，崇天曆五星之行及諸氣節有差。詔判司天監周琮等七人，同造新曆。案：宋史：英宗即位，命判司天監周琮及司天冬官正王炳、丞王棟、主簿周應祥、周安世、馬傑，靈臺郎楊得言作新曆。此書止載琮等七人，而官職、姓名俱未及詳。曆成，而中官舒易簡、監生石道、李遘各獻其所造曆。詔翰林學士范鎮、諸王府侍講孫思恭、國子監直講劉攽詳定，周琮等所造最密，乃用其曆。

遷琮等各兩官，賜物有差。然琮等曆後亦不可用，而琮等皆奪所得官。案：宋史：熙寧三年七月，以琮等推驗月食，不效。乃詔復用崇天曆，奪琮等所遷官。與此可互證。

天文官李自正上星變圖，且言月與太白俱犯昴，當有邊兵大起。上謂輔臣曰：「陰陽占候之説，或中或否，紂以甲子亡，武王以甲子興，盛衰之理，何其異也？由是言之，王者當祗畏天道，要在人事應之如何爾。」

校勘記

〔一〕責授昉太常寺少卿　「少」原脱，據長編卷一四及文昌雜録卷四補。

〔二〕輯自宋朱熹五朝名臣言行録卷第二。

〔三〕輯自宋佚名錦綉萬花谷卷二二；又見：宋祝穆事文類聚前集卷二六仕進部、宋謝維新古今合璧事類備要前集卷三七。

〔四〕而副之端門　「副」原作「上」，據長編卷一三五及宋會要輯稿選舉三之二三改。

〔五〕輯自明陳仁錫潛確居類書卷之五十。

〔六〕輯自明陳懋學事言要玄人集卷七。

〔七〕酌獻飲福并用禧安　文獻通考卷一四三樂考一六作「酌獻用禧安，飲福用禮安」。

〔八〕嘗考劉昺大晟樂論云　「昺」，皇宋通鑑長編紀事本末卷一三五作「炳」。

〔九〕乃取世俗之尺以爲下太常四律　「取世俗之尺以爲」原脱，據皇宋通鑑長編紀事本末卷一三五補。

〔一〇〕教習無素　「素」原作「成」，據皇宋通鑑長編紀事本末卷一三五改。

〔一一〕昔黄帝大合樂　「昔」原脱，據皇宋通鑑長編紀事本末卷一三五補。

〔一二〕至于樂器　「器」原脱，據皇宋通鑑長編紀事本末卷一三五補。

〔一三〕牂牁夜郎接連南詔　「詔」原作「陸」，據皇宋通鑑長編紀事本末卷一三五改。

〔一四〕去古尤遠　「尤」，宋大詔令集卷一四九行大晟新樂御筆手詔作「既」。

〔一五〕誠非治世之音　「誠」原脱，據宋大詔令集卷一四九行大晟新樂御筆手詔補。

〔一六〕無惉滯焦急之聲　「惉」原作「怨」，據宋大詔令集卷一四九行大晟新樂御筆手詔改。

〔一七〕宗廟遂謀　「遂謀」，宋大詔令集卷一四九行大晟新樂御筆手詔作「顧諟」。

〔一八〕正楊文鑑請　「鑑」，長編卷四〇與此同。宋史卷七〇律曆志及玉海卷一〇作「鎰」。

〔一九〕更增六十年　「六十」，玉海卷一〇與此同。長編卷四〇及宋會要輯稿運曆一之六作「二十」。

〔二〇〕不辨辰刻　「辰」原脱，據長編卷一七三及宋會要輯稿運曆一之七補。

〔二一〕推驗起虧時刻　「推」原作「惟」，據宋會要輯稿運曆一之七改。

〔二二〕應天乾元崇玄寅初一刻後　「崇玄」原脱，據宋會要輯稿運曆一之七補。案「崇玄」，長編卷一七三作「崇天寅初二刻」。
〔二三〕大衍景福寅初二刻　「二刻」，長編卷一七三作「三刻」。
〔二四〕緣曆算日月交食　「月交」乙倒，據長編卷一七三及宋會要輯稿運曆一之七乙正。
〔二五〕蓋月日動物　「動物」原脱，據長編卷一七三及宋會要輯稿運曆一之七補。
〔二六〕豈不少有盈虧　「虧」，宋會要輯稿運曆一之七作「縮」。
〔二七〕曆象必無全密　「象」，長編卷一七三與此同，宋會要輯稿運曆一之七作「家」。
〔二八〕不敢指定一曆準的參定者　「一」原脱，據長編卷一七三及宋會要輯稿運曆一之七補。
〔二九〕故有修德救食之理　「理」，長編卷一七三與此同，宋會要輯稿運曆一之七作「禮」。當是。
〔三〇〕所中纔二十二　「中」原作「申」，據長編卷一七三及宋會要輯稿運曆一之七改。
〔三一〕輕議改移　「輕」原脱，據長編卷一七三及宋會要輯稿運曆一之七補。
〔三二〕英宗治平二年三月　「二年」原作「元年」，長編卷一七三及宋史卷一三英宗本紀及皇朝編年綱目備要卷一七改。

卷十五

宋李攸撰

耤田

明道元年十二月，上謂宰臣曰：「朕觀古之興王，皆重農桑，以爲厚生之本。朕欲躬耕耤田，庶驅天下游食之民，盡歸南畝。」宰臣賀曰：「陛下親發德音，躬耕以勸天下之民，皆致治之大本。臣等備位宰輔，不勝慶幸。」乃下詔曰：「庶政之本，蓋先于農；五禮之經，莫重于祭。所以敦化阜俗，昭孝息民。致理之源，率由兹道。朕祇若靈命，臨拊萬方，守積累之洪基，荷清寧之大德。然賴母儀訓助，衡宰輔成，暨中外之庶官，皆夙夜而勤職。是致九圍静謐，百姓康熙。内惟凉薄之姿，敢怠寅威之戒。圜丘告類，雖屢展于國容；千畝躬耕，尚闕修于古制。念太宗在御之日，行東郊執耒之儀，憲度具存，典章咸備。今欲述先烈，循祖考前規，申命攸司，因時蕆事。恭惟皇太后，恢宣聖範，保佑冲人，于兹十年，克成丕業，亦未嘗親詣太室，祗薦嘉羞，伸昭事之誠，答眷懷之祉。復以歲時大順，宮寢肇新，元曆載更，休祥沓應，顧兹縟禮，可舉而行。朕則躬稼穡之艱難，勤身而率下。皇太后則謝祖宗之貺祐，精意以告虔。信有合于經彝，庶永光于簡册。爰伸誕告，用示先期。朕以來年二月内，擇日行耤田之禮。兼皇太后自垂簾聽政以來，未曾恭謝宗廟，朕已禀奉慈旨，于耤田前，請皇太后恭謝宗廟。其來年冬至，更不行南郊之禮。所有合行諸般恩賞，并特就耤田、恭謝宗廟禮畢，一依南郊例施行。」二年二月乙巳，皇太后赴太廟，親享七室，禮成，還宮。案：宋史：皇太后服衮，衣儀天冠，饗太廟。皇太妃亞獻，皇后終獻。此書所載稍略。上御天安殿，發册，上太后尊號曰應天齊聖顯功崇德慈仁保壽皇太后〔一〕。禮畢，是日，上宿天安殿，百官宿齋于朝堂。丙午，宿齋于東郊。日旁有黄雲如龍鳳。丁未，祀神農氏于壇，乃就耕位，執耜行耤田之禮。禮儀使張士遜奏三推而止。上曰：「朕將耕終千畝，以勸天下之力農。」士遜固請，乃耕十二步而止，案：宋史禮志及本紀，皆不載仁宗耕十二步事，此可補其闕。還御觀耕臺〔二〕。公卿以下執耒，耤田令奉穜稑之種，司農卿受而灑之，率屬以終其事。還御正陽門，下制曰：「朕欽承皇統，遵奉母儀，底定萬邦，勤勞一紀。陽郊嚴配，既屢展于孝思；儲駕躬耕，尚未遵于祖則。是用秩開元之遺事，述端拱之舊章，毖祀農壇，親臨帝籍。復慈闈之憲古，款清廟以謝成。圭瓚告虔，翬珩從獻，樂崇九奏，禮備三犧。嘉夷夏之駿奔，感神靈之降格。威儀卒獲，福禄來同。可大赦天下。云云。」宣制畢，百官稱賀。上御天安殿，攝太尉吕夷簡等上尊號曰睿聖文武體天法道仁明孝德皇帝。

財用

仁宗寶元二年，陝西用兵，輔臣議節浮費，有議減百官及軍班等俸賜者。上曰：「朕所欲去者，乘輿服御，至于宫掖奢侈奇巧無名之費、不急之用爾。國家當擇人以任職，至于俸賜，自有定制，何用紛紛裁減，以駭中外乎？可下詔申諭之。」六月壬戌，詔曰：「朕猥奉鴻業，深惟永圖，恭己愛人，勵精求治〔三〕。欲素樸形于天下〔四〕，風化始于朝廷，專命近臣，議去浮費。爰自乘輿之所御，以至宫掖之所須，盡屏紛華，一敦簡儉。若夫設官置吏，分總事聯，經武制軍，參處營衛，惟其廩稍之給，具載等差之常，務從定規，無或過議。其文武百官，及軍班等俸賜〔五〕，宜令詳定所不得輒行裁減。故兹詔示，想宜知悉。」

【新輯】宋朝事實：【仁宗慶曆元年九月】是時，天下頻有水旱，上常憂恤，務要賑救。三司判官王琪上言，乞立義倉。上甚喜於形。其奏略曰：「謹按唐法，自王公以下，墾田畝稅二升。臣愚以爲舊事久廢，當酌輕法以馴致焉，如從田畝之稅，其實太重。永徽年中，别頒新格，自上户以降，計户出粟，而且不均。方今之宜，莫若自第五等以上，於夏秋正税外，每二斗别納一升，隨常賦以入。俾各於本州或於本邑，择其便地，别立倉以貯之，爲賬籍以收之，特建使額，俾本路轉運使領之。其州縣若遇水旱，但正税減放，則義倉更不輸送，餘隨秋、夏二税送納。歲若大歉，則上請賑給之日，仰當職官吏必及貧弱。一切違犯，比附條例施行。今天下大率取一中郡計之，凡一中郡夏秋正税粟、麥之屬〔六〕，且以十萬石爲約，則義倉於一中郡歲得五千石矣，矧天下所入乎？使仍歲豐登，將闇然而積如京坻，不可勝計矣。臣竊見明道中最爲饑饉，國家欲盡貸饑民，則兵食不足，民有流轉之患。是時，兼并之家出數千石粟，即稱官爲吏。豈謂爵爲輕與，特愛民濟物，不獲已而爲之爾〔七〕！與乎乘歲之豐，收羡餘之入，于天下之廣〔八〕，爲無窮之利，豈不大哉！伏望皇帝陛下，以臣此議，下于有司，使通知治體、博究民隱者議之。」會議者異同而止。康定中，又上奏曰：「竊以義倉之建，始隋開皇年中，終文皇一朝，得免饑饉之患。唐太宗曰：『既爲百姓預作儲貯，官爲舉掌，以備凶年，非朕所須横生賦斂，利人之事，深是可嘉。』於是，自王公以下，墾田畝税二升。逮天寶中，天下義倉共六千三百八十七萬餘石。長慶、大中以來，約束既嚴，貸借不乏。至于五代之末，天下分裂，中原所有州郡無幾，加之以戰伐，因之以饑饉，征役無已，賦斂不勝，義倉不得不廢矣〔九〕。我國家削平禍亂，混一區宇，順流而治，與民休息，故此倉之制，未暇議焉。臣于天聖三年中曾陳愚見，乞復義倉，景祐中又上此議，雖蒙頒下諸路運使相度，而有司不切奉行，俗吏淺識，止于目前，安知長算遠馭，爲化基治具？今十七年，以義倉所得，豈減天寶之多乎？於國家之計，儲蓄不有所積乎？今天下倉廩上供之外，州郡所留歲計不過一年，一遇水旱之灾，自給不足，豈暇及民乎？去年江、淮之間，殍亡尤甚。自去歲逮今，二浙之民饑死流離，十過半矣。倘州郡倉廩有餘加貸，則安有此患？使知治體而爲國計者，可不痛哉！隋、唐義倉之法，畝税至重，今若自第五等已上民户，據夏秋税，每二斗俾納一升，所入至薄。况豐年則納，歉歲蒙給，而又送倉之日隨其正税，民無勞擾，將樂輸焉。且文皇、太宗，隋、唐之賢主，創兹長策，歷代遵行，成效在前，良史具載，悠悠浮議，尚或異端，固知立大功、成大利，非聖人莫能興之也。伏思皇帝陛下臨御以來，總覽萬機，憂勤庶政，有言必用，有善必從。伏望陛下察唐太宗特達之言，考前賢創製之法，出於聖斷，特立洪規。陛下儻一言遵行，實萬世蒙福，俾國家有儲蓄之計，生民有養育之資，書之簡編，益光陛下之聖政矣。臣前陳義倉條目頗備，今再録上進，伏乞陛下，以臣今狀并送中書。如可施行，請將來年夏税爲始，貴乎議利可得建成。」上從之，詔天下皆立義倉。後石介著斥游惰文一編，欲立社倉，與其意合。其略曰：「隋立社倉，唐立義倉，近代行之，最爲利便。社倉、義倉〔一〇〕，一也。今請每村立一社倉，逐户據户口數多少，仍約歲之豐耗，年年納粟若干、豆若干、菽黍若干石斗。委上等户有年德者三兩人主之〔一一〕，如遇饑饉，量口數支給。如此行之，則雖有水旱虫螟，民不乏矣。」石介之言，亦切于民間之利病，惜乎世人皆憚一時之煩，而不爲民建久遠之計，使一遇水旱凶荒之歲，皆父子流離，老幼不保，誠可嗟痛。爲國者試行琪、介之議，其亦仁政之本歟！〔一二〕

嘉祐四年二月乙亥〔一三〕，詔三司：「以天下廣惠倉隸司農，逐州選幕職、曹官各一人專監，每歲十月，别差官檢視老弱病疾不能自給之人，籍定姓名，自次月一日給米一升，幼者半升，每三日一給。至明年二月止。有餘，即量諸縣大小〔一四〕，而均給之。」六月，詔諸路轉運司，凡鄰路鄰州災傷〔一五〕，而輒閉糴者，以違制坐之。初，諫官吴及言：「春秋之時，諸侯相傾，竊地專封，固不以天下生靈爲憂，然猶同盟之國，有救患分災之義也。凡外災則不書，莊公十一年，書宋大水，昭公十八年，書宋、衛、陳、鄭災，然則皆外災也。所以書者，是亦承告之辭，而患難相恤之謂也。又莊公二十八年，臧孫辰告糴于齊，魯記之。又以鬯圭、玉磬如齊告糴，曰：『不腆先君之敝器，敢告滯積，以舒職事。』齊人歸其玉而與之糴。僖公十五年，晉侯及秦伯戰于韓，獲晉侯。傳云：『晉饑，秦輸之粟，秦饑，晉閉之糴。故秦伯伐晉。』諸侯無書獲之例，而經書曰獲晉侯。貶絶之也。戰國之世，王道不絶如綫，一有閉糴，而春秋誅之。陛下恩施動植，視人如傷，然州郡之間，官司各專其民，擅造閉糴之令，一路饑，則鄰路爲之閉糴，一郡饑，則鄰郡爲之閉糴矣。二千石以上，所宜同國休戚，而班布主恩。坐視流離，又甚于春秋之時，豈聖朝所以子育兆民之意哉？」故下是詔。

英宗嘉祐八年十二月庚寅，詔：「京師老疾孤窮丐者，雖有東、西福田院，給錢米者纔二十四人。可即寶勝、壽聖禪院，置南、北福田院，并東、西各蓋屋五十間，所養各以三百人爲額。歲出内藏錢五千貫給之。」

始，益州豪民十餘萬户連保作交子，每年與官中出夏秋倉盤量人夫及出修麋棗堰、丁夫物料。諸豪以時聚首，同用一色紙印造。印文用屋木人物，鋪户押字，各自隱密題號，朱墨間錯，以爲私記。書填貫，不限多少。收入人户見錢，便給交子，無遠近行用，動及萬百貫。街市交易，如將交子要取見錢，每貫割落三十文爲利。每歲絲蠶米麥將熟，又印交子一兩番，捷如鑄錢。收買蓄積，廣置邸店、屋宇、園田、寶貨。亦有詐僞者，興行詞訟不少。或人户衆來要錢，聚頭取索印，關閉門户不出，以至聚衆争鬧，官爲差官攔約。每一貫祇多得七八百，侵欺貧民。知府事、諫議大夫寇瑊奏：「臣到任，誘勸交子户王昌懿等，令收閉交子鋪，封印卓，更不書放。直至今年春，方始支還人上錢了當。其餘外縣有交子户，并皆訴納，將印卓毀棄訖。乞下益州，今後民間更不得似日前置交子鋪。」奉聖旨，令轉運使張若谷、知益州薛田同共定奪。奏稱：「川界用鐵錢，小錢每十貫，重六十五斤，折大錢一貫，重十二斤。街市買賣至三五貫文，即難以携持。自來交子之法，久爲民便，今街市并無交子行用，合是交子之法歸于官中。臣等相度，欲于益州就係官廨宇，保差京朝官别置一務，選差專副曹司，揀掐子逐日侵早入務，委本州同判專一提轄。其交子一依自來百姓出給者闊狹大小，仍使本州銅印印記。若民間僞造，許人陳告，支小錢五百貫，犯人決訖，配銅錢界。」奉敕令梓路提刑王繼明與薛田、張若谷同定奪聞奏。稱：「自住交子後，來市肆經營買賣寥索。今若廢私交子，官中置造，甚爲穩便。仍乞鑄益州交子務銅印一面，降下益州，付本務行使。仍使益州觀察使印記，仍起置簿歷，逐道交子，上書出錢數，自一貫至十貫文。合用印過上簿，封押，逐旋納監官處收掌。候有人户將到見錢，不拘大小鐵錢，依例准折，交納置庫收鎖，據合同字號給付人户，取便行使。每小鐵錢一貫文，依例克下三十文入官。其回納交子，逐旋毁抹合同簿歷。天聖元年十一月二十八日，到本府，至二年二月二十日，起首書旋，一周年共書放第一界三百八十八萬四千六百貫。」景祐三年，置監官二員輪宿。皇祐三年二月三日，三司使田況奏：「自天聖元年，薛田擘劃，興置益州交子，至今累有臣僚講求利害，乞行廢罷。然以行用既久，卒難改更。兼自秦州兩次借却交子六十萬貫，并無見錢樁管，衹是虛行刷印，發往秦州入中糧草。今來散在民間，轉用艱阻，已是壞却元法，爲弊至深。轉運司雖收積餘錢撥還，更五七年未得了當，却勒第十三界書造交子，兑換行用，憑虛無信，一至于此。乞今後更不許秦州借支。」奉聖旨依奏。熙寧元年，轉運司奏：「逐界交子十分内，紐定六分書造一貫文，四分書造五百文，重輕相權，易爲流轉。」奉聖旨依行。

蘇轍元祐會計録序曰：「臣聞漢祖入關，蕭何收秦圖籍，周知四方盈虛强弱之實，漢祖賴之以并天下。丙吉爲相，匈奴嘗入雲中、代郡，吉使東曹考按邊瑣，條其兵食之有無，與將吏之才否，逡巡進對，指揮遂定。由此觀之，古之人所以運籌帷幄之中、制勝千里之外者，圖籍之功也。蓋事之在官，必見于書，其始無不具者，獨患多而易忘，久而易滅，數十歲之後，人亡而書散，其不可考者多矣。唐李吉甫始簿録元和國計，并包巨細，無所不具。國朝三司使丁謂等因之，爲景德、皇祐、治平、熙寧四書，網羅一時出納之計，首尾八十餘年，本末相授。有司得以居今而知昔，參酌同異，因時施宜。此前人作書之本意也。臣以不佞，待罪地官，上承元豐之餘業，親睹二聖之新政，時事之變易，財賦之登耗，可得而言也。謹按：藝祖皇帝創業之始，海内分裂，租賦之入，不能半今世，然而宗室尚鮮，諸王不過數人，仕者寡少，自朝廷郡縣，皆不能備官。士卒精練，常以少克衆。用此三者，故能奮于不足之中，而綽然常若有餘。及其列國款附，琛貢相屬于道，府庫充塞，創景福内庫，以蓄金幣，爲殄虜之策〔一六〕。太宗因之，克平太原。真宗繼之，懷服契丹。二患既弭，天下安樂，日登富庶〔一七〕，故咸平、景德之間，號稱太平。群臣稱頌功德，不知所以裁之者。于是，請封泰山、祀汾陰、禮亳社，屬車所至，費以鉅萬。而上清昭應、崇禧、景靈之宫，相繼而起，累世之積，糜耗多矣。其後昭應之灾，臣下復以營繕爲言。大臣力争，章獻感悟，沛然遂與天下休息。仁宗仁聖，清心省事，以幸天下。然而民物蕃庶，未復其舊。而夏賊竊發，邊久無備，遂命益兵以應敵，急征以養兵。雖間出内藏之積，以求紓民，而四方騷然，民不安其居矣。其後，西戎既平，而已益之兵，遂不復汰。加以宗子蕃衍，充牣宫邸，官吏冗積，員溢于位，財之不贍，爲日久矣。英宗嗣位，慨然有救弊之意，群臣竦觀，幾見日新之政，而大業未遂。神考嗣世，忿流弊之委積，閔財力之傷耗，覽政之初，爲强兵富國之計。有司奉承，違失本旨，始爲青苗、助役，以病農民；繼爲市易、鹽鐵，以困商賈。

利孔百出，不專于三司。于是，經入竭于上，民力屈于下。繼以南征交阯，西討拓跋，用兵之費，一日千金，雖内帑别藏，時有以助之，而國亦憊矣。今二聖臨御，方恭默無爲，求民之疾苦而療之。令之不便，無不釋去，民亦少休矣。而西夏不賓，水旱繼作，凡國之用度，大率多于前世。當此之時，而不思所以濟之，豈不殆哉？臣歷觀前世，持盈守成，艱于創業之君，蓋盈之必溢，而成之必毁。物理之至，有不可逃者。盈、成之間，非有德者不安，非有法者不久。昔秦、隋之盛，非無法也，内建百官，外列郡縣。至于漢、唐因而行之，卒不能改。然皆二世而亡，何者？無德以爲安也。漢文帝恭儉寡欲，專務以德化民，民富而國治，後世莫及。然身没之後，七國作難，幾于亂亡。晉武帝削平吴、蜀，任賢使能，容受直言，有明主之風。然而亡不旋踵，子弟内叛，羌胡外亂〔一八〕，遂以失國。此二帝者，皆無法以爲久也。今二聖之治，安而静，仁而恕，德積於世。秦、隋之憂，臣無所措心矣。然而空匱之極，法度不立，雖無漢、晉强臣、敵國之患，而數年之後，國用曠竭，臣恐未可安枕而卧也。故臣願得終言之，凡會計之實，取元豐之八年，而其爲别有五：一曰收支，二曰民賦，三曰課入，四曰儲運〔一九〕，五曰經費。五者既具，然後著之以見在，列之以通表，而天下之大計，可以畫地而談也。若夫内藏右曹之積，與天下封樁之實，非昔三司所領，則不入會計，將著之他書，以備覽觀焉。」

蘇轍民賦序曰：「古之民政，有不可復者三焉。自祖宗以來，論事者嘗以爲言，而爲政者嘗試其事矣。然爲之愈詳，而民愈擾；事之愈力，而功愈難。其故何哉？古者隱兵于農，無事則耕，有事則戰。安平之世，無廩給之費；征伐之際，得勤力之士。此儒者之所嘆息而言也。然而熙寧之初，爲保甲之令，民始嫁母、贅子、斷壞支體，以求免丁。及其既成，子弟挾縣官之勢，以邀其父兄，擅弓矢之技，以暴其鄉鄰〔二〇〕。至今河朔、京東之盜，皆保甲之餘也。其後元豐之中，爲保馬之法，使民計産養馬，畜馬者衆，馬不可得，民至持金帛買馬于江淮，小不中度，輒斥不用。郡縣歲時閲視可否，權在醫駔，民不堪命。民兵之害，乃至于此，此所謂不可復者一也。周官泉府之制：『凡民之貸者，以國服爲之息。』貸而求息，三代之政，有不然者矣。詩曰：『倬彼甫田，歲取十千。我取其陳，食我農人，自古有年。』而孟子亦云：『春省耕而補不足，秋省斂而助不給。』古蓋有是道矣〔二一〕，而未必有常數，亦未必有常息也。至于熙寧青苗之法，凡主客户得相保任而貸，其息歲取十二。出入之際，吏緣爲奸；請納之勞，民費自倍。凡自官而及私者，率取二而得一；自私而入公者，率輸十而得五。錢積于上，布帛米粟賤不可售。歲暮寒苦，吏卒在門，民號無告。二十年之間，民無貧富，家産盡耗，此所謂不可復者二也。古者治民，必周知其夫家、田畝、六畜、器械之數，未有不知其數，而能制其貧富者也。未有不能制其貧富，而能得其心者也。故三代之君，開井田，畫溝洫，謹步畝，嚴版圖，因口之衆寡以授田，因田之厚薄以制賦。經界既定，仁政自成。下及隋、唐，風流已遠，然其授民田，有口分、永業，皆取之于官。其斂民財，有租、庸、調，皆計之于口。其後世亂法壞，變爲兩税。户無主客，以見居爲簿；人無丁中，以貧富爲差。田之在民，其漸由此，貿易之際，不可復知。貧者急于售田，則田少而税多；富者利于避役，則田多而税少。僥幸一興，税役皆弊。故丁謂之記景德，田况之記皇祐，皆以均税爲言矣。然嘉祐中，薛向、孫琳始議方田，量步畝，審肥瘠，以定賦税之入。熙寧中，吕惠卿復建手實，抉私隱，崇告訐，以實貧富之等。元豐中，李琮追究逃絶，均虚數，虐編户，以補失陷之税。此三者，皆爲國斂怨，所得不補所失，事不旋踵而罷，此所謂不可復者三也。故臣愚以謂，爲國者當務實而已，不求其名。誠使民盡力耕田，賦輸以養兵，終身無復征戍之勞。而朝廷招募勇力强狡之民，教之戰陣，以衛良民，二者各得其利，亦何所不可哉？富民之家，取有餘以貸不足，雖有倍稱之息，而子本之債，官不爲理。償還之日〔二二〕，布縷菽粟、鷄豚狗彘、百物皆售，州縣晏然，處曲直之斷，而民自相養，蓋亦足矣。至于田賦厚薄多寡之異，雖小有不齊，而安静不擾。民樂其業，賦以時入，所失無幾。因其交易，而質其欺隱，繩之以法，亦足以禁其太甚。昔宇文融括諸道客户，州縣覬望，虛張其數，以實户爲客。雖得户八十萬餘，歲得錢數百萬緡，而百姓困弊，實召天寶之亂。均税之害，何以異此？凡此三者，皆儒者平昔之所稱頌，以爲先王遺法，用之足以致太平者也。然數十年以來，屢試而屢敗，足以爲後世好名者之戒矣。惟嘉祐以前，百役在民，衙前大者主倉庫、躬饋運，小者治燕饗、職迎送，破家之禍，易于反掌。至于州縣役人，皆貪官暴吏之所誅求，仰以爲生者。先帝深究其病，鬻坊場以募衙前，均役錢以雇諸役，使民得闔門治生，而吏不敢苛問。有司奉行，不得其當，坊場求數倍之價，役錢取寬剩之積，而民始困躓，不堪其生矣。今二聖鑒觀前事，知其得失之實，既盡去保甲、青苗、均税，至于役法，舉差雇之中，惟便民者取之。郡縣奉承，雖未即能盡，而天下之民，知天子之愛我矣。故臣于民賦之篇，備論其得失，俾後有考焉。」

校勘記

〔一〕上太后尊號曰應天齊聖顯功崇德慈仁保壽皇太后　「慈仁」原互倒，據宋大詔令集卷一三、長編卷一一一宋史卷一〇仁宗本紀二乙正。
〔二〕御觀耕臺　「觀耕臺」原作「親耕壇」，據長編卷一一二改。
〔三〕勵精求治　「治」，宋大詔令集卷一七八不得裁減百官俸賜詔作「理」。
〔四〕欲素樸形于天下　「形」，宋大詔令集卷一七八不得裁減百官俸賜詔作「行」。
〔五〕及軍班等俸賜　「軍班」，宋大詔令集卷一七八不得裁減百官俸賜詔作「各班行」。
〔六〕凡一中郡夏秋正税粟麥之屬　「之」原作「一」，據玉海卷一八四改。
〔七〕不獲已而爲之爾　「爲之」原脱，據長編卷一三三補。
〔八〕于天下之廣　「之」原脱，據長編卷一三三補。
〔九〕義倉不得不廢矣　「不得不」原作「不得而」，據救荒活民書卷中改。
〔一〇〕社倉義倉　「義倉」原脱，據上下文意補。

〔一一〕委上等户有年德者三兩人主之　「上」原脱，據上下文意補。
〔一二〕輯自清徐松輯宋會要輯稿食貨六二之一九至二〇（點校本七五五九至七五六〇頁）。
〔一三〕嘉祐四年二月乙亥　「二月乙亥」原作「正月丁亥」，案正月丙申朔，無丁亥日，據長編卷一八九改。
〔一四〕即量諸縣大小　「即」原作「積」，據長編卷一八九改。
〔一五〕凡鄰路鄰州灾傷　「凡」原脱，據長編卷一八九補。
〔一六〕爲殄虜之策　「殄虜之策」原作「征討之備」，據欒城集後集卷一五改。
〔一七〕日登庶富　「富庶」互倒，據欒城集後集卷一五乙正。
〔一八〕羌胡外亂　「羌胡」原作「敵兵」，據欒城集後集卷一五改。
〔一九〕四曰儲運　「儲」原作「饋」，據欒城集後集卷一五改。
〔二〇〕以暴其鄉鄰　「鄰」，欒城集後集卷一五作「黨」。
〔二一〕古蓋有是道矣　「古」原脱，據欒城集後集卷一五補。
〔二二〕償還之日　「還」原作「進」，據欒城集後集卷一五改。

卷十六

宋　李　攸　撰

兵刑

自唐天寶後，歷肅、代，藩鎮不復制，以及五代之亂。太祖即位，罷藩鎮權，擇文臣使治州郡，至今百餘年，生民受賜。每一詔下，雖擁重兵，臨大衆，莫不即時聽命。

【新輯】太祖召趙普曰：「唐李以來，兵革不息何也？」普曰：「自唐以來，戰鬥不息，節鎮太重而已。惟稍奪其權，制其錢穀，收其精兵，天下安矣。」上因召石守信、王審琦等飲酒，酒酣，上曰：「汝曹何不釋去兵權，擇便好田宅市之，爲子孫立永久之業，君臣之間，兩無猜疑，不亦善乎？」明日，皆乞解軍權，以散官就第。〔一〕見本朝事實。

【新輯】五代節鎮所領皆有支郡，如劍南節度，則凡劍南州軍皆爲支郡。魏博節度，則凡河北州軍皆爲支郡。太祖乃令潭、朗數軍直屬京師，長吏得自奏事。其後大縣屯兵，亦

有直屬京師者。〔二〕

建隆二年〔三〕，太祖謂宰臣曰：「五代以來，諸侯跋扈，有枉法殺人，朝廷置而不問，刑部之職幾廢。且人命之至重，姑息藩鎮，當若是耶！令諸州决大辟訖，録案聞奏，委刑部覆視之。」奏案自此始。

太祖嘗讀虞書，嘆曰：「堯舜時，四凶之罪，止從投竄，何近代憲網之密耶？」蓋有意于措刑也。故自開寶以來，犯大辟，非情理深害者，多貸其死。

五代時，鼎、澧、辰、沅、邵陽五州之境，案：江少虞事實類苑作「武、陵、辰、澧、邵陽」爲五州。宋史作辰、錦、溪、巫、叙爲五州。與此互異。各有蠻猺保聚，依山阻江，殆十餘萬。馬希範、周行逢時，數出寇邊，以至圍迫辰、沅二州〔四〕。案：宋史作「辰、永二州」。殺掠民畜，歲歲不寧。太祖既下荆湖，思得通蠻情、習險阨、智勇可任者，以鎮撫之。有辰州猺人秦再雄者，長七尺，武健多謀，在周行逢時，屢以戰鬥立功，蠻黨畏伏。太祖召至闕下，察知可用，以一路之事付之。再雄起蠻酋，除爲辰州刺史，官其一子爲殿直，賜予甚厚，仍使自辟吏屬，盡與一州租賦。再雄感激異恩，誓死報效。至州日，訓練士兵，得三千人，皆能被甲渡水、歷山飛塹，捷如猿猱。又遣親校二十八人〔五〕，分使諸蠻，以傳朝廷懷來之意，莫不從風而靡，各得降表以聞。太祖大喜，再召至闕，面加獎諭。再雄伏地流涕嗚咽，不勝感恩。改辰州團練使。又以其門客王乃成〔六〕案：宋史作「王允成」。爲本州推官。再雄盡瘁邊圉。故終太祖世。無蠻貊之患。五州延袤數千里，不增一兵，不費帑庾，而邊境妥安，由神機駕用一再雄而已。

淳化三年，太宗謂宰相曰：「治國之道，在乎寬猛得中。寬則政令不成，猛則民無所措手足。有天下者，可不慎之哉！」呂蒙正曰：「老子稱『治大國，如烹小鮮〔七〕』。夫魚擾之則亂。近日内外皆來上封，求更制度者甚衆，望陛下漸行清净之化。」上曰：「朕不欲塞人言路，至若愚夫之言，賢者擇之，亦古典也。」趙昌言曰：「今朝廷無事，邊境謐寧，正當力行好事之時。」上喜曰：「朕終日與卿等論此事，何愁天下不治？苟天下親民之官，皆如此留心，則刑清訟息矣。」

【雍熙二年十月，】上嘗御便坐，録京城繫囚，至日旰。近臣或以勞苦過甚爲言。上曰：「不然。倘惠及無辜，使獄訟平允，不致枉撓，朕意深以爲適，何勞之有？」因謂宰相曰：「國家設官分職，本爲治人。如受任外官，悉能盡公，勤於決斷〔八〕，焉有不治之事？古人宰一邑、治一郡，致飛蝗避境，虎渡鳳集。臣下爲政，尚能致兹感應，若帝王用意惠民，申理冤滯，豈不感召和氣？朕孜孜求治，今得天下安泰，亦其效也。」宋琪曰：「天下治亂，繫在一人。陛下臨御十年，勤勞致治，陰陽和順，寰海寧謐。每日前殿所談，止在刑政。退朝惟觀古史，究歷代興亡善惡之事，以法古成憲，上資神聖，中外幸甚。」案：宋史刑法志：太宗親録繫囚至日旰，近臣或諫勞苦過甚。帝曰：「儻惠及無告，使獄訟平允，朕深以爲適。」因謂宰相云云。與此條大略相同，繫于雍熙二年十月。

【端拱元年〔九〕，】靈州河外寨主李瓊，以城降賊，有司將坐其家屬。上曰：「窮邊孤壘，又無援兵，緣坐之法，朕不忍行也。」案：下文書「二年」，則此上自必繫年，爲傳寫者脱去。二年，契丹入邊，邊將言：「文安、大成二縣監軍棄城遁走，請以軍法論。」上遣中使誅之，既行，謂之曰：「此奏尚有疑，得無所部召之耶？當詳而後決。」使至，訊之，果乾寧軍令部送民入城，非擅離所部，遽釋之。上之明察如此。

上謂侍臣曰：「法律之書，甚資政理〔一〇〕。人臣若不知法，舉動是過，苟能讀之，益人知識。比來法寺斷案〔一一〕，多不識治體。」侍臣曰：「今天下所上案牘，獄情已定，法官止閱案定刑，事之虚實，不可改也。當在精擇知州、通判，庶知清獄訟。若州縣得良吏一二，其下必無冤人。」上然之。

【淳化三年，】上聞汴水輦運卒有私貨市者，謂侍臣曰：「幸門如鼠穴，何可塞之？但去其尤者可矣。篙工楫師，苟有少販鬻，但無妨公，不必究問，冀官物之入，無至損折可矣。」吕蒙正曰：「水至清，則無魚；人至察，則無徒。小人情僞，在君子豈不知之，若以大度兼容，則萬事兼濟〔一二〕。曹參不擾獄市者，以其兼受善惡，窮之則奸慝無所容，故慎勿擾也。聖言所發，正合黄老之道。」

【端拱二年，】上親録京師繫囚，謂近臣曰：「爲君勤政，即得感召和氣，如後唐莊宗，不恤國事，惟務畋游，動經旬浹月，每出大傷苗稼，及還，蠲其租税。此甚不君也。」張弘曰〔一三〕：「莊宗兼惑于音律、縱酒自恣〔一四〕，伶官典郡者數人。」上曰：「大凡君人，以節儉爲本，仁恕爲念。朕在南衙時，亦嘗留意音律，今來非朝會，未嘗張樂。每旦下藥，多以鹽湯代酒。鷹犬之娱，素所不好，且多殺飛走，真誥所不許。朕嘗以此爲戒。」

李繼隆討夏寇，與轉運使盧之翰有隙，欲陷之罪，乃檄轉運使，期八月出塞，令辦芻粟。轉運司調發方集，繼隆復爲檄，言陰陽人狀陳，八月不利出師，當更取十月。轉運司遂散芻粟。既而，復爲檄云：「得保塞胡偵候狀，言賊且入塞，當以時進運芻粟，即日取辦。」是時民輸輓者適散，倉卒不可復集，繼隆遂奏轉運司乏軍興。太宗大怒，立召中使一人，付三函，令乘驛取轉運使盧之翰、竇玭及某人首。丞相吕端、樞密使柴禹錫皆不敢言。惟樞密副使錢若水争之，請先推驗有狀，然後行法。上大怒，拂衣起入禁中。二府皆罷，若水獨留廷中不退。上既食，久之，使人偵視廷中有何。報云：「有細瘦而長者尚立焉。」上出，詰之曰：「爾以同州推官，再期爲樞密副使，朕所以擢用爾者，爲賢爾，乃不才如是耶！爾尚留此安俟？」對曰：「陛下不知臣無能，使待罪二府。臣當竭愚慮，不避死亡，補益陛下，以報厚恩。李繼隆外戚，貴重莫比。今陛下據其一幅奏書，誅三轉運使，雖彼有罪，天下何由知之？鞫驗事狀明白，乃爾加誅，亦何晚焉？獻可替否，死以守之，臣之常分。臣未獲死，故不敢退。」上意解，乃召吕端等。端等奏請如若水議，先令責狀，許之。三人皆黜爲行軍副使。既而虜欲入塞事皆虛〔一五〕，繼隆坐落招討，知秦州。若水由是知名天下。

真宗即位，首下詔求言。上謂近臣曰：「朕樂聞朝廷闕失，以警朕心。然臣僚章奏，多是自陳政績〔一六〕，過行鞭撲，以取幹辦之名。國家政事，自有大體，使其不嚴而理，不肅而成，斯爲善矣。豈可慘虐刻薄〔一七〕，邀爲己功？使之臨民，徒傷和氣。此輩真酷吏也。」

石熙政知寧州，上言：昨清遠軍失守，蓋朝廷素不留意。因請兵三五萬。真宗曰：「西邊事，吾未嘗敢忘之〔一八〕，蓋熙政遠不知耳〔一九〕。」周瑩曰：「清遠失守，將帥不才也〔二〇〕。而熙政敢如此不遜〔二一〕，必罪之。」真宗曰：「群臣敢言者，亦甚難得，其言可用，則用之；不可用，置之。若必加罪，後復誰敢有言者。」因賜詔書褒嘉焉。

仁宗天聖七年十月，詔：「諸軍班典賣官所給軍號、法物，以違制論。自餘以不應爲從重科之。」先是，樞密院言：「御馬直于榮鬻自製紫衫，而開封府以軍號、法物定罪，請下法官議。」而審刑院言：「捧日、天武、拱聖、驍騎、寧朔、龍猛、神勇、飛猛、宣武、虎翼、衛聖，服緋紬衫；渤海神衛、捧節、牀子弩、雄武、飛山，服紫紬衫；吐渾員寮直、龍衛、雲騎、武騎、龍衛帶甲剩員，紫絁衫。又皆有緋、小綾卓畫帶、甲背子一，以上爲軍號。殿前諸班直、馬軍諸班、殿前左右班、内殿直散員、散指揮、金槍東西班、鈞容直，皆服錦襖背子，給塗金銀束帶、銀鞍勒，謂之儀注。御龍直服錦襖背子、皂羅真珠頭巾、塗金銀帶，以上爲法物。犯者亦以軍號論。今于榮鬻自製紫衫，難從軍號、法物定罪也。」故降是詔。

平廣西蠻賊歐希範〔二二〕。歐希範，環州思恩縣人。嘗舉進士，試禮部〔二三〕。景祐五年，應募從官軍擊安化州叛蠻，既而詣登聞求録用。案：宋史作擊登聞鼓求録用。下宜州，而知州馮伸己言其妄要賞，朝廷遂編管全州。未幾，輒遁歸，其族百餘人謀爲亂，將殺馮伸己〔二四〕，而曰：「若得廣西一方，當建爲大唐國。」因問術士石太清，太清曰：「君貴不過封侯也。」乃殺牛建壇場祭天神，推白崖山酋蒙趕爲帝，叔歐正辭爲奉天開基建國桂王。慶曆四年正月十三日，遂領衆二千餘人破環州，劫州印，以環州爲武成軍。又破鎮寧州及普義寨。宜州捉賊李德用出韓婆嶺擊却之，獲僞將崖盈、譚護二人。希範遂入保荔波洞，間出拒官軍。明年，轉運使杜杞大領兵至環州，使攝官歐曄、進士曾子華、宜州押司官吴香誘其黨六百餘人，紿與之盟〔二五〕，置蔓陀花酒中，既昏醉，稍呼起問勞，至則皆推于後廡下，盡擒殺之。後三日，得希範等十數人，剖其腹，繪五臟圖，仍醢之，以賜諸溪洞。殿中侍御史梅摯等言：「廣州轉運使杜杞誘降人歐希範等六百餘人，悉于會上殺之，失朝廷所以推信遠人之意。宜劾罪以聞。」上爲賜書申戒之。廣西捉殺歐希範兵官禮賓使陳拱等四十三人，并行賞有差。

慶曆三年，盜起京西，掠商、鄧、均、房。叛兵燒光化軍，逐守吏，吏不能捕。天子患之，問宰相誰可任者。宰相言：「度支判官、尚書虞部員外郎杜杞，名家子，好學，通知古今，宜可用。」乃以杞爲京西轉運按察使。居數月，賊平，叛兵誅死。明年，廣西歐希範，誘白崖山蠻蒙趕，襲破環州，陷鎮寧、帶溪、普義，有衆數千，以攻桂管。宰相又言：「前時杜杞守横州，言蠻事可聽。宜知蠻利害。」天子驛召杞，見便殿，所對合意，即除杞刑部員外郎、直集賢院、廣南西路轉運、按察、安撫等使。杞至宜州，得州人吴香及獄囚歐世宏，脱其械，使入賊洞，説其酋豪。杞乘其怠，急擊之，破其五洞，斬首數百級。復取環州，因盡焚其山林積聚。希範窮迫，走荔波洞。蒙趕率僞將相數十人，以其衆降。杞與將佐謀曰：「夫蠻，習險恃阻，如捕猩猱，而吾兵以苦暑難久，是進退、遲速皆不可爲，故常務捐厚利以招之。蓋威不足以制，又恩不能以懷，此其所以數叛也。今吾兵雖幸勝，然蠻特敗而來爾，豈真降者耶？啖之以利，後必復動。」乃慨然嘆曰：「蠻知利而不知威，久矣，吾將先威而後信，庶幾信可立也。」乃擊牛爲酒，大會環州，戮之坐中者六百餘人，而釋其尩病、脇從，與其非因敗而降者百餘人。後三日，兵破荔波，擒希範至，并戮而醢之，以賜諸溪洞。于是，叛蠻無噍類，而杞威震南海。言事者論杞殺降，爲國失信于蠻貊。天子置之不問，詔書諭杞，賜以金帛，杞即上書引咎。

仁宗平保州雲翼叛軍。慶曆四年八月壬寅，降敕榜招安保州叛軍。又詔：「保州兵亂，本路見領兵甲捉殺，慮恐北界緣邊人户驚疑，可令知雄州王德基牒報之。」蔡襄言：「保州兵士閉城爲亂，殺黨中懦兵十餘人，指爲首惡，以要朝廷招安。臣與臣修、臣甫已有論列，欲令知定州王果引兵隨招榜入城〔二六〕，盡行誅戮。不聞施行。竊以天下内外之兵百有餘萬，苟無誅殺決行之令，必開驕慢叛亂之源。今州兵殺官吏、閉城門，從而招之，使傳于四方，明朝廷有畏衆不殺之恩〔二七〕，官司有觸事可持之勢〔二八〕，則奸何憚而不爲！議者若謂今日北戎妄生釁端，不可便于極邊之地，張皇其事，爲敵人所窺，是不知制兵之權，而昧威戎之略也。夫以中國爲夷狄所輕者，本由朝廷威令不行。今以勁兵入城，誅一二千叛卒，以絶天下禍亂之萌，而敵人咫尺，必將竦動，安慮其見窺乎？况事機不可失，惟陛下特發睿斷而行之。」丙辰〔二九〕，田況言：「保州緣邊人户，多煽言軍賊作亂，將引契丹軍馬入界。以臣所料，必有奸人因欲摇動邊民。乞下沿邊安撫使密令緝捕，法外施行。」從之。又言：「保州累有人縋城不得，其造逆不肯開城門。軍士雲翼左第九指揮一十一人、招收第三指揮一十一人、第四指揮一十人姓名，已令用牀子弩射箭射入城中，告示韋貴，若能設畫擒戮得叛人，則當優遷官資。如軍中人能自相殺并一人以上，并與軍員高排三兩人，則不次擢之。」丁巳，命内侍武繼隆賫赦敕赴保州招安。令田況、李昭亮、劉涣、楊懷敏相度，如已開門，即更不以赦敕示之。初，河北自五代以來，保州、廣信、安肅别領兵萬人，爲三部，號都巡檢司，亦曰策先鋒。以知州軍爲使，置副使二人，使鄰道相爲援。太祖嘗用此兵有功，因詔每出巡，别給錢糧以優之。其後，州將不出巡，惟巡檢司所領得給爲不均。通判、秘書丞石待舉乃建議于都轉運使張昷之，請領所部兵更其出入，季一出巡，出則别給錢糧，餘悉罷之。至是，巡檢司雲翼等軍，悉揚言爲亂。知州、如京使、興州刺史劉繼宗不自安，乃悉令納所置教閱器仗。會都監韋貴與待舉射弓賭酒，而于衆辱之。貴憑酒慢詈曰：「徒能以減削軍糧爲己功。」因激其衆。八月五日，給軍衣，衆遂劫持兵入衙門。待舉挈家上城，出東門，入無敵營。會繼宗挈家至，與待舉列敵兵守關城，率神衛招收兵，却入東門，以拒亂兵〔三〇〕。既而轉鬥不敵，繼宗、待舉復上城避之，遂下城，繼宗墮城死，待舉藏鹿角中，爲亂卒所害。衆怒待舉甚，揭其首。于是又疑走馬承受公事劉崇古〔三一〕，言與待舉同議，亦害之。始迫沿邊巡檢都監王守一，不從而死。乃擁韋貴，據城以叛。賊平，既降昷之等，又降知定州。案：前有知定州王杲之文，此當云降知定州王杲，而傳寫脱去。

張昷之爲河北都轉運使，保州界河巡檢兵士常以中貴人領之，與使州抗衡，多齟齬不相平，州常下之。其士卒驕悍，糧賜優厚，雖不出巡徼，常廪口食。通判石待舉以爲虚費，申轉運司罷之。士卒怨怒，遂作亂，殺知州、通判等，懸其首于木上，每旦射之，箭不能容，則拔去更射。推都監爲主，不從，則以槍刺之，洞心，刃出于背。又脅監押韋貴，貴曰：「若必能用吾言，乃可。」衆許之。遂立貴爲主。貴稍以言諭之，令勿動倉庫，及妄殺人。且說之以歸順朝廷。衆頗聽之。會朝廷遣知制誥田况，賫詔諭之，况遣人于城下遥與賊語，出詔示之。賊終狐疑不聽，稍近城則射之，不能得其要領。有殿直者〔三二〕，徑逾壕詣城下，謂賊曰：「我班行也，汝下索，我欲登城就汝語〔三三〕。」賊乃下索，即授之登城，謂賊曰：「我班行也，豈不自愛，苟非誠信，肯至此乎？朝廷知汝非樂爲亂，由官吏遇汝不以理，使汝至此。今赦汝罪，又以禄秩賞汝，使兩制大臣，奉詔書來諭汝，汝尚疑之〔三四〕，豈有詔書而不信耶？兩制大臣而爲妄誕耶？」詞氣雄辯，賊皆相顧動色，曰：「果如此，更使一二人登城。」即復索下，召其所知數人登城，賊于是信之〔三五〕，争投兵下城降，即日開門。大軍入，收後服者一指揮坑之〔三六〕，餘皆勿問。殿直加閤門祗候〔三七〕。案：此即指殿直者，佚其姓名。

保州城未下時，有中貴人張懷敏與張昷之不協，在軍中密奏：「賊云得張昷之首，我即降。願賜昷之首以示賊，宜可得。」上從之。遣中使奉劍往，即軍中斬昷之首以示賊。是時，參知政事富弼宣撫河北，遇之，即遣中使復還。且奏曰：「賊初無此言，是必怨讎者爲之；若以叛卒之故〔三八〕，斷都轉運使頭，此後政令，何由得行？」上乃解。昷之落職，知虢州。案：宋史不載富弼諫止斬張昷之事，此可補其闕。

平貝州妖賊王則。慶曆七年十二月，河北安撫使、知北京賈昌朝奏：「十一月二十八日，貝州宣毅軍大將王則據城叛。」則本涿州人，以饑饉，流亡至貝州。始去涿時，母與之別，刺「福」字于其背以爲記。恩、冀之俗，多尚妖術。案：貝州以平王則改爲恩州，此云恩、冀，已從改後之名。後因習妖法，謀爲亂，遂言背有「福」字，自然隱起，以惑衆，衆頗信事之，而州吏張巒、卜吉爲之主謀。會冬至，知州張得一與官屬俱謁聖祖于天慶觀，則率其徒劫庫兵，得一保驍捷營。賊焚營門，執得一，囚之。兵馬監押、内殿承制田斌以從卒巷鬥，不勝而出。城門閉，提點刑獄田京、任黄裳持印，棄其家屬縋城出，保南城〔三九〕。賊從通判董元亨取軍資庫鑰不得，殺之。遂縱獄囚，囚有憾司理王奬者，遂殺奬。既而節度判官李浩、清河令齊開、主簿王湙皆被害。

則僭號東平王，以張巒爲宰相，卜吉爲樞密使，建國曰安陽。榜所居門曰中京，居室厩庫皆立號，改元曰得聖，以十二月爲正月。置破趙得勝等軍〔四〇〕，百姓年十二以上、七十以下〔四一〕，并刺爲軍，所用旗幟號令，率以「佛」爲稱。城上置四總管，各主一方。又列其徒爲知州。然縋城下者日衆，于是令守者五人爲保，一人縋，則四人悉斬之。

貝州民汪文慶、郭斌、趙宗本、汪順，自城中爲書射出，約爲内應。夜以索引官軍數百人上城，焚敵棚，賊率衆拒，文慶等與官軍復自城而下。功雖不就，上曰：「文慶等能向順，可嘉也。」悉録以官三班奉職。

馬遂爲北京指揮使，則叛，遂中夜叱咤，晨起，詣留守賈昌朝，請擊賊自效。昌朝因使持招降榜入城，則盛服見之，遂諭以禍福，不答。時知州事張得一侍側，遂目之，不應。乃起投杯于地，扼則喉，擊之流血，左右無助者。賊黨至，斷其一臂殺之，將死，猶罵賊曰：「妖賊，恨不斬汝萬段！」上聞，嘆息久之。贈宫苑使，封其妻爲旌忠縣君，仍賜冠帔，官其五子。及賊平，得殺遂者驍捷卒石慶，上使其子剖心而祭之。

則始與妖黨謀，以八年正旦，斷澶州浮橋相應爲亂，會其黨潘方净者，以書謁留守賈昌朝，昌朝執之，故未及期而發。所習妖書，有五龍經、滴淚經。始則之叛也，上以權知開封府明鎬爲端明殿學士、河北體量安撫使，節制討賊。既屢攻未克，上憂賊熾，亟召高陽關總管王信，問貝州事，且戒信曰：「凡軍營在關城内與賊爲亂者家屬，悉羈管之。餘非是作亂者，常加曉諭，勿使之憂疑也。」又曰：「城中軍民來投者，毋得枉有殺戮，以求功賞。使諭河北安撫使賈昌朝，與言亟示之以約束，違者，以軍法從事。」上又曰：「城下要害處，既多設寨栅，以防奔衝。即陰晦雨雪，賊乘夜突出，以害吾主將，不可無備。軍中盛寒，凡係官材植及河防物料，權許就取爲薪。」上之憂恤軍民如此。一日，得賈昌朝奏貝州事，憂形于色，悵然曰：「相公、樞密日上殿來，無一人與國家了事者，何益？」彦博早朝，忼慨請行，以破賊自任。上大喜。既而左右贊曰：「官家無憂，貝加文則敗矣。」上益喜。

【慶曆八年正月】丁丑，右諫議大夫、參知政事文彦博爲河北宣撫使、本路體量安撫使，樞密直學士、左諫議大夫明鎬副之。戊寅，詔文彦博以便宜從事，仍以將作監主簿鞠真卿、試將作監主簿成偉、進士李景元掌機宜文字。其明鎬所辟官吏并仍舊。彦博行，上燕餞賜賚，榮盛傾一時。乙酉，降空名敕告、宣敕、劄子三百道，下河北宣撫使，以備賞功。是時，明鎬功垂成，將士知上委任彦博隆重，人百其勇，待彦博之來以自效。上亦曰：「彦博必生擒此賊矣。」至未逾月，閏正月辛丑，彦博等遣承受公事李繼和，來告貝州平。總管王信生捕獲王則。則自反至敗，凡六十六日〔四二〕。

凱旋。戊申，以彦博爲同中書門下平章事。制曰：「膺重任者，必勵許國之忠；建奇功者，必峻登賢之賞。其有早毗大政，夙負偉材，自奮臨戎之行，遂成蕩寇之略。宜揚顯命，以告大廷〔四三〕。推忠佐理功臣、朝散大夫、右諫議大夫、參知政事、上輕騎都尉〔四四〕、平陽郡開國侯、食邑一千户、賜紫金魚袋文彦博，器業異倫，智謀適用。有彊明果斷之才，而濟之以温裕；有周通敏洽之識，而輔之以端方。自班政途〔四五〕，浸發賢藴。向以預政之地，深念擇人之難。采西南之治聲，陪左右之機論。屬凶徒搆孽，孤壘偷生，巢幕之勢雖危，拒轍之狂尚肆。始定恢于勝策，往即殄夫妖氛，賞而緩功，庸何以勸？宜升臺席之貴，更陟中臺之華，兼書殿之美資，衍轅田之真賦，褒功馭貴〔四六〕，并示優崇。於戲！舍爵策勛，已奉謀于太室；代天理化，終濟治于王家。其懋乃猷，用祗攸訓。可特授金紫光禄大夫、行尚書禮部侍郎、同中書門下平章事、集賢殿大學士、上柱國，進封開國公，加食實封四百户，仍賜『推忠協謀佐理功臣』。」上顧彦博曰：「卿，朕之裴度也。」彦博歸功于明鎬，讓位久之。上屢詔不允。詔以鎬爲端明殿學士、給事中，遂除參知政事。以王信爲感信軍節度觀察留後〔四七〕。自餘兵官，各以功次遷，京朝官及選人預軍期者六十人，都虞侯至士卒八千四百人，第其功爲五等：第一等一百六十人，轉五資；第二等二百人〔四八〕，轉四資；第三等三百人，轉三資；第四等六百人，轉二資；第五等一千八百人，轉一資。王則檻送京師。乙丑，剮則于都市。誅西上閤門使、知貝州張得一于麗景門外。得一，太子太師耆之少子也。視事八日，而遇亂，匿營中，爲賊所得，置其家屬于州廨之西廳，日爲具飲食。初，賊取州二印，猶語曰：「用訖却見還。」後每見，必呼則曰「大王」，先揖而後坐，坐必東嚮。又爲則僭排儀衛，以故得不害。既誅，而兄弟悉降黜，妻子論如律。

閏正月初五日，降曲赦，其文曰：「門下：朕纂承寶緒，導發化源。思固本之在民，每敦仁而修政〔四九〕。仰遵先訓，罔咈大猷。刑審厥中，處之以明決〔五〇〕；信孚無外，示之以懷柔。惟寧雖厎于萬邦，失所每矜于一物。近以貝州舊壤〔五一〕，孽豎爲妖，嘯聚郡城，稽誅旬朔，眷兹境土，不無殘傷。當興師之剿除，且有衆之蹂踐。而又枕戈衽甲，暴露于夙宵；輓粟飛芻，疲勞于道路。暨列蕩平之效，宜推優奬之恩。念彼封疆，并均渥澤，可曲赦河北諸州軍。云云。於戲！天道助順，固逆亂之無萌；君德好生，惟寬仁之可尚。恩威并及，善惡用分。布告群倫，當體朕意。」

王則挾妖法爲亂，既敗，州郡大索妖黨，被繫者不可勝數。仁宗聞之，嘆曰：「如此，得無濫及良民乎？」命有司寬其禁，諸傳習妖法，非情涉不順者，毋得過有追捕。

明鎬討貝州，久未下，上深以爲憂，問于兩府，參政文彥博請自往督戰。八年正月丁丑，以彥博爲河北宣撫使，節制諸將。時樞密使夏竦惡明鎬，凡鎬所奏請，多從中沮之，惟恐其成功。彥博知其如此，即受命，乞以便宜從事，不從中覆。上許之。閏月庚子朔，克貝州，擒王則以獻。初，彥博至貝州，與明鎬督諸將築距闉以攻城〔五二〕，旬餘不下。有牢城卒董秀、劉炳請穴地道以入。彥博許之。貝州城南臨御河，秀等夜于岸下潛穿穴，棄土于水。晝匿穴中，城上不之見也〔五三〕。有帳前虞候楊遂請行，許之。既出穴，登城殺守者，垂絙以引城下之人悉登。城中驚擾，賊以火牛突，登城者不能拒，頗引却。楊遂力戰，身被十餘創，以槍刺牛，牛却走，賊遂潰。王則、張巒、卜吉與其黨突圍，走至村舍，官軍追圍之。則猶戴花幞頭，軍士爭趣之。部署王信恐其死，無以辨，以身覆其上，遂生擒之。巒、吉皆死于兵，不知所在。彥博請斬賊于北京。夏竦尚忌其功，建言恐非真，乞令檻車送京師。董秀、劉炳皆除内殿崇班。案：王則之叛，宋史附具始末于明鎬傳後，而于文彥博傳僅云：「貝州王則反，明鎬討之，久不克。彥博請行，旬日賊潰，檻則送京師。」又考東都事略、李燾長編亦記之甚簡，如董秀、劉炳、楊遂皆其時出死力以破賊者，不一著其姓名，惟此書所載詳備，足補其闕。

平廣南蠻賊儂智高。皇祐四年四月，廣源州蠻儂智高反，陷邕州橫山寨。五月，破邕州，又入橫州、貴州、龔州、藤州、梧州、康州、端州、昭州，圍廣州、廣源州。其先韋氏、黃氏、周氏、儂氏爲首領，互相劫掠。唐邕管經略使徐申厚撫之〔五四〕，黃氏遂納質，而十三部二十九州之蠻皆定。自交阯竊據，而廣源等州多服役之。州在邕管西南鬱江之源，其地巖險峭深，産黃金、丹砂。俗尚椎髻左衽，善戰鬥，輕死好亂。初，知儻猶州儂全福殺其弟知萬涯州存禄，及其妻之弟知武勒州儂當道，而并有其地。交阯怒，興兵虜全福及其子智聰以歸，而其妻阿儂遂嫁商人，而生智高。智高生十三年，殺其父商人，曰：「天下豈有二父耶？」因冒儂姓，與其母奔雷火洞。久之，復出據儻猶州，建國曰大歷國。阿儂僞稱皇太后，天資慘毒，嗜小兒肉，每食必殺小兒。智高攻陷城邑，皆其謀也。交阯復伐儻猶州，執智高，釋其罪，使知廣源州、文火、雷火、頻婆四洞，又以思浪州附之。居四年，智高内怨交阯，攻安德州據之，僭稱南天國，改年景瑞。原注：一本云：自稱其巢爲天南大理國，名其年爲天瑞，又曰啓曆。皇祐元年，寇邕州。明年，廣西轉運使蕭固，遣邕州指揮使元贇往候之。而贇擅發兵攻智高，爲其所執，且問中國虛實。贇頗爲陳大略，説智高内屬。由是遣贇還，并奉表，願歲貢方物，許之。遂賫金函書，請獻金、銀、朱砂。知邕州陳珙以其事上聞〔五五〕，不報。智高既不得請，又與交阯爲讎，且擅山澤之利，遂招納亡命，數出弊衣易米，紿言本洞饑，部落離散。珙信其微弱，不設備。乃與廣州進士黄瑋、黄師宓及其黨儂建侯、儂志忠等，日夜謀入寇。一夕，焚其巢穴，紿其衆曰：「平生積聚，今爲天火焚，無以爲生，計窮矣。當拔邕州，據廣州以自王，否則死于兵刃之下。」

四年四月，率衆五千，沿鬱江東下，攻横山寨，破之。又破邕州，自號仁惠皇帝，改年啓曆，赦境内。黄師宓以下皆稱中國官名。相繼破沿江九郡：貴、横、龔、潯、藤、梧、封、康、端。所至，殺官吏，焚府庫，進圍廣州。知英州蘇緘〔五六〕，案：宋史作「蘇緘」。屯兵邊渡村，扼其歸路。番禺令蕭注募土丁、具戰艦，賊少懼。會張忠自京師至，不介馬戰于白田，死之。賊圍廣州，凡五十三日〔五七〕。案：宋史作「五十七日」。又再戰于皇渡村。七月壬戌，由清遠濟江，擁婦女作樂而去。攻賀州，不克。殺蔣偕于太平場。破昭州，殺王正倫于館門驛。復據邕州。十二月壬申，又敗陳曉于金城驛。案：「陳曉」，宋史作「陳曙」，此書避英宗諱，改

「曙」爲「曉」。自智高初叛，上擢狄青宣徽南院使，充京湖南北路宣撫使，提舉廣南經制賊盜事。降空名宣頭一百道付青，以備賞功。明年正月旦，會兵于賓州，責斬廣西兵馬鈐轄、崇儀使陳曉，及左班殿直袁用等三十二人于賓州。初，曉遇智高于金城驛，令東頭供奉官王永吉將宜州勇敢兵五百爲先鋒，輕而失利。曉又素無威令，既遇賊，士卒猶聚博營中，倉卒被甲以前。曉既先受青節制令，不得輕進，恐青至成功，故徼幸一戰，以至覆軍，爲青所斬。軍中股栗，遂下令，更十日進軍。賊諜者既去，詰旦遂行至歸仁鋪，遇賊迎戰，前鋒少却，左第一將孫節死之，青親執旗幟，麾左右蕃落騎馳出賊後，大破之，斬首二千二百，傷創重者三千三百，獲賊謀主黄師宓、儂志忠等五十七人，牛馬器用數萬，得賊所擄士女三千餘人，招復丁壯七千三百。以所得賊財四十萬均給戰士，仍築京觀以志功。露布曰：「臣青言：臣出身行伍，備位要樞。屬嶺表之虔劉，致聖情之宵旰。董師而出，承命不遑。受鈇鉞之初，皆親禀于睿算；當矢石之際，則全仗于天威。石投卵以何虛，竹迎刃而自解。臣戊辰自連州整兵，甲戌至潯州遇寇，蕩平小蠢，若躡無人，度越重江，始逢大敵。戊寅，儂賊領烏合之衆，帥蟻附之徒，親統全軍，結爲一陣，輕兵搏我，驕氣淩人。臣堅壁不争，張翼而待。候其鋭鋒稍挫，剛氣微衰，奮驍勇而斬將搴旗，侮敗亡則追奔逐北。自旦至暄，殺獲無餘。既梟凶獷之俘囚，遂舉甌城之降附，民歸慈母，氣廓遐陬。元凶已縶于檻牢，餘黨合尸諸市肆。伏念濱、潯之地，脅從者皆是吾民；僭僞之中，緣坐者不無非罪。今則重輕差罰，首級書功，續遣使臣，別具敷奏。謹先具露布，馳驛以聞。云云。」

初，廣南謡言「農家種，糴家收」。至是，爲青所破，如謡言云。是時，朝廷以承平之久，嶺外州縣，類不爲備，官吏狃以爲常，故寇至如入無人之境。前後遣將，又不得人，以至暴踐一方，幾一年云。二月班師，詔加青檢校太尉、河中尹，召爲樞密使，賜城南第一區。青始受命討賊，即言于上曰：「官軍征蠻數敗走，士氣不振，請選馬步軍及虎翼五指揮嘗經禦邊者以往，庶于必勝。」上悉選精鋭而遣之，曰：「此皆吾勁兵，累歷戰鬥，可用也。」青果以此敗賊。始，上以青爲宣撫使，付以廣南討賊。言者以青武人，不可專任以事。上以問大臣，宰相龐籍對曰：「青起行伍，若以文臣副之，彼視青爲何者？不如不遣。」乃詔嶺南，一皆受青節制。既行，上謂侍臣曰：「青有威名，賊當畏其來，左右使令，非青之親信不可。雖飲食起卧，亦宜防竊發。」乃特使以戒之。及捷至，上喜顧左右曰：「向非委青專制，豈能成功如是之速也！」

二月十三日〔五八〕，曲赦廣南：「門下：朕膺穹昊之眷命，奉祖宗之貽謀，副億兆心，垂三十稔，何嘗不博稽教化之大，勤視烝黎之繁，延登隽良，采納嘉謨，以補治具，以迎休風。肆惟宵旰，罔或暇逸。蠢兹蠻旅，敢冒典刑，驅馳犬羊，越去溪洞，陰窺守禦之間〔五九〕，浸生狡狂之謀，傷夷我版民〔六〇〕，剽盗我州域〔六一〕。屬以夏秋届候，潦霧交蒸，言涉險艱，遂稽平殄。朕托居人上，奄宅域中，豈朝經之未孚，將吏職之不舉，致是方國，困于擾攘。慮焉及斯，嗟亦良甚。爰申命于將鉞，俾總臨于師干，鼓行而前，俘馘殆盡。今雖醜類正罰，既伏于天誅，尚念編甿何辜，久罹于寇虐。宜推涣宥之澤，曲示憂勞之懷，可曲赦廣南東西路。云云。於戲！綏寧封疆，翦滅凶醜，下則賴兵戎之講律，上則繫廟社之垂靈。粤予統臨，益用祗率。眷爾官吏，參輸志誠，招懷流亡，勸勵種斂，亟復饒富，永臻治平。布告群倫，庶體朕意。主者施行。」

上以蠻賊彌年逋誅，鄰境調發應副，亦推恩宥。二月十六日，降江西、湖南德音：「門下：朕紹承基緒，維御幅員。丕循燕翼之謀，慎固盈成之守。内之則詢求文理，外之則講練武經。冀此蒸民，臻于至治。屬溪蠻之釁孽，案：新安文獻志作「興孽」。承邊吏之失防，逾越土疆，繹騷生聚。薄言問罪，爰命行師，蕞爾狡凶，尋扺擒殄。然念江湖之列郡，實鄰海嶠之遐陬，封域犬牙，道塗棋錯。或護巡城堞，或輸輓糗糧，奔馳險艱，暴露丁壯，凡此調發，豈無勞煩。茲惟眷瞻，頗用嗟惻。宜推宥典，曲示矜懷。云云。於戲！寇盜猖狂，既仗翦平之畫；生靈瘵弊，必資生養之方。咨爾庶官，體予深意。」

儂智高入寇，廣南東西官吏有棄城而逃者，大理將議法。上諭輔臣曰：「官吏不能城守，可罪也。然朕聞南方無城郭戰具，一旦有倉卒之變，而責人以死，朕不忍也。若兵備可以固禦而棄者，論如法。其無城與兵力不能敵者，當末減。」由是，免死者甚衆。

校勘記

〔一〕輯自宋林駉新箋決科古今源流至論續集卷之七。

〔二〕輯自宋林駉新箋決科古今源流至論別集卷之二。

〔三〕建隆二年　「二年」，經幄管見卷三與此同。長編卷三、宋史全文卷一作「三年」。

〔四〕至圍迫辰沅二州　「沅」，東軒筆録卷一及宋史卷四九三蠻夷一作「永」。
〔五〕又遣親校二十八人　「二十八」，東軒筆録卷一及宋史卷四九三蠻夷一作「二十」。
〔六〕又以其門客王乃成　「王乃成」，東軒筆録卷一及宋史卷四九三蠻夷一作「王允成」。當是。
〔七〕如烹小鮮　「如」，道德經下篇及宋朝事實類苑卷二作「若」。當是。
〔八〕勤於決斷　「勤於」原脱，據宋朝事實類苑卷二補。
〔九〕端拱元年　案：此據曹彦約經幄管見卷三。長編卷五〇及宋史卷六真宗本紀一則繫於「咸平四年」。
〔一〇〕甚資政理　「政」，宋朝事實類苑卷二作「致」。
〔一一〕比來法寺斷案　「斷」原作「新」，據宋朝事實類苑卷二改。
〔一二〕則萬事兼濟　「濟」原作「得」，據宋朝事實類苑卷二改。
〔一三〕張弘曰　「弘」，宋朝事實類苑卷二及長編卷三〇作「宏」。
〔一四〕莊宗兼惑于音律縱酒自恣　「自恣」原脱，宋朝事實類苑卷二及長編卷三〇補。
〔一五〕既而虜欲入塞事皆虚　「虜」原作「敵」，據涑水記聞卷二及宋朝事實類苑卷一七改。
〔一六〕多是自陳政績　「政」，宋朝事實類苑卷三作「勞」。
〔一七〕豈可慘虐刻薄　「慘虐刻薄」，宋朝事實類苑卷三作「虐慘克下」。
〔一八〕吾未嘗敢忘之　「敢」原脱，據涑水記聞卷六及宋朝事實類苑卷三補。

〔一九〕蓋熙政遠不知耳　「蓋」原脱，據涑水記聞卷六及宋朝事實類苑卷三補。

〔二〇〕將帥不才也　「帥」原作「相」，據涑水記聞卷六及宋朝事實類苑卷三改。

〔二一〕而熙政敢如此不遜　「而」原脱，據涑水記聞卷六及宋朝事實類苑卷三補。

〔二二〕平廣西蠻賊歐希範　「歐」，長編卷一四六及宋會要輯稿蕃夷五之八二作「區」。

〔二三〕試禮部　「禮部」原脱，據長編卷一四六及宋會要輯稿蕃夷五之八二補。

〔二四〕將殺馮伸己　「將」原脱，據長編卷一四六及宋會要輯稿蕃夷五之八三補。

〔二五〕紿與之盟　「紿」原作「始」，據宋會要輯稿蕃夷五之八三改。

〔二六〕欲令知定州王果引兵隨招榜入城　「王果」原作「王杲」，據長編卷一五一及端明集卷三一乞戮保州兵士改。下同。

〔二七〕明朝廷有畏衆不殺之恩　「恩」原作「意」，據端明集卷三一乞戮保州兵士改。

〔二八〕官司有觸事可持之勢　「可持」原作「畏忌」，據長編卷一五一及端明集卷三一乞戮保州兵士改。

〔二九〕丙辰　長編卷一五一繫於「癸卯」。

〔三〇〕以拒亂兵　「兵」原脱，據長編卷一五一補。

〔三一〕于是又疑走馬承受公事劉崇古　「劉崇古」，長編卷一五一作「劉宗言」。

〔三二〕有殿直者　「殿直者」，長編卷一五一作「殿直郭逵者」。

〔三三〕我欲登城就汝語　「欲登城」原脱，據涑水記聞卷四補。

〔三四〕汝尚疑之　「汝」原脱，據長編卷一五一及涑水記聞卷四補。

〔三五〕賊于是信之　「賊」原脱，據長編卷一五一及涑水記聞卷四補。

〔三六〕收後服者一指揮坑之　「後服者」原脱，據涑水記聞卷四補。

〔三七〕殿直加閤門祗候　「殿直」原脱，據涑水記聞卷四補。

〔三八〕若以叛卒之故　「叛」原作「一」，據涑水記聞卷四改。

〔三九〕保南城　「南城」，長編卷一六一作「南關」。

〔四〇〕置破趙得勝等軍　「勝」原作「聖」，據長編卷一六一及宋史卷二九二明鎬傳改。

〔四一〕七十以下　原脱，據長編卷一六一及宋史卷二九二明鎬傳補。

〔四二〕凡六十六日　「六十六日」，隆平集卷二〇及宋史卷二九二王則傳與此同。長編卷一六二作「六十五日」。

〔四三〕以告大廷　「大」原作「治」，據宋大詔令集卷五四及宋宰輔編年録卷五改。

〔四四〕上輕騎都尉　「騎」，宋大詔令集卷五四作「車」。

〔四五〕自班政途　「政」原作「近」，據宋大詔令集卷五四及宋宰輔編年録卷五改。

〔四六〕褒功駁貴　「貴」原作「賞」，據宋大詔令集卷五四及宋宰輔編年録卷五改。

〔四七〕以王信爲感信軍節度觀察留後　「感信軍」，長編卷一六二作「威德軍」。

〔四八〕第二等二百人　「二百人」，長編卷一六二作「三百人」。

〔四九〕每敦仁而修政　「敦」，宋大詔令集卷二一八作「敷」。

〔五〇〕處之以明決　「決」，宋大詔令集卷二一八作「慎」。

〔五一〕近以貝州舊壤　「貝州」原作「貝丘」，據宋大詔令集卷二一八改。

〔五二〕與明鎬督諸將築距闉以攻城　「闉」原作「門」，據涑水記聞卷九及宋名臣言行録後集卷三改。

〔五三〕城上不之見也　「上」原作「下」，據涑水記聞卷九及宋名臣言行録後集卷三改。

〔五四〕唐邕管經略使徐申厚撫之　「唐」原脱，據長編卷一六七及宋史卷四九五廣源州蠻傳補。

〔五五〕知邕州陳珙以其事上聞　「陳珙」原作「陳拱」，據長編卷一七二及宋史卷四九五廣源州蠻傳改。

〔五六〕知英州蘇緘　「蘇緘」原作「蘇誠」，據長編卷一七三及宋史卷四九五蠻夷三廣源州蠻傳改。

〔五七〕凡五十三日　「五十三」，長編卷一七三及宋史卷四九五廣源州蠻傳作「五十七」。

〔五八〕二月十三日　「十三日」，宋大詔令集卷二一八作「甲申」，本月辛未朔，則爲「十四日」。

〔五九〕陰窺守禦之間　「間」，宋大詔令集卷二一八作「闕」。

〔六〇〕傷夷我版民　「夷」，宋大詔令集卷二一八作「痍」。

〔六一〕剽盜我州域　「域」，宋大詔令集卷二一八作「城」。

卷十七

宋 李攸 撰

削平僭僞

孟昶，初名仁贊。及僭位改焉。是時，契丹破晉，漢祖起，并門中原旱蝗連歲，昶益自大，君臣奢僭。及太祖下荆楚，昶欲遣使朝貢。王昭遠方總内外軍柄，固止之。太祖詔蜀之邸吏、將卒先在江陵者并放還，乃給錢帛以遣。乾德二年，昶懼王師討伐，潛遣謀者孫遇等，間道賫蠟丸帛書，結太原劉鈞。爲朝廷所獲。其書云：「蚤歲曾奉尺書，遠達睿聽。丹素備陳于翰墨，歡盟已保于金蘭。洎傳吊伐之嘉音，實動輔車之喜色，尋于褒、漢，添駐師徒，祇待靈旗之濟河，便遣前鋒而出境。云云。」先是，太祖已有西伐之意而未發，及得書，笑曰：「吾出師有名矣。」

十一月，詔曰：「朕奄宅萬邦，于兹五稔。陳師鞠旅，出必有名；伐罪吊民，動非獲已。眷惟邛、蜀〔一〕，久限化風，舞階詎識于懷柔，干紀自貽于禍釁。近擒獲四川僞樞密大程官孫遇二人〔二〕，搜得孟昶與河東劉鈞蠟書，潛相表裏，欲起寇戎，致奸謀之自彰，蓋天道之助順。將定一方之亂，難稽六月之師，爰命將臣，俾正戎律。建靈旗而西指，授成算以徂征。言念坤維，久沈污俗，既爲民而除害，必徯後以來蘇。式清全蜀之封，止正渠魁之罪。況西川將校，多是北人，所宜翻然改圖，轉禍爲福。苟執迷而不復，雖後悔以難追〔三〕。如能引導王師，供饋軍食，率衆歸順，舉城來降，咸推不次之恩，用啓自新之路。重念征行之際，宜申約束之文。已戒師徒，務遵法令，不得燔蕩廬舍，毆掠吏民，開發丘墳，翦伐桑柘。共體救焚之意，以成不陣之功。凡彼烝黎，勿懷憂慮。故兹詔示，知朕意焉。」于是，命忠武軍節度使王全斌充西川路行營前軍兵馬都部署〔四〕，武信軍節度使、侍衛步軍都指揮使崔彦進副之，樞密副使王仁贍充都監，龍捷右廂都指揮使史延德充馬軍都指揮使，隴州防禦使張凝充先鋒都指揮使，左神武大將軍王繼濤充壕寨使，内染院使康延澤充馬軍都監，翰林副使張煦充步軍都監，供奉官田仁明充壕寨都監〔五〕，殿直鄭璨充先鋒都監，步軍頭目向韜充先鋒都軍頭目。全斌而下，率禁軍步騎二萬、諸道兵一萬，由鳳州路進討。以給事中沈義倫爲隨軍水陸轉運使，又以寧江軍節度使、侍衛馬軍都指揮使劉光義充歸州路行營前軍兵馬副都部署，内客省使、樞密承旨曹彬充都監，客省使武懷節充戰棹部署，龍捷左廂都指揮使張廷翰充馬軍都指揮使，虎捷左廂都指揮使李進卿充步軍都指揮使〔六〕，前階州刺史高彦暉充先鋒都指揮使，右衛將軍白廷誨充壕寨使，御厨副使朱先緒充馬軍都監〔七〕，儀鸞副使折彦贇充步軍都監，八作副使王令喦充先鋒都監〔八〕，供奉官郝守浚充壕寨都監，馬步軍都軍頭楊光美充戰棹左右廂都指揮使，供奉官藥守正充戰棹左廂都監〔九〕，殿直劉漢卿充戰棹右廂都監，自光義而下，率禁軍步騎一萬，諸道兵一萬，由歸州路進討。以均州刺史曹翰爲西南面水陸轉運使。詔令孫遇等指畫江中曲折之狀，及兵寨城守之處，道里遠近，俾畫工圖其險要。上以授全斌等，仍令所至之處，以前詔告喻僞將吏軍民等。上問全斌曰：「西川可取否？」全斌等對曰：「臣等仗天威，遵廟算，刻日可定。」龍捷右廂都校史延德奏曰：「西蜀一方，儻在天上，人不能到，固無可奈何。若在地上，以今日之兵力，到即平矣。」上壯其言，喜曰：「汝等果能如此〔一〇〕，我何憂哉？」帝又謂全斌等曰：「凡克城寨，止籍其器甲、芻糗，悉以錢帛分給戰士，勿害良民。」

十二月，全斌等收復乾渠渡、萬仞、燕子二寨。下興州，僞刺史藍思綰退保西縣，官軍敗蜀軍七千人，獲軍糧四十餘萬石，乘勝連拔石圌、魚關、白水閣二十餘寨。二十八日，詔曰：「命將出師，指期殄寇。今所向皆下，捷音繼來。方乘破竹之功，更示戰兵之令〔一一〕。如聞收復州縣，其僞署軍員、兵士，或投竄山林，或散匿民舍。俾安疑懼，特用招懷。詔到，限一月，許于逐處首身，更不問罪。」是月，史延德等進軍至三泉寨，敗蜀軍數萬人，生獲僞招討使、山南節度使、韓保正副使、洋州節度李進等。又獲軍糧三十餘萬石〔一二〕。

三年正月，劉光義等收復三會、巫山等寨，殺僞將南光海等三千餘人〔一三〕。案：李燾長編：光義等收復三會、巫山等寨，在乾德二年冬十二月，此在三年正月。又宋史殺僞將南光海等八千，此作三千餘人，彼此互異。生擒戰棹都指揮使、渝州刺史袁德宏等千二百人，奪戰艦二百餘艘。又殺水軍三千人。案：長編：作殺水軍六千人。拔夔州，僞節度高彥儔縱火自焚〔一四〕。原注：初，光義等行，帝以地圖示之，指夔州鎖江處〔一五〕，謂光義曰：「我軍至此，泝流而上，慎勿以舟師爭先。當先令步騎前行，出其不意而擊之，俟其稍却，即以戰棹夾攻，敗之必矣。」及捷奏至，帝問其狀，果如所料。詔：「蜀中僞將士死于兵刃，暴露原野者，所在郡縣，速收瘞之。」又詔：「行營兵戰陣被傷者，等第給賜繒帛。」八日，詔：「行營馬步兵士，及諸道義軍所經之處，長吏以牛酒犒之。」

王全斌進拔利州，得軍糧八十萬石。崔彥進、康延澤等逐蜀兵過三泉，殺戮擄獲甚衆。遂至嘉州〔一六〕，進擊金山寨，不破。蜀人依小漫天寨，至深渡旁江列陣，以待我師。彥進遣張萬友等擊之，奪其橋。會天暮，蜀人退保大漫天寨。詰朝，彥進、萬友與康延澤分兵三道擊之，蜀人悉以精鋭來拒，又大破其衆，乘勝奪其寨，擒寨主王審超、監軍趙崇渥，又獲三泉監軍劉廷祚。蜀將王昭遠引兵來救，遇我師，三戰三敗，追至利州北，昭遠遁去，渡桔柏江，焚浮橋，退守劍門。王師遂入利州。原注：先是，官軍至嘉州，會蜀人斷閣道，未得進。王全斌議欲取羅川路入〔一七〕。康延澤謂彥進曰：「羅川路險，諸軍難進，不如督工修閣道，取大路與全斌會于深渡。」彥進然之，不數日，閣道成，遂進軍。

全斌等既收復劍州，殺蜀兵萬餘人，生擒僞都監、通奏使、知樞密院事、山南節度使王昭遠，原注：王昭遠居常好大言，有雜耕渭上之志。聞王師壓境，對賓客援手言曰：「此送死來爾，乘此追之，當遂定中原，不煩再舉也。」及此兵敗，奔匿官倉中，凡不食數日，擒獲縶送京師，後歷諸衛大將軍，卒。馬步軍都指揮使、前洋州節度使趙崇韜。原注：先是，王師發利州，至益光，全斌會諸將，各陳進取之計。侍衛軍頭向韜曰：「得降卒牟進，言益光江東大山數重，有小路名來蘇，蜀人于江西置寨，對岸可渡，路出劍門南二十里，至青彊店，與大路合，可于此進兵，則劍門之險不足恃也。」全斌即欲領兵赴之。康延澤曰：「來蘇小路，無煩主帥自往〔一八〕。蜀人已與官軍相遇，數戰數敗，今聞并兵守劍門，不如諸帥協力攻取〔一九〕，可命偏將趨來蘇，直達青彊北，至劍門與大兵夾攻，破之必矣。」全斌等然之，遂命史延德等分兵趨來蘇，造浮橋。于是蜀人見兵至來蘇，又見橋成，棄寨而遁。昭遠聞延德至青彊，即退兵陣于漢源坡上，留偏將守劍門。全斌等以鋭師直擊走破之，昭遠、崇韜又遁走。全斌遣輕兵追之，皆生致焉。劉光義等收復萬、施、開、忠四郡。至遂州，僞知州、少府少監陳愈率其將吏出降，光義即日入城安撫，盡出府庫錢帛，以給軍士。原注：初，諸將入辭，帝戒曰：「所復郡縣，當發帑藏，爲朕賞戰士。國家所取，惟土疆耳。」至是，人皆效命，所至成功，如席卷之易。

王師由劍門而入，昶益惶懼，問計于左右，有老將石斌，案：「石斌」，長編作石奉頵，此與宋史合。對以王師遠來，勢不能久，請聚兵固守以老之。昶嘆曰：「吾父子以豐衣美食，養士四十年，及遇敵，不能與我東嚮發一箭，今若閉壘，何人與我效命？」乃遣僞通奏使伊審證〔二〇〕，賷表詣全斌請降，其表曰：「三皇御宇，萬邦歸有道之君；五帝垂衣，六合順無爲之化。其或未知曆數，猶昧興亡〔二一〕。致興貔虎之師，實懼雷霆之怒。敢祈英睿，俯聽哀鳴。伏念臣生自并門，長于蜀土，幸以先臣之基業，獲從幼歲以纂承，祇知四序之推遷，不覺三靈之改卜。爰自大明出震，盛德居尊，聲教被于遐荒，慶澤流于中夏。當凝旒正殿，虧以小事大之儀；及告類圜丘，曠執贄奉琛之義。素居遐僻，久阻聲明，曾無先覺之心，固有後時之責。今則皇威電赫，聖略風馳，干戈所指而無前，鼙鼓纔臨而自潰，山河郡縣半入于提封，將卒倉儲盡歸于圖籍。且念臣中外骨肉二百餘人，高堂有親，七十非遠，弱齡侍奉，祇在庭闈，日承訓撫之恩，粗勤孝養之道。實願克修甘旨，保此衰年。次望免子孫之睽離，守血食之祭祀。敢冀容之如地，蓋之如天，特軫仁慈，以寬厄辱。臣輒援故事，上瀆嚴聰。竊念劉禪有安樂之封，叔寶有長城之號。皆自歸款，盡獲生全。顧眇昧之餘魂，得保家而爲幸，使先臣寢廟，不爲樵采之場，老母庭闈，尚有問安之所。已令緘封府庫，肅靖軍資，用付典司，將期臨照。今則車書混其文範，正朔奉以靈臺，敢布腹心，恭聽赦宥。臣昶謹率文武見任官，望闕再拜，上表歸命，披瀝肝膽以聞。」全斌等既受其降，遣馬軍都監康延澤，先以百騎入城，見昶諭以恩信。留三日，盡封府庫而還。

昶又遣其弟仁贄詣闕上表曰：「臣歷觀先覺，克奉忠區，竇融受累世之封，吴芮襲傳家之慶。愚者暗于成事，智者見于未萌。則臣在執迷以何多，致顛沛之如是。罪豈容于擢髮，形可寘于磔尸。既無遠慮之明，甘受後期之責。伏念先臣，受命唐室，建牙蜀川，因時事之變更，爲人心之擁迫。先臣即世，臣方丱年，猥以童蒙，謬承餘緒。乖以小事大之禮，闕稱藩奉國之誠，染習偷安，因循積歲。所以上煩神算〔一二〕，遠發王師，勢甚疾雷，敏如破竹〔一三〕。顧惟懦卒，焉敢當鋒？尋束手以云歸，正傾心而俟命。今月七日，已令私署通奏使、宣徽南院使伊審證奉表歸降，以前路寇攘〔一四〕，前進不得。臣尋更令兵士援送，至十一日，尚恐前表未達，續遣供奉官王茂隆再賫前表。至十二日以後，相次方到軍前，料惟血誠，上達睿聽。臣今月十九日，已領親男諸弟，納降禮于軍門，至于老母諸孫，延餘息于私第。陛下至仁廣覆，大德好生，顧臣假息于數年，所望全軀于今日。今蒙元戎慰邮，監護撫安，若非天地之垂慈，豈見軍民之受賜？臣自量過咎，尚切憂疑，謹遣親弟詣闕奉表，待罪以聞。」太祖賜詔曰：「朕以受命上蒼，臨制中土，姑務保民而崇德，豈思右武而佳兵？至于興戎〔二五〕，蓋非獲已。矧惟蜀郡，僻處一隅，靡思僭竊之愆，輒肆窺覦之志，潛結并寇，自起釁端。爰命偏師，往申吊伐，靈旗所指，逆壘自平。朕常中夜憮然，念兆民何罪？屢馳驛騎，嚴戒兵鋒，務宣拯溺之懷，以盡招携之禮。而卿果能率官屬而請命，拜表疏以祈恩，托以慈親，保其宗祀，悉封府庫，以待王師。追咎改圖，將自求于多福；匿瑕含垢，當盡滌于前非。朕不食言，爾其無慮。」昶乃舉族與官屬由峽而下，至江陵，上遣皇城使竇儼迎勞之〔二六〕。昶與母至襄陽〔二七〕，復遣使賚詔賜茶藥。所賜詔不名，仍呼昶母爲國母。昶將至，命太宗勞于近郊。昶率子弟素服待罪闕下，時乾德三年也。帝以昶來降，意嘉之，詔翰林學士承旨陶穀等，約前代儀制，草定受降之禮。正月十六日，昶至前一日，有司設御座于崇元殿，陳仗衛于庭，如元會之儀。又爲昶及僞官屬，設次于明德門外，設表案于門，横街之北。是日，大陳馬步諸軍于天街左右，昶及弟僞官李昊等三十二人至闕下，皆素服紗帽。通事舍人引昶，于表案南序立，北嚮，僞官屬皆班于昶後，置待罪表于案。昶跪授閤門使，持表入。昶等還位，序立以俟命。表至帝前，侍臣讀訖，閤門使承旨出宣，昶等悉俯伏于地，通事舍人二員掖昶起，僞官屬皆起，并鞠躬聽命。閤門使宣制釋罪，昶等再拜，三呼萬歲。閤門使又承旨賜昶等襲衣、冠帶，衣庫使導所賜陳于前，昶再拜，跪受。各就次，易服乘馬。昶至升龍門下馬，官屬至啓運門下馬就次，入見于崇元殿。帝衮服升座，軸簾却扇。文武百官先入，起居訖，分班東西相嚮。閤門使引昶等入，起居舞蹈，稱謝。宣徽使承旨唤昶升殿，昶等皆再拜，僞官屬依位序立。通事舍人引昶升自東階，宣徽使承旨安撫，至御座前鞠躬。帝親撫問之。昶還位，與官屬皆舞蹈再拜，三呼萬歲。昶出，中書門下率百僚稱賀。禮畢，御明德門，宣赦：「門下：伐罪吊民，所以昭宣王略；眚灾肆赦，所以蕩滌群非。稽有國之舊章，蓋哲王之能事。朕飛龍撫運，躍馬興邦。念雖禹别九州，盡爲王土；而蜀川一境，猶隔華風。天兵飛渡于劍門，蜀主哀號而納款。念其生聚，曲爲保全。宜推曠蕩之恩，用慰傷殘之俗，易苛政以平恕，革重斂爲輕徭。用舉宏綱，正我王度。自乾德三年正月二十四日昧爽以前，應僞蜀管内，罪無輕重，常赦所不原者，咸赦除之。自乾德二年終，所有殘欠租税，并與除放。仍特放今年夏税，及沿納諸雜物色等一半；兼令逐州，子細分析自前諸色税賦，及科配煩重名目聞奏。當與等第永遠減放。應敗闕場務，仍各具事申奏，當議指揮。西川城内人户食鹽，僞蜀估定每斤一百六十文足陌，令每斤特減六十文足陌，今後祇定一百文足陌。所有諸州鹽，各取逐處價例，三分中與減一分。應鄉村不濟人户，闕少糧食者，委逐處官吏開倉賑貸，候豐熟日，令人户一斗祇納一斗。昨者收復之際，亦已嚴切指揮。或慮諸軍虜得丁口，便仰各放還本主，不得更有隱藏，如敢固違，當行嚴斷。其僞蜀内外文武臣僚，及將校職員等，能奉其主，歸我大朝，念兹通變之方，宜預旌酬之寵，各令分析名銜申奏，當與加恩。管内應有負罪逃竄之人，亡命山林之輩，限赦到一月内，許自陳首，并仰放罪。仍令逐處長吏，倍加安撫，如限滿不自陳首，復罪如初。乃眷劍南，比爲内地，自累朝之艱否，據千里之江山，豈無沈滯之人？宜下旁求之詔，所在州郡及山林，有懷才負藝，未霑寸禄者，委長吏聞奏。先賢丘壠，不得樵采。古來廟宇，咸與修崇。其餘節婦義夫、順孫孝子，有堪旌賞，當議舉明。官吏軍民，各勤職業。樂予景運，當慶新恩。告示一方，咸知朕意。」是日，宴近臣及昶等于大明殿，昶奉觴上壽。是日，又賜昶玉帶、金鞍勒馬、金器千兩、銀器萬兩、錦綺千段、衣著萬匹。賜昶母李氏金器三百兩、銀器二千兩〔二八〕、錦綺千段、絹千匹。自仁贄、玄喆、李昊等，恩賜各有差。先是，帝詔有司，于右掖門街，臨汴水起大第五百間以待昶，供帳悉備，至是賜之。又爲其僞官屬各營居第。翼日，詔曰：「伯禹導川，黑水本梁州之域；河圖括象，岷山直井絡之墟。是曰坤維，素爲王土。屬中原多故，四海群飛。遂割裂于山河，競僭竊于位號。朕削平寓縣，載整皇綱。復周漢之舊疆，寵綏群后；采唐、虞之大訓，協和萬邦。六年于兹，百揆時叙。禮樂征伐之柄，盡出朝廷；蠻夷山海之君，咸修職貢。一昨順長庚而授律，法時雨以興師，先申誕告之文，以慰徯來之衆。咨爾僞蜀主孟昶，克承餘緒，保據一隅，擅正朔以自專，歷歲年以滋久。而能屬王師之致討，察天道之惡盈，體此綏懷，思于效順，盡率官吏，來降軍門，抗手疏以陳誠，伏天閽而請命。是用昭示大信，盡滌汝瑕，度越彝章，升于崇秩。冠紫微之近署，以奉内朝；翦鶉首之奥區，爲之封邑。率從異數，式洽殊私。爾宜欽承，往踐厥位。可開府儀同三司、檢校太師、兼中書令、秦國公，給上鎮節度使俸禄。」餘僞官除拜有差。昶數日卒，年四十七。太祖廢朝五日，素服發哀于大明殿。贈中書令，追封楚王，謚恭孝，賻布帛千匹，葬事官給。後數日，其母李氏亦卒。

初，李氏隨昶至京師，太祖數命肩輿入宫，勞之曰：「母善自愛，無戚戚懷鄉土。異日當送母歸。」李氏曰：「使妾安往？」太祖曰：「歸蜀爾。」李氏曰：「妾家本太原，儻得歸老并土，妾之願也。」時晉陽未平，太祖聞其言大喜，曰：「俟平劉鈞，即如母所願。」因厚加賜賚。及昶卒，不哭，以酒酹地曰：「汝不能死社稷，貪生以至此。吾所以忍死者，以汝在爾，今汝既死，吾何生焉？」因不食，數日卒。太祖聞而傷之，賻贈加等。與昶俱葬洛陽。詔發奉義甲士七千人護送〔二九〕。七月，正衙備禮册命昶，其文曰：「維乾德三年，歲次乙丑，七月己未朔〔三〇〕，二十四日戊子〔三一〕，案：朔日是己未，則二十四日是壬午，若二十四日是戊子，則朔日是乙丑。據宋史太祖本紀：七月壬辰，追封孟昶爲楚王，下書丁酉，又書八月戊戌朔，是七月己巳朔，二十四日壬辰，附注備考。皇帝若曰：咨爾故檢校太師、兼中書令、秦國公孟昶，夫册贈之典，所以彰世祚而紀勛伐，繼絶之義，所以旌異域而表來庭。苟匪全功，寧兼二者。國家承乾撫運，括地開圖。稽至德于勛、華，體深仁于湯、禹。既定壺關之亂，復翦淮夷之凶，暨荆及衡，洗蕩逋穢。以爲人君之道，先德而後刑；王者之師，有征而無戰。兵威震疊，寰宇來同。以致薄伐西川〔三二〕，徂征三峽。惟爾昶襲乃堂構，據有巴庸，而能祇畏皇靈，保全宗緒，知機識變，委順圖全。馳子牟魏闕之心，奉伯禹塗山之會。朕自聞獻款，良切虛懷。

舟車欣至止之初，邸第錫非常之制。封崇異數，期保永年。景命不融，奄然殂謝。嗚呼！爾有及親之孝，特異常倫；爾有奉上之情，所期終養。何高穹之不祐，與幽壤以同歸！斯朕所以當寧興悲，徹縣永嘆。詢于史氏，申命禮官，今遣使起復雲飛將軍、檢校太傅、右神武統軍兼御史大夫、上柱國、平昌縣開國伯、食邑七百户孟仁贄持節，册贈爾爲尚書令，仍追封楚王。嗚呼！式備哀榮，載光簡牒。南宫峻秩，全楚大邦，并示追崇。夐超彝制。始終之分，朕無愧焉。尚冀英魂，歆兹盛禮，嗚呼哀哉！」禮畢，其册載以犢車，設鹵簿、鼓吹，導至其第，册及門，主人迎册使入。是日，仍賜昶墳莊一區，給守墳人米千石、錢五十萬。案：宋史作五萬。

初，昶在蜀專務奢靡，爲七寶溺器，他物稱是。每歲除，命學士爲詞，題桃符，置寢門左右。末年，學士韋寅遜撰詞〔三三〕，以其非工，昶自命筆題云：「新年納餘慶，嘉節號長春。」昶以其年正月十一日降，太祖命吕餘慶知成都，而「長春」乃太祖誕聖節名也。又昶襲位後，民質錢取息者，將徙居，必書其門曰：「召主取贖。」其末年，西川婦女競理髮爲高髻，號朝天髻。始，周世宗平淮甸，克關南，議討而未果。至太祖，乃平之。自始伐至降，凡六十六日。昶父子據有二蜀三十一年，至是，國除。王全斌既平蜀，部下多漁奪民財。及凱旋，太祖盡得其狀，召行營都監王仁贍面詰之。仁贍歷詆諸將所爲，奢縱不法，冀以自解，且曰：「清廉畏慎，不辜陛下任使者，惟有曹彬一人耳。」即日，授彬宣徽南院使。彬入奏曰：「征西諸將皆獲罪，臣獨受賞，何以寧處？」上曰：「卿有功無過，又不自矜。苟若有纖芥之累，王仁贍豈有爲卿隱耶？勸懲，國之常典，可無讓也。」蜀平，得州府四十六：益、彭、眉、嘉、綿、漢、資、簡、梓、遂、黎、雅、陵、戎、瀘、維、茂、昌、榮、原注：闕文。閬、渠、合、龍、普、利、原注：闕文。渝、涪、黔、施、達、洋，原注：闕文。百四十，户五十三萬四。原注：闕文。案：長編：蜀平，得州四十六，縣二百四十，户五十三萬四千二十九。宋史載：得州四十五，縣一百九十。此書大略與長編相合。

李筠在鎮，擅其徵賦，頗招集亡命。嘗以私忿囚監軍使，世宗不能堪，但下詔責讓而已。至是，遂以建隆元年四月十四日叛〔三四〕。太祖遣侍衛親軍副都指揮使、歸德軍節度使石守信，殿前副都指揮、點檢、義成軍節度使高懷德，率諸軍進討。五月二日，又命宣徽南院使昝居潤赴澶州巡警。詔殿前都點檢、昭化軍節度使慕容延釗〔三五〕，彰德軍節度觀察留後王全斌，由東路會兵進討。前德州刺史曹翰、前耀州刺史張暉，并充行營壕寨使，由東路與守信等合。敕守信等曰：「勿縱筠下太行，急進師扼其隘，破之必矣。」帝乃下詔曰：「違天逆命，不可以逋誅；伐罪吊民，式慰其徯望。昭義軍節度、檢校太師兼中書令李筠，出于賤隸，驟列通侯，詭譎多端，包藏有素。朕以皇天眷命，歷數在躬。念同事于前朝，每曲形于厚禮。推赤心而示信，指天日以申盟。而不體予懷，自隳爾節。窺覦神器，俶擾天常。囚辱使臣，虔劉民吏。結劉鈞于并壘，害張福于高平。肆其凶謀，干我大戮。國有常憲，人其舍諸。將申齊斧之刑，用致靈旗之討。李筠宜削奪在身官爵，令諸道會兵進擊。宥其驅脅，實前王之令猷；示以招懷，亦吾民之何罪？黎城舊壤，上黨名區，俗本貞純，人知節義。豈私從亂，必自改圖。苟去危以就安，可轉禍而爲福；立功名于當世，保富貴以終身。勿成染污之風，自取覆亡之咎。凡爾士庶，當體朕懷。」

五月十九日，内降手詔親征：「朕仰膺天眷，肇啓皇圖。念可畏之非民，敢無名而動衆。李筠不知天命，犯我王誅，棄帶河礪嶽之恩，爲干紀亂常之事。已行攻討，即俟蕩平。當九夏之炎蒸，念六師之勞苦。深居宫闕，情所難安。當議省巡，用伸慰撫。朕取此月內，暫幸軍前，所司供頓，務從儉約。郡國長吏，不得擅赴行在。兩京留司官起居表章，傳置以聞。勿令勞擾，以稱朕意。」以二十四日，次滎陽，西京留守向拱、河陽節度使趙晁來朝。太祖召拱與語，拱曰：「李筠逆節久露，兵勢漸盛。陛下宜速濟大河，歷太行，乘其未集而擊之，平賊必矣。若稽留浹旬，臣恐賊鋒益熾，攻之難力矣。」帝深然之。其月，石守信敗筠軍于長平，斬首三千餘級，拔大會寨。十九日，命侍衛親軍都指揮使、天平軍節度使韓令坤率兵屯河陽，石守信、高懷德又破筠衆三萬于澤州，獲僞河東節度使范守圖，降河東援軍數千，皆殺之。原注：初，筠送款于河東劉鈞，及王師至，筠求援于鈞，鈞遣守圖等赴之，至是并獲焉。帝以親駕，大赦天下：「門下：天生五材，武可以底寧禍亂；君有一德，恩所以輯睦兆民。爰自眷命自天，膺圖開國。繄朕寡昧，勉徇樂推，式造新邦，務求治道。郡縣小大之政，必切躬親；蕃宣勛舊之臣，敢忘禮遇。以四海樂康爲念，以一物失所爲憂，勿敢怠荒，庶期開泰。不謂壺關之地，分野纏灾，守臣無事以生疑，同惡望風而相濟。朕推心勉諭，屈己俯從。和氣不能易豺狼之心，平地于是作荆榛之路。昨者長驅禁旅，直上太行。始戮賊軍，尋平澤、潞。鋒交矢接，瓦解冰消。潞州既逼危亡，尋輸降款。契我好生之意，各覃加等之恩。一境熙春，萬家安堵。既豁黔黎之望，實憑宗社之靈。重念將士同心，服干戈而展效；官吏奉職，部力役以有勞。將同慶于域中，宜大賚于天下。應天下見禁罪人，自六月二十三日昧爽以前。云云。」原注：餘同本傳。

李重進九月反狀聞。太祖遣石守信、王審琦、李處耘、宋偓等四將，率禁兵討之。仍令友規護前軍，案：仍令云云，當是上文已載友規，爲傳寫者脱佚。據長編：揚州都監、右屯將軍安友規知重進必反，逾城來奔。至是果反，故仍令護前軍討之。乃下詔曰：「黄軒御極，嘗行中冀之誅；虞舜登庸，先正四凶之罪。芘民靖亂，何莫由斯。朕以歷試艱難，肇膺眷命。務輯寧于華夏，思康濟于黎元。爰整鋭師，濯征多壘。慰其徯后，匪曰佳兵。新授平盧軍節度、淄青等州觀察使、檢校太師、兼中書令李重進，位列公侯，任隆藩翰，自皇家之起運，包異志以無君。朕法天無私，與物更始，特含垢以宥罪，聽改行而自新。申撫諭于璽書，形誓言于金券，特遷大鎮，用保永圖。而敢固守孤城，拒違王命。此而可忍，孰不可忍。宜正彝章，用懲大憝。其李重進在身官爵，并宜削奪。」上謂左右曰：「朕于周室近臣無所猜間〔三六〕。重進不體朕心，自懷反側，今大師在野，朕當自慰撫之。」十月二十一日，内降手詔曰：「朕以反臣負國，凶黨嬰城。勞將帥以征行，救生靈之塗炭。重念蒙犯霜露，跋涉山川，將親示于撫巡〔三七〕，須暫離于京闕。朕取今月内幸揚州。凡所供須，務令省約，方期靖亂，無至勞人。餘依征澤潞詔書從事。」原注：餘同本傳。

【新輯】太祖時，趙普爲相，車駕因出，忽幸其第。時兩浙錢王俶方遣使致書及海物十瓶於普，置在廡下，會車駕至，倉卒出迎，不及屏也。上顧見，問何物。普以實對。上曰：「此海物必佳。」即令啓之，皆滿貯瓜子金也。普惶恐，頓首謝曰：「臣未發書，實不知，若知之，當奏聞而却之。」上笑曰：「但受之無妨。彼謂國家事皆由汝書生耳。」事實。〔三八〕

【太宗太平興國三年四月，】陳洪進入朝，以其地來歸。太宗優詔嘉納之，以洪進爲武寧軍節度、同平章事，留京師，奉朝請。諸子皆授以近郡。五月一日，降德音：「門下：朕纂紹基圖，臨御區宇。慶五兵之銷偃，致四海之混同。顧惟動植之間，悉被生成之澤。念清源之一境，隔朝化以多年，江山雖在于照臨，黎庶未霑于恩惠。節度使陳洪進，素懷明略，喜遇昌期，偃戎節以來朝，録地圖而上進。今者川塗無壅，聲教大同，宜覃寬宥之恩，俾洽維新之化。應泉、漳等州管内州縣，諸色罪人，限德音到日，并從釋放。云云。於戲！同文共軌，荷宗社之殊休；恤物愛民，乃帝王之常道。矧惟遠俗，初被皇風，用安歸嚮之心，倍注撫柔之意。降九天之雨露，蘇比屋之生靈，必令其萬户千門，永樂于輕徭薄賦。凡爾衆庶，當體朕懷。主者施行。」

太宗征太原，次澶淵，太僕寺丞宋捷者〔三九〕，掌出納行在軍儲，迎謁道左。太宗見姓名喜，以爲我師有必捷之兆。車駕將至，令語攻城諸將曰：「我端午日當置酒宴會于太原城中〔四〇〕。」至癸未，繼元降，乃五月五日也。

太宗朝，平蜀賊李順。原注：劉旴附。淳化四年，青城縣民王小波聚徒起而爲亂，謂其衆曰：「吾疾貧富不均，今爲汝均之。」貧民附者益衆。先是，國家平孟氏之亂，成都府庫之物，悉載歸于内府。後來任事者競功利，于常賦外，更置博買務，禁商旅不得私市布帛。蜀地土狹民稠，耕稼不足以給，由是群衆起而爲亂。二月，殺彭山縣令齊元振。十二月，與巡檢張玘鬥于江原縣，玘死之。小波亦病創卒。衆推小波妻弟李順以淳化五年正月叛，攻邛、蜀二郡，官吏多被其害。又敗都巡檢郭允能于新津，賊勢益盛，衆附者數萬。永康軍、雙流、新津、温江、郫縣皆爲順所陷，縱火大掠，遂進攻成都。既陷成都，知府事郭載率官吏奔東川，賊遂據成都。上命昭宣使、河州團練使王繼恩爲劍南兩川招安使，率兵討之，以便宜決遣。又命樞密直學士張詠知成都府，案：長編：據成都志及宋祁所作墓誌，韓琦所作碑，謂詠知成都，乃是春除，既而留不行。至九月，代雷有終任。實録及會要并于是春即書以張詠知成都，誤矣。此書亦仍實録、會要之誤。雷有終、裴莊、劉錫、周渭等掌川峽隨軍漕運，馬步軍都軍頭王杲率兵趨劍門，崇儀使尹元率兵由峽路而進，并受繼恩節制。又命成都府監軍、供奉官宿翰爲崇儀使。先是，群盜自成都分攻劍門，翰先自成都領兵投劍門，適與正兵合。案：長編：李順分兵攻劍門，都監、西京作坊副使上官正禦之，會宿翰領兵至，破之。上喜。以正爲六宅使，劍州刺史，充劍門兵馬部署。翰爲崇儀使、昭州刺史。此云與正兵合，不載上官之姓，當是上文有脱佚。因迎擊，大破賊衆數千人，餘三百人奔歸成都。順怒其驚衆，盡殺之。奏至，上嘉翰功，故有是命。

三月，詔繼恩：「朕以凶民嘯聚，蜀郡驚騷，俾聊舉于偏師〔四一〕，務速令于平蕩。已聞虎旅，將覆梟巢。既顯戮于鯨鯢，慮俱焚于玉石。須令分别〔四二〕，用振恩威。宜令王繼恩候前軍所到處，其賊黨等或敢恣凶頑，或輒行拒抗，即盡加殺戮，不得存留。其有或先被脅從，或自能歸順，更不問罪，并與安存。不惟推好生惡殺之心，亦用舉懲惡勸善之典。諒爾將兵之意，知予及物之恩。」四月，繼恩由小劍門路入研石寨，破賊，斬首五百級。逐北過青彊嶺〔四三〕，平劍州，進破賊五千衆于柳池驛，斬首千六百級〔四四〕。賊衆望風奔走，殺戮溺死者不可勝計。又克閬、綿二州。五月，至成都，破賊十餘萬，斬首三萬級，獲順及僞官甚衆。及議賞功，中書欲除宣徽使。太宗曰：「朕讀前代書史，不欲令宦官預政事。宣徽使，執政之漸也。止可授以他官。」宰相懇言：「繼恩有大功，非此任無足以議賞典。」上怒，深責丞相等〔四五〕，命學士張洎、錢若水議別立宣政使，序位于昭宣使之上以授之。繼恩握重兵，久留成都，轉餉不給，專以飲宴爲務。每出入，前後奏音樂。又令騎兵執博局棋枰自隨，威振郡縣。僕使輩用事恣横，縱所部剽掠子女金帛，坐而翫寇，軍士亦無鬥志。餘賊竄伏山谷間，州縣有復陷者。太宗知之，乃命入内押班衛紹欽同領其事，命給事中、參知政事趙昌言充川峽路兵馬都部署，自宣政使王繼恩以下，皆聽其節度。御札數幅，丁寧授以方略。奸黨悉平。至道二年春，布衣韓拱辰詣闕上言：「繼恩有平賊大功，當秉機務。今薄賞無以慰中外之望。」上大怒，以拱辰妖言惑衆，杖脊黥面，配崖州。俄召繼恩還。

又有劉旰者，廣武指揮軍卒也。至道三年八月，都巡檢使韓景祐至懷安軍。旰謀殺景祐而叛，是夜三鼓，嘯聚軍士，逐景祐，景祐逾垣遁逸。遂掠懷安及漢、蜀、邛州、永康軍。招安使上官正即與鈐轄馬知節領兵趨新津，賊出邛州方井，擊敗之，斬旰，盡平其黨。

九月，太宗因言西川叛卒事。輔臣或曰：「蓋地無城池，所以失其制禦。」上曰：「儻官吏得人，善于綏撫，使其樂業，雖無城可也。」

昌言爲人辯智，于上前指畫破賊之策，上悦之，恩遇甚厚。既行，時有峨眉山僧茂真以術得幸，謂上曰：「昌言額紋有反相，不宜委以蜀事。」上方悔之。會昌言至鳳翔，是時寇準知州，密上言：「趙昌言素有重名，又無子息，不可征蜀，授以兵柄。」太宗得疏，大驚曰：「朝廷皆無忠臣，言莫及此。賴有寇準憂國家爾。」乃詔昌言以軍事付王繼恩〔四六〕，罷知政事，以户部侍郎知鳳翔〔四七〕，召寇準參知政事。

西川招安使王繼恩部送賊酋句重榮等五輩詣闕。上曰：「汝曹本非爲惡，但官吏失于撫禦，致爾爲盜。及兵興，武人務在立功，肆行殺戮，爾輩懼死亡命耳。朕今諭以恩信，不忍誅也。」皆釋甲，放之。

太宗聞蜀賊起，顧侍臣曰：「蜀土之民，近歲日益繁盛，但習俗囂浮，多事遨賞。物極必反，今小寇驚動，豈天意抑其浮華耶？」呂蒙正曰：「昔楚莊小國之君，常懼無灾。今昇平之代，遠方忽有狂寇，亦恐天垂警戒。」呂端曰：「蒙正之言，望陛下留意。」上深納之。

校勘記

〔一〕眷惟邛蜀　「邛」原作「庸」，據宋大詔令集卷二二五及宋會要輯稿兵七之二四改。

〔二〕近擒獲四川僞樞密大程官孫遇二人　「二人」，宋大詔令集卷二二五同。宋會要輯稿兵七之二四作「三人」。

〔三〕雖後悔以難追　「難」原作「何」，據宋大詔令集卷二二五及宋會要輯稿兵七之二四改。

〔四〕命忠武軍節度使王全斌充西川路行營前軍兵馬都部署　「西川」，宋史卷四七九世家二作「鳳州」。

〔五〕供奉官田仁明充壕寨都監　「田仁明」，宋史卷二七五田仁朗傳作「田仁朗」。蓋避始祖趙玄朗之諱而改。

〔六〕虎捷左廂都指揮使李進卿充步軍都指揮使　「都」原脱，據長編卷八及宋史卷四七九世家二補。

〔七〕御厨副使朱先緒充馬軍都監　「朱先緒」，宋史卷四七九世家二、宋會要輯稿兵七之二六作「米光緒」。長編卷六作「朱光緒」。

〔八〕八作副使王令喦充先鋒都監　「王令喦」，宋會要輯稿兵七之二六作「王令巖」。

〔九〕供奉官藥守正充戰棹左廂都監　「藥守正」，宋史卷四七九世家二作「藥守節」。

〔一〇〕汝等果能如此　「能」，宋史卷四七九世家二作「敢」。

〔一一〕更示戰兵之令　「戰」，宋會要輯稿兵七之二六作「戢」。

〔一二〕又獲軍糧三十餘萬石　「三十」原作「三千」，據長編卷五及宋會要輯稿兵七之二六改。

〔一三〕殺僞將南光海等三千餘人　「三千」，宋史卷一太祖本紀一作「八千」。

〔一四〕僞節度高彦儔縱火自焚　「高彦儔」，宋史卷一太祖本紀一同。宋會要輯稿兵七之二六作「高彦疇」。長編卷五及宋會要輯稿兵七之二六作「五千」。

〔一五〕指夔州鎖江處　「鎖」原作「鎮」，據宋會要輯稿兵七之二六及宋史卷二五九劉廷讓傳改。

〔一六〕遂至嘉州　「嘉州」，宋會要輯稿兵七之二七作「嘉川」。下同。

〔一七〕王全斌議欲取羅川路入　「路」下原衍「遂」，據長編卷五及宋會要輯稿兵七之二七删。

〔一八〕無煩主帥自往　「主帥」原作「王師」，據宋會要輯稿兵七之二八及玉海卷一九三上兵捷改。

〔一九〕不如諸帥協力攻取　「如」原作「知」；「帥」原作「師」；「攻取」原脱，據宋會要輯稿兵七之二八及玉海卷一九三上兵捷改、補。

〔二〇〕乃遣僞通奏使伊審證　「證」，宋史卷四七九世家二作「徵」，蓋避仁宗嫌名之諱改。

〔二一〕猶昧興亡　「興」原作「死」，據錦里耆舊傳卷四改。

〔二二〕所以上煩神算　「神」，宋史卷四七九世家二作「宸」。

〔二三〕敏如破竹　「敏」，宋史卷四七九世家二作「功」。

〔二四〕以前路寇攘　「前」，宋史卷四七九世家二作「緣」。

〔二五〕至于興戎　「興」，宋史卷四七九世家二作「臨」。

〔二六〕上遣皇城使竇儼迎勞之　「竇儼」，宋史卷四七九世家二作「竇思儼」。

〔二七〕昶與母至襄陽　「襄陽」，宋史卷四七九世家二作「襄漢」。

〔二八〕銀器二千兩　「二千」，宋史卷四七九世家二作「三千」。

〔二九〕詔發奉義甲士七千人護送　「七千人」，宋史卷四七九世家二作「千人」。

〔三〇〕七月己未朔　「己未朔」，據陳垣廿史朔閏表應爲「己巳朔」。

〔三一〕二十四日戊子　「戊子」，依己巳朔推算，應爲二十日，二十四日，干支應爲「壬辰」。宋史卷二太祖本紀二將追封孟昶爲楚王繫於「壬辰」。

〔三二〕以致薄伐西川　「西川」，宋史卷四七九世家二作「兩川」。

〔三三〕學士韋寅遜撰詞　「韋寅遜」，隆平集卷一及宋史卷四七九世家二作「幸寅遜」。文獻通考卷三一〇物異考一六作「辛寅遜」。

〔三四〕遂以建隆元年四月十四日叛　「十四日」，宋史卷一太祖本紀一繫於「癸巳」，即「二十四日」。長編卷一繫於「丙戌」，即「十七日」。

〔三五〕昭化軍節度使慕容延釗　「昭化軍」，長編卷一作「鎮寧軍」。

〔三六〕周室近臣無所猜間　「猜」原作「圖」，據宋會要輯稿兵七之二及宋大詔令集卷二〇三改。

〔三七〕將親示于撫巡　「巡」原作「循」，據宋會要輯稿兵七之二及宋大詔令集卷一四四改。

〔三八〕輯自江少虞宋朝事實類苑卷一。

〔三九〕太僕寺丞宋捷者　「太僕寺丞」，長編卷二〇作「臨河主簿」。

〔四〇〕我端午日當置酒宴會于太原城中　「當」原脱，據宋朝事實類苑卷二補。

〔四一〕俾聊舉于偏師　「偏」原作「軍」，據宋大詔令集卷一九八及新安文獻志卷一改。

〔四二〕須令分别　「須」原作「頃」，據新安文獻志卷一改。

〔四三〕逐北過青彊嶺　「逐」原作「遂」，據宋史卷四六六王繼恩傳改。

〔四四〕斬首千六百級　「千」原脱，據宋史卷四六六王繼恩傳及皇宋通鑑長編紀事本末卷一三補。

〔四五〕上怒深責丞相等　「怒深」原互倒，據宋史卷四六六王繼恩傳乙正。

〔四六〕乃詔昌言以軍事付王繼恩　「王繼恩」，涑水記聞卷二作「王昭宣」。

〔四七〕以户部侍郎知鳳翔　「户部」，涑水記聞卷二作「工部」。

卷十八

宋 李攸 撰

升降州縣一

東京

開封府，大中祥符二年，案：宋史地理志作「三年」。改浚儀縣爲祥符縣。復後唐匡城縣爲長垣縣。原注：梁名長垣。案：宋史：隋匡城縣。建隆元年，改爲鶴丘，後乃改長垣。建隆四年，升東明鎮爲東明縣，以濟陽鎮屬縣。咸平五年，升通許鎮爲咸平縣。案：此書于各府州所領縣，沿自前代者，皆不記。惟記自建隆迄紹興升改者。據宋史，謂政和七年，改酸棗縣爲延津。則事在宣和以前，此書不應闕載。然文獻通考仍存酸棗舊名，而不著延津。其互異，未審所由。今就二書之顯與此書不同者，附注各條下，以備參證。

西京

河南府，熙寧八年，案：宋史作「五年」。省洛陽縣入河南縣。元祐二年，復置。熙寧八年，省緱氏縣入偃師縣。熙寧五年，省伊闕縣入伊陽縣。案：文獻通考：景德四年，升永安鎮爲縣，屬京西路。此闕載。

南京

應天府，景德三年〔一〕，案：宋史作「三年」。升歸德軍爲應天府。大中祥符七年，升南京。

北京

大名府，慶曆二年，升大名爲北京。案：文獻通考：熙寧六年，省經城縣爲鎮，入宗城縣。省洹水縣爲鎮，入成安縣。此闕載。

京東東路

青州，淳化五年，改爲鎮海軍節度使。原注：唐爲平盧軍節度。政和元年，曰齊郡。

密州，開寶五年，升爲安化軍節度。案：文獻通考：元祐二年，以板橋鎮置膠西縣。此闕載。

拱州〔二〕，崇寧四年，以開封府襄邑縣建州，名輔州。以爲東輔，又改今名。案：文獻通考：大觀四年，廢拱州復爲襄邑縣，還隸開封。政和四年，復爲州。此闕載。又通考及宋史并云：「屬京東西路。」與此屬京東東路有異。

齊州，治平二年，升爲興德軍節度。咸平四年，省臨濟縣入章丘縣。案：文獻通考：政和六年，升齊州爲濟南府。又云：「景德二年，以章丘置清平軍，熙寧二年，廢軍，復爲縣。」此皆闕載。

濰州，建隆二年，以青州北海縣置北海軍。乾德二年〔三〕，升爲濰州。政和元年，曰北海郡。建隆二年，析北海縣地置昌邑縣。乾德二年，以營丘城置安仁縣，尋改爲昌樂。

淮陽軍，太平興國七年，置。太平興國七年，以徐州之宿遷縣屬淮陽軍。案：文獻通考云：「以徐州之下邳、宿遷二縣建淮陽軍。元豐初，改屬京東西路。」與此稍異。

京東西路

襲慶府，建隆元年，復泰寧軍節度。案：文獻通考：大中祥符元年，升泰寧軍節度，爲大都督。政和八年，升爲府。大中祥符元年，改乾封縣爲奉符縣。大中祥符五年〔四〕，案：文獻通考：作五年。改曲阜縣爲仙源縣。案：宋史：大觀四年，以瑕丘縣爲瑕縣，以龔丘縣爲龔縣。此闕載。

興仁府，建中靖國元年，改周彰信軍爲郡，後升府。案：宋史作崇寧元年，升曹州爲興仁府。大觀三年〔五〕，升都督府。大觀二年〔六〕，改宛句縣爲宛亭縣。案：宋史作元祐元年，改冤句縣爲宛亭。

鄆州，大觀元年〔七〕，升大都督府。案：宋史作大觀元年，升大都督府。宣和元年，改爲東平府。

廣濟軍，太平興國二年〔八〕，以定陶鎮置廣濟軍。至熙寧四年，廢屬曹州。元祐元年，復置。案：文獻通考云：「漢定陶縣，唐爲鎮，太平興國二年，建爲軍。四年，割曹、澶、濟、濮四州地，復置縣，以隸焉。熙寧四年，廢軍，以定陶縣隸曹州。元祐元年，復爲軍。」視此所記，覺更明晰。

京西南路〔九〕

鄧州，建隆初，省臨瀨縣入穰縣。案：宋史：太平興國六年，升順陽鎮爲順陽縣。慶曆四年，廢方城縣入南陽縣。此皆闕載。

襄州，乾德三年，以陰城鎮置乾德縣。案：文獻通考：陰城鎮，宋初升爲光化軍，熙寧五年，廢軍，改爲光化縣，隸襄陽。元祐初，復爲軍。又宋史云：「乾德二年，析穀城縣三鄉置乾德縣。」與此所記互異。太平興國元年，復改義清縣爲中廬縣。

均州，乾德六年，省豐利縣入鄖鄉縣。案：宋史：均州本防禦，宣和元年，爲武當軍節度。此闕載。

隨州，乾德五年，升崇義軍節度。太平興國元年，改崇信軍。熙寧元年，省安化縣。案：宋史作熙寧元年，廢光化縣爲鎮，入隨縣。與元和郡縣志隨州管縣有光化之文相合。而與文獻通考熙寧五年，改光化軍爲光化縣，隸襄陽，及此作元年，省安化縣者，先後沿革，互有歧異。

金州，乾德五年，升昭化軍節度，後爲防禦。熙寧六年，省平利縣。案：宋史作省爲鎮，入西城縣。元祐二年，復置。案：宋史：乾德四年，廢渚陽縣入洵陽縣。此闕載。

房州，雍熙三年，升保康軍節度。開寶中，省永清縣。開寶中，省上庸縣。

京西北路

穎昌府，元豐三年，升許州爲府。原注：唐爲潁川郡，升忠武軍節度。梁爲匡國軍。後唐復爲忠武軍。崇寧四年，建爲南輔。熙寧四年，省許田入長社縣。崇寧四年，以汝州之郟縣屬潁昌府。

鄭州，景祐元年，升奉寧軍節度。崇寧四年，建爲西輔。崇寧四年，以河南府密縣屬鄭州。

滑州，太平興國四年，改武成軍節度。原注：唐爲宣義軍節度。治平三年，案：宋史作熙寧三年。省靈河縣入白馬縣。

孟州，大中祥符中，改汜水縣汜水關爲行慶關。慶曆三年，以唐洛州王屋縣屬孟州。案：宋史：汜水縣，熙寧五年，省入河陰。元豐二年，復置。王屋縣，熙寧五年，自河南來隸。此未詳。

蔡州，景祐二年，升淮康軍節度。案：宋史：大中祥符五年，改郎山縣爲確山縣。此闕載。

陳州，案：文獻通考：陳州，宣和元年，升爲淮寧府。此未詳。建隆元年，改溵水縣爲商水縣。熙寧六年，省南頓縣入商水。元祐元年，復置。

順昌府，元豐二年，升順昌軍節度。政和六年，升爲順昌府〔一〇〕。案：文獻通考，作政和六年，改爲順昌府。

汝州，熙寧四年〔一一〕，案：宋史：作五年。省龍興縣入魯山縣。元祐二年，案：宋史：作元年。復置。案：文獻通考：汝州，政和中，升陸海軍節度。又宋史：魯山縣，宣和二年，改爲寶豐縣。此皆闕載。

信陽軍，唐義陽郡。開寶九年，降爲軍。太平興國元年，改爲信陽。開寶九年，省鍾山縣屬義陽。開寶九年，以羅山縣屬信陽軍。案：文獻通考：開寶九年，廢羅山縣。雍熙二年，復置。此未詳。

河北東路

開德府，大觀元年，升府。原注：唐屬澶、濮、魏三州。晉升鎮寧軍節度。崇寧四年，建爲北輔。雍熙四年〔一二〕，省臨黃縣入觀城縣。熙寧四年〔一三〕，案：宋史：作六年。省頓丘縣入清豐縣。崇寧四年，以大名府南樂縣屬開德府。案：宋史：崇寧四年，以大名府之朝城縣來隸。此闕載。

河間府，大觀二年，升府。原注：唐爲瀛州。宋初，升瀛海軍節度。熙寧六年，省束城縣入河間縣。熙寧六年，省景城縣入樂壽縣。案：宋史：樂壽縣，至道三年，自深州來隸。熙寧六年，省景城入焉。又束城縣，元祐元年，復。此未詳。

冀州，慶曆八年，升安武軍節度。皇祐四年，省堂陽縣入南宮縣。

棣州，大中祥符八年，徙州城及厭次縣于陽信縣地，徙陽信縣于故厭次縣。

雄州，政和三年，爲易陽郡。太平興國元年，改歸義縣爲歸信。建隆四年，復置容城縣。原注：周顯德六年廢。

霸州，政和三年，爲永清郡。景祐元年〔一四〕，案：宋史：作二年。省永清縣入文安縣。

莫州，熙寧六年，省長豐縣爲鎮。又省鄚縣入任丘。元祐二年，復鄚縣，尋又罷爲鎮。

濱州，大中祥符五年，省蒲臺縣入渤海縣。慶曆六年，析渤海縣地，置招安縣。案：宋史：慶曆三年，升招安鎮爲縣。熙寧六年，省入渤海。元豐二年，復爲縣。與此互異。

恩州，唐爲貝州。天寶初，曰清河郡。案：宋史：宋初，爲節度。慶曆八年，罷節度，以平王則，改貝州爲恩州。至和元年，省漳南縣入歷亭縣。案：宋史：熙寧四年，省清陽縣入清河縣。此闕載。

清州，太平興國七年，以滄州永安縣置。原注：周爲乾寧軍，後廢。大觀二年，河清七晝夜，因改爲清州。政和三年，爲乾寧郡。太平興國七年，以永安縣之范橋鎮置乾寧縣。熙寧六年，省爲鎮。後復置縣。崇寧三年，又省之。案：宋史：乾寧縣，政和五年復置。此闕載。

永静軍，慶曆七年，以將陵縣原注：周屬景州。屬永静軍。淳化元年，以阜城縣原注：唐屬冀州。屬永静軍。案：宋史：將陵縣，景祐元年，移治長河鎮。阜城縣，嘉祐八年，省入東光。熙寧十年，復置。與此詳略互異。

保定軍，太平興國六年，以涿州歸信縣新鎮，置平戎軍。景德元年，改今名。

河北西路

相州，天聖七年，改永定縣曰永和。熙寧五年，省入安陽。熙寧五年，省鄴縣入臨鄣〔一五〕。

中山府，太平興國元年，改定武軍節度。原注：唐爲定州，義成軍節度。政和三年，改中山府爲中山郡。康定元年，省陘邑縣入安喜縣。景德元年，以祁州無極縣屬中山府。洺州，建隆元年，升爲防禦。熙寧三年，省曲周縣入鷄澤縣。熙寧六年，省臨洺縣入永年縣。案：宋史：元祐二年，曲周、臨洺復爲縣，尋復爲鎮。四年，曲周、鷄澤依舊别爲兩縣。此闕載。

祁州，景德元年，徙治蒲陰縣。原注：周景福二年，置祁州于無極縣。端拱元年，以恒州鼓城縣屬祁州。熙寧六年，省深澤縣入鼓城。元祐元年，復置。

保州，政和三年，爲清苑郡。案：宋史：保州本清苑縣。建隆初，置保塞軍。太平興國六年，建爲州。政和三年，爲清苑郡。太平興國六年，改清苑爲保塞縣。案：宋史：太平興國六年，析易州滿城之南境入保塞。此未詳。

趙州，崇寧四年，升爲慶源軍節度。開寶五年，改昭慶縣爲隆平縣。熙寧六年，省入臨城。元祐元年，復置。熙寧五年，省柏鄉、贊皇入高邑縣。

邢州，熙寧六年，省平鄉縣入鉅鹿縣。元祐元年，復置。熙寧六年，省堯山縣入内丘縣。元祐元年，復置。熙寧五年，省任縣入南和縣。元祐元年，復置。大觀元年八月二十六日，詔遷趙州隆平縣、邢州鉅鹿縣于高地。以隆平地下濕，鉅鹿近爲黄河陷没故也。政和三年十二月十七日，尚書省言：「邢州鉅鹿縣，昨日黄河渰没之事，今來水勢已退，乞興復舊縣。」從之。

永寧軍，雍熙四年，以博野縣地置寧邊軍。景德元年，改永定。天聖七年〔一六〕，改今名。

廣信軍，太平興國六年，置爲威虜軍。景德元年，改今名。

陝西路

永興軍路

京兆府，案：宋史：「永興軍，大觀元年，升大都督府。宣和二年，詔守臣不用軍額，稱京兆府。」此未詳。

大中祥符八年，改昭應縣爲臨潼縣。大觀二年，復以清平鎮置終南縣。原注：唐爲縣鎮。案：宋史：清平鎮，大觀元年，升爲清平軍，復置終南縣隸京兆府，清平軍使兼知終南縣。與此紀年稍異，而原委較詳。

河中府，太平興國七年，改護國軍節度。原注：唐爲河中節度。案：宋史：熙寧三年，省西河縣。六年，省永樂縣入河東。此闕載。

陝州，太平興國元年，改保平軍節度。原注：唐爲保義軍節度。案：宋史：熙寧六年，省硤石縣并入陝縣。太平興國三年，以虢州之湖城、閿鄉二縣屬陝州。此闕載。

延安府，唐延州，後唐彰武軍。皇朝升府。案：宋史：元祐四年，升府。熙寧五年，省豐林縣、金明縣入膚施。八年，省延水縣入延川縣。此闕載。

同州，太平興國七年，升爲定國軍節度。案：宋史：熙寧四年，省夏陽縣入郃陽。此闕載。

耀州，開寶五年，爲感義軍。太平興國元年，改感德軍。淳化四年，以雲陽縣之梨園鎮置淳化縣〔一七〕。案：宋史：淳化縣，宣和元年，撥屬環慶路邠州。此闕載。

虢州，建隆元年，改弘農縣爲常農縣。至道三年，改曰虢略。熙寧四年，省玉城縣入虢略〔一八〕。

銀州，唐銀川郡。案：宋史：五代以來，爲西夏所有。熙寧三年，收復，尋棄。元豐四年，復。旋被西夏陷没。崇寧四年，復。仍爲銀州。五年，廢爲銀川城。此闕載。

綏德軍，熙寧二年，收復。唐綏州，又廢爲綏德城，後升爲軍。案：宋史：「熙寧二年」作

「三年」。【輯校者案：點校本宋史作「熙寧二年」。】元符二年，升綏德軍。與此稍異。

保安軍，太平興國二年，以延州永安鎮置軍。天禧四年，置建子城。天聖元年，改爲德靖寨。慶曆四年，置順寧寨。

環慶路

環州，淳化五年，復周之通遠軍爲環州。天聖四年，復改方渠縣爲通遠縣。

慶州，乾德二年，復爲安化郡。原注：唐天寶元年曰安化郡。至德元載曰順化郡，升安定軍節度。後唐降。乾德二年，復順化縣爲安化縣。乾德二年，省同川縣入安化縣。熙寧四年，復置合水縣。省華池、樂蟠兩縣入合水。熙寧三年，以寧州彭原縣屬慶州。

涇原路

涇州，太平興國元年，改彰化軍節度。原注：唐爲彰義軍。咸平四年，置保定縣。五年，省爲寨。大觀二年，復置。案：宋史：咸平四年，升長武鎮爲縣。五年，省爲寨，屬保定縣。大觀二年，復爲縣，俱指長武言。與此作保定有異。

渭州，熙寧五年，儀州廢，以安化縣來屬。乾德元年，以舊崇信軍地置崇信縣，屬鳳翔府。淳化中，屬儀州。熙寧五年，州廢，來屬。熙寧五年，儀州廢，以華亭縣來屬。案：渭州，宋史入秦鳳路。與此入涇原路有異。

原州，太平興國元年，改寧州豐義縣爲彭陽。至道三年，屬原州。

懷德軍，大觀二年，升平夏城爲軍，以蕭關等寨原注：唐蕭關縣地。來屬。

鎮戎軍，至道元年，案：宋史：作三年。以故平高縣地置。

德順軍，慶曆三年，以渭州隴干城置。元祐八年，置隴干縣。

秦鳳路

鳳翔府，熙寧五年，以好畤縣屬府。

隴州，開寶元年〔一九〕，案：宋史：作二年。析汧陽置隴安縣。

鳳州，河池縣，皇朝徙治固鎮。兩當縣，皇朝徙治廣鄉鎮。案：宋史：徙河池在開寶五年，徙兩當在至道元年。

秦州，建隆二年，置伏羌寨。熙寧三年，以爲城。

鞏州，案：文獻通考：皇祐四年，以渭州地置古渭寨。熙寧五年，改通遠軍。崇寧三年，改爲鞏州。此未詳。崇寧四年〔二〇〕，案：宋史：作三年。升寧遠寨爲縣。案：宋史：元祐五年，增置隴西縣。崇寧三年，升永寧寨爲縣。此闕載。

熙河路

熙州，熙寧五年，收復吐蕃之武勝軍置州，升鎮洮軍節度。熙寧五年，置渭源堡，屬州。案：宋史：熙寧六年，置狄道縣。九年，省。元豐二年，復置。此闕載。

蘭州，元豐四年，收復金城縣。案：宋史：蘭州，金城郡。與此作金城縣有異。又崇寧三年，置蘭泉縣。此闕載。

河州，熙寧六年，收復鳳林縣。置枹罕縣，七年〔二一〕，省。崇寧四年，升寧河寨爲縣。

岷州，熙寧六年，收復。原注：唐政和郡陷吐蕃〔二二〕。崇寧四年〔二三〕，復置祐川縣。原注：

唐縣，後廢。建隆三年，以良恭、大潭二鎮置大潭縣，屬秦州。熙寧六年〔二四〕，屬岷州。熙寧六年〔二五〕，以長道縣屬岷州。案：宋史：崇寧三年，復祐川縣。熙寧七年，以大潭、長道兩縣屬岷州。與此稍異。

會州元符二年，收復烏蘭縣。案：文獻通考：唐置會州，領會寧、烏蘭二縣，廣德後没吐蕃。宋元符二年，始進築修復。割安西城以北六寨隸會州。崇寧三年，置縣曰敷文。此云：收復烏蘭縣，仍唐舊名，似下文有脱佚。

廓州，元符二年，收復米川縣。案：文獻通考：廓州，唐末陷吐蕃。宋元符二年，以廓州爲寧塞城。崇寧三年，棄之，後收復，仍爲廓州，城下置一縣。五年，罷之。大觀三年，升防禦。又米川縣，注云：「唐置，廣德元年，没吐蕃。宋元豐收復。」與此作元符二年有異。至宋史：則僅載米川城，注云：「舊米川縣。」

洮州，元符二年，收復臨潭縣。案：文獻通考：洮州領縣一，臨潭，唐末，陷吐蕃，號臨洮城。元符二年，得之。尋棄不守。大觀二年，復，仍爲洮州。三年，升團練。此云收復臨潭縣，亦沿舊名。

湟州，案：文獻通考：元符二年，收復舊邈川城，建爲湟州。此未詳。大觀三年，賜嚮德軍額。

宣和元年，改爲樂州。

河東路

太原府，太平興國四年，克復，降爲并州。舊治太原、晉陽二縣。遂徙治陽曲。太平興國四年，省太原縣入榆次。建隆四年，以晉陽縣爲平晉軍。太平興國四年，廢爲平晉縣。熙寧三年，省入陽曲。政和五年，復。

潞州，太平興國元年，改昭德軍節度。原注：唐昭義軍節度。建中靖國元年，改隆德軍節度。

慶祚軍，舊晉州趙城縣。熙寧五年，廢爲鎮，隸洪洞縣。元豐二年〔一二六〕，案：宋史作三年。復爲縣。政和三年，升爲軍。

麟州，乾德五年，升建寧軍節度。端拱元年，改鎮西軍節度。

嵐州，咸平五年，以憲州樓煩縣來屬。

憲州，熙寧三年，廢。十年，復置。咸平五年，以嵐州静樂縣來屬。

慈州，熙寧五年，廢。入隰州。元祐元年，復置。熙寧五年，省文城縣入吉鄉縣。又省鄉寧縣。

豐州，嘉祐七年，以府州蘿泊川掌地置。東南接府州，西接麟州，不統縣。

遼州，熙寧七年，廢爲平定軍。元豐八年，復置。熙寧七年，省和順縣爲鎮，入遼山。元豐八年〔二七〕，復置。案：宋史：熙寧七年，省平城、和順二縣入遼山，省榆社入武鄉。元祐元年，復置三縣。與此有異。

岢嵐軍，太平興國四年，析岢嵐州置軍。案：宋史：太平興國五年，以嵐州嵐谷縣建爲軍。與此有異。

寧化軍，太平興國四年，析嵐州地置寧化縣。五年，于縣置軍。領寧化一縣。

威勝軍，太平興國二年置，并沁州入焉。太平興國二年，以潞州武鄉縣來屬。太平興國六年，廢沁州，以沁源縣來屬。太平興國六年，廢沁州，以綿上縣屬大通監。寶元二年，來屬。案：宋史：太平興國三年【輯校者案：宋史卷四太宗本紀一繫於二年】，于潞州銅鞮縣亂柳石圍中建爲軍。此作二年置，不載銅鞮縣。詳略互異。

平定軍，太平興國七年，改上父縣爲平定縣，置平定軍。案：宋史：太平興國二年，以鎮州廣陽寨建爲軍。四年，以并州平定、樂平二縣來屬。改廣陽爲平定，即在四年。與此有異。

保德軍，淳化四年，析嵐州置定羌軍。景德二年〔二八〕，案：宋史作元年。改曰保德。

火山軍，太平興國七年，以嵐州雄勇鎮置軍。治平四年，置火山縣。熙寧四年，縣廢。

晉寧軍，元符二年〔二九〕，置。大觀三年，石州定胡縣來屬〔三〇〕。案：宋史：晉寧軍本葭蘆寨。元豐五年，收復。六年，隸石州。元祐四年，給賜西夏。紹聖四年，收復。元符二年，爲晉寧軍，割石州之臨泉隸焉。又大觀三年，以石州之定胡縣來屬。所載視此加詳，而紀年有異。

淮南東路

亳州，大中祥符七年，升集慶軍節度。大中祥符七年，改真源縣爲衛真縣。

泗州，乾德元年，以楚州盱眙縣來屬，州徙治此。建隆二年，省徐城縣入臨淮。乾德元年，以濠州招義縣屬泗州。太平興國元年，改爲招信。

真州，大中祥符六年，以聖像成功，升爲真州。案：宋史：至道二年，以揚州之六合來屬。此闕載。

通州，天聖元年，改周通州爲崇州。明道二年，復故名。

淮南西路

壽州，開寶四年，改盛唐縣爲六安縣。

無爲軍，太平興國三年，以巢縣之無爲鎮置軍。太平興國三年，以廬州巢縣來屬。太平興國三年，以廬州廬江縣來屬。無爲縣，熙寧三年，析巢縣、廬江縣地置。巢縣，太平興國三年，自廬州來隸。紹興五年，廢爲鎮。六年，復。十一年，隸廬州。十二年，復隸。原注：紹興六年六月一日，知無爲軍呂雲叟言：「本軍巢縣廢爲巢鎮之後，所收官錢不了鎮寨官兵請給。又地里闊遠，見不住招誘，有歸業之民。内柘皐一鄉隸廬江縣，往回五百餘里。隆城一鄉，往回廬江縣六百餘里。官司文移稽滯，人户難以輸納，賊盗驚劫，官司難以緝捕。乞將巢鎮依舊爲縣。」從之。紹興十一年八月十一日，知廬州杜林言：「巢縣舊隸本州，因置無爲軍，遂割隸。近緣本州賊馬毁壞城壁，見于巢縣寄治，雖有三縣，亦皆殘毁。欲將巢縣權隸本州，庶得就本縣財賦，贍養官兵。候將來稍見就緒，移入廬州日，却撥還無爲軍。」從之。十二年六月十五日，知無爲軍趙士粲言：「本軍見今二税未理，止有果子米麥，每場務酒税官錢，應副官兵支遣。去年正月内，蒙朝廷將巢縣并柘皐鎮，權隸廬州。雖存倚郭一縣、外縣一縣，日近窘乏，支遣不行。乞將巢縣撥還本軍。」從之。

光州，建隆元年，改殷城縣爲商城縣。後省爲鎮，入固始。

兩浙路案：宋史：兩浙路，熙寧七年，分爲兩路，尋合爲一。南渡後，復分。

臨安府，淳化五年，改寧海軍節度。原注：唐爲鎮海節度。六年，升杭州爲府。太平興國四年，改錢江縣爲仁和縣。太平興國三年，改安國縣復曰臨安縣。原注：晉武帝名曰臨安。太平興國四年，改新登縣爲新城縣。案：文獻通考：杭州，宋屬浙西路。淳化五年，升南新場爲縣。崇寧五年，省入新城。又宋史云：太平興國四年，改唐山縣爲昌化縣。此皆未詳。

平江府，太平興國三年，改蘇州吴郡爲平江軍。案：文獻通考：平江軍屬浙西路。政和三年，升爲府。

潤州，開寶八年，改鎮江軍節度。原注：唐爲鎮海軍節度。熙寧五年，省延陵縣入丹陽。案：文獻通考：鎮江軍，政和三年，升爲府，屬浙西路。

常州，太平興國元年，改義興縣爲宜興縣。淳化元年，江陰軍廢，以江陰縣來屬。三年，復置軍。熙寧四年，又廢，來屬。案：文獻通考：常州屬浙西路。

秀州，政和七年八月二十七日，改秀州爲嘉禾郡。案：文獻通考：屬浙西路。

湖州，景祐元年，改爲昭慶軍節度。原注：周爲定德節度。太平興國七年，析烏程縣地置歸安縣。太平興國四年，案：宋史作三年。以杭武康縣來屬。案：文獻通考：湖州屬浙西路。

睦州，宣和元年，升建德軍節度。三年，改爲嚴州。案：文獻通考：屬浙西路。

越州，大觀元年，升爲帥府。案：文獻通考：屬浙東路。

明州，建隆二年，案：宋史作元年。改奉國軍節度。原注：梁爲望海軍節度。熙寧六年，析鄞縣置昌國縣。案：文獻通考：明州屬浙東路。

温州，石晉爲静海軍節度。案：宋史：本永嘉郡。太平興國三年，降爲軍。政和七年，升應道軍節度。案：文獻通考：屬浙東路。

台州，建隆元年，復改台興縣爲天台縣。景德四年，改永安縣爲仙居縣。案：文獻通考：台州屬浙東路。

處州，咸平二年，復改白龍縣爲松陽縣。原注：吴置縣，朱梁改長松，又曰白龍。案：文獻通考：處州屬浙東路。

婺州，淳化元年，改寶寧軍節度。原注：吴置東陽郡。梁、陳置金華郡。石晉爲武勝軍節度。案：文獻通考：婺州屬浙東路。

衢州，乾德四年，以常山縣地置開化場。太平興國六年，升爲縣。案：文獻通考：衢州屬浙東路。

江南東路

建康府，開寶八年，降爲昇州。

饒州，開寶八年，以餘干縣地置安仁場。端拱元年，升爲縣。

池州，開寶八年，以江寧府銅陵縣來屬。太平興國三年，以江州東流縣來屬。案：宋史：開寶末，以江寧青陽縣來屬。此闕載。

信州，開寶八年，升寶豐鎮爲縣。景祐二年，省。案：宋史作元年。康定元年，復置。慶曆三年，又省入弋陽。開寶八年，案：宋史作淳化五年。以鉛山縣直隸京師，後屬信州。熙寧七年，復升永豐鎮爲縣。原注：唐置，唐省。

太平州，開寶八年，改雄遠軍爲平南軍。太平興國二年，升爲太平州。太平興國三年，以宣州蕪湖縣、繁昌縣來屬。

南康軍，太平興國七年〔三一〕，置。案：文獻通考作七年。太平興國七年，以洪州建昌縣、江州都昌縣來屬。

廣平軍，開寶八年，置。案：文獻通考：作廣德軍。太平興國四年，建。端拱元年，以郎步鎮置建平縣。

寧國府，舊宣州。乾道二年八月二十六日，以孝宗潛藩，升爲府。

【新輯】宋朝事實云：周廣順中，江南伏龜山圯得石函，長二尺八寸，中有銘云：「維天監十四年秋八月，葬寶公于此。」按寶公傳：葬蔣山。豈蔣山自有伏龜山乎？〔三二〕

江南西路，原注：紹興元年，以江、洪、筠、袁、虔、吉州、興國、南康、臨江、南安軍爲江南西路。〔三三〕四年，撥南康軍，依舊隸江南東路。

洪州，太平興國六年，析南昌縣置新建縣。案：宋史：崇寧二年，升南昌縣進賢鎮爲進賢縣。此闕載。

虔州，太平興國八年，以險江鎮置興國縣，以九州鎮置會昌縣。

吉州，太平興國九年，置吉水縣。原注：本吴吉陽縣地。至和元年，以報恩鎮置永豐縣。熙寧四年，以萬安鎮置萬安縣。

袁州，雍熙元年，以宜春縣地置分宜縣。

撫州，開寶三年，以宜黄場復置宜黄縣。原注：唐置縣，後省。開寶五年，以金溪場置金溪縣。

筠州，太平興國三年，案：文獻通考作六年。以高安監步鎮置新昌縣。

興國軍，太平興國二年，置。乾德五年，以大冶場置大冶縣，屬鄂州。太平興國二年，來屬。太平興國二年，以鄂州通山縣來屬。

南安軍，淳化元年，置。以虔州大庾縣建軍。以縣爲治所。以虔州南康縣、上猶縣來屬。

臨江軍，淳化三年，置。案：文獻通考：淳化三年，以筠州之清江縣建臨江軍，以吉州之新淦縣、袁州之新喻縣來屬。永樂大典原本誤以上條，以虔州大庾縣以下十三字，繫在此條下，今改正。

建昌軍，太平興國四年，改建武軍爲建昌。淳化二年，以撫州南豐縣來屬。

校勘記

〔一〕景德三年　「三年」原作「四年」，據長編卷六二、輿地廣記卷五及宋史卷八五地理志一改。

〔二〕拱州　案宋史卷八五地理志一及文獻通考卷三二〇輿地考六均載此州隸屬京東西路，此處將其隸於京東東路，實誤。

〔三〕乾德三年　「三年」原作「二年」，據長編卷六、太平寰宇記卷一八及宋史卷八五地理志一改。

〔四〕大中祥符五年　「五年」原作「元年」，據長編卷七九及宋史卷八五地理志一改。

〔五〕大觀三年　「三年」，輿地廣記卷七同。宋史卷八五地理志一作「二年」。

〔六〕大觀二年　輿地廣記卷七及宋會要輯稿方域五之一六同。宋史卷八五地理志一作「元祐元年」。

〔七〕大觀元年　「元年」原作「二年」，據皇宋十朝綱要卷一五、輿地考卷七及宋史卷八五地理志一改。

〔八〕太平興國二年　「二年」原作「三年」，據太平寰宇記卷一三、長編卷一八及宋史卷八五地理志一改。

〔九〕京西南路　原脱，據宋史卷八五地理志一及下文内容補。

〔一〇〕升爲順昌府　「順昌府」原作「潁州府」，據文獻通考卷三二〇輿地考六及宋史卷二一徽宗本紀三改。

〔一一〕熙寧四年　「四年」，元豐九域志卷一同。長編卷二二八及宋史卷八五地理志一作「五年」。

〔一二〕雍熙四年　元豐九域志卷二及宋會要輯稿方域五之二七均作「端拱元年」。

〔一三〕熙寧四年　「四年」，輿地廣記卷一〇同。元豐九域志卷二、宋會要輯稿方域五之二七及宋史卷八六地理志二作「六年」。

〔一四〕景祐元年　「元年」，元豐九域志卷二及輿地廣記卷一〇同。長編卷一一七及宋史卷八六地理志二作「二年」。

〔一五〕省鄰縣入臨鄣　「臨鄣」，宋史卷八六地理志二作「臨漳」。

〔一六〕天聖七年　「七年」原作「四年」，據元豐九域志卷二、長編卷一〇八及宋史卷八六地理志二改。

〔一七〕以雲陽縣之梨園鎮置淳化縣　「梨園鎮」，輿地廣記卷一四同。元豐九域志卷三作「梁園鎮」。

〔一八〕省玉城縣入虢略　「玉城縣」原作「王城縣」，據元豐九域志卷三、輿地廣記卷一四及宋史卷八七地理志三改。

〔一九〕開寶元年　「元年」，隆平集卷一、元豐九域志卷三及輿地廣記卷一五同。太平寰宇記卷三二、文獻通考卷三二二輿地考八及宋史卷八七地理志三作「二年」。

〔二〇〕崇寧四年　「四年」，輿地廣記卷一六同。宋史卷八七地理志三作「三年」。

〔二一〕七年　「七年」，輿地廣記卷一六同。文獻通考卷三二二輿地考八及宋史卷八七地理志三作「九年」。

〔二二〕唐政和郡陷吐蕃　「政和」原互倒，據武經總要卷一八及輿地紀勝卷七〇乙正。

〔二三〕崇寧四年　「四年」，輿地廣記卷一五同。宋史卷八七地理志三作「三年」。

〔二四〕熙寧六年　「六年」，輿地廣記卷一五同。文獻通考卷三二二輿地考八及宋史卷八七地理志三作「七年」。

〔二五〕熙寧六年　「六年」，輿地廣記卷一五同。宋史卷八七地理志三作「七年」。

〔二六〕元豐二年　「二年」，元豐九域志卷四同。宋史卷八六地理志二作「三年」。

〔二七〕元豐八年　「八年」原作「元年」，據長編卷三五六、輿地廣記卷一九及宋史卷八六地理志二改。

〔二八〕景德二年　「二年」，輿地廣記卷一九同。宋史卷八六地理志二作「元年」。

〔二九〕元符二年　「元符」原作「元祐」，據長編卷五一五、皇宋十朝綱要卷一二及宋史卷八六地理志二改。

〔三〇〕石州定胡縣來屬　「定胡縣」原作「臨泉縣」，據宋會要輯稿方域六之八及宋史卷八六地理志二改。

〔三一〕太平興國七年　「七年」原作「二年」，據長編卷二三、文獻通考卷三一八輿地考四及宋史卷八八地理志四改。

〔三二〕輯自元張鉉至大金陵新志卷一四。

〔三三〕紹興元年以江洪筠袁虔吉州興國南康臨江南安軍爲江南西路　案：宋史卷八八地理志四載：「南渡後，府一：隆興。州六：江、贛、吉、袁、撫、筠。軍四：興國、建昌、臨江、南安爲西路。」二者有較大差異。

卷十九

宋李攸撰

升降州縣二

荊湖南路

潭州，淳化四年，以衡州衡山縣、岳州湘陰縣來屬。熙寧六年，以益陽縣地置安化縣。太平興國二年〔一〕，案：文獻通考作二年。析長沙縣置寧鄉縣。案：宋史載：開寶中，廢長豐縣入長沙。元符元年，以長沙五鄉、湘潭縣兩鄉爲善化縣。此闕載。

衡州，乾德三年，以安仁場置安仁縣，析衡陽、衡山二縣地入焉。

道州，熙寧五年，省永明縣入營道縣，元祐二年，案：宋史作元年。復置。乾德三年，改延唐縣爲寧遠縣，省大歷縣入寧遠。

永州，雍熙元年，以零陵縣之東安場置東安縣。

郴州，太平興國元年，改郴義縣爲桂陽縣，改義章縣爲宜章縣。熙寧六年，改高亭縣爲永興縣。

邵州，熙寧五年，收復梅山，以其地置新化縣。元豐四年，以溪洞徽州爲蒔竹縣。崇寧四年〔二〕，以臨口寨爲臨岡縣。

武岡軍，崇寧五年，升武岡縣爲軍，以蒔竹縣分爲綏寧、臨岡二縣隸焉。

桂陽軍，本桂陽監。景德元年，以郴州藍山縣來屬。

荆湖北路

江陵府，乾德三年，以江陵縣地置潛江縣。乾德三年，置建寧縣。熙寧六年，省入石首縣。元祐元年，復置。

鄂州，開寶八年，改臨江縣爲崇陽縣。景德四年，改永安縣爲咸寧縣。案：文獻通考：熙寧五年，升通城鎮爲通城縣。此闕載。

安州，熙寧二年，省雲夢縣入安陸縣。元祐元年，復。案：文獻通考：安州，宣和元年，升爲德安府。此闕載。

復州，熙寧六年，廢，復置。熙寧六年，州廢，以景陵縣屬安州，省沔陽縣入監利縣。後置州，復來屬。乾德二年，以白沙院置玉沙縣，屬江陵府。至道三年，以縣來屬。熙寧六年，省入監利。元祐元年，復置。

鼎州，大中祥符五年，改武陵郡曰鼎州。乾德元年，析武陵縣置桃源縣。

峽州，開寶八年，省巴山寨入夷陵縣。

岳州，淳化五年，升王朝場爲縣。至道二年，改爲臨湘縣。乾德元年，復朗州橋江縣爲沅江縣，來屬。

歸州，熙寧五年，省興山縣入秭歸，後復置。案：宋史：元祐元年，復置。

沅州，熙寧七年，平溪洞地，置沅州。以潭陽縣地原注：唐爲叙州。置盧陽縣爲州治。熙寧五年，以龍標縣地置鎮江寨。元豐三年，廢爲鋪。熙寧七年，以龍門縣地置龍門鋪。元豐三年，升黔江城置黔陽縣。

靖州，熙寧九年，平溪洞，復置誠州。元祐二年，廢爲渠陽軍。三年，廢爲寨，屬沅州。

紹聖中，復置誠州。崇寧二年，改靖州。元豐六年，置渠陽縣，爲誠州治。改羅蒙縣爲通道縣。

漢陽軍，熙寧四年，廢，屬鄂州。元祐元年，復置。太平興國二年，改汶川縣爲漢川縣。

荆門軍，開寶五年，置。熙寧六年，廢。元祐元年〔三〕，案：宋史作三年。復置。初治當陽，後治長林縣。

成都路

成都府，太平興國六年，降爲益州。端拱元年，復升成都府劍南西川節度。原注：唐改蜀郡爲成都府，又分爲劍南、西川節度。淳化五年〔四〕，復爲益州。嘉祐四年，復升爲府。六年，復爲劍南西川。熙寧五年，省犀浦縣爲鎮，入郫縣。天聖四年，改靈池縣爲靈泉縣。

眉州，太平興國元年，改通義縣爲眉山縣。

蜀州，紹興十四年，升崇慶軍節度爲府。案：宋史：作紹興十年。升崇慶軍節度。淳熙四年，升府。開寶四年，改唐興縣爲江源縣。案：宋史作唐唐安縣爲新津。

彭州，開寶四年，改唐昌縣爲永昌。崇寧中，案：宋史作元年。改爲崇寧。

綿州，熙寧五年，省西昌縣入龍安縣。熙寧九年，以茂州石泉縣來屬。

嘉州，熙寧五年，省平羌縣入龍游縣。淳化四年，以眉州洪雅縣來屬。乾德四年，省綏山縣入峨眉縣。

邛州，熙寧五年，省臨溪縣入臨邛縣。

黎州，慶曆七年，案：宋史作六年。省通望縣入漢源縣。

茂州，熙寧九年〔五〕，案：宋史作九年。即汶川縣治置威戎軍使。

簡州，熙寧五年，省貴平縣入平泉縣。

威州，景祐三年，改維州爲威州。原注：屯田員外郎、知祥符縣郭輔之奏：「切見維州屬西川益州路。與京東路濰州相去近六千里。臣昨知維州日，有廣南龔州、淮南高郵軍、京西陳州，曾轉遞往東濰州遞角文字，臣雖便遞往京東濰州。及開封府，曾轉遞到東濰州逃軍一名，尋監送本路鈐轄司勘斷。切緣逐州軍見有係刑禁，轉遞往來，一萬餘里。動經三兩個月住滯。兼濰州最是邊處，監送到逃軍，或至遠去走透，深爲不便。欲乞别州名。」上曰：「非李德裕言吐蕃得此而號無憂城者耶？」侍者曰：「是。」因取地圖而觀之，曰：「此足以威服西土八國。」遂改爲威州。天聖元年，改通化縣爲金川縣。景祐四年，復舊名。治平三年，即縣治置通化軍。

隆州，熙寧五年，降陵州爲陵井監。政和三年，案：宋史作宣和四年。改爲仙井監。原注：漢張道陵開陵州。本朝不欲斥天師名，改爲仙井。隆興元年，復爲州，更名隆州。咸平四年，省始建縣入井研縣。

永康軍，乾德四年，置。熙寧五年，廢。元祐初，復。乾德四年，以彭州導江縣、蜀州青城縣來屬。熙寧軍廢。復屬彭州、蜀州。元祐初，復來屬。

潼川路

潼川府，乾德四年，改劍南東川節度爲静戎軍節度。太平興國三年，改安静軍。重和元年十一月，升梓州爲潼川府。大中祥符五年，改五城縣案：文獻通考作玄武縣。爲中江縣。乾德四年，以蜀招葺院置東關縣。熙寧五年，省永泰縣爲鎮，入鹽亭縣。十年，復置永泰尉司，後改曰安泰。

遂寧府，政和五年，升遂州遂寧郡爲府。太平興國元年，復改方義縣爲小溪縣。原注：齊、梁名縣曰小溪。

果州，熙寧六年，省流溪縣爲鎮，入南充縣。

資州，乾德五年，省月山、丹山、銀山三縣入盤石。案：文獻通考作廢月山、丹山、銀山、清溪四縣。王存九域志：謂三縣入盤石，清溪入内江，此似脱去清溪入内江句。

普州，乾德五年〔六〕，案：文獻通考作熙寧五年。省普康縣入安岳縣，省崇龕縣入安居縣〔七〕，省普慈縣入樂至縣。

叙州，政和四年，改戎州爲叙州。乾德五年，省開邊縣、歸順縣入僰道縣。政和四年，省僰道縣入宜賓縣。太平興國元年，改義賓縣爲宜賓。熙寧四年，省。

瀘州。宣和元年，升瀘川軍節度。原注：晉江陽郡，梁置瀘州。唐爲瀘川郡，屬劍南道，領縣六：瀘川、富義、涇南、江安、綿水、合江。乾德五年〔八〕，廢綿水，以富義置監。案：宋史：大觀二年，建純州，置九支、安溪兩縣。三年，建滋州，置承流、仁懷兩縣。以合江之安溪寨爲縣，隸純州。宣和二年，廢純州。改九支縣爲九支城。三年，又廢滋州爲武都城，以承流縣并入仁懷。此皆闕載。

合州，乾德三年，改石鏡縣爲石照縣。

榮州，治平四年，改旭川縣爲榮德縣。熙寧四年，省公井縣入榮德縣。乾德五年，省和義縣入威遠縣。

渠州，景祐二年，案：宋史作三年。王存九域志亦作二年。省大竹縣入流江縣。

懷安軍，乾德五年，以金水縣立軍。原注：先是，蔡州團練使曹翰上言：「遂州取金水縣路至西川，五百里，其金水縣又是簡州大路，最居津要。請建置爲軍。」又西路轉運李鉉奏：「金水縣路通徹東西兩川及遂、果、閬，商客往來不絶。及非時使命，文牒轉遞，久遠無虞，須是一路安静，方可得上件州府，遞相應接。緣此縣自乾德四年，所納見在户税，夏秋共五百貫有奇。若仍舊此縣更屯駐兵士，即人户凋殘，賦税全少，必有供應不辦，須是諸處般運，又更困弊民力。若割漢州金堂縣，共建一軍額。不離鎮撫，數州界人户，亦商客往來急疾，兩川文字報應，及使臣經過，并得利濟。其金水、金堂相去五十里，金水與三州軍水陸兩路相接，若置軍額，甚便。」故有是命。乾德五年，以漢州金堂縣來屬。

廣安軍，開寶二年，置。開寶二年，以渠州渠江縣、果州岳池縣、合州新明縣來屬。

富順監，乾德四年，以富義縣地置富義監。太平興國元年，改曰富順。治平元年，置富順縣。熙寧元年，省。

長寧軍，宋朝初置淯井監，政和四年，改置軍。原注：唐羈縻長寧等十州，隸瀘州之地。熙寧八年，夷人獻納十州地。

利州路

利州，景祐四年，改寧武軍節度。原注：蜀升昭武軍節度。乾德三年，改胤山縣曰平蜀。熙寧三年，省入嘉川縣。案：宋史：開寶五年，改益昌縣爲昭化。咸平五年，以嘉川縣來隸。此闕載。

洋州，景祐四年，改武康軍節度。原注：蜀升武定軍節度。乾德四年，省黄金縣入真符縣。

閬州，乾德四年，改安德軍節度。原注：後唐升保寧軍節度。乾德五年〔九〕，案：文獻通考：作熙寧四年。省岐坪縣入奉國縣。

劍州，熙寧五年，省臨津縣入普安縣。案：文獻通考：乾德五年，廢永歸縣。此闕載。

巴州，乾德四年，省盤道縣入清化。咸平五年，以静州清化縣屬集州。熙寧三年，省七盤縣入恩陽縣。乾德四年，省歸仁縣。熙寧五年，省其章縣入曾口縣。熙寧五年，以廢壁州通江縣來屬。省廣納鎮、白石縣入通江縣。案：宋史作省壁州白石、符陽二縣入通江。與此有異。又乾德四年，廢始寧縣。熙寧五年，省清化縣入化城。此闕載。

蓬州，大中祥符五年，更郎山縣。案：宋史作唐朗池縣。爲營山縣。熙寧三年，省蓬山縣入營山縣。乾德三年，省宕渠縣入良山縣。熙寧五年，省良山縣入伏虞縣。

大安軍，乾德五年，以三泉縣直隸京師。至道二年，升爲軍，以興元府西縣屬焉。三年，軍廢，復爲縣。而西縣還故屬。紹興七年，案：宋史作三年。復爲軍。

夔州路

黔州，嘉祐八年，省洪杜縣入洋水縣爲寨。原注：熙寧二年，以洋水縣爲鎮。又省信寧縣、都濡縣，皆入彭水縣爲鎮。

達州，乾德三年，更唐通州、通川郡爲今名。乾德五年，省閬英縣入新寧。熙寧六年，省三岡縣。七年，省石鼓縣，分屬通川、永睦、新寧。乾德五年，省宣漢縣入東鄉。

忠州，熙寧五年，省桂溪縣入墊江縣。乾德六年，以夔州龍渠鎮屬南賓縣。開寶二年，置尉司。

開州，慶曆四年，廢新浦縣入開江縣。改萬歲爲清水縣。

涪州，熙寧三年，省温山縣入涪陵縣。

恭州，崇寧元年，更唐渝州、南平郡爲今名。乾德三年〔一〇〕，案：宋史作五年。省萬壽縣。雍熙五年，省南平縣入江津縣〔一一〕。

珍州，大觀二年，大駱解上下族帥駱世華、駱文貴等，獻地東西四百五里、南北三百五十一里，以其地爲珍州，亦曰樂源郡。復立樂源縣爲州治焉。原注：珍州本唐珍州，後屬高州。樂源縣本唐珍州屬縣。

承州，大觀三年〔一二〕，蕨平帥任漢崇，獻地東西三百五十九里、南北六百六十五里，改爲承州。原注：本唐夷州地。領綏陽、都上、洋川、寧夷等縣。皇朝收復，但據夷人所指以置縣，然原其始析置移屬，則都上近黔州，寧夷近思州。

溱州，熙寧七年，招收唐溱州，置榮懿寨，屬南平軍。崇寧中，復立溱州。案：宋史作大觀二年，復立溱州。

梁山軍，開寶三年，以石氏屯田務立軍，以萬州梁山縣爲軍治。元祐元年七月二十五日，詔：「梁山軍撥隸萬州。其稅租令逐年科折，就本軍輸納。」梁山縣，開寶三年，以萬州梁山縣隸軍。熙寧五年，又析忠州桂溪縣地益焉。

南平軍，熙寧八年，招收西南蕃部，以恭州南川縣銅佛壩地置軍。隆化縣，熙寧八年〔一三〕，自涪州來隸。南川縣，皇祐五年，置縣，隸恭州。熙寧八年，來隸。尋廢爲鎮，隸隆化縣。元豐元年，復。

遵義軍，大觀二年，蕃帥楊文貴獻地東西百二十里〔一四〕、南北六百一十二里。以其地置軍。原注：唐貞觀元年，析牂牁置遵義縣，屬朗州。十一年，州廢，縣亦省。十三年，復立播州，亦復置縣。十四年，更名羅蒙。十六年，更名遵義。後自播州徙州治。唐衰，播州爲楊氏兩族所分據，一居播州，一居遵義，以江水爲界。其後，居播州者曰光榮，得唐所給州銅牌。居遵義者曰文貴，得州銅印。大觀二年，兩族各獻地，皆自以爲播州。議者以光榮爲族帥，重違其意，乃以播州立州，遵義立軍。

大寧監，開寶六年，立監于夔州大昌縣之鹽泉所。端拱元年，以大昌來屬，爲監治。

福建路

福州，太平興國二年，復爲威武軍節度。原注：唐爲威武軍，後周改彰正軍。太平興國五年，復析閩縣置懷安縣。崇寧元年，更永泰縣爲永福縣。天禧五年〔一五〕，改永貞縣爲永昌縣。乾興元年，又改爲羅源縣。

建州，端拱元年，升建寧軍節度。原注：本閩王氏鎮武軍節度，南唐降爲軍事。治平三年，析建安、建陽、浦城置甌寧縣〔一六〕，與建寧分治郭下。熙寧三年，省。元祐四年，復置。淳化五年，升崇安場爲縣。咸平三年〔一七〕，升關隸鎮爲縣，政和五年〔一八〕，改爲政和縣。

泉州，太平興國三年，改平海軍節度。原注：南唐爲清源軍節度。淳化五年〔一九〕，案：文獻通考作太平興國六年。析晉江縣置惠安縣。

南劍州，太平興國四年，改劍浦郡爲今名。太平興國四年，以建州將樂來屬。

汀州，乾德四年，復以唐汀州爲汀州。原注：南唐改爲南州。淳化五年，升上杭場、武平場并爲縣。元符元年，析長汀、寧化置清流縣。

漳州，太平興國五年，以泉州長泰縣來屬。

邵武軍，太平興國六年，析邵武縣置光澤縣。太平興國五年，以建州之泰寧縣、建寧縣來屬。

興化軍，太平興國四年，立軍于莆田縣之游洋、百丈二鎮地，初名太平軍，尋改興化。太平興國四年，以泉州仙游縣來屬。太平興國四年，析莆田縣置興化縣。

廣南東路

廣州，開寶五年，省咸寧、常康二縣入南海縣，又省游水縣入懷集縣，又省東莞縣入增城縣。六年，復置東莞。

韶州，開寶五年，省仁化縣入樂昌。咸平三年，復置。崇寧元年〔二〇〕，案：文獻通考作宣和三年。以岑水場析曲江、翁源縣地，置建福縣。

循州，熙寧四年，置長樂縣。

端州，建中靖國元年〔二一〕，升興慶軍節度。案：文獻通考作元符三年。升興慶軍節度。徽宗即位，以潛藩升爲肇慶府。開寶五年，省平興縣入高要縣。熙寧六年，以廣州四會縣來屬。

新州，開寶五年，省永順縣入新興縣。太平興國元年，改義寧縣爲信安縣。熙寧五年，省入新興。元祐元年，復置。紹聖四年〔一二〕，又省。

康州，開寶五年，廢入端州，尋復立。六年，廢瀧州入康州。案：文獻通考：紹興元年，以高宗潛藩，升爲德慶府。開寶五年，省悅城、都城、晉康三縣入端溪縣〔一三〕。開寶六年，省廢瀧州鎮南、安遂、建水三縣入瀧水縣。案：文獻通考作：以瀧州之開陽、建水、嶺南三縣并入瀧水爲一縣。與此有異。

南恩州，案：南恩州本恩州。文獻通考云：慶曆八年，改河北路貝州爲恩州，乃加「南」字。開寶五年，廢春州入恩州。六年，復立春州。至大中祥符九年，又廢。天禧四年，復。熙寧六年，又廢入焉。開寶五年，省恩平、杜陵二縣入陽江縣，以廢春州陽春縣來屬。六年，復立縣，還屬焉。大中祥符九年，州廢，屬新州，改曰新春。又天禧四年，復立縣，又屬焉。熙寧六年，州廢，來屬。

梅州，開寶四年，改敬州爲梅州。熙寧六年，州廢入潮州。元豐五年，復立。案：宋史：敬州作恭州。宋人以避翼祖諱，故改曰「恭」。南渡時，翼祖已祧，不應復避，故此作敬州。宋史特因舊文耳。

南雄州，案：南雄州本雄州。開寶四年，以河北路有雄州，加「南」字。改湞昌縣爲保昌縣。開寶四年，以韶州始興縣來屬。

英州，乾興元年，改湞陽縣曰真陽。案：文獻通考：開寶六年，以連州之浛光縣來屬。宣和二年，賜郡名曰真陽。此未詳。

惠州，天禧四年〔二四〕，改禎州爲惠州。案：文獻通考：以犯仁宗御名，故改。宣和二年，賜郡名博羅。

廣南西路

桂州，案：文獻通考：大觀時升爲帥府。紹興三年，以高宗潛藩，升爲静江府。嘉祐六年，省慕化縣入臨桂縣。乾德中，溥州廢全義縣來屬。太平興國三年，更名興安。

容州，開寶五年，廢綉、禺、順三州入焉。案：文獻通考：開寶五年，以綉州之常林、阿林、羅綉三縣入普寧縣，順州之龍豪、温水、龍水、南河四縣入陸川縣，禺州之峩石、扶萊、羅辨、陵城四縣入北流縣。

邕州，唐曰朗寧郡，本朝改永寧郡。開寶五年，省朗寧、思籠二縣入宣化縣。景祐二年，省如和縣入宣化縣。開寶五年，省封陵縣入武緣縣。案：宋史：景祐二年，廢樂昌縣入武緣。此闕載。

融州，熙寧七年，省武陽縣、羅城縣入融水縣爲鎮。

象州，開寶七年，廢嚴州入焉。開寶七年，以廢嚴州歸化縣入來賓縣。

昭州，開寶五年，廢富州。熙寧五年，廢蒙州皆入焉。熙寧五年，蒙州廢，以立山縣來屬。太平興國中，改正義曰蒙山。熙寧五年，省東區、蒙山入立山。原注：唐置東區、正義二縣，屬蒙州。開寶五年，廢富州，以龍平縣來屬。熙寧八年，屬梧州。元豐三年，復來屬。案：文獻通考：開寶五年，省思勤、開江二縣入龍平。此闕載。

梧州，開寶五年，省藤州之孟陵縣、戎城縣入蒼梧。六年，復置。案：文獻通考作：開寶五年，廢孟陵。熙寧四年，省戎城并入蒼梧。

藤州，熙寧四年，廢南儀州入焉。開寶三年，復儀州曰南義州。五年，廢入竇州。六年，復置。太平興國中，改曰南儀。熙寧四年，州廢，以岑溪來屬。六年，省永業縣、連城縣入岑溪。

龔州，開寶五年，廢思明州。原注：唐析龔、象、蒙三州地，立思唐州，置武郎、思和二縣。開寶五年，改州曰思明，尋廢。省思和入武郎來屬。省陽川、武陵、隋建、大同四縣入平南縣。嘉祐二年，省武郎入平南。

貴州，開寶四年，改鬱平縣爲鬱林縣。五年，省懷澤、潮水、義山三縣入鬱林。

柳州，景德三年，改龍城縣爲柳城縣。案：宋史：嘉祐四年，廢象縣入洛容。此闕載。

宜州，慶曆三年，廢芝忻州入焉。淳化元年，以柳州洛曹縣來屬，後改曰洛下。嘉祐七年，省入龍水。熙寧八年，以環州思恩縣來屬。治平二年，以智州河池縣來屬。案：宋史云：南渡後，增縣一河池。又云：河池縣不詳何年并省。

賓州，開寶五年，廢入邕州。六年，復立。端拱三年，廢澄州入焉。天禧四年，廢思剛州爲遷江縣來屬。開寶五年，以廢澄州上林縣屬邕州。端拱三年，來屬。省廢澄州之止戈、無虞、賀水縣入上林。

橫州，開寶五年，省從化縣、樂山縣入寧浦縣。開寶五年，案：文獻通考作二年。宋史作六年。省廢巒州之武羅、靈竹二縣入永定，來屬。熙寧四年，省永定入寧浦。元祐三年，復置。

化州，案：文獻通考：唐置辯州。太平興國五年，改名化州。開寶五年，省陵羅、龍化二縣入石龍縣，又廢羅州，以吴川縣來屬。又省羅州之廉江、幹水、零綠三縣入吴川。

高州，開寶五年，廢潘州。熙寧四年，廢竇州，皆入焉。開寶五年，省良德、保定二縣入電白縣。太平興國元年，改竇州信義縣爲信宜縣。熙寧四年，州廢，來屬。開寶六年，省懷德縣、潭莪縣、亮縣入信宜。開寶五年，省廢潘州南巴、潘水二縣入茂名縣。來屬。

雷州，開寶五年，省遂溪、徐聞二縣入海康縣。

欽州，開寶五年，省欽江、遵化、内亭三縣入靈山縣。景德三年，改安京縣爲安遠縣。

鬱林州，開寶七年，廢黨、牢二州。政和元年，廢白州皆入焉。開寶七年，廢牢州定川、宕川二縣入南流縣，來屬。而自鬱林縣徙州治此。又廢黨州，省撫康、善勞、文山、懷義入南流縣。開寶五年，省鬱平、興德二縣入興業縣。開寶五年，廢白州，省周羅、建寧、南昌三縣入博白，屬廉州。七年，復立。政和元年，又廢，以博白來屬。

瓊州，開寶五年，以廢崖州之舍城縣來屬。熙寧四年，省入瓊山。開寶五年，以崖州之澄邁縣、文昌縣來屬。

廉州，開寶五年，省封山、蔡龍、大廉三縣入合浦縣。太平興國八年，省合浦入石康。咸平元年，復置。開寶五年，廢常樂州，省博電、零渌、鹽場三縣，以其地爲石康縣，來屬。

昌化軍，唐爲儋州昌化縣。熙寧六年，廢州爲軍。太平興國元年，改義倫縣爲宜倫縣。熙寧六年，省昌化縣、感恩縣爲鎮，入宜倫。元豐三年，復置昌化縣。四年，復置感恩縣，省洛陽縣入感恩縣。原注：闕年。

萬安軍，唐爲萬安州、萬安郡。熙寧七年，廢州爲軍。紹興六年，改萬安軍爲萬寧縣。十三年，復。熙寧七年，省陵水縣爲鎮，入萬安。元豐三年，復置。案：文獻通考：大觀元年，以瓊州樂會縣來隸。此闕載。

朱崖軍，唐爲振州，延德郡。開寶五年，改爲崖州。熙寧六年，廢爲軍。原注：唐振州領寧遠、延德、吉陽、臨川、落屯五縣。南漢省延德、臨川、落屯三縣。熙寧六年，省寧遠、吉陽縣爲臨川、藤橋二鎮。紹興六年，復置。

校勘記

〔一〕太平興國二年　「二年」原作「七年」，據輿地廣記卷二六及文獻通考卷三一九輿地考五改。

〔二〕崇寧四年　文獻通考卷三一九輿地考五同。宋史卷八八地理志四作「崇寧五年」；宋會要輯稿方域一八之一六作「大觀元年」。

〔三〕元祐元年　「元年」，輿地廣記卷二八同。長編卷四一三、皇宋十朝綱要卷一一及宋史卷八八地理志四作「三年」。

〔四〕淳化五年　「五年」原作「元年」，據輿地廣記卷二九及宋史卷八九地理志五改。

〔五〕熙寧九年　「九年」原作「七年」，據輿地廣記卷三〇、文獻通考卷三二一輿地考七及宋史卷八九地理志五改。

〔六〕乾德五年　元豐九域志卷七、輿地廣記卷三一與此同。文獻通考卷三二一輿地考七及宋史卷八九地理志五作「熙寧五年」。

〔七〕省崇龕縣入安居縣　「崇龕縣」原作「崇翕縣」，據輿地廣記卷三一及宋史卷八九地理志五改。

〔八〕乾德五年　「五年」原作「四年」，據輿地廣記卷三一、輿地紀勝卷一五三及宋史卷八九地理志五改。

〔九〕乾德五年　輿地廣記卷三一與此同。輿地紀勝卷一八五、文獻通考卷三二一輿地考七及宋史卷八九地理志五作「熙寧四年」。

〔一〇〕乾德三年　「三年」，輿地廣記卷三三同。宋會要輯稿方域七之九及宋史卷八九地理志五作「五年」。

〔一一〕省南平縣入江津縣　「南平縣」原作「南浦縣」，據輿地廣記卷三三、輿地紀勝卷一七五及宋史卷八九地理志五改。

〔一二〕大觀三年　「三年」原作「二年」，據輿地廣記卷三三、皇宋十朝綱要卷一五及宋史卷八九地理志五改。

〔一三〕熙寧八年　「熙寧」原脱，據宋史卷八九地理志五補。

〔一四〕蕃帥楊文貴獻地東西百二十里　「百二十里」，輿地廣記卷三三作「二百二十里」。

〔一五〕天禧五年　「五年」原作「元年」，據元豐九域志卷九、輿地廣記卷三四及輿地紀勝卷一二八改。

〔一六〕析建安建陽浦城置甌寧縣　「甌寧縣」原作「歐寧縣」，據宋史卷八九地理志五改。

〔一七〕咸平三年　「三年」原作「五年」，據宋會要輯稿方域七及宋史卷八九地理志五改。

〔一八〕政和五年　「五年」原作「三年」，據宋會要輯稿方域七一一此處疑為『七之一一』及宋史卷八九地理志五改。

〔一九〕淳化五年　輿地廣記卷三四同。太平寰宇記卷一〇二、元豐九域志卷九宋會要輯稿方域七之一一及宋史卷八九地理志五作「太平興國六年」。

〔二〇〕崇寧元年　輿地廣記卷三五及輿地紀勝卷九〇同。文獻通考卷三二三輿地考九及宋史卷九〇地理志六作「宣和三年」。

〔二一〕建中靖國元年　輿地廣記卷三五同。文獻通考卷三二三輿地考九及宋史卷九〇地理志六作「元符三年」。

〔二二〕紹聖四年　「四年」，輿地廣記卷三五作「二年」。

〔二三〕省悦城都城晉康三縣入端溪縣　「悦城都城晉康」，文獻通考卷三二三輿地考九作「開陽建水嶺南」。宋會要輯稿方域七之一四至一五作「開陽建水鎮南」。

〔二四〕天禧四年　「四年」原作「五年」，據長編卷九五、皇宋十朝綱要卷三及文獻通考卷三二三輿地考九改。

卷二十

宋　李　攸　撰

經略幽燕

唐貞觀初，始置松漠府，以靡會爲都督，賜姓李氏。開元中，降以公主。會昌中，始賜契丹之印。于是，統有八部，雄據北漠。懿、僖之亂，中國不靖，後有阿保機遂僭帝號〔一〕，抗衡中國，南侵鎮、定、邢、洺、冀、貝之郡。朱全忠時，劉仁恭與其子守光盜據幽、薊，政令苛虐，燕人苦之，逃入契丹。阿保機撫存慰納，不取租稅，以致檀、順、平、營之人亦多歸之。會後唐莊宗領兵入洛，誅滅梁氏，尋亦翦除劉守光父子，于是，幽、薊不復有抗捍焉。阿保機攻雲、朔諸州安次、潞縣、三河、漁陽、懷柔、密雲等縣，俘掠赤子萬數入蕃。至明宗，約爲兄弟，且以解邊人之倒縶，紓國家之外憂。阿保機改元稱制，分建京闕宮室，官號盡依中國。阿保機死，子德光立，會石敬瑭叛于河東，遣趙瑩、桑維翰等奉使求援，許以得志後割地爲獻。德光乃率兵十萬，送敬瑭入洛，册爲晉主，名之爲子。遂割代北應、朔、寰、雲、蔚及范陽山前幽、薊、瀛、莫、涿、易、檀、順及山後儒、嬀、新、武十六州，以與之。仍歲與帛三十萬匹。供給稍稽，則詬辱陵責。及少主嗣立，耻稱臣而稱孫，自是有隙，而兵始交矣。詔天下點抽鄉兵，七户出一卒。而四方于是騷然。及景延廣矜横磨之刃，趙延壽希統天之業，杜重威領兵而降于中渡，張彦澤斬關而爲彼鄉道，邊馬嘶于宫闕，戰塵坌于河洛，天地失常，少主乃遷于黄龍府。鬼神含怒，德光尋斃于欒城。天順之時〔二〕，荒淫失政，周世宗乘其衰削，遂奪其關南之地，以瓦橋關爲雄州，以益津關爲霸州，淤口關置寨。案：周世宗兵下三關，五代史祇載瓦橋關、益津關，而闕其一。考晁以道嵩山集云：「三關謂淤口關、瓦橋關、益津關也。」與此書合。復破楊顯仁于高平。至顯德二年，又遣劉崇襲府州，爲折德扆所敗。觀其累世恃强，負勢侵削中土，亦已甚矣。

契丹有五京，原注：上京、中京、東京、燕京、西京也。上鎮十二，原注：奉聖州、雲州、平州、祖州、懷州、顯州、乾州、興中府、建州、宜州、慶州、黄龍府是也。中鎮六，原注：應州、饒州、白川州、錦州、番州、蔚州也。下鎮七，原注：湖州、連州、同州、宣州、可汗州、寧州、河州也。觀察州十三，原注：永利州、利州、高州、耀州、德州、宜州、坤思州、遂州、信州、三河州、咸州、朝州、營州也。刺史上州九，原注：涿州、易州、歸州、化州、保州、昌州、義州、吉州、昭延州也。中州十一，原注：瀛州、順州、儒州、海州、原州、惠州、濠州、新州、鳳州、京州、長安州也。下州三十四，原注：睦州、集州、衛州、泉州、宗州、銀州、巖州、慈州、陳州、通州、化州、麓州、朝州、長春州、鈐州、澤州、葉州、嚴州、温州、潤州、般州、蘭州、番州、間州、雙州、鐵州、暉州、渭州、還州、元州、福州、烏州、金州、懿州是也。案：此所載州名與遼史多不相合，如衛、陳、泉、鈐、葉、温、般、番、暉、還、元等州，皆不見遼史。遼史有儀坤州，此作坤思州；遼史有檀、薊、瀋、渌等州，此又無之。蓋以宋人記遼地，所聞歧異，而傳寫復不免脱訛也。自京、鎮等處土田豐好，兵馬强盛，地利物産頗有厚利。其他自中下州，固已寂寥荒漠。然折長補短，地利綿亘，周圍不過五千里，計其所出所産，未必敵河東、河北州郡也。其他方兵旅，大約計之，未必滿三十萬。且自諸京統軍司，及寨幕契丹兵，不過十五萬；奚家、渤海兵不過六萬，漢兒諸指揮不過一萬五千；刺字父子軍五指揮，不過數千；鄉兵、義軍不過三萬；刺手背、揀不中老弱兵，不過七千。然而分守諸州及河東、河北接界州縣，又東屯女羅、女真、新羅、百濟、野人國、狗國、灰國、黑水國；西屯珠爾布固番、游獵國、沃濟國、室韋國、托歡番、舒嚕國、党項部族番、達鞮國、川、瓜、沙州土番、遇野國土番、夾山土番。西番諸處寨戍縱少，亦須十萬，方可分守。外餘二十萬，爲戰鬥之兵。若傾國而來，亦須留三萬人防守，外餘一十七萬人，其間亦有負糧持器護從等，不過止有十萬人。其來不過一出梁門、遂城，一出雄、霸，一出雁門、句注，一出并、代。然而雄、滄、霸州以來，頗多溏水，決河東注，于我爲便，則雄、霸以來，不足爲慮矣。又緣邊要害之處，多張旗幟，增加兵守，晝飛沙塵，夜多烽火，有二十萬人精兵，足以禦之。其次，清野而待之，多方而誘之。又選良將十餘人，領兵十萬，四出密襲其巢穴。自易州以東，至于欒州以來，一自紫荆嶺口路，一自白羊口、連大安山路，一自南口以北居庸關、八答嶺，一自得勝口、湯山口、古北口，一自遺安口、燕市口，一自松亭關口、白淀口，一自首符家口、大林土山口。所至攻其城邑，盡受大將軍節，會于幽州，取山前郡，則山後州縣自下矣。又命兵自梁門至虎北口、石門或雁門、句注以來，設伏用奇，要敵之兵，斷其往來之路，如此敵騎進退失措，滅之必矣。凡此者廟堂之所宜知者也。

國初，天贊賢。案：遼史：景宗名賢，初即位，群臣上尊號曰天贊皇帝。此合尊號與名書之。遣兵攻鎮、定，聞藝祖登極，乃驚曰：「中國今有英武聖主，吾豈敢以螳蜋而禦轍耶？」于是遁去。先是，五代時募民盗戎人馬，官給其直，籍數以補戰騎之闕。太祖受命，務保境息民，不欲生事邊境，盡令還前所盗馬，仍申明條禁，無得出塞爲盗。未幾，契丹入邊，爲棣州刺史何繼筠擊敗。

乾德二年，昭義軍節度使李繼勛攻遼州，州將杜延韜以城來降。并人引衆步騎六萬復來援，繼勛與彰德軍節度使羅彦瓌、洺州防禦使郭進、内客省使武懷節，率馬步軍六萬人，擊其衆于遼州城下，敗之。又攻平晉軍〔三〕。上遣郭進、内客省使曹彬等領步騎萬餘赴之，未至而遁。案：宋史：乾德元年，北漢引契丹攻平晉軍。遣洺州防禦使郭進等救之。此在乾德二年，與史互異。

三年冬，來攻易州，略居民。上令監軍李謙昇率兵入其境，俘生口如所略之數。俟契丹放還易州之民，然後縱之。四年正月，又攻易州，監軍任德義擊走之。上令關南監軍及雄、霸、瀛、莫等四州刺史，勒所部兵，校獵于幽州之境，以耀威武。

四年，天德軍節度使于延超與其子來降，上以延超爲左千牛衛大將軍。六月，僞横海軍節度度桑興來降。

開寶二年，太祖親征河東。契丹兩道率衆來援，一道攻石嶺關，爲何繼筠所破；一道攻定州，爲韓重斌擊敗之。是秋，涿州刺史許周瓊來降，上以爲涿州刺史。契丹舍利、伊魯等凡一十六族歸款〔四〕，上以其大首領四人爲懷化將軍，八人爲懷化郎將〔五〕，餘八十五人爲歸德司戈〔六〕。是歲，契丹主爲其下所殺，國人立明記爲帝。案：遼史：景宗小字明扆，世宗子也。穆宗遇弒，乃即位，此書以明扆爲明記，互詳第二卷紀元篇。

三年十月，契丹以六萬騎攻定州，上遣判四方館事田欽祚領兵三千人赴之，上戒欽祚曰：「彼衆我寡，但背城列陣以待之，敵至即戰，勿與追逐。」欽祚于是與敵衆戰于滿城，敵騎少却，乘勝逐北，至遂城，殺獲甚衆。值夜，入保遂城。敵圍欽祚數日，欽祚度城中糧少，是夜，整衆突圍而出，至保塞〔七〕，軍中不亡一矢。北邊傳言「三千打六萬〔八〕」。太祖自是益修邊備，嘗謂左右曰：「若契丹敢復犯邊，我每以三十匹絹購一敵人之首〔九〕，其精兵不過萬人，止費我三百萬匹絹〔一〇〕，此寇盡矣。」太祖一日内出取幽州圖，以示宰相趙普，謂曰：「卿意此圖孰能爲者？」普詳觀嘆曰：「他人不能爲，惟曹翰能爲之。」帝問：「何以知之？」對曰：「方今將帥材謀無出于翰者，陛下若使翰往，必得幽州，既得之後，但不知陛下遣何人代翰？」帝默然。先是，開寶九年正月，群臣上尊號曰應天廣運一統太平聖文神武明道至德仁孝皇帝。帝曰：「今汾晉未平，燕薊未復，謂之一統可乎？」却而不受。帝痛恨開運之禍，華人百萬皆没于契丹，自即位，專務節儉，乘輿服用，一皆簡素。别作私藏，以貯供御羡餘之物。謂左右曰：「俟及三百萬貫，我當移書契丹，用贖晉朝陷没百姓。」然則帝欲大一統，而復幽燕者，其意在此，不在彼也。

七年十一月，其涿州刺史耶律琮，以書遺知雄州孫全興曰：「琮受君恩，猥當邊任，臣無交于境外，言則非宜，事有利于國家，專之亦可。竊思南北兩地，古今所同，曷嘗不世載歡盟，時通贄幣？往者晉氏後主，政出多門，惑彼彊臣，忘我大義，干戈以之日用，生靈于是罹灾。今兹兩朝本無纖隙，若或交馳一介之使，顯布二君之心，用息疲民，重修舊好，長爲與國，不亦休哉！琮以甚微，敢干斯義，遠希通悟，洞垂鑒詳。」太祖命全興以書答焉。

八年三月，遣款附使格什古星什奉書來聘〔一二〕，稱契丹國。上命閤門副使郝崇信至境上迓之，及至，館于都亭驛。太祖召見，賜以襲衣、金帶、銷金、皂羅帽、烏皮鞾、器幣二百、銀鞍勒馬具，傔從衣物、器幣有差。宴于内殿。仍召至便坐，觀諸班騎射，令其一使者與衛士馳射毛毬〔一二〕，截柳枝。及辭歸國，召見，賜器幣、衣服。帝因謂宰相曰：「自五代以來，北敵强盛，蓋由中原衰弱，以至晉帝蒙塵，亦否之極也。今慕化而至，乃期運使然，非凉德能致。」左右皆稱萬歲。自是，契丹始與中國交聘。八月，遣使獻御衣、玉帶、名馬。太祖皆厚賜之。因令其使人從獵近郊，太祖親射走獸。矢無虛發。使者俯伏呼萬歲，私謂譯者曰：「皇帝神武無敵，射必命中，所未嘗見也。」及平江南，獻弓矢、名馬。

九年，長春節，遣使貢御衣、玉帶、銀鞍勒馬。太祖升遐，遣使修賻禮。太宗即位，遣使獻御衣、金玉、鞍勒馬等賀。太祖山陵，獻馬、金銀。乾明節，遣使來賀。詔遣監察御史李瀆借太府卿、閤門祗候，鄭偉借右千牛衛將軍，報聘。

開寶四年，遣使問起居。尋入寇石嶺關，以援晉陽，爲郭進所敗。及王師既平河東，詔發兖、鄆、齊、魏、貝、博、滄、鎮、冀、邢、磁、洺、德、易、定、祁、瀛、莫、雄、霸、深、趙等州，及乾寧、保塞等軍芻粟，赴北面行營，分遣使督之，將有事于幽薊。六月十九日，車駕次金臺。二十日，帝躬擐甲胄，率兵次東易州，僞刺史劉宇率官吏開門，迎王師乞降。二十三日，未明，次幽州城南。契丹衆萬餘屯于城北，帝親率兵乘之，斬首千餘級，餘黨遁去。二十五日，命諸將分兵攻城，帝乘步輦至城下，督諸將進攻。七月三日，契丹僞武雄軍節度使、知順州劉廷素，率官屬十四人來降。五日，僞節度使、知薊州劉守恩與官屬十七人來降。六日，幸城西北隅，督攻城。七日，詔班師。二十八日，車駕至自范陽。原注：先是，上平并、汾迴，欲乘勝攻范陽，諸將皆贊成其事。至是，以士卒疫癘，轉輸迴遠，日虞戎虜之至〔一三〕，遂班師。

【太平興國】五年十一月十日，詔曰：「邊境多虞，兵戎猶梗。介冑之士，息肩未遑。樽俎之籌，折衝靡暇〔一四〕。兩河之際，列陣相望。烽火時至于近郊，羽檄尚馳于絶塞。是用大興戈甲，遂殄氛霾。昔者師人多寒，楚子所以躬撫；匈奴未滅，漢武于是親巡。蓋以慰虎旅之心，破犬戎之膽〔一五〕，雖在窮冬之候，敢辭夙駕之勞。朕取此月暫幸邊陲，親撫士卒。應經過頓舍，凡百費用，悉以官物充，所在不得輒有裒斂。」【雍熙三年正月】又詔幽州〔一六〕：「朕祇膺景命，光宅中區，右蜀全吴，盡在提封之内；東漸西被，咸歸覆育之中。常令萬物以由庚，每耻一夫之不獲〔一七〕。眷此北燕之地，本爲中國之民，晉、漢以來，戎夷竊據〔一八〕，迨今不復，垂五十年。國家化被華夷，恩覃動植，豈可使幽燕奥壤，猶爲被髪之鄉〔一九〕。冠帶遺民，尚雜茹毛之俗〔二〇〕！爰興師律，以正封疆。拯溺救焚，聿從于民望；

執信獲醜，即震于皇威。凡爾衆多，宜體茲意。今遣行營前軍都部署曹彬等，振旅長驅。朕當續御戎軍，親臨寇境。徑指西樓之地，盡焚老上之庭〔二一〕。灌爝火之微，寧勞巨浸；折蠢螽之股，豈待隆車。應大軍入界，百姓倍加安撫，不得誤有傷殺，及發掘墳墓、焚燒廬舍、斬伐桑棗、擄掠人畜。犯者并當處斬。」十三日，車駕發京師。十四日，關南言：「破契丹萬餘衆，斬首三千餘級。」翌日，從官詣行宮稱賀。十九日，駐蹕于大名府。雄州言：「契丹皆遁，邊候徹警。」從臣稱賀。上乘勝欲進討幽州，以問李昉、扈蒙等事之可否。昉等上奏曰：「北虜微妖〔二二〕，自古爲寇，乘秋犯塞，往往有之。一昨輒率腥羶〔二三〕，來擾疆境。陛下櫛沐風雨，衝冒嚴凝，親御戎衣，以攘民害。蠢此醜類〔二四〕，畏威而逃，因而翦之，易于拉朽。況幽薊之壤，久陷匪人〔二五〕，慕化之心，倒懸斯切。今若擁百萬横行之衆，吊一方傒后之民，合勢而攻，指期可定。其如大兵所聚，糧餉是資。況河朔之區，連歲飛輓，近經蹂躪，尤極蕭然，雖洊偶于豐穰〔二六〕，恐不堪其調發。屬茲寒沴，益復罷勞。況今虜寇宵奔〔二七〕，邊陲寧肅，若親巡塞下，振耀戎容，固足懼彼殘妖〔二八〕，亦恐勞于大舉。伏望申戒羽衛，旋師京都〔二九〕，善養驍雄，講習武經，繕修攻具。俟府藏之充溢，閭里之富盛，期歲之間，用師未晚。」上深納其言，即日下詔南歸。

七年，明記卒。有子三人：隆緒、隆慶、隆裕。至是，隆緒立，年十二歲，母燕燕專國政。五月，以三萬騎入邊，潘美等分兵擊敗之。十月，下詔北邊州軍曰：「朕受天景命，奄宅中區。以四海爲家，視兆民如子〔三〇〕，冀咸登于富壽，豈務勝于甲兵〔三一〕。況與契丹本通鄰好，昨以河東劉繼元不尊朝化，盜據一方，念彼遺民，行兹薄伐。素非瀆武，惟切吊民。而契丹輕舉干戈〔三二〕，輒來救援。一鼓既平于晉壘，六師遂指于燕郊。靡辭六月之征，聊報東門之役。雖彼曲可見，而罪已良多。今聞邊境謐寧，田秋豐稔，軍民所宜安堵，無或相侵。如今後輒入北界，擄掠及盜竊，亦仰所屬州軍收捉重斷，所盜物并送還之。」未幾，日利、月利等十一族七萬餘帳内附〔三三〕，降者又三千帳，獲羊馬萬計〔三四〕。十二月，高陽關捕得敵中首領〔三五〕，言：「契丹種族携貳〔三六〕，慮王師致討，頗于近塞築城爲備。」太宗謂宰相曰：「戎人以剽略爲務〔三七〕，乃修城壘，爲自全之計耳。曩者，劉繼元盜據汾晉，周世宗及太祖皆親征不利。朕决取之，爲世宗、太祖刷耻，遂擒繼元至闕下。今日視之，猶几上肉耳。當其保堅城，結北虜爲援〔三八〕，豈易制乎？」宋琪對曰：「臣少陷虜庭〔三九〕，備知戎馬之數。自晉末始强盛，然種類蕃多，其心不一。自石嶺關之敗，及平繼元，緣邊諸郡，頻有克捷。以臣度之，其部下携貳必矣。國家不須致討，可坐待其滅亡。」後上謂宰相曰：「數有人自北邊來，偵知狄中事〔四〇〕。自朝廷增修邊備，狄人甚懼〔四一〕。昔晉、漢衰弱，邊陲無盡節之臣，大率張皇事勢，以要恩寵，爲自利之計。今之邊將，皆朕所推擇，咸能盡心，無復襲舊態也。幽州四面平川，無險阻可恃，難于控扼。異時收復幽州，當于古北口以來，據其要害，不過三、五處，屯兵設堡寨，自絶南牧矣。」原注：古北口兩傍皆峻崖，中有路，僅容車轍。口北有鋪轂弓，連繩。本范陽控扼契丹之所，最爲隘束。琪對曰：「范陽是前代屯兵建節之地，古北口及松亭關、野狐關三路并設堡障，至今石壘基堞尚存。將來定幽朔，止于此數處置戍可也。」

雍熙初，知雄州賀令圖與其父岳州刺史懷浦等上言：案：李燾長編：賀令圖及懷浦與文思使薛繼昭、軍器庫使劉文裕、崇儀副使侯莫陳利用等，相繼上言幽州可取狀。較此所載爲詳。「契丹主幼，國事皆決于母燕燕〔四二〕，大將韓德讓寵幸用事。請乘其釁以取幽州。」太宗以爲然。雍熙三年，大發師，以天平軍節度曹彬爲幽州行營前軍都總管，出涿州，河陽節度崔彦副之。

馬軍都指揮使米信爲幽州西北道行營都總管，出雲中，沙州觀察杜彥圭副之〔四三〕。步軍都指揮使田重進爲定州路行營都統，出飛狐口，蘄州刺史譚延美副之。忠武軍節度使潘美爲靈、應州行營都總管，出雁門，雲州觀察使楊業副之〔四四〕。是時，權知高麗國王治遣使修貢京師。帝以王師北征，其國與契丹接境，常爲虜所侵〔四五〕，乃命監察御史韓國華假太常少卿，往使其國。降詔諭之曰：「朕誕膺丕構，奄宅萬方，草木蟲魚，罔不蒙澤；華夏蠻貊，罔不率俾。蠢兹北虜〔四六〕，敢拒皇威！倔强沙漠之中，遷延歲月之命。幽薊之地，本被皇風。曩以晉、漢多虞，戎醜因而盜據〔四七〕。詩云：『我疆我理，南東其畝。』今國家照臨所及，書軌大同，豈使齊民，陷兹胡虜〔四八〕？今已董齊師旅，殄滅妖氛〔四九〕，元戎啓行，分道間出。即期誅翦，以慶混同。惟王久慕華風，素懷明略，輸此忠勤之節，撫兹禮義之邦。而接彼犬羊〔五〇〕，困于蠆毒，舒泄積憤，其在兹乎！便可申戒師徒，迭相掎角，叶比鄰國〔五一〕，同力蕩平〔五二〕。奮其一鼓之雄，戡此垂亡之虜〔五三〕。良時不再，王其圖之。應擄獲生口、牛羊、財物、器械，并給本國將士，用申賞勸。」于是，彬下固安城，又下新城。重進戰飛狐南，斬首五百級。美攻寰州，刺史趙彥辛來降。又克涿州，美進圍朔州，其節度副使趙希贊以城降。契丹以萬騎來援飛狐口，重進大破之，擒其將大鵬翼、康州刺史馬顒。案：長編載：監軍馬顒及副將何萬通并爲彬所擒。與此詳略互異。彬又戰涿州南，斬首千餘級，殺奚宰相賀斯。美遂圍應州，其節度副使艾正以城降。重進攻飛狐，又下靈丘。四月，美克靈州、蔚州，押衙李存璋等以城來降。初，太宗謂彬曰：「朕令潘美出雁門，先取靈、應。卿以大軍聲言取幽州，而持重緩行。虜聞之〔五四〕，必聚勁兵于彼，不復出援山後矣。」既美果下寰、朔、靈、應，重進得山後要害地。太宗疑彬進兵速，而饟道不繼。彬乃留涿州旬日，食果盡，還軍以援供饋。上聞之曰：「安有大敵在前，而退軍就食者？」即遣使止之，令引軍沿白溝河與米信合，待潘美盡得山後之地，然後東取幽州。彬之諸將至是聞美等屢戰勝，自以持重兵而功少，遂欲儌功。彬不得已，于是裹五十日糧，再趨涿州，且行且戰，歷二十日始至城下〔五五〕。屬盛暑，士卒疲乏，不能進。還至岐溝，契丹躡戰，王師遂敗。彬宵涉拒馬河，營于易水之南，彦進亦爲契丹所敗。奏至，詔諸將分屯沿邊諸郡，召彬、彦進等還闕。留田重進守中山，令潘美還代州，遣使部徙靈、應、寰、朔四州民五萬户，及其吐渾、突厥三部落、安慶等族八百餘帳，分置于河南孟、曹、汝、洛等四處。是年冬，復寇易州〔五六〕。

【雍熙四年】自曹彬失律，諸將多坐黜免。至是，上復思宿將劉廷讓、宋偓、張永德，時皆罷節制，在環衛。上欲令進擊自效，遂遣廷讓屯雄州，偓屯霸州，永德屯定州。廷讓與虜戰君子館〔五七〕，軍敗，僅以身免。先鋒賀令圖、高陽關部署楊重進没焉。原注：賀令圖少謹愿，太宗在藩邸，以隸左右。即位，改綾綿副使、知莫州。雍熙二年，領平州刺史，幽州行營濠寨使。令圖握兵邊郡十餘年，恃藩邸舊恩，每歲入奏，多言邊塞利害，及幽薊可取之狀。上信之。故有岐溝之舉。既而師敗，議者皆咎令圖貪功生事，復輕而無謀。虜將耶律遜寧號于越者〔五八〕，使諜紿令圖曰：「我獲罪本國，旦夕願歸南朝，無路自拔，幸君侯少留意焉。」令圖不虞其詐，自以終獲大功，私遺以重錦十兩。是年十二月，虜將于越率衆入寇〔五九〕，大將劉廷讓與戰于君子館，令圖爲先鋒，敵圍我師數重。裕悦傳言軍中，願得見雄州賀使君。令圖嘗爲所給，意其來降，即引麾下百十騎逆之。將至其帳百步外，裕悦據胡牀罵曰：「汝小子，年在乳臭，乃今送死來耳。」命左右盡殺其從騎，反縛令圖而去。令圖與其父首謀北伐〔六〇〕，一歲中，父子皆陷焉。虜復入深、祁〔六一〕，陷易州，殺略甚衆。上爲下哀痛之詔，大發兵戍鎮、定、高陽關。四年正月，詔問文武群臣，詢平寇之策。

【端拱二年二月】又議作方田，爲戰守之備。上乃以手詔諭緣邊將帥曰：「夫料敵之强弱，古人以爲難。前歲之舉，蓋救民之塗炭。蠢兹凶羯〔六二〕，敢肆憑陵，蹂踐我士民，攻掠我城寨。朕定必勝之策，盡必當之計，將以保民安邊，略舉大意。且戎人勝則深入而不相讓，敗則逃竄而不相救，固不可力戰也。又皆騎兵，利于平陸，馳逐來往，難于覊制，固不可追奔也。若棄小城〔六三〕，就大鎮，但屯兵于鎮、定、瀛、莫之間，其雄、霸緣邊城寨〔六四〕，必苦于寇掠，固不可分兵也。悠久之謀〔六五〕，在于設險。若乃决大河，築長城，又徒自示弱，爲後代笑。朕今立法，令緣邊作方田，已頒條制〔六六〕，量地里之遠近，列置寨栅。此可以限其戎馬，而大利我之步兵。雖使彼衆百萬，亦無所施其勇。自春至秋，其功告成。持重養鋭，挫彼奸黠〔六七〕，如此，則復幽薊，滅林胡有日矣。」

淳化元年，上遣使至定州，密諭旨于都部署李繼隆曰：「若將來復入邊，朕當自行。」繼隆上奏：「以謂捍城禦侮，臣等之責，况蕞爾殘衆，豈煩戎輅親舉？」言甚懇切。

至道元年正月，其將韓德威率衆萬騎，誘党項十六大首領，自振武入攻府州，折御卿大敗其衆〔六八〕。四月，復攻雄州，知州何承矩敗之，梟鐵林大將一人。

校勘記

〔一〕後有阿保機遂僭帝號　「阿保機」原作「按巴堅」，據三朝北盟會編卷二一改。此爲清人的改譯。下同。

〔二〕天順之時　「天順」原作「大順」，據新五代史卷七三及文獻通考卷三四五四裔考二二改。

〔三〕又攻平晉軍　案北漢引契丹攻平晉軍，長編卷四及宋史卷四八二北漢劉氏傳卷繫於「乾德元年」。當是。

〔四〕契丹舍利伊魯等凡一十六族歸款　「舍利伊魯」原作「錫里伊里」，據長編卷一五改。

〔五〕上以其大首領四人爲懷化將軍　「化」，太平治迹統類卷二同。長編卷一五作「德」。

〔六〕餘八十五人爲歸德司戈　「八十五」，太平治迹統類卷二同。長編卷一五作「十五」。

〔七〕至保塞　「塞」原作「寨」，據長編卷一一及皇朝編年綱目備要卷二改。

〔八〕三千打六萬　「打」原作「折」，據長編卷一一、太平治迹統類卷二及文獻通考卷三四六四裔考二三改。

〔九〕我每以三十匹絹購一敵人之首　「三十」，太平治迹統類卷二同。長編卷一五、皇朝編年綱目備要卷二及文獻通考卷三四六四裔考二三作「二十」。

〔一〇〕止費我三百萬匹絹　「三百萬」，太平治迹統類卷二同。長編卷一五、皇朝編年綱目備要卷二及文獻通考卷三四六四裔考二三作「二百萬」。

〔一一〕遣款附使格什古星什奉書來聘　「格什古星什」，長編卷一六、宋會要輯稿蕃夷一之二作「克妙骨慎思」。

〔一二〕令其一使者與衛士馳射毛毬　「一使者」，長編卷一六、宋會要輯稿蕃夷一之二作「二從者」。

〔一三〕日虜戎虜之至　「戎虜」原作「敵兵」，據宋會要輯稿兵七之九改。

〔一四〕折衝靡暇　「靡」原作「之」，據宋大詔令集卷一四四及宋會要輯稿兵七之九改。

〔一五〕破犬戎之膽　原作「銷狼烽之氣」，據宋會要輯稿兵七之九改。

〔一六〕又詔幽州　案：此詔發布的時間，據宋太宗皇帝實録卷一三五及宋會要輯稿兵七之一〇是「雍熙三年正月」。應移到下文雍熙三年下。

〔一七〕每耻一夫之不獲　「耻」原作「慮」，據宋太宗皇帝實録卷一三五及宋會要輯稿兵七之一〇改。

〔一八〕戎夷竊據　「戎夷」原作「契丹」，據宋太宗皇帝實録卷一三五及宋會要輯稿兵七之一〇改。

〔一九〕猶爲被髪之鄉　「爲被髪」原作「違禮義」，據宋太宗皇帝實録卷一三五及宋會要輯稿兵七之一〇改。

〔二〇〕尚雜茹毛之俗　「雜茹毛」原作「限邊荒」，據宋太宗皇帝實録卷一三五及宋會要輯稿兵七之一〇改。

〔二一〕盡焚老上之庭　「老上」原作「沙漠」，據宋太宗皇帝實録卷一三五及宋會要輯稿兵七之一〇改。

〔二二〕北虜微妖　「北虜」原作「北方」，據宋會要輯稿蕃夷一之八及歷代名臣奏議卷二三〇改。

〔二三〕一昨輒率腥羶　「腥羶」原作「甲兵」，據宋會要輯稿蕃夷一之八改。

〔二四〕蠢此醜類　原作「乘兹北兵」，據宋會要輯稿蕃夷一之八及歷代名臣奏議卷二三〇改。

〔二五〕久陷匪人　「匪人」原作「殊方」，據宋會要輯稿蕃夷一之八及歷代名臣奏議卷二三〇改。

〔二六〕雖洊偶于豐穰　「偶」原作「遇」，據宋會要輯稿蕃夷一之八及歷代名臣奏議卷二三〇改。

〔二七〕況今虜寇宵奔 「虜寇」原作「敵兵」，據宋會要輯稿蕃夷一之八及歷代名臣奏議卷二三〇改。

〔二八〕固足懼彼殘妖 「妖」原作「魂」，據宋會要輯稿蕃夷一之八及歷代名臣奏議卷二三〇改。

〔二九〕旋師京都 原脱，據宋會要輯稿蕃夷一之八及歷代名臣奏議卷二三〇補。

〔三〇〕視兆民如子 「視」原脱，據宋會要輯稿蕃夷一之九補。

〔三一〕豈務勝于甲兵 「務勝」，宋會要輯稿蕃夷一之九作「輕舉」。

〔三二〕而契丹輕舉干戈 「輕」原作「轉」，據宋會要輯稿蕃夷一之九改。

〔三三〕日利月利等十一族七萬餘帳内附 「日利、月利」原作「錫里、伊里」，據東都事略卷一二三附録一、宋會要輯稿方域二一之一九及文獻通考卷三四六四裔考二三改。「附」原脱，據東都事略卷一二三附録一補。

〔三四〕獲羊馬萬計 「獲」原脱，據東都事略卷一二三附録一補。

〔三五〕高陽關捕得敵中首領 「敵中首領」，宋會要輯稿方域二一之一九作「虜口」，宋太宗皇帝實録卷二七作「生口」。

〔三六〕契丹種族携貳 「契丹」，宋會要輯稿蕃夷一之九作「虜中」。

〔三七〕戎人以剽略爲務 「戎」原作「北」，據長編卷二四及宋會要輯稿蕃夷一之九改。

〔三八〕結北虜爲援 「北虜」原作「契丹」，據宋太宗皇帝實録卷二七改。

〔三九〕臣少陷虜庭 「虜」原作「北」，據宋太宗皇帝實録卷二七改。

〔四〇〕偵知狄中事　「狄」原作「敵」，據太平治迹統類卷三改。

〔四一〕狄人甚懼　「狄」原作「北」，據太平治迹統類卷三改。

〔四二〕國事皆決于母燕燕　「燕燕」原作「葉葉」，據本書同卷前文及遼史卷七一景宗睿智皇后蕭氏傳改。

〔四三〕沙州觀察杜彦圭副之　「沙州」原作「代州」，據宋太宗皇帝實録卷三五及宋史卷五太宗本紀二改。

〔四四〕雲州觀察使楊業副之　「雲州」原作「靈州」，據宋太宗皇帝實録卷三五、東都事略卷一二三附録一及名臣碑傳琬琰集中集卷四三曹武惠王彬行狀改。

〔四五〕常爲虜所侵　「虜」原作「其」，據宋太宗皇帝實録卷三五改。

〔四六〕蠢兹北虜　「虜」原作「方」，據宋太宗皇帝實録卷三五改。

〔四七〕戎醜因而盜據　「戎醜」原作「契丹」，據宋太宗皇帝實録卷三五改。

〔四八〕陷兹胡虜　「胡虜」原作「朔漠」，據宋太宗皇帝實録卷三五改。

〔四九〕殄滅妖氛　「妖」原作「塵」，據宋太宗皇帝實録卷三五改。

〔五〇〕而接彼犬羊　「犬羊」原作「境壤」，據宋太宗皇帝實録卷三五改。

〔五一〕叶比鄰國　「比」原作「此」，據宋太宗皇帝實録卷三五及宋大詔令集卷二三七改。

〔五二〕同力蕩平　「蕩」，宋太宗皇帝實録卷三五及宋大詔令集卷二三七作「底」。

〔五三〕戡此垂亡之虜　「虜」原作「敵」，據宋太宗皇帝實録卷三五改。

〔五四〕虜聞之　「虜」原作「敵」，據宋會要輯稿兵八之五文獻通考卷三四六改。

〔五五〕歷二十日始至城下　「下」原作「中」，據宋會要輯稿兵八之五文獻通考卷三四六改。

〔五六〕復寇易州　「寇」原作「攻」，據文獻通考卷三四六四裔考二三改。

〔五七〕廷讓與虜戰君子館　「虜」原作「敵」，據文獻通考卷三四六四裔考二三改。

〔五八〕虜將耶律遜寧號于越者　「虜」原作「敵」，據東都事略卷一一九賀令圖傳改。下文「敵」均應爲「虜」。「于越」原作「裕悦」，據東都事略卷一一九賀令圖傳及宋史卷四六三賀令圖傳改。下同。

〔五九〕虜將于越率衆入寇　「寇」原作「攻」，據宋史卷四六三賀令圖傳改。

〔六〇〕反縛令圖而去令圖與其父首謀北伐　「而去令圖」原脱，據東都事略卷一一九賀令圖傳及宋史卷四六三賀令圖傳補。

〔六一〕虜復入深祁　「虜」原作「敵」；「祁」原作「析」，據文獻通考卷三四六四裔考二三及宋會要輯稿蕃夷一之一三改。

〔六二〕蠢兹凶羯　「凶羯」原作「北寇」，據宋會要輯稿兵二七之三改。

〔六三〕若棄小城　「棄」，宋會要輯稿兵二七之三作「乘」。

〔六四〕其雄霸緣邊城寨　「雄霸」原脱，據宋會要輯稿兵二七之三補。

〔六五〕悠久之謀　「悠久」，宋會要輯稿兵二七之三作「懲艾」。

〔六六〕已頒條制　「已」，宋會要輯稿兵二七之三作「分」。

〔六七〕挫彼奸黠　「奸黠」原作「北寇」，據宋會要輯稿兵二七之三改。

〔六八〕折御卿大敗其衆　「折御卿」原作「折彦卿」，據長編卷三七及東都事略卷一二三附録一及皇宋十朝綱要卷二改。

卷末

江陽譜

李攸，字好德。政和初，編輯西山圖經、九域志等書。瀘帥孫羲叟招，原注：下有闕文。書上，轉一官。張公浚入朝，約與俱，以家事辭。手編皇朝事實，起建隆，迄宣和，凡六十卷。其三十卷先聞于時。有旨：制司上。太常少卿何麒言，請命以宫觀，居家終其書。後以餘三十卷上之，緘封副本，并贄啓秦相檜。啓云：「方今雖爲中興，其實創業。作事成于果斷，亦貴聽言。思始議之艱危，尚軫鈎懷之惴慄。已室申棖之欲，方和傅説之羹。宜俊乂旁招于庶位之中，無顔色拒人于千里之外。更願無忘在莒，居寵思危。」秦怒，寢其書不報。今藏于家。

附録一：後人對宋朝事實的著録

宋朝事實，三十卷，沈攸編。
宋鄭樵通志二十略卷六五藝文略第三
中華書局一九九五年十一月版

國朝事實
宋尤袤遂初堂書目
清文淵閣四庫全書本

本朝事實三十卷
右皇朝李攸編次。雜纂國朝事儀注爲多。

宋晁公武郡齋讀書志卷八儀注類

上海古籍出版社一九九〇年十月版

本朝事實三十五卷

右莫詳編者姓氏。祖宗世次、登極、紀元、詔書、聖學、御製、郊廟、道釋、玉牒、公主、官職、爵邑、勛臣、配享、宰執拜罷、科目、儀注、兵刑、律曆、籍田、財用、削平僭僞、升降州縣、經略夷狄之類，具載本末，又如聖德頌、旌忠碑之類皆載之。

宋趙希弁讀書附志卷上類書類

上海古籍出版社一九九〇年十月版

本朝事實三十卷

右承議郎李攸撰。案：文獻通考作「李伋」。雜録故事，不成條貫統紀。

宋陳振孫直齋書録解題卷五典故類

上海古籍出版社一九八七年十二月版

本朝事實三十卷

陳氏曰：右承議郎李攸撰。雜録故事，不成條貫統紀。（按：原書校勘記曰「『李攸』原作『李伋』」。）

元馬端臨文獻通考卷二〇一經籍考二十八

中華書局二〇一一年九月版

李攸通今集二十卷，又宋朝事實三十五卷。

元脱脱宋史卷二〇三藝文志二

中華書局一九七七年十一月版

宋朝事實三十卷，沈攸。

明焦竑國史經籍志卷三史類

明徐象橒刻本

李攸通今集，二十卷。又宋朝事實，三十五卷。

明柯維騏宋史新編卷四八志三十四

明嘉靖四十三年杜晴江刻本

宋朝事實一部五册缺

明楊士奇文淵閣書目卷五

叢書集成初編本

文淵閣四庫全書書前提要

臣等謹案：宋朝事實二十卷，宋李攸撰。文獻通考作李伋。考宋史藝文志亦作李攸，通考傳寫誤也。攸字好德。陳振孫書録解題稱其官爲承議郎，而不詳其里貫。原序稱：「政和初，編輯西山圖經、九域志等書，瀘帥孫義叟招之，書上，轉一官，張浚入朝，約與俱，以家事辭。」考西山屬成都府，瀘州屬潼川路，則攸當爲屬人。其曰張浚入朝，蓋紹興四年，浚自川陝宣撫使召還時也。其書據原序，蓋上起建隆，下迄宣和，凡六十卷。其三十卷先聞於時，後以餘三十卷上之，因語觸秦檜，寢其書不報。故晁、陳二家書目俱作三十卷，與序相合。而趙希弁讀書附志、宋史藝文志乃俱作三十五卷。今書中有高、孝兩朝登極赦詔，及紹興間南郊赦詔，而紀元亦迄於紹興。殆又有所附益，兼及南宋之初歟。攸熟於掌故，經靖康兵燹之後，圖籍散佚，獨汲汲搜輯舊聞，使一代典章，粲然具備，其用力頗爲勤摯。所載歷朝登極、南郊大赦詔令，太宗親製趙普碑銘、西京崇福宫記、景靈西宫記、太晟樂記，往往爲宋文鑑、名臣碑傳琬琰集、播芳大全諸書所闕漏。他如宗室换官之制，不見於宋史職官志。郊祀勘箭之儀，不詳於禮志。太廟、崇寧廟圖，紫宸殿、集英殿上壽，賜宴再坐、立班、起居諸圖，宫架鼓吹十二按圖，尤爲記宋代掌故者所未備。至其事迹之異同，年月之先後，紀載之詳略，尤多可與東都事略、續通鑑長編及宋史互相參訂。又如石晉賂契丹十六州，分代北、山前、山後，足訂薛、歐五代史稱山後十六州之誤。周世宗兵下三關，并載淤口關，亦足補薛、歐二史祇載瓦橋、益津二關之闕。當時如江少虞事實類苑、錦綉萬花谷，多引用之。宋史亦多采用其文。第原本久佚，惟散見於永樂大典各韻下者，尚存梗概，而割裂瑣碎，莫由考見其體例。惟趙希弁讀書附志稱：「祖宗世次、登極、紀元、詔書、聖學、御製、郊廟、道釋、玉牒、公主、官職、爵邑、勛臣、配享、宰執拜罷、科目、儀注、兵刑、律曆、籍田、財用、削平僭僞、升降州縣、經略幽燕之類，具載本末。」云云。蓋即當日之門目。今據以分類編次，釐爲二十卷。雖未悉復原書之舊，而綱舉目從，咸歸條貫，亦得其十之七八矣。攸别有通今集二十卷，宋史藝文志入故事類，今佚不傳。又嘗上書秦檜，戒以居寵思危，尤爲侃侃不阿。則其人亦足重，不獨以博洽見長云。乾隆四十六年二月恭校上。

總纂官臣紀昀臣陸錫熊臣孫士毅

總校官臣陸費墀

文津閣四庫全書書前提要

臣等謹案：宋朝事實，宋李攸撰。文獻通考作李攸，傳寫誤也。攸字好德。陳振孫書録解題稱其官爲承議郎，而不詳其里貫。惟永樂大典所載江陽譜稱：「攸于政和初，編輯西山圖經、九域志等書，瀘帥孫羲叟招之，書上，轉一官，張浚入朝，約與俱，以家事辭。」考江陽即瀘州，屬潼川路，則攸當爲瀘州人。其曰張浚入朝，蓋紹興四年，浚自川陜宣撫使召還時也。其書據江陽譜，蓋上起建隆，下迄宣和，凡六十卷。前三十卷先聞於時，後以餘三十卷上之，以語觸秦檜，寢其書不報。故晁公武讀書志、陳振孫書録解題但作三十卷，與譜相合。而趙希弁讀書附志、宋史藝文志乃俱作三十五卷。今書中有紹興、乾道間州縣升降，淳熙、紹熙間館職員額，及光、寧、理、度四朝神御殿名，殆爲後人所附益歟。攸熟于掌故，經靖康兵燹之後，圖籍散佚，獨汲汲搜輯舊聞，使一代典章，粲然具備，其用力頗爲勤摯。所載歷朝登極、南郊大赦詔令，太宗親製趙普碑銘、西京崇福宫記、景靈西宫記、太晟樂記，往往爲宋文鑑、名臣碑傳琬琰集、播芳大全、文粹諸書所闕漏。至其事迹之異同，年月之先後，紀載之詳略，尤多可與東都事略、文獻通考、續通鑑長編及宋史互相參訂。又如石晉賂契丹十六州，分代北、山前、山後，足訂薛、歐二家五代史稱山後十六州之誤。周世宗兵下三關，并載淤口關，亦足補薛、歐二史祇載瓦橋、益津二關之闕。當時如江少虞事實類苑、錦綉萬花谷多引之。宋史亦多采用其文。今各書俱存，猶可考見。第原本久佚，惟散見于永樂大典各韻下者，尚存梗概，而割裂煩碎，莫由考見其體例。惟趙希弁讀書附志，具載門目。今以所存者考之，惟爵邑一門，原本全佚，餘皆可以一一分類編次，謹依舊目，釐爲二十卷。雖未能悉復原書，而綱舉目從，咸歸條貫，亦得其十之七八矣。攸別有通今集二十卷，宋史藝文志入故事類，今佚不傳。又嘗上書秦檜，戒以居寵思危，尤爲侃侃不阿。則其人亦足重，不獨以博洽見長矣。乾隆四十九年三月恭校上。

總纂官侍臣紀昀臣陸錫熊臣孫士毅

總校官臣陸費墀

四庫全書總目提要

宋朝事實二十卷永樂大典本

宋李攸撰。文獻通考作李攸。按：攸字好德，義從洪範。若作攸字，與好德之意不符。宋史藝文志亦作李攸，通考傳寫誤也。陳振孫書録解題稱其官爲承議郎，而不詳其里貫。江陽譜稱：「政和初，編輯西山圖經、九域志等書，瀘帥孫羲叟招，原注：下有闕文。書上，轉三官，張浚入朝，約與俱，以家事辭。」考西山屬成都府，瀘州屬潼川路，則攸當爲蜀人。其曰張浚入朝，蓋紹興四年，浚自川陝宣撫使召還時也。其書據江陽譜，蓋上起建隆，下迄宣和，凡六十卷。其三十卷先聞於時，後以餘三十卷上之，因語觸秦檜，寢其書不報。故晁、陳二家書目俱作三十卷，與譜相合。而趙希弁讀書附志、宋史藝文志乃俱作三十五卷。今書中有高、孝兩朝登極赦詔，及紹興間南郊赦詔，而紀元亦迄於紹興。殆又有所附益，兼及南宋之初歟。攸熟於掌故，經靖康兵燹之後，圖籍散佚，獨汲汲搜輯舊聞，使一代典章，粲然具備，其用力頗爲勤摯。所載歷朝登極、南郊大赦詔令，太宗親製趙普碑銘、西京崇福宮記、景靈西宮記、大晟樂記，往往爲宋文鑑、名臣碑傳琬炎集、播芳大全諸書所闕漏。他如宗室換官之制，不見於宋史職官志。郊祀勘箭之儀，不詳於禮志。太廟、崇寧廟圖，紫宸殿、集英殿上壽，賜宴再坐、立班、起居諸圖，宫架鼓吹十二案圖，尤爲記宋代掌故者所未備。至其事迹之異同，年月之先後，記載之詳略，尤多可與東都事略、續通鑑長編及宋史互相參訂。又如石晉賂契丹十六州，分代北、山前、山後，足訂薛、歐五代史稱山後十六州之誤。周世宗兵下三關，并載淤口關，亦足補薛、歐二史祇載瓦橋、益津二關之闕。當時如江少虞事實類苑、錦綉萬花谷，多引用之。宋史亦多采用其文。第原本久佚，惟散見於永樂大典各韻下者，尚存梗概，而割裂瑣碎，莫由考見其體例。惟趙希弁讀書附志稱：「祖宗世次、登極、紀元、詔書、聖學、御製、郊廟、道釋、玉牒、公主、官職、爵邑、勛臣、配享、宰執拜罷、科目、儀注、兵刑、律曆、籍田、財用、削平僭僞、升降州縣、經略幽燕之類，具載本末。」云云。蓋即當日之門目。今據以分類編次，釐爲二十卷。雖未悉復原書之舊，而綱舉目從，咸歸條貫，亦得其十之七八矣。攸別有通今集二十卷，宋史藝文志入故事類，今佚不傳。又嘗上書秦檜，戒以居寵思危，尤爲侃侃不阿。則其人亦足重，不獨以博洽見長云。

宋朝事實二十卷　宋李攸撰，武英殿本閩刊本。

清丁仁八千卷樓書目卷九史部

民國本

宋李攸宋朝事實　文獻通考誤作李攸，今校正。

清官修清通志卷一一二校讎略

清文淵閣四庫全書本

宋朝事實

清傅維麟明書卷七六志十七

清畿輔叢書本

宋朝事實二十卷　宋李攸

清繆荃孫藝風堂文續集卷四

清宣統二年刻　民國二年印本

宋朝事實二十卷　宋李攸。聚珍本福本。

清張之洞書目答問史部

清光緒刻本

宋朝事實三十卷武英殿聚珍版本

宋李攸撰。攸，字好德，蜀人。官承議郎。通考作李伋，傳寫誤也。四庫全書著録，書録解題典故類、通考故事類，俱作三十卷。讀書附志類書類、宋志故事類，俱作三十五卷。按卷末江陽（記）譜稱：「其書起建隆，迄宣和，凡六十卷。其三十卷先聞于時。有旨：制司上。太常少卿何麒言，請命以宮觀，居家終其書。後以餘三十卷上之，緘封副本，并贄啓秦檜。檜寢其書不報，今藏於家。」其所謂三十卷先聞於時者，即陳氏所據之本，故直齋云：「雜録故事，不成條貫統紀也。」其後所上之三十卷，或即其增訂之本，廣之爲六十卷，而并之又祇三十五卷耳。趙氏稱其書：「莫詳編者姓氏。祖宗世次、登極、紀元、詔書、聖學、御製、郊廟、道釋、玉牒、公主、官職、爵邑、勛臣、配享、宰執拜罷、科目、儀注、兵刑、律曆、籍田、財用、削平僭僞、升降州縣、經（界）【略】幽燕之類，具載本末，又如聖德頌、旌忠碑之類皆載之。」云云。此即全書之目。其書久佚，今館臣從永樂大典録出，姑依其目編次，僅缺爵邑一門。雖止存十之七八，而原書之梗概，已具於斯。墨海金壺所收本，亦即從聚珍本翻雕也。

清周中孚鄭堂讀書記卷二九史部十五

民國吴興叢書本

宋李攸宋朝事實二十卷　乾隆時敕輯。

民國趙爾巽清史稿志一二八藝文二

民國十七年清史館本

附録二：輯校參考書目

宋李攸：宋朝事實，嘉慶八年（一八〇三）印武英殿聚珍版叢書本、一九八六年臺灣商務印書館影印文淵閣四庫全書本、二〇〇五年商務印書館影印文津閣四庫全書本。
宋勾延慶：錦里耆舊傳，文淵閣四庫全書本、武英殿聚珍版叢書本。
宋王溥：唐會要，二〇〇六年上海古籍出版社點校本。
宋樂史：太平寰宇記，二〇〇七年中華書局點校本。
宋錢若水、楊億等：宋太宗實録，二〇一二年中華書局校注本。
宋張君房：雲笈七籤，二〇〇三年中華書局點校本。
宋胡宿：文恭集，文淵閣四庫全書本。
宋歐陽修等：太常因革禮，一九八八年江蘇古籍出版社影印宛委別藏叢書本。

宋歐陽修：新五代史，一九七四年中華書局點校本。
宋曾鞏：隆平集，二〇一二年中華書局校證本。
宋王存：元豐九域志，一九八四年中華書局點校本。
宋孫逢吉：職官分紀，文淵閣四庫全書本。
宋龐元英：文昌雜録，二〇〇六年大象出版社全宋筆記點校本。
宋宋祁：景文集，文淵閣四庫全書本。
宋韓琦：安陽集，文淵閣四庫全書本。
宋陳襄：古靈先生文集，二〇〇四年綫裝書局影印宋刻本。
宋蔡襄：端明集，文淵閣四庫全書本。
宋司馬光：涑水記聞，一九八九年中華書局點校本。
宋蘇頌：蘇魏公文集，一九八八年中華書局點校本。
宋蘇軾：蘇軾文集，一九八六年中華書局點校本。

宋蘇轍：欒城集，一九九〇年中華書局點校本。
宋王珪：華陽集，文淵閣四庫全書本。
宋晁補之：雞肋集，文淵閣四庫全書本。
宋江少虞：宋朝事實類苑，一九八一年上海古籍出版社點校本。
宋邵博：邵氏聞見後録，一九八三年中華書局點校本。
宋汪藻：靖康要録，二〇〇八年四川大學出版社箋注本，參考文淵閣四庫全書本。
宋李燾：續資治通鑑長編，二〇〇四年中華書局點校本。
宋熊克：中興小紀，一九八五年福建人民出版社點校本，參考文淵閣四庫全書本。
宋熊克：皇朝中興紀事本末，二〇〇五年北京圖書館出版社影印清抄本。
宋徐夢莘：三朝北盟會編，二〇〇八年上海古籍出版社影印本。
宋周麟之：海陵集，文淵閣四庫全書本。
宋吕祖謙：宋文鑑，一九九二年中華書局點校本。

宋佚名：宋大詔令集，一九六二年中華書局句讀本。

宋王稱：東都事略，一九七九年文海出版社宋史萃編本。

宋杜大珪：名臣碑傳琬琰集，文淵閣四庫全書本。

宋禮部太常寺纂修、清徐松輯：中興禮書，二〇〇二年上海古籍出版社續修四庫全書影印本。

宋李心傳：建炎以來朝野雜記，二〇〇〇年中華書局點校本。

宋李心傳：建炎以來繫年要録，二〇一三年中華書局點校本，參考文淵閣四庫全書本。

宋朱熹、李幼武：宋名臣言行録五集，一九七九年文海出版社宋史資料萃編本。

宋趙如愚：宋朝諸臣奏議，一九九九年上海古籍出版社點校本。

宋洪邁：容齋隨筆，二〇〇五年中華書局點校本。

宋李𡌴：皇宋十朝綱要，二〇一三年中華書局點校本，參考民國東方學會印六經堪叢書本。

宋徐自明：宋宰輔編年録，一九八六年中華書局校補本。

宋曹彦約：經幄管見，文淵閣四庫全書本。

宋陳均：皇朝編年綱目備要，二〇〇六年中華書局點校本。

宋佚名：中興兩朝編年綱目，二〇〇六年北京圖書館出版社中華再造善本唐宋編本。

宋董煟：救荒活民書，二〇〇三年北京古籍出版社點校本。

宋楊仲良：皇宋通鑑長編紀事本末，二〇〇六年黑龍江人民出版社校點本。

宋章如愚：山堂考索，文淵閣四庫全書本。

宋佚名：錦綉萬花谷，文淵閣四庫全書本。

宋釋志磐：佛祖統紀，二〇一二年上海古籍出版社校注本。

宋晁公武：郡齋讀書志，一九九〇年上海古籍出版社校證本。

宋陳振孫：直齋書録解題，一九八七年上海古籍出版社點校本。
宋歐陽忞：輿地廣記，二〇〇三年四川大學出版社點校本。
宋王象之：輿地紀勝，二〇〇五年四川大學出版社點校本。
宋祝穆等：方輿勝覽，二〇〇三年中華書局點校本。
宋韋驤：錢塘韋先生文集，叢書集成初編本。
宋唐士耻：靈巖集，文淵閣四庫全書本。
宋彭百川：太平治迹統類，文淵閣四庫全書本。
宋佚名：增入名儒講義皇宋中興兩朝聖政，分類事目一卷，一九八八年江蘇古籍出版社影印宛委别藏叢書本。
宋王應麟：玉海，文淵閣四庫全書本。
元馬端臨：文獻通考，二〇一四年中華書局點校本。
元佚名：宋史全文，二〇一六年中華書局點校本。

元脱脱：宋史，一九七七年中華書局點校本。

元脱脱：遼史（修訂本），二〇一六年中華書局點校本。

明楊士奇、黄淮等：歷代名臣奏議，二〇一二年上海古籍出版社影印本。

明程敏政：新安文獻志，二〇〇五年黄山書社點校本。

清永瑢等：四庫全書總目，一九六四年中華書局影印浙江書局本。

清徐松輯：宋會要輯稿，二〇一四年上海古籍出版社校點本，參考一九五七年中華書局影印本。

後記

宋朝事實是研究宋史的必備書籍之一，原本已經失傳，今傳本是四庫館臣從永樂大典中輯出，編入四庫全書。今存較早的印本爲武英殿聚珍版，通行本是商務印書館排印的加有句讀的叢書集成初編本，此本以武英殿聚珍版爲底本，所加句讀間有錯誤，對原文錯誤没有訂正，也没有新的輯佚。另外筆者在網上看到電子書中華野史全集本的簡體横排標點本，但限於其書的體例，不僅没有校勘，没有新的輯佚，而且删去原書中的注文。因此本書缺少善本，筆者不揣淺陋，對本書加以輯校，主要做了以下工作：一是給全書加新式標點；二是對全書校勘；三是在前人的基礎上，進行了輯佚，新輯兩萬餘字。

本書於二〇一九年完稿後交由鳳凰出版社出版。在出版過程中得到責任編輯的大力幫助，對本書的修訂提出了不少有益的意見，謹致謝忱。

本書的輯校肯定還存在不少不足和錯誤之處，歡迎讀者批評指正。

孔學

二〇二〇年七月十八日於河南大學仁和小區陋室書齋